KB024142

한자의 재구성

인문정신의 탐구 25

한자의 재구성

주령시대의 기억과 그 후

박영철 지음

도서출판 길

지은이 **박영철**(朴永哲, 1957~)은 서울대에서 역사교육과 동양사를 배우고 일본 교토(京都) 대학에서 문학박사 학위를 받았다. 중국 법제사와 사회사를 전공했으며, 현재 군산대 사학과 교수로 있다. 주요 논저로 「나라카에서 지옥으로: 불교의 번역과 중국문명」, 「해태고: 중국에 있어서 신판의 향방」, 「송사의 출현을 통해 본 송대 중국의 법과 사회」, "Balance and Balancing Weight: A Study of the Conception of Justice in the History of China and its Relationship to the Modernization of Chinese Legal System", 『명공서판청명집 호혼문 역주』(소명출판, 2008), 『왜 유비는 삼국을 통일하지 못했을까』(자음과모음, 2010), 「동아시아 관료제의 근대성 논의」, 『군산과 동아시아: 황해 남로 흥망사』(민속원, 2017), 『중세 동아시아의 해양과 교류』(공저, 탐라문화연구원, 2019) 등이 있으며, 역서로는 『논어』(미야자키 이치사다, 이산, 2001), 『근대 중국의 친일합작』(티모시 브룩, 한울아카데미, 2008), 『중국 농민 르포』(천구이디 외, 도서출판 길, 2014), 『사무라이의 역사』(다카하시 마사아키, 한울아카데미, 2020) 등이 있다.

인문정신의 탐구 25

한자의 재구성 주령시대의 기억과 그 후

2021년 12월 31일 제1판 제1쇄 발행

2022년 7월 5일 제1판 제2쇄 인쇄
2022년 7월 15일 제1판 제2쇄 발행

지은이 | 박영철
펴낸이 | 박우정

기획 | 이승우
편집 | 김춘길
전산 | 최원석

펴낸곳 | 도서출판 길
주소 | 06032 서울 강남구 도산대로 25길 16 우리빌딩 201호
전화 | 02) 595-3153 팩스 | 02) 595-3165
등록 | 1997년 6월 17일 제113호

© 박영철, 2021. Printed in Seoul, Korea

ISBN 978-89-6445-251-6 93700

지은이의 말

허신(許愼)의 『설문해자』(說文解字)가 갖고 있는 한자 해석에 대한 경전적 권위는 20세기까지 계속되었다. 그것은 1899년 약종상 간에 은밀히 거래되며 약재로 쓰이던 갑골문의 존재가 우연한 계기로 처음 알려지면서 비로소 흔들리기 시작했다. 이후 은허(殷墟)에서 은대의 유적과 갑골문이 발굴되고, 갑골문의 연구로 은대의 역사가 밝혀지면서 『설문해자』의 해석에 새로운 차원이 열리게 되었다. 갑골문 연구의 최선봉에 서서 『설문해자』를 전복하고 새로운 『설문해자』를 쓴 것이 일본에서도 최후의 석학이라고 불리는 시라카와 시즈카(白川靜)의 『설문해자신의』(說文解字新義)이다. 시라카와 시즈카는 평생 갑골문과 금문 연구를 통해 라이프워크로서 새로운 사전 3부작(『자통』字統, 『자훈』字訓, 『자통』字通)을 만들었고, 그것을 축약해 일반인들을 위한 사전 『상용자해』(常用字解)를 편찬했다.

시라카와 선생은 국내에도 『공자전』(孔子傳)이나 『한자』(漢字)를 비롯해 여러 번역서가 나와 있는 유명한 학자이다. 내가 알기로는 석학을 많이 배출한 일본 학계에서도 시라카와 선생은 경이적인 존재이다. 이 책은 시라카와 선생의 학문적 결정체라 할 대중용 사전인 『상용자해』를 번역하는 과정에서 낙수처럼 얻은 단상들을 정리한 것들을 모아 책으로 내보려 한 것이다. 한자에 대한 설명은 모두 시라카와 선생의 해석에 근거한 것이므로 사실 이 책은 시라카와 선생의 연구가 없었다면 쓸 수가 없는 책으로서, 시라카와라는 거인의 어깨 위에 서서 내가 평소 생각해 본 동아시아의 문자와 역사에 대한 몇 가지 생각들을 정리해 본 것이다. 이 책은 연구라기보다는 시라카와 선생의 업적을 더 많이 전파하려는 계몽의 의도를 갖고 있다. 한자를 읽는 방식에 특이하게 일본의 훈독식 방법이 백제의 도래인에게서 전수되었을 것이라고 추측하는 시라카와 선생은 한자의 원류를 탐구해 동아시아 문화의 평화적 교류를 희망해 왔다. 훈독식 한문읽기는 일본이 정밀하게 고전을 읽는 방법의 원류가 된 것으로서 백제로부터의 문화적 가르침이 있었음을 선생은 담담히 말한다. 근대 이래 역사가 바뀌어 지금은 나처럼 일본에 가서 문화를 배워오는 시대가 되었다.

일본은 유사 이래 외국의 침입을 받지 않은 평화적인 나라여서인지 문물을 보전해 온 역사가 깊다. 본래 섬나라여서 대륙문화와 절연되어 있었지만, 그것을 스스로 인식하고 각성하면서 한반도의 도래문화를 수용하는 등 애써 노력한 끝에 드디어 현재의 문화대국이 되었음을 잊어서는 안 된다. 이 책에서도 간무천황(桓武天皇)이 백제 무령왕의 후손임을 말했지만, 크게 보면 한일(韓日) 두 나라는 형제와 같이 친밀한 나라라 할 수도 있을 터이다. 그럼에도 불구하고 현실은 그렇지가 못한 것은 오로지 고대 이래 황해 해역을 둘러싸고 한일 두 나라 역사를 형성해 온 왕후장상과 인민대중의 역사적 책임이라고 하지 않을 수 없다. 왕후장상과 인민대중을 공통으로 소통시키는 가장 기본적인 매체는 언어문자이다. 동아시아 문화권이 진정으로 하나의 문화권이 될 수 있기 위해서는 문자에 대한 절실한 이해가 필요하다. 그 문자에 대해 가장 깊은 이해를 가진 최고의 선각자인 시라카와의 업적을 토대로 한자와 그 문화를 재구성해 본 것이 이 책이다.

이 책을 쓰면서 한자의 종가집이라 할 대륙 중국에서 나온 문자학의 권위자가 편집한 한자사전(『字源』, 天津古籍出版社, 2014)을 참조해보았다. 그러나 일견한 결과는 실망스러웠다. 책값은 터무니없이 비싸서 개인이 구입할 정도가 아니다. 나아진 것이 있다면 음에 의한 색인을 갖추고 있다는 것 정도이다. 종주국이니 중화사상이니 하면서 중국에서 나온 서물들은 아직도 색인을 갖추지 않고 독자로 하여금 불편을 감내하게 한다.

한자문화권의 나라로서 오랫동안 한자를 써 오고 있는 한반도 역시 소중화(小中華)를 오랫동안 자처하면서 근대적인 자립국가로의 탈바꿈이 늦었다. 자신의 문자를 스스로 만들어낸 문화혁명의 불길을 스스로 꺼버린 어두운 역사를 갖고 있기도 하다. 한자는 오랫동안 한반도의 주류문자로서 한반도 역사의 많은 부분을 지배해왔다. 앞으로도 동아시아 역사에서 한자는 주요한 부분을 담당할 것이지만, 한글문화의 대두와 맞물려 한자를 객관화할 필요가 있다는 관점에서도 『설문해자』의 이데올로기적 해석을 탈피할 필요가 있을 것이다. 현재의 한자사전은 『설문해자』에서 비롯된 잘못된 해석이 너무나 많다. 사전은 한 나라 학문의 기초인바 이렇게 무지몽매한 것에 대해 나는 한없이 부끄러움을 느끼고 이를 타파하려고 한다. 뜻있는 동학들이 알아주기를 바랄 뿐이다.

끝으로 미미한 책이기는 하지만 이 책을 만드는 데는 오랜 시간 나름의 고투가 있었고, 그 뒤에는 나를 도와준 분들이 계셔서 이나마 결과라도 냈던 것 같다. 이분들께 감사의 마음을 전하고자 한다. 먼저 늘 내 앞에서 학자의 모습을 보여주시며 보이지 않는 곳에서도 정진하도록 조용히 다그쳐주시는 이성규 선생님께 감사드린다. 선생께서는 이번에도 송구하게 내가 보낸 원고의 일부를 읽어주시며 비판과 격려를 보내주셨다. 선생님과의 인연은 학부시절 1978년 중국 고대사 수업부터 시작된 것으로 기억된다. 대학을 졸업한 후에도 선생을 가끔 찾아뵙고 계속 가르침을 받을 수 있었으니 짧은 인생에서 행복한 일의 하나이다. 이 책은 대개 선생으로부터 배운 중국사 수업을 밑바탕 삼아 이미 고인이 된 시라카와 시즈카의 한자학 및 제임스 프레이저의 인류학 등을 접목해 한자의 역사를 새로 써 보려고 한 것이다. 이성규 선생은 프레이저의 『황금가지』를 고등학교 시절에 원서로 읽고 거기서 자극을 받아 중국 고대사를 전공하게 되었다는 말씀을 하신 적이 있다. 그러한 말씀이 일찍이 나에게 자극이 되어 결국 케임브리지 대학에서 프레이저의 출판 100주년 기념으로 나온 2012년 간본을 구입해 이 책에서 활용하기로 한 것은 또 하나의 행복한 일이다. 몇 년 전 선생께 이 책을 구입해 공부하려고 한다 말씀드렸더니 선생님답게 크게 격려해주셔서 기뻤다.

또 늘 격조 있는 자세와 유머의 마음을 잃지 않고 내 작업에도 많은 관심을 기울여 준 오랜 학우 김유경 선배와 만사(晩史) 유광호 박사에게도 고마움을 전하고 싶다.

그리고 이 책의 초고를 편집하는 데 최선을 다해 도와준 나상훈 군에게 진심으로 감사의 말을 전하고 싶다. 또 어렵게 일본의 지인을 통해 일본 고서점에 있는 자료를 구입해 주신 남이숙 교수에게 감사드린다. 역시 귀중한 간독 자료를 선뜻 제공해 준 임병덕 교수에게도 사의를 표한다. 또 군산대 도서관의 정성미 선생과 여러분께 감사드린다. 상호대차는 전국의 도서관을 연계해서 척박한 지방대학 환경을 개선한 효력이 있지만, 아직도 부족한 부분이 많다. 그러한 가운데 말로 다할 수 없는 부분 애써 주신 데 대해 이 자리를 빌려 감사드린다. 그리고 2016년에 '한자문화의 역사' 강의를 들어준 군산대 사학과 학생들에게 감사한다. 사실 이 책을 내게 된 직접적 동기는 학생들이 강의에 대해 보여준 열정적인 반응 덕분이었다. 한자라면 뒷걸음질치던 학생들이 참으로 고맙게도 한자에 재미를 붙이고 신이 나서 강의를 들어주었던 것이다. 내 강의를 선택한 것이 신의 한 수라며 좋아하던 학생도 있어서 나도 책을 쓰게 되었는데, 이것이 신의 한 수가 되지는 못하겠지만 학생들의 기대를 저버리지 않기를 바랄 뿐이다.

말이 나온 김에 한마디 한다면 한일 문화교류 2,000년이 되었는데, 인터넷사이트는 구비하고 있으면서도 지리적으로 가장 가까운 이웃나라 학자에게 고서를 판매하지 않는 일본고서점협회에 대해 항의 한마디 하고 싶은 바이다. 개점휴업이나 마찬가지 상태인 아마존 일본 사이트의 고서판매도 마찬가지이다. 조선시대에 세종대왕에게 고려대장경 동판까지 달라고 그렇게 사정하던 사람들의 후손이 세종대왕의 후예를 이렇게 박대한다는 것은 개구리가 올챙잇적 시절을 모르는 척하는 것처럼 참으로 인지상정으로 할 수 없는 일이며, 동양학을 한다는 나로서는 동양학을 하는 소이연을 스스로 자문하게 하는 심각한 사연이 아닐 수 없다. 동양은 이래저래 서양의 문화적 식민지가 아니겠는가 자탄해 마지않는 바이다. 요컨대 자유정신이 없는 까닭이라고 생각한다. 이 책의 출발점이 된 시라카와 선생의 어떤 강연글에서도 문득 일본은 미국의 속국이라고 힘주어 말하는 대목을 보고 새삼스레 놀랐던 기억이 있다. 아마 다른 이유에서이겠지만 해방된 대한민국은 스스로를 일본이나 미국의 속국이라고 생각하지 않을 것임에도 고서판매에서 보듯 이웃을 이웃으로 인정하지 않는 일본이라는 나라의 존경스런 지식인은 스스로를 속국이라 생각하고 있으니 무어라 할 말이 없다. 얼핏 공자에게서 보였던 호학(好學)과 사문(斯文)의 갈등의 그림자가 당대의 석학에게서도 보이는 것은 아닌지.

끝으로 이 책의 출판을 맡아준 도서출판 길의 박우정 대표와 이승우 편집장 그리고 편집에 많은 노고를 기울여주신 김춘길 선생께 감사의 말씀을 드린다. 이 책의 모태가 된 『상용자해』(常用字解)도 도서출판 길에서 같이 출간될 예정이니 더 많은 한자의 내력은 『상용자해』에서 만날 수 있을 것이다. 개인적인 희망은 이 책이 『상용자해』라는 경이로운 사전을 펼쳐보게 할 계기가 되었으면 하는 바람이다.

2021년 가을을 바라보며
聽蟬齋에서
박영철

차례

일러두기

1. 이 책의 한자 자해(字解)에 대한 설명은 白川靜, 『常用字解』(第2版), 東京: 平凡社, 2012에 따르며 특별히 주기하지 않는다.
2. 한자의 자형에서 갑골은 갑골문자를 말한다. 갑골문자는 한자의 최초 형태이며 거북이의 딱지나 짐승의 뼈 같은 딱딱한 것에 예리한 칼로 새겨 넣은 직선형 문자이다. 금문은 은주시대에 청동기를 주조하는 과정에서 내벽에 붙여 주조한 곡선의 문자이다. 주문(籀文)은 대전(大篆)이라고도 하는데 서주시대의 글자체이다. 전문(篆文=小篆)은 진이 천하를 통일한 이후에 만든 글자체로 대전을 간략히 한 것이다. 고문은 전국시대 육국의 글자이다.
3. 중국 인명은 시진핑(習近平) 등의 예외를 제외하고 모두 한자음으로 표기한다.

서론

바벨탑과 창힐신화

언어는 인간이 사회적 동물이라는 최대의 증거이고 그 표현이다. 언어로써 인간은 만물을 표현하고 그 표현 수단인 언어로 자신과 세계를 관계적으로 표현할 수 있게 된다. 인간과 사물, 자연, 그리고 신까지를 하나로 관계지을 수 있는 언어와 그 언어의 표현 양식인 문자가 만들어짐으로써 인간은 지구상의 영장류로 등장하게 되고, 이른바 인류의 문명사가 시작되었다. 언어의 1차적인 목적이 의사소통에 있음은[1] 굳이 언어학자의 말을 빌리지 않아도 알 수 있는 일일 것이다. 다만 언어학자가 "감사합니다", "미안합니다"와 같은 매우 일상적인 말 속에도 주술적인 의미가 담겨 있다고 하는 데는 귀를 기울일 필요가 있다. 예를 들면 기독교의 성직자가 세례식에서 "나는 주님의 이름으로 당신에게 세례를 베풉니다"라고 말하기 전까지는 기독교인이라 할 수 없다고 한다.[2] 성직자의 의례적 언어에서 일상어

1 데이비드 크리스털, 서승순 옮김, 『언어의 역사』, 소소의책, 2020, 342쪽. 이후 동일한 책을 인용할 경우에는 '저자, 책명, 쪽수'만 표기한다.

2 데이비드 크리스털, 『언어의 역사』, 349쪽.

에 이르기까지 사람의 말이 갖는 주술적 힘은 고대 중국에 풍성히 존재했다고 하는 언령(言靈)사상을 떠올리게 한다.[3] 언령이란 말의 주령(呪靈)이고 주령이란 주술적인 영적 능력인데, 원시인들은 말에도 그런 힘이 있다고 생각한 것이다. 언령의 힘을 가장 드라마틱하게 보여주는 예는 기독교의 신이 보여주는 천지창조일 것이다.

구약성경 「창세기」에는 신께서 빛이 있으라고 말함으로써 빛이 생겼다고 한다. 그렇게 신의 말과 함께 천지 사물은 존재하게 되었다. 태초에 신이 창조한 천지가 신의 말로 창조되었다는 것은 말의 영성(靈性)이나 신성성(神聖性)을 잘 보여준다. 그 후에 문자가 생겨나게 된 것은 인류 문명사에 하나의 획기적인 전환점이다.

인류 4대문명이라고 하는 메소포타미아, 이집트, 인도, 황하문명은 모두 상형문자로 출발했다. 고대 상형문자는 모두 사멸했는데(아니 고대문자는 사멸했다기보다는 메소포타미아의 설형문자나 이집트 신성문자에서 진화해 현재의 알파벳이 되어 영어라는 세계의 공용어가 되어 있다), 이에 비해 유라시아 대륙의 동쪽 중국에서 한자문명이 지금까지 살아남아 한자가 쓰이고 있는 것은 경이로운 일이다. 그것은 어떻게 된 일일까?

중국문명의 지속성에 대해서는 수많은 학자가 이야기해 왔지만, 한자는 곧 중국문명의 지속성과 연관된 핵심적인 키워드라고 할 수 있다. 인류문명의 역사는 대개 편리와 실용을 추구하면서 진행되어 왔다. 문명의 발달에 따라 인간사회가 복잡해지면서 어느 때부터인가 인간은 자신의 문명관리를 아날로그 방식에서 디지털로 점점 변환하기 시작한 것 같은데, 그 최초의 현상을 문자가 상형문자에서 알파벳으로 기호화한 사건에서 찾을 수 있지 않을까? 지금 세상은 4차 산업혁명의 시대라고 하지만, 그것은 정보화의 변혁을 의미하는 것으로, 최초에 문자가 나타났을 때 세상에 준 충

3 白川靜, 「中國古代の民俗」, 『白川靜著作集 7』, 東京: 平凡社, 2000, p. 303.

격은 현재의 4차 산업혁명 이상으로 큰 충격이었을 것이다. 언어와 문자에 관련된 성경의 바벨탑이나 중국의 창힐신화는 문명 발달에서 경천동지의 단계를 상징하는 이야기라고 생각된다.

중국은 다른 문화권과 비교해 신화가 결핍한 것으로 알려져 있지만 문자에 관련된 신화로는 유명한 창힐신화가 있다. 그 내용은 "창힐(蒼頡)이 문자를 만들자 하늘이 비를 뿌리듯 곡식을 내리고 귀신이 밤에 울었다"[4]는 짤막한 것이지만, 이것이 중국 문자의 지속성에 대한 하나의 단서를 주는 것은 아닐까 생각해본다. 대항해시대 이후 동양에 출현하면서 중국을 비롯해 동양의 언어를 접하기 시작한 유럽인들은 한자가 이집트 문자처럼 오래되었으면서 한자를 통해 동양 제 민족이 의사소통이 가능하다는 것을 보고, 한자에서 바벨탑시대의 완전언어의 꿈을 꾸기도 했다.[5] 이러한 열정들은 머지않아 머나먼 극동의 중국에까지 퍼져오게 되는데, 상형문자로 살아남은 한자의 본질을 생각하는 데 흥미로운 역사적 사건이라 아니할 수 없다. 특히 종교개혁으로 유럽이 정신적으로 분열하고 재탄생하던 16세기 이후 동양을 찾아온 마테오 리치 같은 예수회 선교사들의 견문이 전해지면서 중국 한자야말로 아담 이래 신성한 완전언어의 흔적이라고 생각하기도 했다.[6] 우선 성경이 전하는 바벨탑신화부터 살펴보기로 하자.

> 온 땅의 언어가 하나요, 말이 하나였더라. …… 그들이 이르되 자, 우리가 우리를 위하여 도시와 탑을 세우고 탑의 꼭대기를 하늘에까지 닿게 하며 우리가 우리를 위하여 이름을 내고 이로써 온 땅에 널리 흩어짐을 면하자, 하더라. 야훼께서 사람들의 자녀들이 세우는 도시와 탑을 보려고 내려

---

4 『淮南子』 卷8, 「本經訓」: "昔者蒼頡作書, 而天雨粟, 鬼夜哭."

5 데이비드 E. 먼젤로, 이향만 외 옮김, 『진기한 나라 중국: 예수회 적응주의와 중국학의 기원』, 나남출판, 2009.

6 데이비드 E. 먼젤로, 『진기한 나라 중국: 예수회 적응주의와 중국학의 기원』.

오시니라. 야훼께서 이르시되, 보라. 백성이 하나요, 또 그들이 다 한 언어를 가지고 있으므로 이 일을 하기 시작하니 이제 그들이 하려고 상상하는 어떤 일도 막지 못하리라. 자, 내려가서 그들의 언어를 혼잡하게 하여 그들이 서로의 말을 알아듣지 못하게 하자, 하시고 이처럼 야훼께서 거기서부터 그들을 온 땅에 널리 흩으셨으므로 그들이 그 도시 세우기를 그쳤더라. 그러므로 그 도시의 이름을 바벨이라 하였으니 이는 야훼께서 거기서 온 세상의 언어를 거기에서 뒤섞어 놓아 사람들을 온 세상에 널리 흩으셨기 때문이라.[7]

바벨은 성경의 신화에서 혼란이라는 뜻으로 쓰이기도 하는데, 어원을 소급하면 아카드어로 신전의 입구(Gate of God)라는 뜻이라고 한다.[8] 문명, 즉 언어의 발생이 신과의 갈등으로 설명되고 있다. 그리고 기독교공동체의 독실한 유럽 지식인들은 종교개혁 이후 분열된 유럽 사회를 배경으로 바벨탑신화를 회상하며 바벨탑 붕괴 이전의 아담이 말했던 언어를 신이 준 완전언어로 생각하고 그 흔적을 찾으려 노력했던 것 같다. 유럽인들이 보편언어를 찾는 노력은 유럽권에 머무르지 않았다. 특히 성경의 바벨탑신화와 비교해 볼 때 더욱 그러한 것 같다. 바벨탑신화와 관련해 유럽인들이 바벨탑 붕괴 이전 아담의 신화적인 완전언어를 찾으려는 환상적 노력을 유럽의 탄생 이래 멈추지 않은 것은 경이로운 일이다.[9]

---

7 「창세기」 11장. 『공동번역 성서』, 대한성서공회, 1977; 『킹제임스 흠정역 성경전서』, 그리스도예수안에, 2006 참조.

8 아카드어로 어원을 소급하는 것에 비판적인 견해도 있다. 아카드 어원은 사실은 비셈족 기원의 뜻이 불명한 'Babilla'라는 오래된 말의 아카드식 변형이라는 것이다. 이를 주장하는 논자는 바벨이라는 이름이 히브리어로 혼란을 의미하는 동사 'בָּלַל'(bālal)에서 왔다고 한다. John Day, *From Creation to Babel: Studies in Genesis 1~11*, Bloomsbury Publishing, 2014, pp. 179~80 참조. 바벨의 다른 기원에 대한 이 문헌을 소개해 준 나상훈 선생에게 감사드린다.

9 Umberto Eco, *The Search for the Perfect Language*, Oxford: Blackwell, 1995

완전언어를 찾는 사람들에게 한자에 대한 자료를 제공한 예수회 선교사 마테오 리치(1552~1610)도 한자가 알파벳과 달리 표의문자로서 갖는 높은 국제어적 가치를 인정했고,[10] 그 후배 니콜라스 트리고(1577~1628)는 한자를 알파벳으로 음사(音寫)하는 최초의 작업을 중국인 학자 왕징(王徵)과 함께 협업으로 추진해 『서유이목자』(西儒耳目資)를 출간하는 획기적인 사건도 있었다.[11] 이는 20세기 중국에서 일어난 신문화운동으로 전개된 한자의 로마자화운동의 먼 선구적 작업이 되는 것으로 주목된다. 완전언어를 찾아 나선 사람 중에 주목할 만한 사람인 예수회 선교사 아타나시우스 키르허(1601~80)는 처음에 한자는 노아의 후손이 전파한 문자라고 생각했다. 노아의 아들 함의 손자가 이집트 신성문자를 발명했고, 그 이집트의 이민들이 중국에 와서 만든 것이 한자라는 것이다.[12] 그리고 이집트 문자와 한자를 비교한 끝에 키르허는 한자는 신성한 문자가 아니라는 결론을 내렸다. 한자에는 신성한 요소가 없으며, 진리의 불가해한 깊이를 숨기고, 세속의 눈으로부터 차단할 아무것도 없으며, 일상의 소통을 위한 세속적인 수단이라는 것이다.[13]

크리스토퍼 콜럼버스의 '아메리카 발견'을 기점으로 시작된 대항해시대 이후 예수회 선교사들이 보여준 집요할 정도의 노력들은 아담 이래 자신들의 원죄를 속죄하려는 종교적인 구원에 대한 강박적인 열망과 함께 경탄스러울 정도의 지적인 호기심을 보여주는 것이어서 놀라운 바가 있다. 그

참조.

10 히라카와 스케히로(平川祐弘), 노영희 옮김, 『마테오 리치』, 동아시아, 2002, 72~77쪽, 한자 문제 참조.

11 다케다 마사야(武田雅哉), 서은숙 옮김, 『창힐의 향연』, 이산, 2004, 116~44쪽 참조.

12 다케다 마사야, 『창힐의 향연』, 78~79쪽. 튀르고의 한자관에 대해서는 데이비드 E. 먼젤로, 『진기한 나라 중국: 예수회 적응주의와 중국학의 기원』, 234~55쪽 참조.

13 Umberto Eco, *The Search for the Perfect Language*, Blackwell, 1995, p. 161.

들은 중국에서까지 아담의 완전언어를 찾으려 했지만 그들의 노력은 결국 실패로 끝났다. 그러나 전혀 성과가 없었던 것은 아니고, 유럽이 중국의 또 다른 문자에서 영감을 얻어 새로운 완전언어를 발명하는 데 성공한 것이 아닌가 하는 생각도 든다. 대항해시대의 서세동점 이래 키르허 같은 이는 바벨탑 붕괴 전의 신화적 언어를 찾아 한자의 신비에 도전했다가 실망하기도 했지만 마테오 리치는 현지의 문화를 몸에 익히면서 좀더 차분한 태도로 한자가 갖는 표의문자의 공용성에 주목했다. 그 후배인 트리고가 한자의 표음화를 처음 시도한 것은 이미 말했지만, 라이프니츠는 『주역』 괘사(卦辭)의 음양효(陰陽爻)의 모양에서 자신이 발견한 이진법과 유사한 원리를 발견하고, 『주역』의 저자로 알려진 복희씨를 신성문자의 발명자인 헤르메스 트리스메기스투스(Hermes Trismegistus)와 동일인물이라고 말했다고 한다.[14] 복희씨는 창힐과 함께 문자를 발명한 전설적 존재로 거론되는 신적 존재이기도 하다. 『주역』 괘사의 음효(陰爻)와 양효(陽爻)의 이분법은 건괘(乾卦)에서 시작해서 미제괘(未濟卦)로 끝나는 것으로 되어 있지만, 이를 기호학적으로 보면 0과 1의 이진법으로 변환할 수 있는 체계가 된다. 순환적인 체계는 또 무한한 직선적인 수의 세계로 바뀌기도 한다. 오늘날 인터넷 하이퍼텍스트의 원리가 이진법에서 비롯된 것이 라이프니츠에서 시작되고, 라이프니츠는 『주역』에서 영감을 얻었다고 한다면, 그리고 인터넷의 발달로 인한 AI가 인간의 지능을 뛰어넘는 4차 산업혁명 이상의 세계를 열어 인간이 신의 세계에 근접하고 있다고 한다면 한자문명 속에는 바벨탑시대의 신성문자가 남아 있는지도 모른다.

유럽인들의 언어 탐구를 볼 때 중국인들의 문자에 대한 탐구는 전혀 대조적이다. 언어문자에 대한 연구는 소학(小學)이라 불리는 이름 자체가 가

---

14 Umberto Eco, *The Search for the Perfect Language*, p. 286. 아타나시우스 키르허는 노아의 손자 네스라임(함의 아들)의 상담고문으로서 헤르메스 트리스메기스투스가 있었다고 한다(데이비드 E. 먼젤로, 『진기한 나라 중국: 예수회 적응주의와 중국학의 기원』, 235쪽).

리키듯 대수로운 학문이 아니었다. 바벨탑의 완전언어가 주는 메시지와는 달리 "문자를 만들자 하늘이 비를 뿌리듯 곡식을 내리고 귀신이 밤에 울었다"는 창힐신화에는 언어에 의해 갈라진 종족의 불통은 전혀 보이지 않는다. 얼핏 보기에 창힐신화는 바벨탑의 저주와는 반대로 신에 대한 인간문명의 승리를 선언하는 활기찬 것으로 보이지만 반드시 그렇지는 않다.

창힐은 전설적인 문화영웅인 황제 때의 사관(史官)으로 전해지는데, "창힐이 문자를 만들자 하늘이 비를 뿌리듯 곡식을 내리고 귀신이 밤에 울었다"는 것은, 일반적으로 문명국가의 중요한 요소로서의 문자 권능을 상징하는 이야기일 것이다. 그런데 이 부분에 대한 고유(高誘)의 주석을 보면 이는 반드시 문명에 대한 일방적인 예찬이 아니라 문명의 부정적인 면을 들추고 있다.

> 창힐이 처음 새 발자국을 보고 서계(書契)를 만드니 거짓과 속임이 싹트게 되었다. 거짓과 속임이 싹트니 본업을 버리고 말업을 좇아 경작을 버리고 조그마한 이익에 힘쓰게 된다. 하늘이 장차 굶주릴 것을 알고 그래서 곡식비를 내리고 귀신은 문서로 탄핵될까 두려워 그래서 밤에 울었다. 귀(鬼)는 어떤 사람은 토끼(兎)라고 하는데, 토끼가 털을 뽑혀 붓을 만드는데 쓸까봐 밤에 울었다는 것이다.[15]

고유의 주석은 문명에 대한 철저한 부정이다. 신석기시대에 농경이 시작되면서 사회 내부에 생기는 계층 간의 갈등이 문자의 발명에 따라 더 증폭되는 상황을 묘사하는 것처럼 보인다. 농경보다 상업 등이 발달하면서 오히려 농업생산이 줄어들면 곡식이 줄어들 것이기 때문에 하늘이 곡식비를 내렸다고 해석한다. 그런데 문자를 만들어낸 인간문명의 능력은 귀신도

15 張雙棣, 「本經訓」, 『淮南子校釋』 卷8, 北京大學出版社, 1997, p. 831, 注 13.

두려워할 정도였던 것 같은데, 고유는 귀신이 탄핵될까 울었다고 해석하고 있기 때문이다. 이 점에서도 중국문명은 인간 중심적인 면을 보이고 있는데, 『회남자』(淮南子)의 맥락에서 이 신화를 다시 보면 문명의 영고성쇠(榮枯盛衰)를 말하고 있다. 창힐신화를 전하는 『회남자』에는 뒤이어 순임금 때의 백익(伯益)이라는 인물이 우물을 만들자 용이 구름을 타고 날아오르고 신들은 곤륜산으로 숨었다는 이야기가 이어진다. 『회남자』의 창힐신화는 "다능해질수록 점점 박덕해진다"는[16] 말과 함께 도가(道家)적 입장에서 부정적으로 서술되고 있지만,[17] 문자의 발명이 귀신을 배척하는 인간문명의 승리를 표상하는 상징으로 이야기된다는 점에서 바벨탑신화와는 역시 대조적이다. 또한 우물을 만들자 용이 사라지고 신들이 숨었다는 이야기와 함께 "다능해질수록 점점 박덕해진다"는 비판적 어조는 관개수로의 건설에 따른 자연환경의 파괴를 말하는 것으로 보이는데, 2,000년 전의 생태론적 관점에서 문명비판론이라 할 만하다.

『회남자』「태족훈」(泰族訓)은 사물의 성쇠 법칙을 들어 신농씨 이래 문물의 변화를 논한다.

> 신농이 처음 거문고를 만들었을 때는 신에게 돌아갔는데 정도가 지나치자, 천심(天心)에 반하게 되었다. 창힐이 처음 문자를 만들어 백관을 구별해 다스리고 만사를 관리했다. 어리석은 자는 이로써 잊지 않을 수 있었고,

16 『淮南子』 卷8, 「本經訓」: "能愈多而德愈薄矣."

17 앞의 「본경훈」(本經訓)에 나오는 창힐신화의 주석이 문명의 어두운 면을 들추고 있다고 지적했지만, 「본경훈」 본문에도 창힐신화 바로 앞에 다음과 같이 유가적 인의예악을 부정적으로 보는 입장을 전제한 후에 창힐신화가 나오고 있음을 주의할 필요가 있다. "인의를 세우고 예악을 닦으면 덕은 옮겨져 거짓이 된다. 거짓이 생기면 지식을 꾸며서 어리석은 이를 놀라게 하고, 거짓을 늘어놓아 윗사람을 속이게 된다. (이렇게 되면) 천하를 지킬 사람이 있겠는가, 천하를 다스릴 사람이 있겠는가?" 마지막 문장은 "有能持之者, 有能治之者也"의 '也'를 '邪'로 고쳐 반문으로 읽어 해석한다. 張雙棣, 『淮南子校釋』, p. 830, 注 12 참조.

지혜로운 자는 이로써 원대한 생각을 기록할 수 있었다. 그러나 쇠퇴하게 되어서는 함부로 위조문서를 만들어(奸刻僞書) 죄 있는 사람도 풀어주고 죄 없는 사람도 죽이게 되었다.

문자가 본래 관료행정을 위해 필수적인 기록 수단에서 죄 있는 사람도 풀어주고 죄 없는 사람도 죽이게 되는 그릇된 문자행위로 변질된 것은, 『설문해자』(說文解字) 서문에 밝힌 대로 허신이 개탄해 『설문해자』를 저술했던 동기와 다를 바가 없다.[18] 이처럼 창힐신화와 관련해 다능과 박덕의 비극적 대비나 위조문서로 인한 부정한 행위 등의 기술은 창힐신화에 문명적 성공의 찬양과 함께 그 부정적 측면의 풍자라는 양면성이 있음을 보여준다.

창힐신화에서는 바벨탑신화와 대조적으로 주도권이 신이 아니라 인간적인(눈이 네 개라고 해도 능력이 탁월한 황제黃帝의 사관에 불과하다) 창힐에게 있고,[19] 창힐신화가 의미하는 바는 문명의 성숙에 동반된 내재적인 혼란을 경고하는 것이라고 생각된다. 사실 역대 왕조의 말기마다 폭발되는 반란은 『회남자』의 경고가 실현된 것이라고 보아도 무방할 것이다. 한자의 창조

18 아쓰지 데쓰지(阿辻哲次), 심경호 옮김, 『한자학: 『설문해자』의 세계』, 보고사, 2008, 122쪽.

19 창힐신화에도 여러 가지가 있어서 창힐은 황제의 사관이라는 설 외에 그 자신이 황제였다는 설도 있다. 그래서 화상석이나 동경 중에는 창힐이 신농과 함께 그려져 있는 경우가 있다. 다케다 마사야, 『창힐의 향연』, 32~34쪽; 林巳奈夫, 『漢代の神神』, 京都: 臨川書店, 1989, pp. 34~40 참조. 그러나 이것은 시기적으로 사관설보다는 후에 생긴 설일 것이다. 왕충(王充)의 『논형』(論衡) 제3권 「골상」(骨相) 편에 나오는 창힐의 눈이 네 개라 하는 것도 창힐의 신격보다는 오히려 인간적 능력의 비범함을 부각하는 것이고, 신이라면 구태여 이런 모습까지 할 필요는 없을 것이다. 창힐묘비(蒼頡墓碑)에는 "창힐은 하늘이 덕을 대성인에게 주어 네 개의 눈이 신령스레 빛나니 백왕(百王)을 위해 작헌(作憲)하다"(黃暉 撰, 『論衡校釋』 1, 北京: 中華書局, 1990, p. 112, 蒼頡四目爲黃帝史, 주석 참조)라고 기술되어 있다. 황제의 사(史)였던 창힐이 백왕을 위해 작헌한다는 것은 창힐의 문자가 의사전달하는 데 표준 역할을 했음을 의미한다고 생각된다.

자로 알려진 창힐은 눈이 네 개라 하는데, 한자는 상형문자이고 보는 것을 본질적 요소로 하는 소통 수단이다. 만약 알파벳 창조에 창힐과 같은 존재가 있다고 한다면 그는 귀가 네 개 달린 존재로 그려졌을지도 모른다. 필경 알파벳은 대중의 수많은 지혜의 교류를 통해 나온 산물이기 때문이 아닐까 생각해 본다. 그 점에서 신화의 나라 그리스에서 그 수많은 신화전설에도 불구하고 문자와 관련된 신화의 주인공이 없다는 것은 의미심장한 일이다. 눈이 네 개 달린 존재가 만든 문자이니만큼 보통사람이 이해하기에 어렵게 만들어져서 눈이 두 개 달린 보통사람의 관점에서 한자에 쉽게 다가가 보려고 한 사람들의 노력이 중국 문자사의 중요한 부분을 차지한다.[20] 이것은 그만큼 중국의 문자, 한자가 얼마나 쓰기에 불편한 문자인지를 말해주는 것이다.

그런데 중국 문자사를 돌이켜보면 진시황제의 문자통일 이래 한자개혁을 주장하는 개혁론은 근대 이전에는 제기된 적이 없는 것 같다. 그런 점에서 대항해시대 이후 종교개혁의 여파로 예수회 선교사가 극동에 와서 한자의 로마자화가 시도된 것은 주목할 사건이었다.

아마 전례 문제로 예수회 선교사가 추방되지 않았다면 중국의 문자개혁이 좀더 속도가 빨라졌을지도 모르지만, 그 외에 언문불화(言文不和)의 문제가 있었다. 예를 들면 청대에 와서 강력한 독재체제를 구축한 것으로 유명한 옹정제(雍正帝, 1723~35) 때 표준어(正音) 보급운동이 정부 주도로 전개된 것이 주목된다. 후술하겠지만 옹정제 때 황제는 복건과 광동 지방의 관리와 접견한 결과 의사소통이 거의 불가능한 것을 알고, 이 두 성에 대한 표준어 교육을 지시한 것이다. 요새로 말하면 지방 사투리 쓰는 관리들에게 표준어 교육을 시킨 것이다. 중국에서 가장 강력한 독재권력을 휘둘렀던 것으로 평가되는 옹정제의 치세에도 지방의 통치가 만만치 않았는

20 다케다 마사야(武田雅哉)의 『창힐의 향연』은 이런 노력의 역사를 흥미롭게 잘 정리한 저작이다.

데, 그 이유는 기본적인 소통 수단인 언문(言文)의 부조화에 있었다는 것을 보여준다. 넓은 영토인만큼 관인들끼리의 언어인 중국의 라틴어에 해당되는 관화(官話)조차도 수도 북경에서 먼 장강 너머 남방에서는 소통이 안 될 정도였으니 서민들 간의 의사소통 수준은 어떠했을지 짐작이 간다. 중국의 남방어와 북방어 사이의 언어 격차는 유럽의 게르만어와 로망스어의 격차보다 크다고 이야기되기도 한다. 이렇게 큰 격차에도 불구하고 중국이 진시황의 문자통일 이래 2,000년 동안 통일체제를 유지해 왔다는 것은 그야말로 문자통일의 힘에 의한 기적과도 같은 일이라 할 수 있을 것이다. 이렇게 관과 민의 차이가 크다는 것이 중국 문화의 큰 특징이라 할 수 있다. 그러나 옹정제의 정음운동(正音運動)에서 드러나듯이 제국의 유지는 내부적으로 언문불화의 모순을 안고 있는 것이었고, 왕조 말기마다의 반란은 이와 무관하지 않았을 것이다. 언문불화는 중국 정치의 관민격벽(官民隔壁), 중앙과 지방의 불통과 병행하는 현상이다. 옹정제의 정음정책은 20세기 초에 전개된 백화운동의 선구라고도 할 수 있는데, 완전언어의 추구에 그토록 열정을 보인 예수회 선교사들이 중국 내부의 언문불화의 모습에는 주의를 기울이지 못한 점을 탓할 수는 없을 것이다. 그들 자신이 구어 중국어에 불통이었기 때문이기도 하고, 유럽에는 없는 한자가 갖는 상형적인 외모와 국제 공용어로서의 효율성에 우선 압도되었기 때문일 것이다. 요컨대 문명국가를 건설하는 데 문자는 불가결한 것이지만, 그 가운데 같은 제국이라고 해도 문자가 알파벳인가 한자인가에 따라 시스템의 운영방식이 다를 것이다.

알파벳인가 한자인가라는 문자의 속성과 관련해서도 창힐신화와 바벨탑신화는 대조적인 점이 있다. 창힐신화가 주로 새 발자국을 보고 문자를 만들었다는 한자의 상형문자적 속성을 말하는 것에 비해 바벨탑의 경우는 구어가 이야기의 중심에 있는 것이다. 중국은 교과서에서 국시처럼 진시황 이후로 "통일적 다민족국가"를 강조하지만,[21] 사실 전한시대 역사서인 사마천(司馬遷)의 『사기』(史記)부터가 「오제본기」(五帝本紀) 이래 통일적인 역사서술을 하고 있는 편이다. 그런데 바벨탑신화는 구약성경 「창세기」 11장에 나오는 이야기이지만, 「창세기」 10장에는 바벨탑 붕괴의 신화 이전부터 노아의 형제들을 비롯해 다양한 어족들로 집단들이 나뉘어 생활하고 있었다는 것이 이야기되고 있다. 그래서 사실 바벨탑의 붕괴는 여러 민족의 국제적 공동작업이 무언가 손발이 안 맞은 결과가 아닌가 상상할 수도 있을 터이다. 예를 들면 이런 상상이다.

바벨탑신화의 경우 의사불소통의 문제로 바벨탑의 붕괴를 말하고 있지만, 중국의 경우 만리장성이 무너졌다는 전설은 없다. 만리장성의 축조에 동원되어 죽은 남편을 찾아 온 맹강녀의 울음 앞에 장성이 무너졌다는 맹강녀 전설이 전해져 올 뿐이다. 바벨탑의 붕괴와 만리장성의 축조는 어떻게 설명할 수 있을까? 바벨탑에서는 언어의 혼란이 생겼지만 만리장성에서는 그런 문제는 보이지 않는다. 아마 바벨탑과 같이 하늘까지 닿을 초고층 건축물을 짓는 경우에는 외부의 이민족 노동자들의 노동까지 필요하게 되면서 의사소통의 문제가 발생했을 것이고, 임금 미불 등의 불화가 싸움이나 소송이라는 사회적 소요로까지 발전하면서 공사가 중단되었던 것은 아닐까 하는 생각도 든다. 그렇다면 이에 비해 인공위성에서 육안으로 보이는 유일한 건축물이라는 만리장성이라는 거대한 건축물의 경우는 어떻게 설명될 것인가? 한자의 경우 그 어려운 소수 특권층의 문자를 일반 건축노동자들에게 이해하라고 하면 과연 알 수 있었을까 하는 문해력(literacy)의 문제가 남는다. 아마도 이것은 관료행정의 대표적인 산물일 것이다. 황제를 정점으로 위에서 아래로 내려오는 일사불란(一絲不亂)하고 질서정연한 명령체계, 즉 관료주의적 문서행정에 의해 징발된 대중의 피땀으로 조성된 건축물인 것이다. 장성의 건축 뒤에 백성 사이에 전해져 오는 맹강녀 설화

21 박영철, 「중국 고등학교 역사교과서의 중세사 서술 분석」, 동북아역사재단 기획연구 44, 『중국고등학교 역사교과서의 현황과 특징』, 동북아역사재단, 2010.

는 그 인민의 원한을 반영한 것이며, 만리장성이 지상 최장의 공동묘지라는 비난은 가장 명쾌한 일격이다.[22] 여기서 나는 이렇게 생각해 본다. 신을 찬미하는 바벨탑이든 외적을 방어하기 위한 장성이든 수많은 인민 대중의 의사소통 없이 건축하기는 불가능했을 것이다. 그러나 바벨탑의 경우 실패로 끝났고 만리장성의 경우 성공한 것은, 바벨탑의 경우 여러 민족 대중이 각각 자신의 알파벳을 갖고 독자의 의사소통을 통해 나름대로의 집단행동으로 톱다운 방식의 대형 건축물의 조성에 저항했기 때문이라면, 만리장성의 경우 자신의 알파벳 없이 지배층의 단순명령에 예속된 결과가 아닌가 하는 것이다. 인민은 원망하되 저항하지 못했다. 효과적으로 집단을 조직해 저항하지 못했다. 그들만의 문자가 없었기 때문이다. 그들만의 네트워크가 없었기 때문이다. 아직 민중은 자신들의 문자를 가질 정도의 능력을 갖추지 못했다. 그리고 한자라는 지배층의 문자는 그들이 공유하기에는 너무 어려운 문자였다. 만약 알파벳이었다면 이야기가 달랐을 것이다.

바벨탑신화에는 다양한 언어와 민족의 존재가 일상적 배경을 이루고 있다는 사실이 중요하다. 그리고 이것은 헬레니즘문명이나 로마 제국 시기에도 저류에 흐르고 있다가 제국이 붕괴하면 자기 모습을 드러낸다. 그것이 유럽의 중세이며 근대이다. 이 점과 관련해 예리한 움베르토 에코의 설명에 귀를 기울일 필요가 있다. 에코는 그리스어가 공용어였던 헬레니즘문명이나 라틴어가 공용어였던 로마 제국에서처럼 국제어를 가진 문명은 언어의 다양성에 대해 걱정할 필요가 없다고 말한다.[23] 그러나 에코는 11세기 아일랜드 문법학자들이 문어 라틴어에 대해 구어 게일어 문법을 들고 나선 것을 예로 들어 유럽은 로마 제국 붕괴 후 새로운 언어들의 바벨적인

---

22 Chris Brazier, *The No-nonsense Guide to World History*, New Internationalist, 2006, p. 26.

23 Umberto Eco, *The Search for the Perfect Language*, p. 11.

혼란 상태로서, 속어의 형태로서 처음 모습을 나타냈다고 말한다. 즉 아일랜드 문법학자들에 의하면 바벨탑의 물질적 원료는 진흙, 물, 양모, 피, 목재, 라임, 피치, 리넨, 역청인데 이들은 (아일랜드어의) 명사, 대명사, 동사, 부사, 분사, 접속사, 전치사, 감탄사를 표현한다는 것이다.[24] 이것은 바벨탑의 혼란을 극복하고 신이 준 아담의 언어를 자신들이 회복한 긍지를 담은 아일랜드 학자들의 애국적 발언으로 평가할 수 있을지도 모른다. 유럽은 이처럼 출발부터 속어로 태어나서 문어문화와 충돌해 언어의 분열이라는 드라마에 직면했고, 유럽문화는 다언어 문명의 운명에 대한 반성으로서 대두했으며,[25] 이미 2세기부터 그리스어와 라틴어가 경험의 전체성을 조화롭게 표현한 유일한 언어는 아니라는 회의가 생겨났다.[26] 이후 유럽에서는 다양한 국적의 학자들에 의해 아담의 언어라는 보편언어를 찾기 위한 노력이 전개되어 왔는데, 바벨탑신화가 주는 저주라는 부정적 이미지에서 벗어나 바벨의 혼란 그 자체를 문명의 진보로 파악하는 긍정적 현상은 역시 18세기 계몽주의 이후의 일이라고 할 수 있다. 예컨대 헤겔 같은 국가이성을 중시하는 철학자들에게는 바벨탑의 축조가 그만한 인간노동의 결합을 가능하게 한 국가와 사회구조의 비유일 뿐 아니라 집단적인 인간노동의 신성한 성격을 기념하는 의례이기도 한 것이다. 즉 바벨탑의 축조는 실패했음에도 불구하고 진보와 이성의 역사를 추진하기 위한 하나의 전제조건으로서 헤겔은 파악했던 것이다.[27] 아마 계몽시대에 중국을 방문하는 선교사들이 있었다면, 헤겔 자신도 『논어』(論語)에 대해 김나지움의 도덕 교과서 같다고 낮은 평가를 내린 적이 있었지만, 더 이상 한자에 대해 마테오 리치나 트리고가 가진 경외나 관용을 보여주진 않았을지도 모른다.

---

24 Umberto Eco, *The Search for the Perfect Language*, p. 18.

25 Umberto Eco, *The Search for the Perfect Language*, p. 18.

26 Umberto Eco, *The Search for the Perfect Language*, p. 12.

27 Umberto Eco, *The Search for the Perfect Language*, pp. 341~42.

바벨탑신화와 창힐신화를 비교해보면 문자의 발명이 신과의 갈등을 낳고 있다는 점은 같지만 그 양상은 뚜렷하게 차이가 난다. 기독교문명권이 바벨탑신화 이래 셈족과 아랍족의 수많은 언어와 문자로 갈라진 반면에, 중국에서는 창힐신화 이후 신이 울고 간 것처럼 하나의 한자문명권으로 유지되어 온 것이다. 중국에서는 바벨탑과 같은 언어의 혼란은 일절 이야기되는 일이 없었다. 귀신도 울린 한자는 진시황의 통일 제국이 나타난 이래 동아시아 문명의 중심문자로서 사용되어 왔고, 현재 중국 당국이 다민족 통일국가라고 말하는 한족을 포함한 56개 민족으로 구성된 중화인민공화국의 공용문자로 쓰이고 있다. 이것은 문자의 역사상 놀라운 일이다. 귀신도 울릴 만큼의 가공할 능력이 있는 힘을 가진 문자였기에 그런 것일까라는 생각도 지울 수가 없다. 4대문명 중 중국이라는 문명이 하나의 문명권으로서 장구한 생명력을 가진 것은 한자와 깊은 관련이 있다. 이 책은 수천 년 동안 동양문명을 지배하는 핵심에 놓인 한자의 비밀에 접근하고자 한다. 그러기 위해서는 한자의 근원이 되는 주령시대의 갑골문(甲骨文)부터 차근차근 살펴볼 필요가 있다.

제1장

주령呪靈시대

최후의 빙하기에 크로마뇽 동굴에서 생활했던 크로마뇽인들은 매머드와 곰 사냥 등을 하면서 여가 시간에 그림을 그렸다. 그 그림들은 알타미라, 쇼베, 라스코에 동굴벽화로 찬란하게 남아 있다. 동시대에 같은 인류에 속한 네안데르탈인들은 멸종했지만 우리 현생인류의 직계조상인 크로마뇽인들이 생존할 수 있었던 것은 예술가적 또는 영적 상상력 덕분이었다는 고고학자의 흥미로운 주장이 있다.[1] 이러한 상상력으로 그들이 만든 초기의 작품 중 독일 남부 홀렌슈타인 동굴에서 발견된 사자인간은 상상속의 존재를 표현한 인간이 만든 가장 오래된 공예품으로 3만 4,000년 전의 것으로 추정되는데, 반인반수의 평화로운 표정은 생명체와 초자연적인 힘 사이의 관계에 대한 인류의 복잡한 영적 믿음을 상징하는 것이라고 한다.[2] 브라이언 페이건은 사자인간이 크로마뇽인 사회의 샤먼, 즉 주술사나 그와 비슷한 크로마뇽인들에게 절대적인 존재로 여겨졌던 초자연과 흥미로

1 브라이언 페이건, 김수민 옮김, 『크로마뇽』, 더숲, 2012.

2 브라이언 페이건, 『크로마뇽』, 216~23쪽.

운 관계를 맺고 있는 사람들이 있었음을 뜻한다고 말한다. 요컨대 최초의 현생인류들은 "자신들의 삶이 초자연적 세계의 살아 있는 힘에 둘러싸여 있다는 상상력과 믿음"[3]을 갖고 있어서 그러한 사자인간을 비롯한 수많은 동굴벽화를 창조해 냈을 것이다. 한자의 원형인 갑골문을 쓰던 은대 사람들도 자신들이 이러한 살아 있는 신비한 힘에 둘러싸여 있다고 믿었던 것 같다. 은대인의 믿음에 대해 갑골문의 대가 시라카와 시즈카는 다음과 같이 말한다.

> 문자가 만들어진 계기 중 가장 중요한 것은 말이 갖는 주적(呪的)인 기능을, 여기에 정착해 영구화한다는 것이었다. 말로 하는 주언(呪言)은 시간 속에 있을 수도 없고, 또 공간을 지배할 수도 없다. 그러나 이것을 문자로 표기해 써 둠으로써 그 주능(呪能)은 단절함이 없이 소재(所在)하는 공간을 지배할 수가 있다.[4]

키르허는 한자가 이미 세속화되었고 신성문자가 아니라고 했지만, 한자는 원래 신성문자였다. 한자의 원형인 갑골문은 은대인들이 그들이 생각하던 신들에게 매사를 물어서 행한 것을 기록한 문자였기 때문이다. 그래서 시라카와 시즈카(白川靜)가 말하듯이 한자의 표기 목적은 본래 주술적인 데 있었다. 또 『황금가지』의 저자 제임스 프레이저도 사회의 관례는 제의에 기초를 두고 있으며, 제의는 또한 주술적 신념을 담고 있다고 말하고 있는 점을 참조한다면,[5] 한자의 원시형태인 갑골문자의 연구는 고대인의 주

---

3 브라이언 페이건, 『크로마뇽』, 238쪽.

4 白川靜, 「中國古代の民俗」, 『白川靜著作集 7』, 東京: 平凡社, 2000, p. 304.

5 제임스 프레이저, 이용대 옮김, 『황금가지』, 한겨레신문사, 2001, 옥스퍼드판 서문, 16쪽. 또 이와 관련해 어네스트 겔너가 언급한 다음 발언도 참조할 필요가 있다. "의례의 제일의 역할은 중요한 개념의 주입이고, 이것은 공동체에게 공동체가 공유하는 이념과 의무를 부여하는 것이라는 에밀 뒤르켐의 가설은 매우 주목받을 만하

술적(呪術的) 신념을 살펴보는 데 더 없이 귀한 역사적 자료이다. 이러한 주술적인 세계관에서는 언어의 관념도 애니미즘적인 자연관의 지배 아래 있고, 문자의 형상도 그러한 관념을 농후하게 반영하게 된다. 갑골문이 성립한 연대는 기원전 1300년 무렵인데 이 시대의 관념에 대해 다시 시라카와의 말을 인용하면 다음과 같다.

> 이 시대는 자연계의 활동이 신화적인 사실로서 이야기되고 있다. 가령 여성신인 무지개가 황하에 머리를 내밀고 물을 마셨다는 이야기가 사실로서 기록되어 있는 신들이 활약하는 신화의 시대였다. 구름에는 용신이 있고, 바람은 대붕이 비상할 때 일으키는 여파였다. 사방에는 방향의 신이 있고 그 아래에는 바람의 신이 있고, 바람의 신이 지배하는 땅은 풍토 풍물과 여기에 사는 사람들의 풍격과 기질도 모두 풍신의 지배를 받았다. 이러한 신화적인 세계에 대응하는 지상의 생활은 주술만이 가능한 유일한 방법이었다. 존재하는 것에는 모두 주적(呪的)인 힘이 있다. 모든 것은 의미적인 세계이다. 문자는 이러한 세계인식하에 생겨났다.[6]

이러한 의미에서 한자는 주령시대에 온갖 주구(呪具)를 동원해 싸워 온 고대인들의 화상기록이라고 할 수 있을 것이다. 말하자면 「주령시대의 의례」이며 한자는 이 의례의 모습을 담은 당시의 스캔된 파일이다. 즉 비밀스런 고대사회의 모습을 수천 년 동안 간직한 박제된 파일인 것이다. 이제 이 박제를 해체하고 여기에 고대인의 숨과 피를 흘려 넣어 준다면 고대사회의 생생한 모습을 되살릴 수도 있을 것이다. 한 예로 무지개에 대한 은대

다. 어떤 의미에서는 모든 개념은 의례를 가지고 있고, 또한 의례이다. 중요한 개념은 중요한 의례로 수행된다." Ernest Gellner, *Plough Sword and Book*, Chicago: University of Chicago Press, 1988, p. 274.

6 白川静, 『漢字の體系』, 平凡社, 2020, p. 2.

오른쪽 하단 우측에서 3행 위에서 세 번째에 두 개의 머리를 가진 무지개의 모습이 보인다.

인의 생각을 살펴보자.

왕이 점쳐 말하기를, 재앙이 있으리라. 8일 경술(庚戌)에 각운(各雲)이 있어서 오다. 면모(面母)이다. 해질녘에 또 무지개가 북쪽에서 와서 강에서 물을 마시다.[7]

7 羅振玉, 『殷墟書契菁華』, 四, 1914; 白川靜, 『甲骨文の世界』, 東京: 平凡社,

이것은 골판(骨版)의 이면에 새겨진 왕의 점사(占辭)와 또 그 왕의 점사에 대한 징험을 보여주는 험사(驗辭)이다. 이 표면에는 복순(卜旬)이라고 하는 앞으로 10일간의 길흉을 묻는 말이 새겨져 있었을 것인데, 갑골문을 쓴 은대 사람들은 10일에 대한 길흉을 물으며 살았던 것이다. 그래서 왕은 아마도 재앙이 있으리라 점을 쳤고, 그 결과로서 8일째 되는 경술일에 각운(各雲)이라는 이름의 구름이 왔다고 하고, 또 무지개가 왔다고 기록해 왕의 말이 맞았던 것을 증명하고 있다. 여기서 현대의 우리와 다른 것은 구름이나 무지개를 단순한 자연이 아니라 경이로운 신적인 존재로 보고 이름도 있고 물도 마시는 생명체로서 보았다는 점이다. 각운은 하늘에서 내려오는 구름이라는 뜻인데, 이 구름은 면모(面母)라는 여성의 이름으로 불리고 있다. 무지개는 두 개의 머리를 가진 뱀의 형태로 그려져 있으며 강물을 마시러 온 것으로 생각되고 있는데, 무지개가 나타난 것을 재앙의 현상으로 보고 있다.[8]

그러나 무지개에 대해 은대 이후의 사람들은 더 이상 이렇게 생각하지 않을 것이다. 적어도 『설문해자』의 한자 해석은 인간 중심적인 해석으로 바뀌어져 있다. 예컨대 임금 왕(王) 자의 해석이 그렇다. 왕(王)은 주령시대에는 도끼를 자형으로 하는 것인데, 『설문해자』에서는 천·지·인 삼재(三才)를 관통하는 존재라고 한다. 매우 정치철학적인 해석이다. 이것은 당대에 유행하던 『주역』(周易) 「계사전」(繫辭傳)의 "역(易)이란 서적은 광대하여 모두 갖추고 있으니, 천도(天道)가 있고 인도(人道)가 있고 지도(地道)가 있다"라는 사상에 근거한 것이고, 『설문해자』의 부수 배열도 이 삼재의 견해에 근거한 것이다.[9]

1972, p. 45에서 인용.

8 이 갑골문의 설명에 대해서는 白川靜, 『甲骨文の世界』, pp. 45~46 참조.

9 아쓰지 데쓰지, 『한자학: 『설문해자』의 세계』, 211쪽.

후술하듯이 도(道)라는 글자는 주령시대에는 사람의 머리를 들고 그 머리의 주령으로써 길을 개척하는 것을 의미했다. 그러다 도덕과 합리주의의 세속화 과정을 거쳐서 우리가 생각하는 도(道)라는 개념에 이르게 되었다. 이처럼 한자는 세속화를 겪었다. 은주혁명(殷周革命)을 거쳐 진한 제국에 이르는 동안 도덕과 합리주의적 사고방식의 전환을 거쳐 주령시대에 탄생한 한자 본래의 뜻은 망각되고 사라진 것이다. 그리하여 갑골문시대와 『설문해자』 이후의 한자는 해석에서 많은 차이가 보이는 것도 사실이다. 그것은 주술적 세계에 대한 망각 혹은 극복이라고 할 수 있을지도 모르지만, 한자학의 경전으로 2,000년 가까이 숭배 받아온 허신의 『설문해자』에 갑골문에 대한 지식이 전무한 것은 사실이다. 따라서 한자 자의(字意)의 기원, 말하자면 본래의 주술적 의미에 대해서는 의거할 바가 없는 것도 사실이다. 물론 이는 허신 개인의 잘못이 아니다. 문제는 한자 본래의 뜻을 밝혀 그 기원을 해명함에는 갑골문에 귀의해야 함에도 불구하고 여전히 『설문해자』식의 해석에 만족하고 있는 현실에 있다. 최근에 와서는 『설문해자』가 근거한 『주역』이라는 경전도 본래 복희씨나 문왕, 주공, 공자의 손에 의한 것이 아니며, 은대 이래 점술을 관리하던 서관(筮官)들이 편집한 서적이라는 설이 자리를 잡아가고 있는 것 같다.[10] 예를 들면 기원전 2세기 후반에 묘주(墓主)와 함께 봉인되어 20세기에 와서 출토된 마왕퇴백서(馬王堆帛書) 중에 「요」(要)라는 문건이 있는데, 여기에 공자와 자공(子貢)의 흥미로운 대화도 그 증거가 될 것이다.

> 자공이 말했다. 선생님께서도 점을 믿습니까? 공자가 답했다. 나는 1백 번 점을 치면 70번을 맞는다. 주양산(周梁山)의 점도 역시 많은 것을 따를 뿐이다. 공자가 말했다. 역(易)에서 나는 축복은 뒤로하고 우선 덕과 의를

10 리링(李零), 차영익 옮김, 『주역강의』, 글항아리, 2016; 임형석, 『『주역』 읽기』, 세창출판사, 2017 등 참조.

살펴볼 따름이다. 은근히 신명의 도움을 받아 수(數)에 도달하고 수(數)를 밝게 헤아려 덕에 도달한다. 인의가 있는 사람은 덕으로 행할 따름이다. 신명의 도움을 받았으나 수(数)에 도달하지 못하면 무(巫)가 되고 헤아렸으나 덕(德)에 도달하지 못하면 사(史)가 된다. 사(史)와 무(巫)의 점은 예전부터 있어 왔던 것이지 처음 시작된 것은 아니다. 후대의 사(士)들 가운데 나를 의심하는 사람들은 혹은 역(易) 때문인가? 나는 그 덕을 구할 따름이다. 나는 사(史)와 무(巫)와 길을 같이하면서 돌아가는 곳은 달리한다. 군자가 덕행을 행함에 어찌 복을 구하겠는가? 그러므로 제사가 적은 것이다. 군자가 인의를 행함에 어찌 길함을 구하겠는가? 그러므로 복서(卜筮)가 드문 것이다. 축무(祝巫)와 복서(卜筮)는 나중의 일이다.[11]

여기서 공자는 사(史)와 무(巫)를 동격으로 같이 신에게 제사지내는 사람으로 부르고 있다. 그리고 군자는 복과 길을 추구하는 무축(巫祝)과는 달리 덕을 추구한다고 말한다. 마왕퇴백서에 보이는 공자의 이러한 합리적인 모습은 『논어』에 비치는 공자의 모습과 일치하는 것이어서 특이한 느낌도 주는데, 『논어』 이외의 외전적인 위서(緯書)나 민간설화 중에서는 이와 상반되게 공자가 미래를 예언하는 비범한 능력을 가진 신비로운 인물로 묘사되는 경우도 많다.[12] 이 글에서 우선 이야기하려는 한자의 이야기는 공자와 같은 군자의 시대가 아니라 공자 이전의 사(史)와 무(巫)가 점치던 시대의 이야기, 즉 은대 사람들의 의식세계를 담은 한자의 이야기이다. 우선 우리가 사는 집에서부터 이야기를 시작해보자. 집 가(家)의 이야기이다.

---

11 于豪亮, 『馬王堆帛書周易釋文校注』, 上海: 上海古籍出版社, 2013, p. 186; 리링, 『주역강의』, 24쪽 참조.

12 공자의 상반되는 이미지의 역사적 전개에 대해서는 Oliver Weingarten, "The Unorthodox Master: The Serious and the Playful in Depictions of Confucius", in Paul R. Goldin ed. *A Concise Companion to Confucius*, Oxford: Blackwell, 2017 참조.

1. 돼지의 집에서 인간의 집으로

청대 고증학의 대표적 저서로 손꼽히는 『설문해자주』(說文解字注, 1815)는 허신(許愼)의 『설문해자』(說文解字, 100)가 나온 이래 문자학 연구사상 최고봉으로 평가받는 저작이다. 허신의 『설문해자』도, 단옥재(段玉裁)의 『설문해자주』도 모두 두 사람이 평생의 정력을 쏟아 부은 대저이다. 그런데 『설문해자주』에서 단옥재는 『설문해자』의 가(家) 자 해석에 대해 일대 의문을 제기한다. 일대의 석학 단옥재에게도 가(家)라는 글자는 난해하기 짝이 없었던 것 같다. 사실 가만히 글자를 들여다보면 그렇다는 생각도 든다. 집을 뜻하는 집 면(宀, mián)이라는 부수 아래 돼지를 뜻하는 돼지 시(豕, shǐ)가 안에 들어 있는 것이 아닌가? 사람이 사는 집에 웬 돼지가 들어 있다는 말인가? 옛날 조상들은 돼지와 함께 살기라도 했다는 것인가? 애완견이나 반려견처럼? 그렇다! 아니 꼭 그런 것은 아니지만, 말하자면 단옥재라는 대학자는 돼지가 사는 집이라는 개념을 빌려 와서 인간이 사는 집 가(家)가 생겼다고 주장한다. 이에 따르면 우리가 사는 집이 원래 돼지가 사는 집에서 생긴 셈이니 썩 기분 좋은 해석은 아니다. 그러나 고매한 대학자, 그것도 중국 역사상 고증학의 시대인 청대의 문자학을 대표하는 학자가 이렇게 주장하니 이를 무시할 수도 없는 노릇이다. 그러나 이는 단옥재와 같은 대학자로서도 알 수 없었던 갑골문자에 대해 무지한 결과에서 비롯된 사실임을 밝혀두고자 한다. 이것은 어떠한 천재적 개인의 노력에도 불구하고 패러다임의 변화가 없이는 벗어날 수 없는 시대적 한계라고 생각된다. 그 패러다임이란 단적으로 말하면 1899년에 발견된 이래 시작된 은대 갑골문의 연구로 드러나는 고대인의 주술적 관념이 새겨진 새로운 한자의 세계관이다.

단옥재의 오해는 케케묵은, 그러나 고전적 권위를 가진 후한 허신의 『설문해자』의 해석을 사실 벗어나지 못한 것이라고 할 수 있다. 우선 허신의 해석을 살펴보자. 허신의 해석은 한 줄로 간단하다. 가(家)에 대해 『설문해자』는 있을 거(居, jū)라고 풀이하고, 집 면(宀)에 따르며, 수퇘지 가(豭, jiā)의 생성(省聲, 즉 가豭의 우측 변의 소리 '가')이라고 한다.[13] 수퇘지 가(豭, jiā)의 뜻과 음을 살린 선택으로 보인다.

그런데 단옥재는 이 글자의 구조에 대해 『설문해자』가 집(宀)이라는 뜻과 'jia'라는 소리로 이루어진 형성자(形聲字)로 본 것에 대해 의문을 제기하고, 집(宀)과 돼지(豕)라는 두 개의 뜻으로 이루어진 회의자(會意字)로 주장하고 있다. 단옥재는 『설문해자』가 수퇘지 가(豭, jiā)의 생성으로 하여 가(家)를 읽으라고 해도 학자는 단지 시(豕)에 따르는 글자라고 볼 뿐이라고 강력하게 주장한다. 시(豕)에 속하는 글자도 많으므로[14] 가(豭)의 생략이라 볼 수도 없으며, 가(豭)를 생략한 가(叚, jia) 음으로 읽는다고 한다면 처음부터 가(叚)로 읽는다고 할 것이지 왜 가(豭)의 생성이라고 에둘러서 말하는가 묻고 있다. 허신의 『설문해자』는 이것을 형성자로 보았기 때문에 가(家)와 그 음이 가까운 가(豭)를 끌어온 것일 텐데, 단옥재는 이를 회의자로 보아서 허신의 주장을 배격하는 것이다. 그러나 『설문해자』의 형성자의 설명 방식은 이런 식이 많으므로 이렇게 비판하는 것은 오히려 온당하지 않은 것 같다. 어쨌든 단옥재는 가(家) 자의 본래 뜻은 돼지의 집(豕之凥)이라고 주장한다. 이를 확장해 사람의 집(人之凥)으로 빌려 쓴 글자가 가(家)라는 것이다.

단옥재는 자의의 변화가 이렇게 심하다고 하면서 자신의 설을 강화하기 위해 비슷한 예로 우리 뇌(牢, láo)를 든다. 뇌(牢)는 소의 집인데 확장해 죄인을 가두는 감옥으로 가차(假借)한 것과 다를 바 없다고 주장한다. 중국사상 손꼽히는 대학자가 사람을 돼지나 소와 같이 취급하는 듯해서 좀 납

13 "居也. 从宀, 豭省聲." 생성(省聲)은 일부 획을 생략해 글자의 음을 찾는 것인데, 후술에서 보듯 단옥재도 회의적으로 말하는바 반드시 합리적인 것은 아니어서 논란이 된다.

14 『설문해자』 권9 하, 돼지 시(豕) 부에 수록된 글자는 22개이다. 권7 하, 집 면(宀) 부에 수록된 글자는 71개이다.

득하기 어려운데, "돼지가 새끼를 가장 많이 낳는 동물이어서 사람이 모여 사는 곳의 (의미로) 그 글자를 빌려 썼는데, 오랫동안 그 글자의 본래 뜻을 잊고 오히려 빌려 쓴 뜻이 주인의 자리를 차지하고 있다"고 주장하는 것이다.[15] 그리고 『설문해자』가 이러한 오류를 면하지 못하고 있는 것은 천려일실이라고 하면서 가(家) 자는 집 면(宀) 부가 아니라 돼지 시(豕) 부에 들어가야 한다고 결론짓고 있다.[16]

단옥재의 이러한 설을 읽다 보니 나는 몇 년 전 텔레비전 교양 프로그램에서 어느 유명인사가 가(家) 자를 우리 한민족이 한자를 발명한 증거로 설명하던 순간이 떠오른다. 이야기인즉슨 "집과 돼지를 합성한 글자인 가(家)는 집에서 사람의 인분으로 키우는 제주도 똥돼지를 가리키는 것이고, 그러한 풍속의 증거가 이 가(家)이고, 그래서 한자는 우리 한민족이 창안한 것이고 운운 ……." 참으로 돼지가 웃을 이야기였다. 그 인사가 『설문해자주』를 읽고 그런 이야기를 했을 리도 없겠지만, 적어도 똥돼지는 중국 한나라 때에 토기로 구운 모형도 출토되고 있지만, 제주도는 고려 중기까지만 하더라도 한반도와 일체감이 거의 없는 해외의 섬에 불과했다. 참으로 글자를 보고 뜻을 지어내는, 무에서 유를 창조하는 재주라 하겠다.

물론 이런 허무맹랑한 이야기와 각고의 노력을 기울인 문자학적 설명은 비교할 수도 없을 터이다. 그러나 단옥재의 설명이 돼지에 포인트를 맞춘 것은 틀림없고, 집 면(宀)과 돼지 시(豕)의 조합으로 가(家)를 보았을 때 『설문해자주』의 설명은 수긍이 가지 않는 바도 아니다. 그러나 아무리 생각해도 "돼지가 새끼를 가장 많이 낳는 동물이어서 사람이 모여 사는 곳의 (의미로) 그 글자를 빌려 썼는데, 오랫동안 그 글자의 본래 뜻을 잊고 오히려 빌려 쓴 뜻이 주인의 자리를 차지하고 있다"는 비판적인 주장은 납득하기

15 "豢豕之生子最多, 故人凥聚處借用其字, 久而忘其字之本義, 使引伸之義得冒據之, 皆自古而然."

16 段玉裁, 許惟賢 整理, 『說文解字注』, 南京: 鳳凰出版社, 2015, p. 590.

어렵다. 돼지의 다산성에 빗대어 유추해보면 가(家)라는 글자에는 자손의 융성을 기원한 뜻이 글자에 담긴 것으로 볼 수도 있다. 단씨의 설명은 사람의 집은 개념상 그 기원이 본래 돼지의 집이라는 개념에서 빌려 와서 사람의 집으로 변한 것임을 후대인들은 망각하고 있음을 일깨우는 데 있는 것 같다. 그러나 이 단옥재의 주장은 옳은 것일까? 단씨의 주장은 사람의 일생을 축생의 다산에 빗대어 말하는 점에서 너무나 세속적이고 공리적이라 하지 않을 수 없다. 창힐이 문자를 만들 때 하늘에서 곡식이 내리고 귀신이 밤에 울었다는 전설이, "귀신의 세계도 지배할 수 있는 문자의 힘을 상징적으로 갈파한 것이라면",[17] 인간의 능력은 자연을 초월하는 바가 있는 것이고, 가축의 집 개념을 사람이 빌려 썼다는 것은 납득하기 매우 어려운 주장이다.

가(家)의 중점은 돼지 시(豕)에 있음을 망각한 후대인의 천려일실이라고, 까마득한 후학인 단옥재가 문자학의 바이블이라 할 『설문해자』의 허신을 정면에서 비판하고 있음은 청대 고증학의 엄격한 학문정신을 보는 것이어서 숙연하기조차 하다. 그러나 어떻게 보면 너무 간단하게 면(宀)과 시(豕)의 회의자로 볼 수 있을 가(家) 자를 허신은 과연 왜 그렇게 생각하지 않았을까 의문이 든다. 허신의 입장에서 본다면 돼지의 집이라는 개념을 빌려 와서 사람의 집이라는 개념을 만든다는 생각이 영 불편한 것은 아니었을까? 단씨는 허신이 왜 그렇게 에둘러 말했는가라고 힐문했지만, 허신도 아마 단옥재와 같은 결론에 도달했지만 그러한 결론이 스스로 용납하기 어려운 것이어서 회의자 대신 형성자로 가(家) 자를 풀이한 것은 아니었을까? 가(家)에 대한 정해는 갑골학의 성과를 기다려서야 얻게 된 것으로서 이는 단옥재로부터 약 200년, 허신으로부터 약 2,000년이 지난 뒤의 일이었다. 갑골학의 최고 성과라 할 수 있는 시라카와의 가(家)에 대한 설명을

17 이성규, 「역사서술의 권력·권력의 서술」, 제57회 전국역사학대회, 『국가권력과 역사서술』, 역사학회, 2014, 24쪽.

여기에 제시해 본다.

집 가(家, jiā)

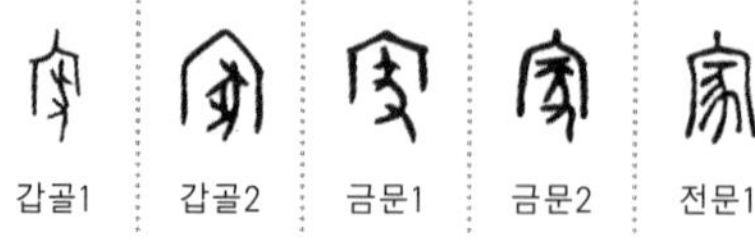

집 면(宀)과 돼지 시(豕)를 조합한 모양으로 회의자이다. 가(家)를 표시하는 집 면(宀: 건물의 지붕의 모양)의 아래에 희생으로서 살해된 개(犬)를 더한 모양이다. 가(家)란 조상을 제사지내는 신성한 건물인 사당(廟)을 말한다. 그러한 건물을 지을 때는 우선 희생을 묻어 그 토지의 신이 노하지 않게 진정시키기 위해 지진제(地鎮祭)를 치르는 것이다. 옛 자형에서는 견(犬)은 살해된 것으로서 꼬리를 내려뜨린 모양으로 그려져 있다. 지금의 자형에서는 지붕 아래가 돼지 시(豕)이기 때문에 옛날에는 사람과 돼지가 한 지붕 밑에 같이 살고 있었다고 설명되고 있었다. 그러나 갑골문자나 금문의 자형에 의해 집 면(宀)의 아래는 견(犬)이고 건축을 하기 전에 전기(奠基, 地鎮祭)로서 매장된 것이라는 것이 밝혀졌다. 가(家)는 본래 조상을 제사지내는 사당인데, 이를 중심으로 가족이 거주했기 때문에 사람이 사는 '집, 주거'라는 의미가 되었다. 가족에 의해 가문이 구성되기 때문에 주거로서의 건물뿐만 아니라 가족·씨족 등의 존재까지 가(家)라고 말한다.[18]

허신과 단옥재 두 석학의 오판은 자형의 착오에서 비롯되었다. 이 글자의 오독의 역사는 진대의 서체인 전서체에 그 원인이 귀착되는 것 같다. 즉 『설문해자』는 진시황 때 문자통일의 기준이 된 진대의 서체인 전서체를 기준으로 삼고 있는데, 가(家)의 전서체가 현재의 집(家), 즉 집 면(宀) 아

18 白川靜, 『常用字解』(第2版), 東京: 平凡社, 2012, 家. 이하 자원(字源)에 대한 설명은 모두 이 책에 의한 것으로 추가하지 않는다.

래 돼지 시(豕)를 더한 모양이다. 특히 『설문해자』가 가(家)의 고문으로 들고 있는 전서체는 모양이 더욱 개보다는 돼지처럼 보이는 글자이다. 여기서 개가 아니라 돼지가 집이라는 중대한 오판이 생기고 만 것이다. "술이부작"(述而不作: 고전에 따라 그대로 말하고 스스로 창작하는 것을 하지 않는다)이라는 공자의 말도 있지만 중국에서 문자로 전승되는 전통의 힘은 큰 것 같다.[19]

여기서 만약 허신이 레퍼런스로 참고한 것이 진대의 전서체가 아니라 다른 자료였다면 어땠을까 하는 생각이 든다. 진시황대의 이사(李斯)는 문자를 통일해서 전서체를 만들었는데, 진시황에 의해 멸망한 육국(六國)의 서체들을 참고했다면 어땠을까 하는 것이다. 또는 더 거슬러 올라가 전국시대 이전의 서체와 주나라의 서체, 그리고 더 올라가 은의 서체를 참고했다면 어땠을까? 그러나 허신의 당대에는 그럴 수가 없었다. 이미 허신이 활용할 수 있는 참고자료가 남아 있지는 않았을 것이다. 결국 20세기 갑골문의 발견과 연구에 의해 위와 같은 새로운 해석으로 집의 의미가 밝혀지게 된 것이다.

집은 우리 인간이 숨 쉬고 먹고 자는 가장 원초적인 공간이다. 그런데 집을 지을 때 개를 죽여서 묻는 관습은 매우 오래된 것 같다. 가령 우리 인간들의 직계조상인 현생인류들이 남긴 유적에서는 인간과 함께 매장된 개의 무덤이 발견되고 있다. 약 1만 4,000년 전부터 세계의 문화권에서 개를 의도적으로 묻어주고 무덤에 부장품을 넣는 증거가 출토되고 있는데, 약 2,500년 전으로 추정되는 이스라엘의 아슈켈론(Ashkelon) 유적의 개 묘지에는 1천 마리나 되는 개가 한 마리씩 따로 묻혀 있었고, 시베리아 동부 시스-바이칼 지역에서는 가축화된 개가 인간과 같은 묘지 구역에 묻힌

19 가(家)에 대한 오독은 이 최신의 갑골학으로 밝혀졌다고 판단됨에도 불구하고 중국에서 최근에 출간된 『자원사전』(字源辭典)에서는 놀랍게도 여전히 『설문해자』의 설을 답습하고 있다. 李學勤 主編, 『字源』, 天津古籍出版社, 2014, p. 654.

것이 발견되었다. 사람을 묻은 묘지 구역에는 매머드의 뼈를 문 채 매장된 늑대-개의 두개골도 발견되는데, 이는 죽은 직후 입에 물린 것으로 보인다. 고인류학자 팻 시프먼은 이런 것들을 증거로 최후의 빙하기 때 우리의 직계조상인 현생인류가 늑대를 길들여 개로 만들어 매머드 등을 성공적으로 사냥함으로써 가혹한 기후 변화에 적응해 네안데르탈인에 비해 성공적으로 생존했다는 흥미로운 가설을 제시했다.[20]

개를 죽여 같이 묻은 이유는 생전에 매머드나 곰을 사냥하고 집을 지켜 줄 때처럼 사후세계에서도 같이 동행하기를 바라서였을 것이다. 개의 희생을 묻어서 땅속의 악령으로부터 죽은 자를 수호하는 풍습은 은대 전기의 이리강(二里崗) 유적에서 나타나기 시작한다. 이러한 구덩이는 죽은 자의 허리 부근에 파여 있어서 요갱(腰坑)이라 불린다. 요갱을 가진 묘의 피장자는 그 묘에 청동기나 옥기가 부장되어 있어서 다소 부유한 사람으로 생각되는데, 후기 안양의 대사공촌(大司空村)에서 발굴된 166기의 묘 가운데 100기에서 발견될 정도로 많이 나타나고 있다.[21] 유명한 1001호 대묘에도 병사와 개의 순장이 발견되었다.

견(犬)과 관련해서 곡(哭) 자를 설명해 보자. 곡(哭)은 훤(吅, xuān)과 견(犬)을 조합한 모양이다. 훤(吅)은 사람의 입을 뜻하는 구(口)가 아니라 재(ㅂ: 신에게 고하는 기도문을 넣는 그릇)를 두 개 늘어놓은 모양이고, 견(犬)은 희생으로서 바쳐진 개이다. 즉 집을 지을 때 희생으로 바치듯이 사람이 죽었을 때 개를 희생으로 바쳐 축도하는 장송의례를 말한다.[22] 『설문해자』(2上)는 "슬픈 소리이다. 훤(吅)으로 구성되고 옥(獄)의 생략형이 성부"라

20 팻 시프먼, 조은영 옮김, 『침입종 인간: 인류의 번성과 미래에 대한 근원적 탐구』, 푸른숲, 2017, 310~18쪽.

21 가이즈카 시게끼(貝塚茂樹)·이토 미치하루(伊藤道治), 배진영 옮김, 『중국의 역사: 선진시대』, 혜안, 2011, 153쪽.

22 白川靜, 『新訂 字統』, 東京: 平凡社, 2007, 哭.

고 형성자로 풀이하지만, 왜 슬픈 소리이고 개가 왜 구성요소인지 설명하지 못한다. 장례 절차인데, 왜 개가 끼어 있는지 이해할 수 없는 설명이다. 요즈음처럼 반려견을 많이 기르는 세상이어서 "주인이 아끼던 개가 주인의 장례에서 멍멍 우는 소리이다"라는 식의 해석이라도 하지 않는다면 견(犬)의 요소를 이해할 수 없을 것이다. 그래서 단주(段注)는 역시 가(家)에 대해 이의를 했던 것과 같은 의문을 제기한다. 즉 『설문해자』 중에 성부가 무슨 글자의 생성(省聲)이라는 설명에는 의심스러운 것이 많다고 하면서 '옥(獄)의 생략형이 성부'라는 것은 믿을 수가 없다고 말한다. 그래서 『설문해자』를 반박하기 위해 『설문해자』(10上)의 옥(獄)을 들어 견(犬)이 아니라 은(㹜)에 따르는 글자라 하고, 기타 견(犬)에 따르는 묵(默), 유(類) 등 30여 자들이 본래 견(犬)에 따르는 글자들이었으나 (본의는 알 수 없지만) 뜻이 옮겨져 사람의 일을 말하게 되었다고 하면서 곡(哭)은 본래 개 짖는 소리였으나 사람의 일을 말하는 글자가 되었다고 한다. 그래서 가(家)와 마찬가지로 곡(哭)도 개 견(犬) 부에 속하는 회의자여야 한다는 것이다.[23]

단주는 곡(哭)이 개 짖는 소리가 알 수 없는 경로를 거쳐 사람이 슬프게 곡하는 소리로 변했다는 것이다. 그 알 수 없는 경로란 이미 잊혀버린 주술의 세계를 뜻하는 것임은 가(家)의 분석에서 살펴본 바이다. 곡(哭)의 해석을 놓고 『설문해자』와 『설문해자주』가 제시한 옥(獄)에 보이는 견(犬) 역시 주령시대의 그림자를 남겨놓고 있다.

옥 옥(獄, yù)

23 段玉裁, 『說文解字注』, p. 111.

옥(獄)은 언(言)과 개 싸울 은(狀, yín)을 조합한 모양이다. 언(言)은 신에의 기도문인 축문을 넣는 그릇(ㅂ) 위에 입묵(入墨)을 할 때 사용하는 큰 침(辛)을 놓고, 만약 서약에 거짓이 있을 때는 입묵의 형벌을 받겠다고 신에게 맹세하는 말이다. 은(狀)은 소송의 당사자 쌍방으로부터 제출된 희생의 개를 말한다. 옥(獄)은 희생으로 쓸 개를 제출하고 신에게 선서해 소송이 개시되는 것을 가리키는 글자로서 재판(獄訟)을 의미하고, 재판에 져서 유죄가 된 자를 수용하는 감옥(牢獄)도 가리킨다. 고대의 재판에는 경(慶)·선(善)·법(法=灋) 등의 글자에서 보듯이 해치(解廌: 해태)라고 불리는 양과 비슷한 신성한 동물을 쓰는 일이 많은데 옥(獄)이라는 글자에서 견(犬)도 쓰였다는 것을 알 수 있다.

주령시대에 개가 신성과 관련된 의례에서 희생용으로 쓰였던 것은 이 외에도 많이 있는데, 무리 유(類, lèi) 자도 그러한 예이다.

무리 유(類, lèi)

전문1

미(米)와 견(犬)과 혈(頁, yè)을 조합한 회의자이다. 혈(頁)은 의례 때 의관을 정제한 모습이다. 쌀과 희생의 개를 바쳐 예장(禮裝)하고 절하는 모습이 유(類)이고, 하늘에 제사지내는 이름이다. 하늘에 있는 상제(上帝)를 제사할 때는 희생의 개를 태워서 그 냄새를 하늘에 올라가게 하여 제사했던 것이다. 『서경』(書經) 「순전」(舜典)에 "여기에 상제(上帝)에 제사(類)한다"라는 말이 있다. 유(類)가 '닮다, 무리'의 의미로 사용됨에 따라서 본래 제사의 의미를 남기는 글자로서, 시(示: 신을 제사할 때 사용하는 제탁祭卓의 모양)를 가한 유(禷, lèi)가 만들어졌다.

개의 희생과 주술에 대한 대표적인 글자로 불(祓)을 빼놓을 수 없다.

푸닥거리할 불(祓, fú)

전문1

불(祓)의 성부는 달릴 발(犮, bá), 발(犮)은 개를 희생으로 죽이는 모양으로 푸닥거리할 불(祓, fú)의 초문(初文)이다. 이것으로 사악한 것을 물리쳐버리는 것이어서 불양(祓禳)이라고 한다. 『주례』(周禮) 「춘관/여무」(春官/女巫), "세시(歲時)의 불제흔욕(祓除釁浴)을 관장하다"에 대한 정현(鄭玄)의 주석에 "세시의 불제(祓除)란 지금의 삼월 삼짇날(上巳)에 물가에 가는 것과 같다"라고 한다. 『한시설』(韓詩說)에 "정나라 풍속에 삼월 삼짇날 진(溱)·유(洧) 양수의 물가에 가서 초혼속백(招魂續魄)한다. 난초를 잡고 불상(不祥)을 불제(祓除)한다"고 한다.[24]

인류학자들이 채집해 놓은 원시인들의 개에 대한 풍습은 개에 관련된 한자가 갖고 있는 비밀을 해명하는 데 도움이 될 것이다. 프레이저의 『황금가지』(*The Golden Bough*)에는 흥미로운 사례들이 많이 있다. 그중 한 가지 사례를 소개해 보자. 휴론족(Huron) 인디언은 적대적인 이로쿼이족(Iroquois)에게 붙잡혀 산 채로 불태워지는 무서운 꿈을 꾸었을 때 공포에 사로잡혔던 것 같다. 꿈은 실제로 이루어진다고 생각했던 것이다. 다음날 아침 그들은 그 씨족 인디언을 살리기 위한 비상회의를 열어 고통과 희생 의례를 준비시킨다. 즉 그들의 포로들을 죽이곤 했던 오두막에서 불을 피워 불붙은 낙인을 들고 그 꿈을 꾼 자에게 낙인을 찍어 몇 번씩 오두막

24 白川静, 『新訂 字統』, 祓.

주위를 돌게 한 다음에 미리 준비된 개를 전쟁의 신에게 자기 대신 희생으로 받아달라고 기도한 다음 바쳐 자신에게 닥친 재앙을 피하는 것이다. 개는 그 꿈을 꾼 자 대신에 살해되고 불태워져 잡아먹힌다. 이렇게 재앙이 주술적 방식으로 이전된다.[25]

나무의 정령신앙도 세계의 원시인들에게 공통적으로 보이는 것인데, 이에 대한 대처방안도 비슷한 바가 있어 흥미롭다. 인도네시아 셀레베스섬의 토라자족(Toradjas)은 나무를 베어 집을 지을 때 여전히 그 목재 속에 나무의 정령이 있다고 믿어 이를 달래기 위해 염소, 돼지 또는 버팔로를 죽여서 그 피로 모든 건축물에 발랐다고 한다. 그 건축물이 사당(廟)이라고 한다면 지붕마루에서 새나 개를 죽여서 그 피가 양쪽으로 흘러내리게 했다고 한다. 보다 거친 토나푸족(Tonapoo)은 사람을 지붕 위에서 희생으로 썼다고 한다.[26] 프레이저가 말하듯이 사람을 죽이는 희생이나 피를 바르는 것이나 나무에 깃들어 있을지도 모르는 정령을 달래 해를 끼치지 않게 하기 위한 목적은 같겠지만, 이런 의례는 물론 고대 중국에도 있다. 앞에서 불(祓)을 설명할 때 나온 흔욕(釁浴)이라는 말이 그것이다. 흔욕(釁浴)의 흔(釁)이 바로 이러한 의례와 관련된 글자이다. 흔(釁)과 관련된 흔종(釁鐘), 흔도(釁塗)가 그것이다.

흔(釁)은 '冃'(유卣를 거꾸로 한 모양)와 두 손으로 받쳐들 곡(臼, jú), 유(酉), 인(人)의 조합이다. 상부는 주기(酒器)인 유(卣)를 두 손(臼)으로 잡고 거꾸로 해서 술을 따르는 모양이다. 하부는 술통(酉)에서 사람의 위에 술을 뿌리는 모양이다. 이것으로 몸을 정화하는 흔례(釁禮)를 말한다. 그러한 푸닥거리의 목적으로 목욕하는 것을 흔목(釁沐)이라 한다. 『주례』「춘관/

25 James Frazer, *The Golden Bough*, vol. 1. 3rd ed., Cambridge: Cambridge University Press, 2012, pp. 172~73.

26 James Frazer, *The Golden Bough*, vol. 2, p. 39.

여무」에 "세시의 불제흔욕을 관장하다"라고 하고, 정현은 흔욕(釁浴)을 "향기로운 약초로 목욕하는 것"이라고 풀이했다. 새로운 종이나 북이 만들어지면 희생의 피를 바르는 흔도(釁塗)의 예가 있었는데, 이를 흔고(釁鼓), 흔종(釁鐘)이라고 한다.[27]

새로운 종이나 북이 만들어지면 희생의 피를 바르는 의례가 있었는데, 북에 피를 바르는 것을 흔고, 종에 바르는 것을 흔종이라고 한다. 우리나라에서 만든 가장 종소리가 아름답기로 유명한 에밀레종은 어린아이를 희생해서 만들어 '에밀레~ 에밀레~'라는 소리가 난다는 전설도 생길 정도였지만, 그 에밀레종이 만들어졌던 신라시대에도 흔종의 예가 시행되었을지 모른다.

『맹자』(孟子) 「양혜왕」(梁惠王)에 제선왕이 흔종의 예를 위해 희생으로 끌려가는 소를 보고 동정해 양으로 바꾸어서 하라는 지시를 내리는 이야기와 이를 갖고 맹자(孟子)가 왕도정치를 설법하는 대목이 나온다. 이러한 이야기에서 전국시대에는 정화(淨化)의 본질인 주술 내용이 상당히 세속화되고, 그 의례가 형식만 남은 채로 유지되고 있던 상황이 짐작된다.

개와 관련한 글자를 말하면서 말없을 묵(默) 자에 대해 지나칠 수가 없을 것 같다.

말없을 묵(默, mò)

전문1

형성. 성부는 흑(黑, hēi). 흑(黑)에 묵(墨, mò)의 음이 있다. '말없다. 고요하

27 白川靜, 『新訂 字統』, 釁 참조.

다'의 의미로 쓴다. 『당본 설문해자』(唐本說文解字)에 "개가 몰래 사람을 쫓는 것"이라고 하는데, 개가 잠자코 사람을 쫓는 것을 말하기 위해 글자를 만드는 일은 있을 수 없다. 묵(默)은 개를 희생으로 묻어서 상(喪)에 복(服)하는 것을 말하고, 『논어』「헌문」(憲問)에 "고종(高宗, 은나라 왕 무종武宗) 양음(諒陰, 복상服喪), 3년 말하지 않다"라고 하는데, 상에 복하는 3년 동안 말을 하는 것은 금기였다. 『국어』(國語) 「초어·상」(楚語上)에도 "3년 묵묵히 도를 생각하다"라는 말이 있다.

문자는 개도 아니고 신도 아니고 어디까지나 사람이 만든 것이라는 의미가 묵(默) 자가 가르쳐주는 진실이다.

지금까지 개에 관한 한자에 대해 설명해 왔는데, 잘 알려진 사실이지만 개는 인류가 최초로 길들인 동물이고 사람의 친구이자 반려가 되어 애완견이라기보다 반려견이라는 말로 불리고 있을 정도이다. 우리 한국인은 개를 즐겨 먹어 야만이라는 비난을 받기도 하지만, 엄청나게 개를 사랑하기도 한다. 나 역시 개와 인간의 동행을 보노라면 신비롭기 그지없다. 그런데 시프먼의 가설에 따르면 빙하기 때 늑대를 길들여 개가 탄생한 것이 인류의 생존에 지대한 역할을 한 것이다. 그렇게 생각한다면 개가 죽었을 때 개를 묻어주는 원시인들의 마음을 이해할 수도 있을 듯하다. 동굴벽화를 남긴 현생인류는 죽음과 사후세계에 대한 생각도 가지고 있었을 것이다.

그러나 이러한 주술적 생각들은 진한 제국에 보이는 패권을 쥔 지배자와 공신 간의 처절한 살육전이나 토사구팽처럼 정치적 모략으로 일관되는 세상이 되면 거의 사라지게 된다. 사냥이 끝나면 개는 고깃감에 불과하고 순장을 할 여유도 사라지게 된다. 어떤 의미에서 자연과 인간의 연결과 공존을 뜻하는 순장은 이미 공자 때부터 저주받는 풍습이 되어버렸다. 춘추시대를 살았던 공자는 순장 대신 사람들이 썼던 토용(土俑)을 묻는 것도 저주할 정도로 순장을 극히 혐오했는데, 자신이 기르던 개가 죽자 제자 자공을 시켜 묻게 하면서 다음과 같이 말한다. "내가 듣기로 해진 휘장을 버리지 않는 것은 말을 묻기 위해서이고, 해진 마차의 차일을 버리지 않는 것은 개를 묻기 위해서라고 한다. 나는 가난해서 차일이 없으니, 그 무덤에 거적으로 자리를 깔아 그 머리가 흙 속에 파묻히지 않게 하라."[28] 과연 예의 대가다운, 그리고 개를 배려한 말이기도 하지만, 어쩐지 인간 중심적인 방식으로 개를 장례하는 것으로 보인다. 여기에 더 이상 순장이나 주술적 개념은 보이지 않는다.

진한 제국 시대의 일로 개에 관한 이야기 중에는 개가죽으로 만들었다고 하는 양말도 있다. 한대(漢代) 서북 변경의 방어에 동원된 병사들에게 지급된 필수물품 중 하나인 양말의 일종인 견말(犬絉)이 그것이다.[29] 견말은 사말(私絉)과 같이 기재되고 있어 특별한 양말인 것으로 생각된다. 견말 1켤레 사말 2켤레로 기록된 것으로 보아 견말이 좀더 비싼 것으로 보인다. 견말은 돈황(敦煌)에서 발견된 목간 중에는 구포말(狗布絉)이라고도 불리고 있고,[30] 구포는 서북 변경에서 사용된 특별한 재질의 옷감으로 추측되기도 하는데, 어떤 학자는 견말을 개가죽으로 만든 양말이라고 추정하기도 한다.[31] 사실이라면 추운 북방의 겨울에 신는 양말이 아니었을까 싶다. 그렇다면 관에서 보급한 특별한 품목으로 꽤 비싼 양말이지 않을까 싶은데, 관에서 사병들을 이렇게 생각해 주었을까 싶으면 개가죽설은 의심스러워진다. 어쨌든 개가죽으로 양말을 만들었는지 여부는 확인되지 않았지만, 그것을 진지한 학자들이 신중하게 고려하고 있을 정도로 한대에 이르러서

28 『禮記』「檀弓下」.

29 謝桂華·李均明·朱國炤, 『居延漢簡釋文合校』, 北京: 文物出版社, 1987, p. 597: "田卒淮陽郡囂堂邑上造趙德, 皁布復袍一領 … 練復□□一, □絉二兩 … 牛革□二兩, 右縣官所給(498·14A, B)."

30 Michael Loewe, *Records of Han Administration*, vol. 2, Cambridge University Press, 1967, p. 263.

31 勞榦, 『居延漢簡考證』, p. 63. Michael Loewe, *Records of Han Administration*, vol. 2, 1944. p. 263에서 인용.

는 개가 갖는 고대적 주술의 의미가 현저히 떨어졌다는 점을 견말이 암시하고 있다고 생각된다. 그래도 고조 유방을 후원해 한 제국 창업에 크게 기여했을 뿐 아니라 고조 사후에 실질적 제왕의 역할을 함으로써 『사기』와 『한서』(漢書)의 본기에 모두 이름을 올릴 정도로 막강한 권세를 자랑한 여걸이었던 여태후(呂太后)가, 개의 주령에 걸려 허망하게 끝나는 것은 이 시대에 여전히 개의 주술이 살아 있음을 보여준다. 고조 사후에 자신의 태후 자리를 위협했던 젊은 척부인의 팔다리를 잘라 돼지우리에 집어넣어 인간돼지라 비웃었던 잔혹한 여태후는 말년에 푸른 개의 주령에 의해 죽은 것으로 알려지는데 그 개의 주령은 역시 여태후에 의해 독살당한 척부인의 아들 조왕의 혼령이 빙의(憑依)한 것이었다고 사서는 전한다.[32]

사람은 이렇게 현생인류 이래 개와 지극히 친밀하게 살아왔지만, 어쨌든 개를 집에 묻어 그 신령의 힘으로 살아간다는 생각은 공자 이래 어느새 사라져 버렸다. 그리고 진시황대의 전서체에 나타난 돼지를 품은 집 가(家)는 『설문해자』 이래 2,000년 가까이 오독되어 온 것이다.

원시인들에게 집 안에 개를 묻는다는 것은 전혀 이상한 일이 아니었을 것이다. 고양이는 어떨까? 서양에는 개가 아니라 고양이를 묻는 풍습이 최근(중세)까지도 내려왔던 것 같다. 로버트 단턴의 『고양이 대학살』이라는 책에는 프랑스 사람들이 새집을 지을 때 고양이를 산 채로 벽 속에 넣고 발랐다고 하며, 중세건물의 벽 속에서 발굴된 고양이의 뼈로 판단하건대 그것은 대단히 오래된 의식이라고 한다.[33] 이 대단히 오래된 의식은 거슬러 올라가면 고대 원시시대의 주술적인 신앙에까지 연결될 것이다. 주술적

32 『한서』「오행지」에 의하면, 고후(여후) 8년에 패상(霸上)에 불제하러 나갔다 돌아오는 길에 푸른 개 같은 것이 고후의 겨드랑이를 치고 홀연히 사라졌는데 점을 쳐보니 조왕의 빌미였다고 하는데, 그 후 고후가 병들어 죽었다고 한다. 이 기사의 뒤에 고후가 척부인 모자를 살해한 악행이 간단히 기록되어 있다. 이 푸른 개의 기사는 『사기』「여태후본기」에도 기록되어 있다.

33 로버트 단턴, 조한욱 옮김, 『고양이 대학살』, 문학과지성사, 1996, 138쪽.

인 신앙은 갑골문의 시대인 은대에 만연한 관념인 것 같지만, 갑골문이 내포하는 주술적인 신앙은 귀신을 경원하는 유교적인 한자문화의 표면에서는 잘 보이지 않는 것 같다.[34] 그래서 『설문해자』 및 『설문해자주』에 가(家) 자의 해석에서는 가(家) 자 본래의 모습이 가려져 있는 것이다. 시라카와가 말한 대로 주적(呪的)인 시대를 배경으로 태어난 한자는 주적인 힘의 의미와 관계를 내포하고 있을 것이다. 거의 모든 한자는 주적인 의미와 힘을 갖고 있다. 그런 의미에서 한자를 주령시대의 화상기록이라고 부르고 싶다. 한자는 고대인의 의식과 당대를 재현하는 훌륭한 미술관이기도 한 것이다. 미술관에서 그림을 감상하듯이 한자를 바라보면 그 너머로 새로운 경이로운 세계가 열릴 것이다.

우선 주령시대의 주령이 담긴 주구에서부터 문제를 풀어가도록 하자.

2. 주령시대의 주구(呪具)

존재하는 모든 것에는 주적(呪的)인 힘이 있고 모든 것이 의미가 있는 주술시대에는 천지자연의 모든 존재가 살아 있는 것으로 생각되었는데, 그것은 그들이 죽은 후에도 영(靈)의 형태로 시간과 공간을 왕래하는 것으로 나타난다. 한자에는 이러한 악령과의 소통을 위해 주령시대를 살아간 사람들의 흔적이 남아 있다. 고대인들은 주로 악령의 극복이나 정화를 위해 강한 주령(呪靈)을 가진 도구를 이용했는데, 이런 도구에는 사람이 입으로 하는 말이나 공구뿐만 아니라 신체의 일부 및 동물 등이 포함되었다. 우리의 상상을 초월하는 다양한 도구들이 주술 수단으로 활용되었는데, 대개

34 묘하게도 공자 자신이 무축의 후예이지만, 공자는 무축의 길을 철저히 외면하는 것처럼 보인다. 공자의 인생과 그 추구한 의미에 대해서는 白川靜, 『孔子傳』, 東京: 中央公論社, 1972 참조.

다음과 같은 종류들이 있다.

1) 동물로서는 견(犬)·수(豕)·출(朮)·수(祟)·이(希)·귀(鬼)·해(亥),

2) 사람의 말과 신체로서는 언(言, 언령言靈)·수(首)·목(目)·골(骨)·시(尸, 방方)·주안(呪眼),

3) 사람이 쓰는 공구로서는 구(口, 축기 재ㅂ)·공(工)·신(辛, 침針)·옥(玉)·패(貝)·토(土)·궁(弓)·시(矢)·월(鉞)·도(刀)·우(羽)·잠(簪)·요(幺),

4) 음식과 관련되는 것으로서는 주(酒)·육(肉, 제육祭肉)이 있다.

요컨대 인간의 의식주 전체가 주령에 덮여 있었다고 해도 과언이 아니다. 주구의 기능은 사령(邪靈)을 정화해 성화(聖化)하는 것이다. 그것은 자신이 존재하는 성화된 경계를 침입해 들어오는 외부는 물론 내부로부터의 사령과의 사이에서 벌어지는 주령시대의 생존을 위한 방법이라고 할 수 있다. 앞서 가(家)의 분석에서 가(家)는 본래 집 면(宀)과 견(犬)의 회의자이고, 견(犬)이 갖는 주술적 의미를 살펴보았지만, 동물의 주령으로 출(朮)에 대해 설명을 해보자.

1) 주구(呪具)로 쓰인 동물

차조 출(朮, zhú/shù)

전문 갑골문 갑골문 갑골문

주령을 가진 동물의 모습이다. 술(述)·술(術)은 모두 이 자형에 따르고 주술을 의미하는 문자이다. 술(述)·술(術)의 자형에 출(朮)이 포함되어 있는데 술(述)·술(術)은 출(朮)을 이용해 도로에서 행하는 제도(除道)의 주의(呪儀)를 말한다. 금문(金文)에 술(述)은 이룰 수(遂, suì)의 뜻으로 사용된다. 술(述)·

술(術)·수(遂)는 모두 제도의 주의를 표시하며, 그 주의에 의해 일의 계속과 수행을 점친 것으로 생각된다. 그 주의를 술(術)이라고 한다. 출(朮)은 그 의례에 쓰는 주령을 가진 동물의 모습으로 보아야 할 것이고, 빌미 수(祟, suì)와 비슷한 모습이다.[35]

『설문해자』(7上)는 직(稷)의 차진 것이라고 하고, 『이아』(爾雅) 「석초」(釋草)에 산계(山薊, 백출白朮)라고 한다. 산계는 소화불량, 구토설사, 습증 등에 쓰는 약초이다. 현행 사전은 『설문해자』와 『이아』의 설명만을 싣고 있어서 술(術)의 주술적 어원을 해명하기 어렵다. 주령을 가진 동물이 어떻게 식용 약초로 변신했는지는 의문으로 남는다.

재주 술(術, shù)은 행(行)과 출(朮)을 조합한 회의자이다.

전문1

행(行)은 큰 길이 교차하는 십자로의 모양이다. 십자로는 여러 가지 영(靈)이 지나가는 곳이기 때문에 그곳에서는 여러 가지 주술이 행해졌다. 그러한 주술, 재주를 술(術)이라 한다. 후에 '재주, 일, 배우는 일' 등의 의미가 되어, 기술(技術: 물건을 만들거나 가공하거나 하는 재주)·예술(藝術: 감상의 대상이 되는 미美의 창작·표현)·학술(學術: 학문)처럼 쓴다.

말할 술(述, shù)

금문1 금문2 금문3 전문1

35 白川靜, 『字通』, 2014, 朮.

술(述)은 출(朮)과 착(辵, chuò)을 조합한 회의자이다. 착(辵, 책받침辶·민책받침辶)에는 길을 간다는 의미가 있다. 역시 주령을 가진 짐승인 출(朮)을 사용해 군의 진퇴를 점쳐 결정하고, 그 점에 의한 결정에 '따르다'는 의미가 된다. 『논어』에 "술이부작"(述而不作)이라는 말은 고전에 따라 그대로 말하고 스스로 창작하는 것을 하지 않는다는 의미이다. '따르다'는 것에서 '이전대로 말하다, 말하다'라는 의미가 되었다.[36]

드디어 수(遂, suì)

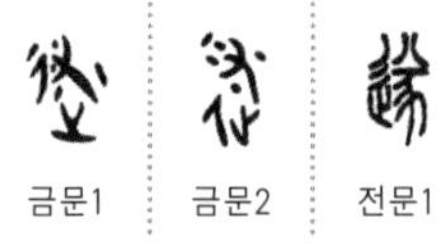

금문1 금문2 전문1

수(遂)도 술(述)과 같은 구조의 글자로 수(㒸)를 성부로 하는 형성자이다. 수(㒸)는 영(靈)의 힘, 즉 주령을 가진 짐승이다. 이 짐승으로 행위를 계속할지 어떨지 점을 치고, 점친 결과 계속하는 것을 수(遂)라고 한다. 그래서 수(遂)는 계속해서 '끝까지 해내다, 이루다'는 뜻이 된다. 수행(遂行: 일을 최후까지 해냄)하는 데서 '마침내'라는 뜻이 된다. 착(辵, 책받침辶·민책받침辶)은 걷는다는 뜻이기 때문에 수(遂)는 노상에서 점치는 것이다. 영(靈)의 힘(呪靈)을 가진 출(朮)이라는 짐승을 갖고 십자로에서 치는 점인 술(術, shù)과 다르다.[37]

붙을 예(隷, lì)

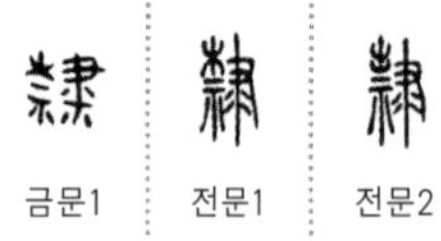

금문1 전문1 전문2

예(隷)는 빌미 수(祟, suì)와 건(巾, jīn)과 우(又, yòu)를 조합한 회의자이다.

---

36 白川靜, 『常用字解』, 東京: 平凡社, 2012, 述.

37 白川靜, 『常用字解』, 遂. 용례로 완수(完遂), 미수(未遂)라는 말이 있다.

예(隷)는 그 변화한 자형이다. 수(祟)는 재앙을 가져오는 영력(靈力)을 가진 짐승의 모양이다. 여기에 건(巾)을 대어 그 빌미 수(祟)를 건(巾)에 옮기고 그 건(巾)을 손(又)에 갖게 하는 모양이 예(隷)인데, 건(巾)으로 빌미가 옮겨진 자를 말한다. 예(隷)는 신의 종으로서 신에게 봉사되었다. 빌미를 옮긴 건(巾)을 갖게 함으로써 그 사람의 몸에 빌미가 '붙는다'는 것이 예(隷)의 본래 의미이고, 『설문해자』(3下)에 '달라붙다'(附箸)라고 한다. 부정이 옮겨진 자는 신의 종으로서 신에게 봉사하게 했다. 예(隷)는 후에 널리 '종, 따르다'라는 뜻으로 쓴다.

예(隷)는 노예의 기원이 주술적인 데 있음을 암시하는데 『설문해자』(12下)에 노(奴)를 설명하면서 "노비는 모두 옛날의 죄인이다"라고 말하고 있기도 하지만, 고대의 죄인은 단순한 범죄가 아니라 신의 금기를 범한 자로서 신에 대해 불결함을 갖는다고 생각되었으므로 입묵(入墨: 몸에 문신을 새기는 것) 등을 해 신에게 봉사시켰다.[38] 이렇게 노예들에게 입묵하는 것은 단순한 표시가 아니라 불결을 정화하기 위한 표시였다. 입묵은 후에 묵형(墨刑)이라는 죄수의 형벌 수단이 되지만 본래는 주령시대에 불결함을 정화하기 위한 주술적 수단이었던 것이다. 근대에 와서 문신은 비밀결사나 야쿠자들의 자기표시를 위한 수단이 되는데, 일본의 야쿠자는 목욕탕에서는 일반인에게 위화감이나 불쾌감을 준다고 해 입장이 금지되고 있다. 한국의 목욕탕은 문신을 한 사람들의 출입이 자유로운데, 요즈음에는 일반인들도 즐겨 자신을 치장하는 수단으로까지 될 정도로 변화해 본래 의미를 찾기 어렵게 되었다.

38 白川靜, 『常用字解』, 奴.

죽일 살(殺, shā)

살(殺, 11획/죽이다·줄이다). 회의. 털 긴 짐승 이(希, 재앙)를 만드는 짐승의 모양(좌변의 모양)과 창 수(殳, shū)를 조합한 모양이다. 수(殳)는 지팡이처럼 긴 창. 재앙을 일으키는 짐승을 창으로 쳐서 죽이는 모양으로, 이것으로써 앙화(殃禍)를 줄이고 무효로 하는 행위를 살(殺)이라 하여 감쇄(減殺: 줄이는 것)가 본래의 의미이다. '杀'의 작은 점은 앙화를 가져오는 짐승의 귀의 모양이다. 갑골문과 금문은 그 짐승의 모양만을 그려, 후의 채(蔡: 죽이다)라는 글자로 변용되었다. 살(殺)은 '죽이다'라는 뜻으로도 썼다.

살(殺)의 짐승의 모양은 예(隸)를 구성하는 빌미 수(祟, suì)의 모양이라고 한다.[39] 수(祟)와 자형이 가까운 모양이 매(魅)이다.

도깨비 매(魅, mèi)

매(魅)의 본래 글자는 매(鬽)로 쓰고, 귀(鬼)와 터럭 삼(彡, shān)을 조합한 모양이다. 삼(彡)은 긴 털의 모양인데, 긴 털의 괴물을 매(鬽)라고 하고, '도깨비, 요괴, 정령(산림·목석에 산다고 하는 정령)'의 뜻으로 쓴다. 주문1·고문1의 자형의 하부는 짐승의 모양인데 그것은 재앙 수(祟, suì)의 자형과 가깝고, 매(魅)는 재앙(祟)을 가져오는 괴물이라고 생각되어 두려워했을 것이다. 매료(魅了:

39 白川靜, 『新訂 字統』, 祟.

사람의 마음을 완전히 끌어당겨 홀리는 것)·매력(魅力: 사람의 마음을 끌어당겨 몰두시키는 힘)·매혹(魅惑: 사람의 마음을 끌어당겨 홀리는 것)처럼 '홀리다'는 뜻으로도 쓴다.

캐물을 핵(劾, hé)

전문1

핵(劾, 8획/캐묻다·조사하다)은 성부가 해(亥)인 형성자이다. 역(力)은 쟁기 뢰(耒, lěi)의 모양이다. 이 글자를 탄핵(彈劾)의 의미로 사용하는데, 핵(劾)의 자형에서는 그 의미를 찾을 수 없다. 해(亥)는 짐승의 모양이다. 재앙(㣇: 털 긴 짐승 이, yì)을 일으키는 짐승과 자형이 비슷한데, 해(亥)를 쳐서 그 재앙을 떨쳐버리는 의례가 있고, 이를 부적 해(毅)라 한다. 탄(彈)은 활(弓)을 튕기는 것. 활줄을 울려서 떨쳐버리는 것은 의식의 때에 건물의 주변에서 행해지는 것이다. 개(改)의 옛 자형은 고칠 개(攺: 역귀 쫓을 이)이고, 사(巳, 뱀 종류)를 때려 재앙을 떨쳐버리는 의례였다. 그래서 핵(劾)은 아마 해(毅)를 잘못 쓴 자형일 것이다. 해(毅)는 『설문해자』(3下)에 "해개(毅攺)는 대강묘(大剛卯: 병을 물리치는 주문을 쓴 것으로 허리에 찬다)로서, 정매(精魅: 귀신이 주는 빌미)를 쫓아내는 것"이라고 한다. 탄핵이란 활시위를 울려서 악사(惡邪)를 쫓고, 주령이 있는 짐승을 때려 불제(祓除)를 한다는 의미로, 사람에 대해 해야 할 일은 아닌데 지금은 사람을 비난할 때에 사용한다.[40]

'탄핵'이란 이처럼 본래 활줄을 울려서 악사(惡邪)를 쫓고, 주령이 있는 짐승을 때려 악령을 쫓아낸다는 뜻이며, 사람에 대해 해야 할 일은 아닌

40 白川靜, 『常用字解』, 劾.

데, '대통령 탄핵'과 '탄핵심판'이라 하듯이 사람을 비난할 때 사용하는 말이 되었다. 일본의 사무라이도 칼을 쓰는 무예의 전문가로 알려져 있지만 본래 활 울리기(메이겐鳴弦)라는 주술적 역할을 담당했다고 한다. 즉 9세기 말에 창설된 천황의 호위무사인 다키구치(滝口)들의 임무 중 하나가 활 울리기인데, 이것은 화살을 쏘는 것이 아니라 화살을 메기지 않은 활시위를 손으로 강하게 쳐서 소리를 내는 것으로 눈에 보이지 않는 사령(邪靈)을 물리치는 주구로 사용한 것이다. 당시 일본의 궁정이나 귀족의 집에서는 입욕이나 출산, 벼락, 불길한 경우, 병 등 무슨 일이 있을 때마다 활을 울렸다고 한다.[41] 일본의 무사에 순수한 무력이 아니라 주술 담당자로서의 일면이 있었던 것은[42] 주술이 근대 이전의 사회에서는 일반적으로 기술과 분리되지 않은 채 존재하고 있었기 때문이라 할 수 있다. 무사의 무예도 기술의 하나로서 주술적 관념의 일부를 이루고 있었던 것이다.[43]

2) 주구로 쓰인 신체

주령이 있는 짐승을 다루는 주술과 관련된 한자를 살펴보았는데, 주령시대에는 그러한 짐승을 다루는 사람의 신체도 주령을 갖는다고 생각되었던 것 같다. 주령을 갖는 대표적인 신체 일부는 끔찍하게도 잘린 사람의 머리이다. 그것은 우리 동양인들이 인생에서 추구하는 최고의 이상태로 표현되는 도(道)라는 한자에서 드러난다.

41 다카하시 마사아키(高橋昌明), 박영철 옮김, 『사무라이의 역사』, 한울, 2020, 212~14쪽.

42 다카하시 마사아키, 『사무라이의 역사』, 216쪽.

43 다카하시 마사아키, 『사무라이의 역사』, 147쪽. 그렇게 생각하면 임진왜란 당시에 왜군이 여성의 배를 가르고 제사지내는 잔혹한 광경도 주술적 관습의 유제(遺制)라는 생각이 든다. 일본은 천황의 존재를 비롯해 주술적인 원시사회의 모습이 첨단 문명과 공존하는 희귀한 사회이다.

길 도(道, dào)

금문1 금문2 전문1

도(道)는 머리 수(首)와 착(辵)을 조합한 회의자이다. 착(辵, 책받침辶·민책받침⻌)에는 걷다·가다라는 의미가 있다. 금문에는 또 우(又: 손의 모양)를 가한 자형이 있는데, 머리(首)를 손에 들고 간다는 의미이다. 이 수(首)와 착(辵), 촌(寸: 손의 의미)을 조합한 글자가 도(導)이다. 고대에는 다른 씨족이 있는 토지는 그 씨족의 영(靈)이나 사령이 있어 재액(災厄)을 가져온다고 생각되었기에 이족(異族)의 머리를 손에 들고 그 주력(呪力)으로 사령을 정화(祓淸)하고 앞으로 나아갔다.[44]

앞서 주술(呪術)의 술(術)이 본래 사거리에서 하는 주술적 의례였다고 했지만, 도(道)는 다른 씨족이 있는 토지를 지나갈 때 그 토지의 악령을 정화하고 가기 위한 주술적 의례를 담은 문자이다. 그것은 죽은 사람, 아마도 적의 머리를 갖고 하는데, 적의 머리는 가장 영의 힘이 강한 것이라고 생각된 것이다. 적의 머리가 특별한 영적 능력을 가진 것으로 숭배되었던 고고학적 흔적도 있다. 은대의 왕 무덤에서 두 부류의 순장된 사람들이 발견되는데, 하나는 시신이 온전한 채로이지만 하나는 머리가 몸에서 잘린 사람들이었다. 머리 부분이 잘린 것은 그의 영력을 왕의 영혼에 덧붙여 왕의 영력을 더 강화하려는 것이 목적이라고 한다.[45] 이들은 이민족이라고 해도

44 白川靜, 『常用字解』, 道. 도(道)와 짝을 이루는 글자인 노(路)에 대해서도 설명을 해두어야겠다. 노(路, 13획/길)는 성부가 각(各)인 형성자이다. 각(各)에 뇌물 줄 뇌(賂)·수레 노(輅)의 음이 있다. 각(各)은 축기 재(ㅂ)를 바쳐 기도함으로써 신의 강하를 구함에 응해 하늘에서 신이 내려오는 것을 말한다. 여기에 족(足)을 가한 노(路)는 신이 내려오는 '길'을 말한다.

45 가이즈카 시게끼·이토 미치하루, 『중국의 역사: 선진시대』, 157~58쪽.

주술적 능력이 전이된다고 생각해 그러한 의식을 지냈던 것이다. 이것은 말하자면 같은 것은 같은 것을 낳는다는 감염주술적 사고방식이다. 남태평양 솔로몬제도에서는 해골섬(skull island)이라는 곳이 있는데, 그곳에서는 지금도 해골을 숭배하면서 살아가는 원시부족이 있다고 한다. 그들의 말에 의하면, 족장이 죽으면 가매장 후 며칠 지난 다음 머리만 잘라서 새로 안치해 모셔놓는다고 한다.[46] 해골은 인류학적으로는 조상숭배 의례의 증거이다. 메소포타미아의 농경지대에서 동식물을 길들이기가 시작되던 기원전 1만 년에 이미 그 증거를 찾아볼 수가 있다. 기원전 7000년경 팔레스타인의 예리코(Jericho)와 터키의 차탈휘위크(Çatalhöyük) 등지에 살았던 초기 농경민은 조상의 시신을 집터 바로 아래에 매장하면서 시신에서 머리만 떼어내 따로 간직했다. 해골에 회반죽을 바르고 색을 칠해서 대물림하는 일도 많았다고 한다.[47] 해골섬은 살아 있는 메소포타미아문명의 현장이라고 할 수 있다. 그리고 이러한 해골섬의 장례문화는 동양의 전통왕조에서 국가의 정신적 상징이기도 한 종묘에서 조상의 이름을 써놓은 위패를 간직하는 것과 형식은 다르지만 실질적인 내용은 크게 다르지 않은 것 같다. 어떻게 보면 문명은 단순한 것에서 좀더 크고 복잡한 것으로 변화한 것일 뿐이다. 갑골문 중에 머리를 잘라 신에게 바치기를 점친 기록이 많은데, 그 대상으로 강(姜)이나 남(南)이라 불린 다른 종족의 사람들이 많았다. 이러한 인신공양은 인류의 초기 역사에 세계 공통으로 보이는 현상이다. 구약성경에 신이 아브라함의 아들을 인신공양으로 요구했던 것은 유명한 이야기이지만, 문명의 발달에 따라 인신공양에서 동물공양으로 변화해 간다. 문명 초창기에는 그리스인과 로마인이 인신공양으로 신에게 제사를 올렸으나, 그리스 고전기와 로마 공화정 초기에는 공양물이 동물로 바뀌었던 것이다.[48]

---

46 EBS, 「세계테마기행」, 2019년 11월 28일자 방영.

47 이언 모리스, 이재경 옮김, 『가치관의 탄생』, 반니, 2016, 102쪽.

공양물이 인간에서 동물로 바뀌었던 데는 인간의 가치에 대한 인식의 변화가 있었을 것이다. 인간의 머리는 더 이상 주령의 효력을 발휘하는 것으로 여겨지지 않았을 것이다. 진 제국이 탄생하기 직전, 적국 병사들에 걸린 현상금 때문에 잘린 머리를 놓고 서로 싸운 진나라 병사들의 이야기 또한 이 시대는 더 이상 머리의 주령을 믿지 않았음을 말해주는 증거이다.

1975년 중국 호북성 운몽현(雲夢縣) 수호지(睡虎地)에서 출토된 진대의 죽간에서는 바로 그런 실제 이야기가 실려 있어 세상을 놀라게 했다. 이 이야기를 이해하기 위해서는 진나라의 국가개혁을 살펴볼 필요가 있다. 진은 중원에서 보면 서북 변경에 위치한 나라인데, 진목공(秦穆公) 시기에 오면 춘추오패(春秋五霸)에 손꼽힐 정도로 국력이 강해졌다. 그 후 위(衛)나라 공자 상앙(商鞅)을 맞이해 변법이라 불리는 전면적 국가혁신 정책을 단행해 더욱 국력을 업그레이드하게 된다. 상앙변법(商鞅變法)의 핵심은 전민개농과 전민개병이라는 농업과 전쟁의 효율을 극대화한 철저한 군공에 의한 상벌주의였고, 여기에 장애가 되는 귀족세력을 철저히 법령으로 처단하는 데 있었다. 그 자신은 지지자였던 효공(孝公)의 사후에 귀족들의 보복으로 비극적 죽음을 맞게 되지만, 개혁의 기조는 이후에도 계속되어 진이 천하를 통일하는 토대가 되었다. 그러한 상앙변법의 군공상벌을 상징적으로 보여주는 것이 이 『수호지진간』(睡虎地秦簡)에 수록된 머리소송 안건이다. 이것은 진군(秦軍)이 형구(邢丘)를 공격했을 때(진소왕秦昭王 41, 기원전 266) 발생한 사건이다.

> ① 군책임자 아무개의 보고
>
> 어느 이(里)의 사오(士伍) 갑이 남자 병을 결박하고 잘린 목 하나를 가지고 남자 정과 함께 왔습니다. 갑이 보고하여 말하기를, "갑은 위(尉) 모의 사리(私吏)로서 형구성(邢丘城)의 전투에 참전했습니다. 오늘 병이 군대 주

48 윌리엄 번스타인, 박홍경 옮김, 『무역의 세계사』, 라이팅하우스, 2019, 105~06쪽.

둔지의 도로에서 고의로 정에게 칼로 찔러 상처를 입히고 이 목을 빼앗는 것을 목격하고 붙잡아 왔습니다"라고 했습니다. 이에 목을 검사하고 즉시 정을 조사했으며, 또한 정이 입은 상처의 상태를 검사했습니다.

② 아무개의 보고

어느 이(里)의 사오(士伍) 갑과 정현(鄭縣)에 있는 어느 이(里)의 공사(公士) 병이 함께 목 하나를 가지고 와서 각자 보고하여 말하기를, "갑과 병은 형구성의 전투에 참가했고, 이것은 갑과 병이 획득한 목으로서 갑과 병이 서로 목을 차지하려고 싸우다가 목을 가지고 왔습니다"라고 했습니다. 목을 검사하니, 머리숱이 적고(곱슬머리이고), 오른쪽 관자놀이에 상처가 한 곳 있는데, 그 길이는 5촌, 깊이는 뼈에 다다랐고, 마치 검에 찔린 흔적 같았습니다. 절단된 목 부위는 짤막하고 표면이 매끈하지 않았습니다. 문서로 그것이 누구의 목인지 알아내기 위한 의견을 구하면서 말하기를, "만일 대오에서 낙오했거나 제때에 도착하지 못한 자가 있으면, 사람을 군대 주둔지로 보내어 목을 판별하게 하라"고 했습니다.[49]

첫 번째 안건은 길에서 목을 강탈하는 것을 목격한 제3자가 증인이 되어 법정에 출두해 보고한 것을 토대로 작성된 사법문서이다. 이 안건의 경우에는 증인도 있어서 갑에게 유리하게 판결이 날 것처럼 보이는데 결과는 알 수 없다. 두 번째 안건은 보다 치밀한 조사가 행해진 케이스이다. 두 번째 안건은 첫 번째 안건에 비해 누구의 목인지 분명치 않은 경우라서 법의학적인 증거조사가 행해지고 있음을 알 수 있다. 담당재판관은 주인 없는 목이 누구의 목인지 알아내기 위해 혹시 낙오병이 흘린 것이 아닌가에까지 세심한 주의를 기울이고 있음이 주목된다. 진나라의 사법문서에 보이는 행정력은 매우 주의 깊고 치밀한 것임을 알 수 있는데, 이렇게 공정하고

49 睡虎地秦墓竹簡整理小組, 『睡虎地秦墓竹簡』, 北京: 文物出版社, 1990, 封診式/奪首; 윤재석, 『睡虎地秦墓竹簡譯註』, 소명출판, 2010, 466~70쪽 참조.

주도면밀하게 행정을 다루는 관리들의 행정력을 진이 천하를 통일하는 원동력의 하나로 꼽을 수 있을 것이다.

그렇다 하더라도 현재의 시점에서 생각해 볼 때 당시 사회가 매우 공포스럽고 살벌한 분위기의 사회가 아니었을까 하는 생각도 든다. 가령 적의 피가 흐르는 목은 출세를 위해 참으로 중요한 것이고 법정에서 중요한 증거물품일 뿐 아니라 그 자체가 보물과 같은 취급을 받았던 것으로 상상할 수 있는데, 적과의 싸움에서 적의 목을 따는 것도 힘든 일이지만 그 못지않게 적의 목을 간수하는 것 또한 보통 일이 아니었을 것이라는 생각이 든다. 진나라 법률에서 이러한 사법문서의 안건이 보고되고 보존되고 있는 것 자체가 적의 목을 간수하고 보관하는 것이 보통 일이 아니었다는 것을 증언해 준다. 적의 목을 보관하는 것은 방금 본 것처럼 길거리에서 만난 강도나 동료 사이에서처럼 외부에서도 생길 수 있는 일이지만, 우리와 같이 21세기 현대인의 감성으로는 이 귀중한 적의 수급을 집 안에서 보관할 때 더 큰 문제가 아닐까 하는 생각이 든다. 특히 겨울도 아닌 한여름인 경우라면 피가 잘 마르지도 않고 부패하기도 쉬울 사람의 머리를 어디에 어떻게 보관했을까? 냉장고도 없었을 그 시절에 말이다. 이렇게 현대인인 우리로서는 상상하기 어려운 살벌한 사회가 2,200년 전 진시황이 천하를 통일하던 무렵의 중국 사회였다. 진나라 병사들의 이러한 살벌한 모습은 어쩌면 그들 선조의 유목민적 기질에서 유전적으로 전해져 온 것인지도 모르지만, 어쨌든 진나라 병사들은 적의 목을 따서 신분상승하고 출세를 하기 위해 전장에서 용맹을 발휘했고, 그것이 천하통일의 또 큰 원동력이 되었으리라는 것은 부인하기 어렵다. 당시 진나라 병사들을 중원 사람들이 보았을 때 호랑이와 늑대 같았다고 표현한 것은 지나친 말이 아니었던 것 같다.

전국시대의 기록들은 진인(秦人)의 기질에 대해 상무정신이 강하다고 다수 증언하고 있다. 『사기』(史記)는 진군이 갑자기 웃통을 벗기 시작하더니 아예 갑옷도 벗어던지고 싸웠다고 기록하고 있다. 『한비자』(韓非子)는 진인에 대해 싸움할 때는 발을 동동 구르고 웃통을 벗으며 조급해서는 조금도 참지 못하는데다 생사를 아랑곳하지 않는다고 한다. 어떤 유명한 세객의 말을 들으면, 전장에서 진군과 육국(六國) 군대를 비교하면 계란으로 바위를 치는 것과 같다고 한다. 진군은 투구도 쓰지 않고 웃통을 벗은 채 왼손에는 사람의 머리를 들고 오른 팔로는 포로를 잡고서도 적을 죽이러 쫓아간다고 하니 실로 오싹하지 않은가?

『순자』(荀子)는 다음과 같이 진을 평가한다. "진나라에서는 백성의 생활은 각박한데 사역하는 데는 냉혹가열(冷酷苛烈)하다. 권세로 위협하고 생활을 절약하게 하며 포상으로 회유하고 형벌로 단속한다. 백성이 이득을 얻으려고 한다면 전투에 의한 것밖에는 없도록 되어 있다. 진나라가 4대에 걸쳐 연승을 계속한 것은 우연이 아니라 필연이다"(『荀子』「議兵」).

『수호지진간』에 의하면 전투하기 전에 함께 술을 마시게 하여 사기를 북돋았다고 한다. 이를 증명하듯 진시황릉에서 출토된 병마용 전사의 복부는 약간 부풀어 있는 모습을 보이고 있는데, 이것은 장기간 음주한 결과로 추정된다.

싸울 때마다 술을 마셔 약간 도취된 상태에서 싸우게 했다는 것이다. 이것은 이미 주령시대의 용병의 모습이 아니다. 주령시대의 전투에는 무녀(巫女)들이 앞서서 주술의 힘으로 적의 기세를 누르면서 시작되었다고 한다. 예를 들면 '경멸하다', '멸시하다'라고 말할 때의 멸(蔑)은 본래 눈 위에 장식을 더해 주력(呪力)을 강화한 모양이다.

업신여길 멸(蔑, miè)

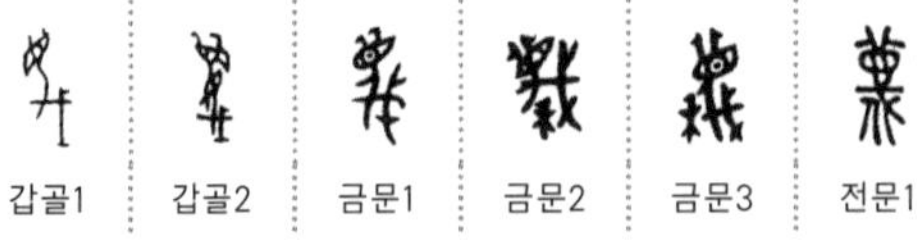

멸(蔑)은 목(苜)과 벌(伐)을 조합한 모양이다. 목(苜)은 눈(目) 위에 장식을 가해 주력(呪力)을 강화한 모양이고, 벌(伐)은 창 과(戈)로 목을 베는 모양이다.

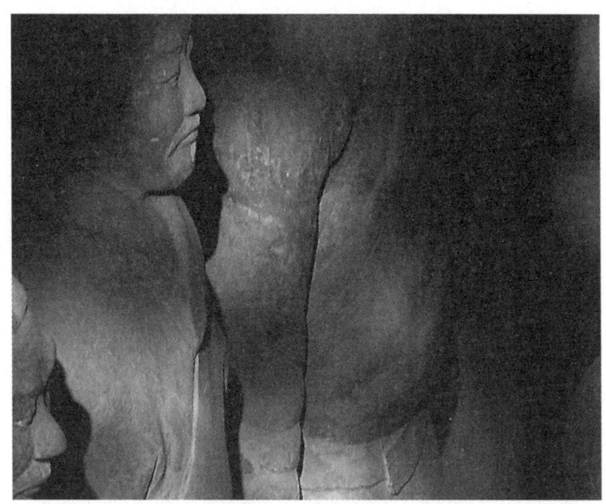

배가 부른 병사용 측면

배가 부른 병사용 정면

주령시대에 전쟁을 할 때에는 무녀들이 눈썹 장식 등을 더해 주력을 강화해서 적진에 주술을 걸었다. 그 힘이 승패를 결한다고 생각했던 것이다. 그래서 전쟁이 끝나면 주술의 힘을 제거하기 위해 그 무녀를 잡아 베어 죽였는데, 그것이 멸(蔑)의 모양이다. 갑골문과 금문의 모양은 무녀에 창(戈)을 더해 베는 모양이다. 금문2·금문3에는 화(禾)의 형이 포함된다. 화(禾)는 군문(軍門) 앞에 세우는 나무이고, 여기서 죽이는 일이 있었을 것이다. 멸(蔑)은 적의 무녀를 죽여 그 주력을 없애는 일이기 때문에 이로부터 '없애다, 업신여기다, 무시하다'는 의미가 생긴다.

『설문해자』(4上)의 "피로해서 눈에 정채가 없는 것이다. 목(苜)에 따른다. 사람이 피로하면 멸연(蔑然)하다, 수(戍)에 따르다"라는 설명은 목(苜)과 수(戍)의 회의자로 본 설명이어서 흥미롭다. 피로해서 눈에 정채가 없다는 설명은 멸(蔑)의 하부에 있는 수자리 설 수(戍)에서 온 것이 틀림없다. 수자리 서는 것은 피곤한 일이기 때문이다. 그래서 눈에 정채가 없다는 그럴듯한 설명이 나온 것이지만, 원래 눈의 주력을 강화하기 위해 장식된 눈이었기 때문에 더 정채를 발했어야 할 눈이 본의에서 어긋나는 설명이 되어버리고 말았다. 이러한 설명이 이상하다고 느꼈는지 주준성(朱駿聲)은 『설문해자』의 설명이 잘못이라면서 『설문해자』처럼 목(苜)과 수(戍)의 회의자가 아니라, 목(苜)과 벌(伐)의 형성자로 보아야 할 것이라고 주장한다.[50] 그러나 이 경우 벌(伐)의 음은 'fa'로 멸(蔑)과 맞지 않는다.

눈은 세계를 보여주는 창이자 통로이며 감각기관이기도 하다. 진화생물학적 관점에서 보면 인간은 수천억 내지 수십조의 세포가 진화적 군비경쟁(evolutionary arms race)의 과정을 거쳐 살아남은 산물이다. 20억 년에 달하는 생명체 진화의 역사를 통해 단세포에서 다세포로 복잡한 과정을 거쳐 어떤 세포는 빛에 민감하게 되었고 어떤 것은 소리와 촉각, 맛, 냄새에 민감하도록 특화되어 안(眼)·이(耳)·비(鼻)·설(舌)·신(身), 그리고 의(意, 뇌腦) 등이 생기고 자아라는 존재와 정신도 탄생했다고 한다.[51] 눈이 진화적으로 가장 먼저 발생했는지는 알 수 없지만, 보통 눈은 감각기관 중에서

50 朱駿聲, 『說文解字通訓定聲』, 北京: 中華書局, 2016(1833), p. 700.

51 이언 모리스, 김필규 옮김, 『전쟁의 역설』, 지식의날개, 2015, 465~66, 603~04쪽.

가장 먼저 손꼽히는 기관이다. 우리 몸은 외부세계와 끊임없이 교섭을 하지만 무엇보다도 눈을 통해 세상을 인식하게 된다. 본다는 것은 살아 있는 것이고, 사람이 죽는다는 것을 다른 말로 눈을 감았다고 말한다. 고대인들이 눈에 특이한 주력을 인정한 것도 당연한 일이라고 생각된다. 눈의 주력과 관련해서 눈을 치장한 무녀들의 모습을 담은 멸(蔑)을 소개했지만, 큰 눈으로 적의 동태를 탐지하고 그 눈의 주력으로 적을 위압하려고 한 글자로 망(望) 자가 있다.

바라볼 망(望, wàng)

갑골문의 자형은 발돋움하고 선 사람을 옆에서 본 모양(𡈼: 평평할 정, tǐng) 위에 신(臣: 위쪽을 바라보는 눈의 모양으로 큰 눈동자)을 그린 모양(朢)이다. 즉 발돋움하고 서서 멀리 내다보는 사람의 모양으로 상형자이다. 여기에 성부인 망(亡)이 가해져서 망(望)은 형성자가 된다. 멀리 내다보는 데서 '바라보다, 애타게 기다리다, 바라다'는 뜻으로 쓰이게 된다. 발돋움하고 서서 큰 눈동자로 멀리 내다보는 것은 운기(雲氣)를 보고 점치는 행위이며, 또한 눈이 갖는 주력(呪力)에 의해 적을 굴복시키는 주술적인 행위였다. 갑골문에 망승(望乘)이라는 씨족명이 보이는데, 눈의 주력으로 적을 굴복시키는 일을 직무로 하던 씨족으로 추정된다.[52]

갑골문에 "미인(媚人) 3천 명으로 하여금 고방(苦方)을 망(望)하게 하지 말까?"라고 묻는 점복이 보이는데, 이것은 눈썹에 주력을 위한 장식을 한

52 白川静, 『新訂 字統』, 望.

무녀 3천 명을 시켜 산서성 북방의 이족인 고방을 일제히 망(望)하게 하는 주의(呪儀)를 할 것을 점친 것이다. 전쟁에는 이러한 무녀 부대가 배치되어 여러 가지 주의를 했고, 패전하면 주술적인 힘을 봉쇄하기 위해 죽임을 당하는 모습이 멸(蔑)이라는 글자의 본의라는 것은 앞서 말했다.

망(望)의 본래 글자는 신(臣)과 정(壬)의 조합인데, 후에 지금의 망(望)이 되었다. 『설문해자』(12下)는 망(望)에 대해 "도망하여 밖에서 돌아가기를 바라는 것이다"라고 설명한다. 또 같은 자인 보름 망(朢)에 대해 "달이 차서 해와 서로 바라본다. 신하가[53] 군주에게 조현(朝見)하는 것이다. 월(月)과 신(臣)과 정(壬)에 따른다. 정(壬)은 조정(朝廷)이다"라고 풀이한다(『설문해자』 8上, 壬部). 『설문해자』의 이 설명은 신(臣)을 신하(臣下)로 풀이한 것이지만, 망(望)의 본의와는 무관한 것으로 무녀의 큰 눈을 의미한다. 그런데 묘하게도 큰 눈을 의미하는 신(臣)이 신하의 뜻으로 쓰이게 된 것은 흥미롭다. 예를 들면 현명해서 현신(賢臣)이나 현자(賢者)라고 할 때 쓰는 현(賢)의 본래 뜻은 눈동자를 다친 맹인을 나타내기 때문이다.

어질 현(賢, xián)

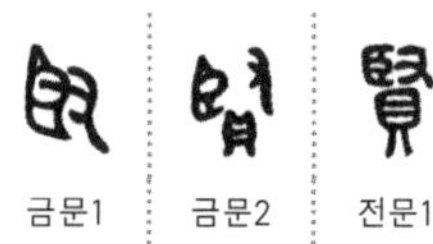

현(賢)은 성부가 현(臤, xián)인 형성자이다. 현(臤)은 신(臣: 위쪽을 쳐다보는 눈의 모양으로 큰 눈동자)에 우(又: 손의 모양)를 가한 모양으로, 눈동자를 다쳐서 시력을 잃게 하는 것을 말한다. 이러한 방법으로 시력을 잃은 사람이 신(臣: 섬기다, 종從)이고, 신에게 바쳐져서 신에게 봉사하는 자였다. 신(臣) 중에는 보통 사람과 달리 여러 가지 뛰어난 재능을 가진 사람이 있어 그 사람을

53 이(以)를 신(臣)의 오자(誤字)로 본 데 대해서는 李伯欽 注釋, 『說文解字』, 北京: 九州出版社, 2012, p. 801 참조.

현(臤)이라 한다. 현(臤)이 현(賢)의 본래 글자이고, 고대에는 현(臤)을 '어질다'는 뜻으로 사용하고 있다. 조개 패(貝)는 멀리 남방의 바다에서만 나는 자안패(子安貝)인데, 매우 귀중한 것으로 생각되어 화폐로도 사용되었다. 그래서 현(臤)에 패(貝)를 가한 모양인 현(賢)은 고가(高價)라는 뜻이 되는데, 현(臤)을 대신해서 '어질다, 뛰어나다'라는 뜻으로 사용하게 되었다.

고대 메소포타미아문명의 점토판에도 전쟁포로를 고의적으로 눈멀게 만들었다는 이야기가 많다고 한다.[54] 구약성경에도 전쟁포로를 눈멀게 한 예들이 다수 전해져 온다. 블레셋 사람들이 삼손을 잡아서 그의 두 눈을 뺀 이야기,[55] 유다왕국이 멸망할 때 유다 왕 시드기야(Zedekiah)가 칼데아인(Chaldee)들에게 사로잡혀 눈을 뽑힌 이야기,[56] 또 암몬족이 야베스족을 위협할 때도 "너희의 오른 눈을 다 빼내어 온 이 이스라엘 위에 그것을 수치거리로 두리라"는 말이 보인다.[57] 헤로도토스는 스키타이인의 역사를 쓰면서 모든 전쟁포로를 장님으로 만들었다고 전하기도 하고, 눈이 멀게 된 후 예언력을 갖게 된 헬라스인의 이야기를 전하기도 한다.[58] 카를 비트포겔은 중국에서 전쟁포로의 한쪽 눈을 자주 멀게 했다는 이야기를 전하면서 이에 회의를 품기도 했지만,[59] 고대 문명세계에서 이는 보편적인 현상으로 보이며 멸(蔑)과 현(賢)은 우리에게 남겨진 그 문자학적인 증거이다. 특히 현(賢)의 초문이 현(臤)이고 그 뜻이 본래 눈동자를 손상하는 의미인데,

---

54 제임스 스콧, 전경훈 옮김, 『농경의 배신』, 책과함께, 2019, 213쪽; I. J. Gelb, "Prisoners of War in Early Mesopotamia", *Journal of Near Eastern Studies* 32, no. 12, 1973, p. 87.

55 『킹제임스 흠정역 성경전서』, 「사사기」 16: 21.

56 『킹제임스 흠정역 성경전서』, 「열왕기 하」 25: 6~7.

57 『킹제임스 흠정역 성경전서』, 「사무엘기 상」 11: 1~2.

58 헤로도토스, 김봉철 옮김, 『역사』, 도서출판 길, 2016, 4: 2, 9: 93~94.

59 Karl Wittfogel, *Wirtschaft und Gesellschaft Chinas*, vol. 1, Leipzig, 1931, p. 399.

여기에서 뛰어난 재능으로 의미가 변화한 것은 전쟁포로의 우대라는 역사적 변화와도 부합하는 것이라 할 수 있다. 주술적인 능력을 가진 무녀가 전장에서 망(望)의 주의(呪儀)를 행하는 의례를 표시하는 망(望)은 이렇게 해서 주술적인 의미는 탈각되고, 단순히 멀리 내다보는 원망(遠望)이나 미래에 대한 희망(希望), 그리고 욕망(欲望)을 뜻하는 말로 쓰이게 된다. 이러한 과정에서 신(臣)이 갖는 본래 주술적 이미지는 탈각되고, 신(臣)에는 "눈이 먼 채로 절대 복종하는 노예"라는 이미지가, 이와 대조적인 관계에 있는 군(君)도 원래의 종교적 제사장의 이미지를 떠나 "눈이 먼 신하를 절대 지배하는 군주"라는 이미지가 문자의 뜻으로 남게 되었다. 이는 특히 『설문해자』가 달이 해를 만나는 것처럼 신하가 군주를 조현(朝見)하는 입조의 의례로 자의를 설명하는 한자를 쓰는 동양문화권에서 더욱 강력해지는 것처럼 보인다.

눈의 주력과 관련해서 흥미로운 글자로 덕(德)이 있다.

덕 덕(德, dé)

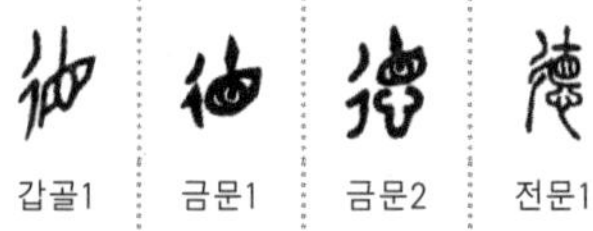

척(彳)과 성(省)과 심(心)을 조합한 회의자이다. 갑골문·금문1은 척(彳)과 성(省)을 조합한 모양이다. 척(彳)은 행(行: 십자로의 모양)의 좌반분으로 '가다, 걷다'는 의미이다. 성(省)은 목(目)의 주력(呪力)을 강화하기 위해 눈썹(眉)에 장식을 붙여 그 강한 주력이 있는 눈으로 순찰하는 것, 돌아보는 것을 말한다. 그 눈에는 사악한 것을 몰아내는 주력이 있다고 생각되었다. 성(省)에 척(彳)을, 후에 또 심(心)을 가해 목(目)의 주력·위력을 다른 곳에 미치게 하는 것이 덕(德)이다. 덕(德)은 본래 눈의 강한 주력을 말하는 글자였지만, 그 주력이 그 사람이 본래 갖고 있는 내면적·인간적 힘에서 발하는 것임이 자각되어 덕(德)이라는 개념이 생겨났다.

덕(德)은 이렇게 본래 눈의 주력으로 사방을 순찰하는 데서 환골탈태해 인간의 내면적인 가치관으로 새로이 탄생한 말이 되었다. 덕과 함께 천명이라는 개념도 생겨난 것으로 보인다. 앞서 설명한 도(道)가 이족(異族)의 머리로 길을 정화하는 방식이었다고 했는데, 그것은 현대의 문명인이 생각하기에는 이상하고 잔혹한 믿기 어려운 방식일 수 있지만, 그렇게 해서 열린 길은 편안히 걸어갈 수 있다고 생각되었을 것이다. 그렇게 해서 도술(道術), 도리(道理), 도법(道法) 등으로 점점 승화해 공자가 "朝聞道夕死可矣"(아침에 진리를 깨칠 수 있다면 그날 저녁에 죽어도 좋으리라)라고 했듯이 인간이 도달해야 할 최고의 추상적인 경지를 표현하는 말이 되었다. 동양문화의 진리나 정수를 표현하는 도(道)라는 말은 원래는 주술적인 악령을 제거하는 방법이었는데, 후에는 비슷한 주술적인 덕(德)과 합쳐 도덕(道德)이라는 용어가 되어 이후 수천 년에 걸쳐 지금까지 마법처럼 한자문화권 사람들의 의식을 지배하는 말이 되었다. 『설문해자』(2下)는 도(道)에 대해 "가는 곳의 길"이라고 동어반복적인 설명뿐이며 자원으로서 올바른 설명이라고 하기는 어렵다. 인류의 문명이 비약적으로 발전하는 데는 도덕과 같은 추상적인 관념의 발생이 중요하다고 할 수 있는데, 이는 그전의 주술적인 경험의 누적으로부터 발전된 것이라고 생각된다.

주령시대에는 머리나 눈과 같은 신체의 일부 외에도 상반신의 뼈 역시 그와 같은 주능(呪能)을 가진 것으로 생각되었음을 한자는 보여준다. 화(禍) 자가 그것이다. 화(禍)는 사람의 상반신의 잔골(殘骨)이 갖는 주령(呪靈)을 두려워해 의례로써 주령의 힘을 제어하려고 한 것이다.

재앙 화(禍, huò)

화(禍, 14획/재앙)는 성부가 와(咼)인 형성자이다. 와(咼)는 와(冎: 사람의 상

반신의 잔골, wāi/guǎ)에 축기 재(ㅂ)를 더해 화(禍: 재앙)를 떨쳐버리기를 기도하는 의미가 된다. 화(禍)는 잔골의 주령에 의해 초래된다고 생각되었기 때문이다. 시(示)는 신을 제사지낼 때 사용하는 제탁(祭卓)의 모양이기 때문에 재앙을 떨쳐버리는 의례를 화(禍)라고 해 '재앙'의 의미로 쓴다.[60]

화(禍)가 상반신의 뼈로 재앙을 떨쳐버리는 주령(呪靈: 영의 힘)의 능력을 가진 것이라면 이와 비슷한 주령을 가진 것으로 사람의 백골도 있다. 그것을 보여주는 글자가 백(白)이다.

흰 백(白, bái)

백(白, 5획/흰색·희다·말하다)은 백골이 된 두개골의 모양으로 상형자이다. 비바람을 맞아 살은 떨어지고 백골만 남은 해골의 모양이기 때문에 '흰색, 희다'는 의미가 된다. 위대한 지도자나 죽인 적의 수급(首級)은 백골화한 촉루(髑髏: 해골)로 보존했다. 뛰어난 수장의 두골에는 뛰어난 주령(영의 힘)이 있다고 믿었기 때문이다. 그래서 그러한 수장은 백(伯)이라고 불렸다. '말하다'는 의미로도 쓴다.[61]

이는 앞에서 본 솔로몬제도의 해골섬의 해골숭배와 완전히 같은 의례이다. 죽은 사람의 해골도 주령을 가진 것으로 생각되었으니 도대체 고대의 주령시대에는 생과 사의 구별이란 분명하지 않고, 죽음이란 현대인의 생각과는 다르게 매우 친근하게 이해되었던 것 같다. 뛰어난 수장의 두골은 뛰

60 白川靜, 『常用字解』, 禍.

61 白川靜, 『常用字解』, 白.

어난 주령이 있어서 백(伯)이라고 불렀다고 하는데, 이는 후에 공후백자남(公侯伯子男)이라는 5등급의 귀족 칭호 중 하나인 백작(伯爵)으로 이어지게 되는데, 귀족 백작이 자신의 칭호가 그러한 유래가 있다는 것을 알면 소스라치지 않았을까?

이러한 주령시대에는 백골이 된 해골이나 상체의 잔골뿐 아니라 죽은 사람의 시체도 전부 주술의 도구가 된다. 그것을 보여주는 글자가 방(方)이다.

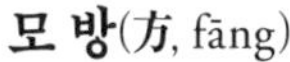

모 방(方, fāng)

방(方, 4획/쪽·외국·방법·지금 바로)은 가로로 걸친 나무에 죽은 사람을 매단 모양으로 상형자이다. 이것을 경계(境界)의 곳에 주금(呪禁: 악사惡邪를 물리치는 주술)으로서 놓아둔 것이어서 외방(外方: 멀리 떨어진 나라, 외국)의 의미가 된다. 방위(方位)·방각(方角)·방향(方向)처럼 '쪽'의 의미로 쓰고, 또 방법(方法)처럼 '길, 방법'의 의미로 쓴다. 악령(惡靈)을 추방하기 위해 방(方)을 때리는 것을 방(放)이라 한다. 백(白)은 해골의 모양이므로 해골이 남아 있는 죽은 사람을 나무에 매달아 때리는 모양이 교(敫, jiǎo)인데, 악령을 추방하는 의례이다.[62]

방(方)은 제효(祭梟)의 풍속에 의해 사자의 주령을 상대방에게 작동하게 하는 것이다. 즉 그 주령이 먼 곳에까지 퍼져 떠다녀가서 상대방에게 육박한다는 공감주술적인 의미를 포함하는 글자이다. 방(方)을 요소로 하는

62 白川靜, 『常用字解』, 方.

형성자에는 이러한 의미가 담겨 있는데, 예를 들면 두루 방(旁, páng)은 방향을 표시하는 방(方)과 범(凡, 풍風)을 합친 글자로 '널리 미치다'는 뜻이 있어서 그리 읽는다. 꽃다울 방(芳, fāng)도 꽃다운 향내가 멀리 도달하는 뜻인 것 같고, 방황할 방(彷, fǎng)은 정처 없이 떠도는 것을 가리키는 것으로 모두 방(方)에서 파생된 글자들로 방(方)의 본래 뜻과 소리를 전승하고 있다. 갑골문에서 이족의 나라를 방(方)이라고 부르는 것은 방(方)이라는 주술적 의례에서 비롯된 것이다.[63]

방위(方位), 방금(方今: 말하고 있는 시점보다 바로 조금 전), 방도(方途), 방법(方法) 등으로 쓰이는 방(方)이 원래 이러한 어원을 가지고 있는 줄은 상상하기 어렵겠지만 이런 것이야말로 갑골학의 위대한 성과라고 할 것이다. 그러나 현재 한국의 일반적인 한자사전의 부수 명에 방(方)은 (마늘) 모 방으로 이름 지어져 있어서 어리둥절하다. 방(方)은 먹는 마늘과는 아무 상관없는 글자로서 부수 명칭은 매우 비교육적으로 재고되어야 할 것이다. 방(方) 자를 요소로 하는 노래할 교(敫) 자에 삼수변(氵)을 더하면 물결 부딪쳐 흐를 격(激) 자가 된다.

물결 부딪쳐 흐를 격(激, jī)

전문1

격(激, 16획/격심하다)은 성부가 교(敫)인 형성자이다. 교(敫)에 격문 격(檄, xí)의 음이 있다. 교(敫)는 방(放)에 백(白)을 더한 모양이다. 방(放)은 방(方: 옆으로 가로지른 나무에 죽은 사람을 매단 모양)에 칠 복(攴, 攵: 때릴 복, pō)을 더해 사악한 영을 추방하는 의례를 말한다. 공동생활을 해치는 자는 이 형식

63 白川靜, 「漢字の思考」, 『文字游心』, 東京: 平凡社, 1990, pp. 250~55 참조.

으로 그 영을 추방했다. 백(白)은 해골의 모양이다. 해골이 남아 있는 죽은 사람을 나무에 매달아 때리는 모습이 교(敫)이고, 그 죽은 사람이 갖고 있는 강력한 영(靈)의 힘을 때려서 자격(刺激)하는 것을 말한다. 교(敫)는 자격(刺激)에 의해 격심해진다는 뜻을 갖고 있다. 그 뜻을 물로 옮겨서 격(激)은 물이 격하게 흐른다는 뜻이 된다. 격(激)은 후에 모든 것에 대해 '격심하다'는 뜻으로 사용된다.[64]

격(激)의 어원을 통해 그 유래가 악령을 추방하는 의례에서 왔다는 것을 알게 된다. 격(激)을 구성하는 노래할 교(敫, jiǎo)가 해골만 남은 시체를 때려 악령을 쫓아내려는 의례라는 사실은 현대 문명인인 우리에게는 잔혹하고 난해해 보이지만, 주술을 믿고 살아가는 씨족공동체 사회 나름의 삶의 방식이라는 것을 이해할 필요가 있다. 요컨대 방(方)에는 주술로써 악령 등이 몰고 오는 재앙을 물리치려는 주금(呪禁)의 의미가 있는데, 앞서 본 도(道)에도 주금의 의미가 있다. 이족의 잘린 머리는 외부로 길을 여는 주령을 가진 도구로 그 역할을 했지만, 한편으로 또 외부와의 경계를 이루는 주금의 도구가 되기도 했다. 『좌전』(左傳) 「문공 11년」(기원전 616)에는 문공이 장적(長狄)의 군주 교여(僑如)를 잡아 그의 머리를 북교(北郊)의 자구지문(子驅之門) 아래에 묻었고, 교여의 아우 영여(榮如)는 제나라에 사로잡혀 머리가 주수(周首)의 북문에 묻혔다는 기록이 보인다. 이는 이족의 머리가 성문 등의 경계가 되는 곳에서 강한 주력(呪力)을 갖고 주금으로 역할을 하리라고 기대되었기 때문일 것이다. 고대의 일본 사회에서는 이런 풍습이 후에도 계속 전해져 오는데, 적어도 나라시대까지 계속되는 것 같다. 예를 들면 7세기 후반 왕위계승 분쟁의 희생자인 오츠노오우지(大津皇子, 663~86)의 유해를 야마토분지의 서쪽 경계가 되는 후타카미야마(二上

---

64 白川靜, 『常用字解』, 激.

山: 오사카부와 나라현의 경계에 있는 산)의 산정에 묻은 것도 그러한 이유에서라고 한다.[65]

3) 주구로 쓰인 공구

주령시대에는 사람 신체의 눈에서부터 해골이나 잔골, 그리고 시체에 이르기까지 모두 주술의 도구가 될 수 있다는 것을 살펴보았다. 이제 사람이 사용하는 공구를 살펴보면 우선 공구(工具)의 공(工)이 주술적인 행위를 할 때의 주기(呪器)로서 이용되는 일이 있었던 것 같다. 무(巫)의 옛 자형이 공(工)을 좌우의 손에 쥔 모양인 것, 좌(左)가 공(工)을 쥐고 신이 있는 곳을 찾는 것을 의미하는 글자인 것에서 알 수 있다. 좌(左)는 우(右)와 짝을 이루는 말인데, 좌우(左右)에 대해서는 다시 설명하기로 한다.

사(士)와 왕(王)은 전사 신분을 상징하는 도끼의 상형이다.

선비·무사 사(士, shì)

사(士)는 작은 도끼의 머리 부분을 날을 아래로 해서 둔 모양이다. 실용품의 무기가 아니라 사(士)의 신분을 표시하는 의례용 기물이다. 사(士)는 전사계

65 谷川健一, 「月報 5 神遊の學」, 『白川靜著作集 7』, 東京: 平凡社, 2000 참조. 오츠노오우지는 덴무천황(天武天皇)의 제3황자로 683년부터 국정에 참여했는데, 덴무천황 사후에 황위계승 분쟁에 얽혀 모반 혐의로 체포되어 자살했다. 덴무천황은 백제의 멸망과 관련된 백촌강 전투에서 일본군을 파견했던 중심인물인 덴치천황(天智天皇)의 친제(親弟)인데, 덴치천황의 사후에 조카와 계승 전쟁('임신壬申의 난')을 일으켜 즉위했던 인물이었다. 그의 사후에 다시 천황가의 내분이 벌어져 오츠노오우지가 희생되었다.

급으로 왕을 모시는 자이다. 사(士)는 전사·무사의 뜻 외에 후에 관리, 재판관, 남자의 뜻으로 쓰였다.[66]

큰 도끼의 머리 부분의 모양은 왕(王)인데, 왕이 앉는 옥좌(玉座) 앞에 왕의 상징으로 두었다. 즉 사(士)보다 크고 화려하게 장식한 도끼가 왕(王)이라고 할 수 있다.

임금 왕(王, wáng)

자루를 붙인 전체 모양은 월(戉, 월鉞)이다. 월(鉞)의 머리 부분의 날을 아래로 하여 실용품의 무기가 아니라 왕위를 표시하는 의례용의 도구로서 옥좌(왕이 앉는 자리)의 앞에 두었다. 그것은 왕의 상징이기 때문에 '임금, 군주'의 의미가 된다. 작은 도끼의 머리 부분을 날을 아래로 하여 둔 모양이 선비 사(士)이고, 전사계급의 신분을 표시한다. 왕(王)과 사(士)는 도끼의 대소의 차이이다.[67]

씨족사회에서 사(士)는 전사로서 씨족의 유력한 구성원으로 지배계급의 중추에 해당한다. 선비 사(士)로 읽고 문인적인 의미가 강한 사(士)는 본래 귀족전사가 그 본래의 뜻이었다. 『설문해자』는 사(士)를 일(一)과 십(十)의 회의자로 설명한다. 『설문해자』(1上, 사부士部)에 이렇게 설명한다. "사(士)는 일(事)이다. 수는 일(一)에서 시작해 십(十)에서 끝난다. 일(一)과 십(十)으로 구성된다. 공자는 '많은 것을 미루어 귀납해 하나의 도리를 만들어내는 것

66 白川靜, 『常用字解』, 士.
67 白川靜, 『常用字解』, 王.

이 사(士)이다'라고 말했다." 『설문해자』의 설명은 음의설에 따른 것이다. 사(士, shì)와 사(事, shì)의 음이 같으면 뜻도 같다는 설에 입각한 설명인데, 이러한 설명은 속설인 경우가 많다. 사(士)가 사(事)라는 것은 허신의 『설문해자』에 약간 앞서 나온 후한 장제(章帝) 때 백호관토의(白虎觀討議, 79)의 산물인 『백호통』(白虎通)에 보이는 설이다.[68] 그리고 『설문해자』가 인용한 공자의 말은 공자가 이런 말을 했을 리는 없을 것이고, 당시에 유행한 위서(緯書)에서 왔을 것이다.

사(士)가 본래 상형자인데 사를 음의학적으로 설명하려고 무리하게 사(事)에 맞추다 보니 공자의 설명까지 끌어내 설명을 강화했지만, 문자를 이렇게 분해해 해석하고 여기에 의미를 부여하는 것은 의미론적 해석 방식이며, 문자가 대중에게 개방되는 길을 막는 폐쇄적인 방식이라고 생각된다. 언어가 여러 사회공동체의 소통 수단이라 한다면, 그것이 사회의례로서 남아 있을 때, 현저하게 독단적인 해석으로 남아 있는 것은 의례의 흔적인 문자가 매우 폐쇄적으로 소수 지배층의 소통 수단으로 변질되어 전승되었기 때문일 것이다. 그러한 점에서 사(士)와 같이 자의적인 해석은 전형적인 예로 주목된다. 씨족제의 붕괴와 함께 사(士)는 벼슬을 구하는 일반 사인(士人)의 호칭이 되고 그를 위한 사도(士道)를 확립한 것이 유교이다.

바늘(辛)도 많이 쓰이는 주구이다.

매울 신(辛, xīn)

68 『白虎通』 卷1, 爵: "公卿大夫者何謂也. 內爵稱也. 曰公卿大夫何. 爵者盡也, 各量其職盡其才也. 公之爲言公正無私也; 卿之爲言章善明理也; 大夫之爲言大扶進人者也. 故傳曰, 進賢達能, 謂之大夫也. 士者事也, 任事之稱也. 故傳曰, 古今辯然否,謂之士."

신(辛, 7획/맵다·바늘·고생하다)은 손잡이가 달려 있는 큰 바늘의 모양으로 입묵을 할 때 사용한다. 입묵의 형벌을 상징하는 것으로서 축기 재(ㅂ)의 위에 놓으면 언(言)이 되고, '신에게 맹세하는 말'이라는 뜻이 된다. 여자의 이마에 더하면 첩(妾)이고 신에게 희생으로 바쳐진 여자를 말한다. 죄(罪)의 본래 글자는 죄(辠)이고, 자(自: 코의 모양)에 신(辛)을 가해 형벌로 입묵하는 것을 말하며, 벌(罰)이라는 뜻이 된다. 입묵할 때의 고통을 신(辛)이라고 해 '괴롭다, 모질다'는 뜻이 되고, 그 뜻을 미각으로 옮겨서 '맵다'는 뜻이 된다.

신(辛)을 요소로 하는 문자로 언(言), 첩(妾), 죄(辠), 벌(罰) 등이 있는데 모두 신을 걸고 한 맹세를 지키지 않은 결과로 저주나 형벌을 받는 의미를 담고 있다. 특히 언(言)은 설명이 필요하다.

말씀 언(言, yán)

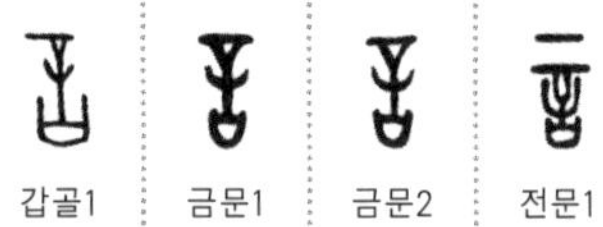

언(言, 7획/말하다·말)은 신(辛)과 구(口)를 조합한 모양의 회의자이다. 구(口)는 축기 재(ㅂ)이고, 신(辛)은 형벌로서 입묵할 때 사용하는 손잡이가 달린 큰 바늘(針)의 모양이다. 재(ㅂ)의 위에 신(辛)을 놓고 "만약 서약(誓約)을 지키지 않을 때는 이 바늘로 입묵의 형벌을 받겠습니다"라고 말하듯이 신에게 맹세하고 기도하는 말을 언(言)이라 한다. 그래서 언(言)은 '신에게 맹세하는 말을 하다, 말하다, 말'이라는 의미가 된다.

언(言)을 요소로 하는 글자로 선(善), 옥(獄), 벌(罰) 등 재판 관계의 말이 많은데, 그것은 재판을 할 때 신에게 맹세를 하는 절차가 있었기 때문일 것이다.

착할 선(善, shàn) 자를 살펴보자.

금문1 금문2 전문1 전문2

선(善, 12획/착하다·옳다)의 본래 글자는 선(譱)으로 쓰고, 양(羊)과 말다툼할 경(誩, jìng)을 조합한 모양이다. 양(羊)은 신판(神判: 신이 판결하는 재판)에 쓰는 해치(解廌: 해태)라고 불리는 양과 비슷한 신성한 동물이다. 경(誩)은 두 언(言)이다. 언(言)은 축기 재(ㅂ) 위에 신(辛: 형벌로 입묵을 할 때 쓰는 큰 바늘의 모양)을 놓고, "만일 서약을 지키지 않을 때는 이 바늘로 입묵의 형벌을 받겠습니다"라고 신에게 맹세하는 말이다. 경(誩)은 신판에서 신에게 맹세한 원고와 피고이고, 선(譱)은 원고와 피고가 해치의 앞에서 신판을 받고 선부(善否)를 결정하는 것을 표시한다. 선(譱=善)은 해치를 중심으로 원고·피고의 맹세하는 말을 표시한 글자이고 재판용어였는데, 후에 신의 의지에 맞는 것을 선(善)이라 해 '착하다, 옳다'는 뜻이 된다. 또 '뛰어나다, 훌륭한, 친하다' 등의 의미로 쓴다.

벌 벌(罰, fá) 역시 신에 대한 맹세가 들어 있는 글자이다.

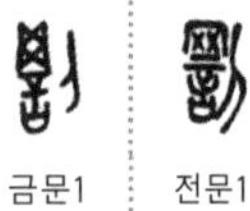

금문1 전문1

벌(罰)은 욕할 이(詈, lì)와 도(刀, 칼 도刂)를 조합한 회의자이다. 이(詈)는 그물 망(网, wǎng)과 언(言)을 조합한 모양인데, 신에게 맹세한 말인 언(言)에 그물을 씌워 그 맹세를 무효로 만드는 것을 의미한다. 또 칼(刀)을 더해 파기하는 것을 표시한다. 신에의 맹세를 파기하고 무효로 만드는 것을 벌(罰)이라 하며, 신에게 거짓말한 것에 대한 '가책, 징벌'의 뜻이 된다. 『서경』(書經) 「탕서」(湯誓)에 "하늘의 벌(罰)을 내린다"라고, 벌은 본래 천벌(天罰: 하늘이 내리는 벌)을 말한다. 후에 형벌(刑罰: 범죄자에게 가하는 제재制裁)의 뜻이 된다.

요컨대 벌은 신에의 서약을 파기하고 또 무효로 하는 것으로서 신에게 거짓말한 데 대한 징계이며, 따라서 벌은 본래 천벌, 신벌(神罰)인데, 후에는 국가에서 부과하는 형벌이 된다. 벌과 동의어로 쓰이는 법(法)도 후술하겠지만 벌(罰)과 마찬가지로 신에게 한 거짓서약을 한 것에 대해 그 서약을 파기하고 벌로서 강물에 띄워 보내 공동체에서 추방하는 것을 의미한다.

언(言)과 짝을 이루는 말로 어(語)가 있어 이를 합치면 언어(言語)가 된다.

말씀 어(**語**, yǔ)

어(語, 14획/말하다·이야기하다·말)는 성부가 오(吾)인 형성자이다. 오(吾)는 축기 재(ㅂ)의 위에 X 형태의 나무덮개를 두어 기도 효과를 지킨다는 것이고, 어(語)는 기도의 '말'을 의미한다. 언(言)은 재판을 하거나 맹약을 맺을 때 만약 서약을 지키지 않는다면, 이 바늘로 입묵의 형벌을 받겠다고 신에게 맹세하는 말을 의미한다. 이러한 서약 방식은 자신이 올바르다는 것을 신에게 강력하게 주장하기 위해서인데, 언(言)이 공격적인 말이라면 어(語)는 그러한 공격으로부터 기도를 지키려는 방어적인 말이라고 할 수 있다.[69]

바늘은 또 길을 정화(除道)하는 데 쓰기도 한다. 정화할 때 쓴 것은 큰 바늘이다. 길의 뜻을 가진 **길 도**(**途**, tú)라는 글자를 보자.

도(途, 11획/길)는 여(余, yú)가 성부인 형성자이다. 여(余)에 씀바귀 도(荼)·

69 白川靜, 『常用字解』, 語.

길 도(涂)의 음이 있다. 여(余)는 손잡이가 달린 큰 바늘의 모양이다. 이 바늘을 주구(呪具)로 사용해 흙 속을 찔러서 지하에 숨은 악령을 제거하는 것을 제도(除道)라고 한다. 제(除)를 수로(水路)에서 행하는 것을 도(涂), 도로에서 행하는 것을 도(途)라고 하고, 도(涂)·도(途)는 정화(祓淸)된 '길'이라는 의미가 된다.[70]

앞서 탄핵의 주술적 기원을 설명하면서 활 울리기처럼 활이 갖는 주술적 효과를 언급했지만, 활에서 쏜 화살도 주술적 효과를 갖는 것으로 인식되었다는 것은 후(侯)에서 알 수 있다.

과녁 후(侯, hóu)

후(侯, 9획/과녁·살피다)의 옛 자형은 '矦'로 쓰고, 한(厂: 처마에 덧댄 차양의 모양)과 시(矢)를 조합한 모양이다. 처마 아래에 화살을 쏘아 집 주변의 사기(邪氣)를 없애는 후양(侯禳)이라는 의례를 나타내는 글자이다. 후에 처마 위에 사람을 그린 후(矦)로 쓰고, 옥상에서 화살을 쏘아 사기(邪氣)를 없애는 모양이 된다. 다시 이 의례에 수행하는 사람을 더해 후(侯)라는 자형이 된다. 국도(國都)에서 떨어진 주변 지역에서 외적(外敵)의 모습을 살피고, 외적의 사기를 없애는 자를 후(侯)·제후(諸侯)라고 했다. 그래서 후(侯)에는 '살피다'라는 의미가 있다. 또 화살을 쏘는 '과녁'을 말한다.

화살은 서약이나 신성과 관계있는 물건으로 인식되었는데, 이를 잘 보여

70 白川靜, 『常用字解』, 途.

주는 것이 족(族)과 실(室)이다. 족(族)은 아래 족(族)의 설명에서 보듯이 씨족을 상징하는 씨족 깃발의 아래서 화살을 갖고 서약하는 의례의 모양이다.

겨레 족(族, zú)

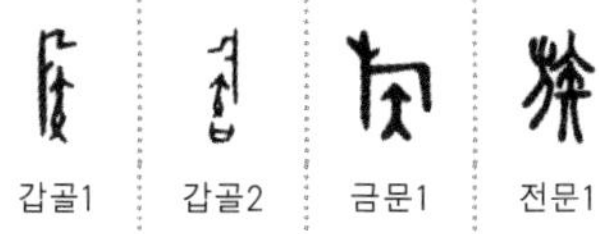

족(族, 11획/겨레·모이다)은 언(㫃)과 시(矢)를 조합한 회의자이다. 언(㫃)은 기드림을 붙인 깃대의 모양으로 씨족기(氏族旗)를 말한다. 씨족기는 씨족군의 상징으로서 반드시 휴대해 행진하고, 씨족으로 행동할 때도 이 씨족기를 세우고 행동했다. 화살(矢)은 신성한 것이라고 해 신에게 맹세할 때는 화살을 꺾는 듯한 동작을 취해 선서했던 것 같고, '맹세하다'(矢)라고 읽는다. 갑골문에는 축기 재(ㅂ)를 더한 자형(갑골2)이 있고, 의례에 관한 글자라는 것을 표시한다. 족(族)은 씨족기 아래서 서약하는 의례를 표시하고, 그 씨족의 서약에 참가하는 '겨레'(일족, 동족)라는 뜻이 된다. 씨(氏)는 손잡이가 있는 작은 칼의 모양인데, 조상의 제사 후에 행해지는 씨족 공찬(共餐: 모여서 식사하는 것)의 때에 이 칼로 제사에 올린 고기를 잘라서 분배했다. 그래서 씨족 공찬의 의례에 참가하는 자를 씨(氏, 씨족)라고 했다.

집 실(室, shì)

실(室, 9획/건물·방·집)은 면(宀)과 지(至)를 조합한 회의자이다. 면(宀)은 조상의 영(靈)을 제사지내는 사당(廟)의 지붕 모양이다. 중요한 건물을 세울 때는 우선 토지를 선정하는데, 예정한 곳에 신성한 것으로 생각된 화살을 쏘아

화살이 도달한 지점을 건축 장소로 정했다. 지(至)는 화살을 거꾸로 한 모양과 일(一)을 조합한 모양으로, 화살이 도달한 지점을 표시한다. 그곳에 조상을 제사지내는 건물을 건축하는 것이다. 실(室)은 본래 조상을 제사하는 '방'이라는 의미였지만 후에 사람이 거주하는 '방, 집'이라는 의미가 되고, 집에 거주하는 사람 모두 일가, 가족이라는 뜻이 되었다. 옥(屋)·대(臺)는 모두 지(至)의 형태를 포함하는데, 역시 화살을 쏘아서 건축할 장소를 선정해서 세운 건물이다.

실(室)과 함께 설명해야 할 글자로 궁(宮)이 있다. 궁실(宮室)로 쓰이는 말인데, 고대 건축에서 가장 중요한 것은 조상을 제사지내는 건물로 한자에서는 묘(廟)라고 표현되는 글자이다. 집을 가리키는 면(宀)이라는 부수는 지붕을 뜻하고 지붕이 있는 집은 큰 집으로 고대 건축에서 가장 중요한 신전이 되는 건물로 궁묘(宮廟)라고 칭한다.

궁전 궁(宮, gōng)

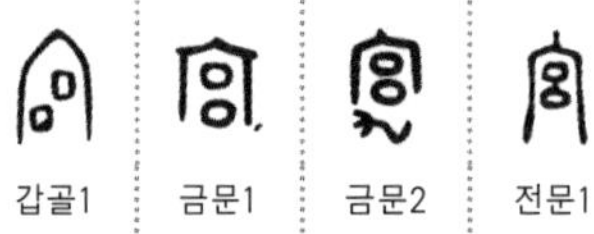

궁(宮, 10획/궁전)은 면(宀)과 여(呂)를 조합한 모양이다. 면(宀)은 궁묘 같은 건물의 지붕의 모양이다. 여(呂)는 본래 여(吕)로 쓰고, 궁실이 앞뒤로 늘어서 있는 평면형이기 때문에 궁(宮)은 지붕이 있는 꽤 큰 건물을 말한다. 궁(宮)은 본래 영을 제사지내는 사당(廟), 궁묘였다. 금문2의 자형에는 구(九)라는 성부를 가하고 있다. 구(九)는 몸을 구부리고 있는 용(龍)의 모양이므로 액막이를 한 신성한 건물이라는 의미를 덧붙인 것으로 생각된다. 후에 궁(宮)은 왕이 있는 곳이라는 궁전(宮殿)이 되고 나아가 주거의 의미가 된다.

궁(宮)은 본래 영(靈)을 제사지내는 사당(廟)이었다. 전국시대에 와서 군주의 집정공간인 궁과 종교적 공간인 종묘로 제정이 분리되면서 궁이 종묘보다 우위를 차지하는 경향이 나타나서 국가의 주요의식이 종묘가 아닌 조정에서 이루어졌고, 수도를 건설할 때 종묘보다 궁전을 먼저 세우는 혁신적인 일도 일어나기 시작했지만,[71] 춘추시대까지도 궁은 궁묘(宮廟)라는 명칭으로 불리듯이 군주의 거처이자 조상신을 모신 종묘라는 제정일치적인 성격을 띠고 있었다.[72] 궁묘(宮廟), 궁실(宮室)이라는 말은 씨족공동체사회의 활을 날려 건축하던 사람들의 주술적인 관념을 보여주는 흔적이다. 우리나라는 예로부터 고주몽의 전설도 있듯이 활을 잘 쏘는 민족으로 알려져 있는데, 올림픽 양궁의 과녁까지 거리는 90미터인데 국궁은 더 먼 145미터이다. 인류의 직계조상인 호모사피엔스 사피엔스 중 하나인 크로마뇽인들은 앞서 존재하던 또 하나의 현생인류인 네안데르탈인들에 비해 무기가 우수해서 살아남았다고도 한다. 네안데르탈인은 찌르는 창을 쓴 데 비해 크로마뇽인은 던지는 투창을 써서 사정거리를 더 넓혔다는 것이다. 고고학자들의 실험에 의하면 숙련자가 던졌을 경우, 그 거리는 61미터로 추정된다고 한다.[73] 투창에서 활로 사정거리가 더 넓어지기까지는 오랜 세월이 걸려야 했다. 그와 함께 신비적인 것들에 대한 생각도 싹터 갔을 것이다. 크로마뇽인들이 원시적이나마 장례문화를 가진 것은 그들이 죽음이나 사후세계, 애니미즘적 세계관에 대한 생각을 갖고 있었음을 보여준다. 수만 년 전으로 소급되는 동굴벽화가 그 증거이다.

크로마뇽인이 네안데르탈인과 다르게 동굴벽화를 그릴 줄 알았던 것은 세계를 연관지어 생각할 줄 알았던 주술적 세계관의 감수성을 가진 존재이기 때문일 것이다. 크로마뇽인이 네안데르탈인과 달리 혹한의 빙하기를

---

71 송진, 『중국 고대 경계와 그 출입』, 서울대학교 출판문화원, 2020, 92쪽.

72 李成九, 『中國古代의 呪術的 思惟와 帝王統治』, 일조각, 1997, 39~46쪽.

73 브라이언 페이건, 『크로마뇽』, 182쪽.

살아날 수 있었던 것은 그들의 뛰어난 사회적 공감능력 덕분이었다고 한다.[74] 이러한 사회적 공감능력과 상상력의 발달은 결국 언어라는 최고의 소통 수단을 발달시키게 되었을 것이다. 그들의 감수성 흔적은 언어에서도 표출되어 한자로 남게 되었다고 생각된다. 앞에서 주술적 의례의 흔적으로서 여러 가지 한자를 설명한 바를 간단히 요약해 보자. 이족(異族)의 머리로 악령을 제거해 길을 가는 것이 도(道)라는 주술적 의례이고, 여기서 길이 생겨 안전한 공간이 생기게 되며(道), 길을 가는 데는 땅 속의 악령에도 주의하는 의례를 해야 했고(途), 이렇게 길을 가는 목적이 새로운 땅을 찾아 집을 짓는 데 있었다고 한다면, 집터를 고르고 또 집을 세울 때에도 악령을 쫓아내며, 주령이 있는 활을 쏘아 활이 떨어진 곳에 집터를 정하고(室), 집은 우선 조상의 사당을 건설하는 것이 중요하고 사당을 건설할 때는 개를 매장해서 개의 주령으로 악령을 물리치는 것이 필요했으며(家=宊), 집을 지은 후에도 활을 쏘아 집 주변의 악령들을 쫓아내는 것이 필요했고(侯), 또 마을의 담이나 경계가 되는 곳에 시체를 널어두는 등의 주금(呪禁)을 해(方) 적의 사령이 침입하는 것을 막았다 등등. 이런 것들이 주령시대 삶의 상황이었음을 한자는 말해주는 것이다.

4) 구(口)와 축기(祝器) 재(ㅂ)

이러한 한자들과 같은 종류에 속하면서도 특히 주목되는 한자가 입 구(口, kǒu)이다. 그런데 지금 설명하려는 구(口)는 사람의 입이 아니라 본래 재(ㅂ)로 쓰는 글자인데, 아마도 주술의 세속화로 인해 구(口)로 혼동되어 온 글자이다. 재(ㅂ)는 신에게 맹세하는 글을 넣는 그릇의 모양이고, 그 맹서(盟書)를 재서(載書)라고도 하는 데서 'ㅂ'를 '(축기) 재'로 읽는다.[75] 재(載)

74 브라이언 페이건, 『크로마뇽』, 166~69, 206~07, 238쪽.

75 白川靜, 『新訂 字統』, 言.

에 대해 자세히 설명할 필요가 있다.

실을 재(**載**, zài)

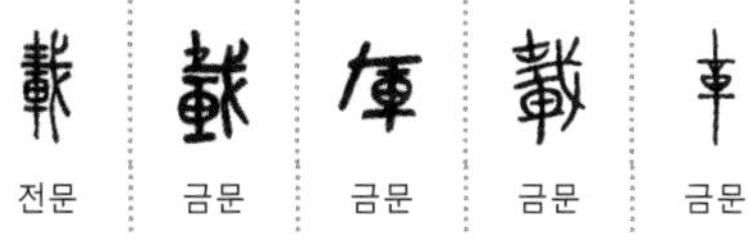

재(載, 시작하다·행하다·싣다, zài)의 성부는 재(𢦏)이다. 재(𢦏)에 '일을 시작하다'라는 뜻이 있다. 재(𢦏)는 창 과(戈)에 주부(呪符)로서 재(才)를 붙여 과(戈)를 정화하는 것을 의미하는 글자인데, 군사를 시작할 때의 의례로 생각된다. 재(才)는 아마 병거(兵車)를 정화하는 의례이고, 그렇게 하여 군례(軍禮)가 시작될 것이다. 계열적으로는 재(才)·재(在)·재(𢦏)·재(哉)·재(載)가 같은 계열의 글자이고, 재(載)를 재(在)의 뜻으로 쓰는 용례도 있다. 재(載)의 가장 오랜 형태는 '甴'이고, 재(𢦏)의 십자 형태의 부분은 본래는 '甴' 모양이다. 복사(卜辭)에 "왕사(王事)를 '甴'할까?"라고 하는 것은 "왕사(王事)를 재(載)할까(행할까)?"라는 의미이다. '甴'는 축도(祝禱)나 맹세를 담는 그릇의 모양이다. 맹세의 서를 재서(載書)라고 한다. 『설문해자』(14上)에 '타다'(乘)라고 한 것은 군행을 시작할 때의 행위를 말한다. 후에 위에 싣는 것을 모두 재(載)라고 하게 되었다.[76]

재(載)의 가장 오랜 형태는 '甴'이고, 재(𢦏)의 십자 형태의 부분은 본래는 '甴' 모양이라 했는데, 이 '甴'는 바로 재(𠙵)와 같이 기도문을 넣는 그릇인데, 이것을 긴 막대기에 묶거나 그릇 위에 둘 때의 모양이 '甴'가 되는 것이다.[77] 구(口)가 원래 구(口)가 아니라 구(口)와 비슷한 모양의 축기(祝器)

76 白川靜, 『新訂 字統』, 載.

77 白川靜, 「載書關係字說」, 『白川靜著作集別卷 甲骨金文學論叢上』, 東京: 平凡社, 2008, p. 394.

인 재(ㅂ)라는 것을 밝힌 시라카와 시즈카의 발견은 한자 해석사상 코페르니쿠스적 혁명이라 할 위대한 발견이라 해도 과언이 아닐 것이다. 기원 100년에 저술된 한자사전의 바이블이라 할 『설문해자』에는 이미 재(ㅂ)가 잊히고 수록되어 있지 않다. 대신 구부(口部)가 설치되어 이후 문자 해석에서 숱한 오독의 원류가 되어 왔다. 재(ㅂ)의 소멸에서 생긴 오독 과정은 그 자체로 흥미로운 문자 해석의 역사임과 함께 주술의 세속화 과정을 보여주는 문자학적 자료일 것이다.

가령 언어(言語)라는 말은 언(言)과 어(語)로 구성되는데 언(言)은 앞에서 설명한 대로 바늘 신(辛)과 구(口)의 조합으로 이루어진 글자이다. 그런데 신(辛)은 형벌로서 입묵할 때 사용하는 손잡이가 달린 큰 바늘(針)의 모양이지만, 구(口)는 재(ㅂ)로서 신에의 기도문인 축문을 넣는 그릇의 모양이다. 그리고 언(言)은 본래 신에게 맹세하고 그 위반에 대해 벌을 받겠다는 것을 뜻하는 자기저맹(自己詛盟)의 표시였다. 언(言)이 자기저맹해 타인에게 저주를 가하는 공격적인 말이라면, 이에 대해 어(語)는 방어적인 기도의 말이다. 『주례』(周禮)에 "옥송이 있는 자는 저맹(詛盟)하게 하고 닭을 희생으로 써서 피를 바르고 함을 열어 그 말이 불신(不信)한 자는 묵형(墨刑)에 처한다"[78]고 한 것은 그 흔적일 것이다. 『설문해자』(3上)는 언(言)을 언부(言部)에 싣고, "직언을 언(言)이라 하고 논난(論難)을 어(語)라 한다. 구(口)에 따르고 죄 건(䇂, qiān)의 성(聲)"이라고 형성자로 해석하지만, 갑골문과 금문에 의하면 건(䇂)은 신(辛)이 분명하며, 언(言)은 신(辛)과 재(ㅂ)의 회의자이다. 주령시대가 세속화되고 주술적 의례도 망각되어 가면서 재(ㅂ)는 구(口)와 모양이 흡사해 구(口)로 오해되어 한자 해석에도 많은 영향을 끼치게 되었다. 『설문해자』에 언부(言部) 아래에 247개의 비교적 많은 글자를 수록하고 있는 것은 말이 많은 호모 사피엔스의 특징을 보여주는 것이

78 『周禮』「秋官司寇上」, 司約.

라고 할 수도 있다. 그러나 『설문해자』의 단점을 보완하고자 나온 주준성의 『설문해자통훈정성』(說文解字通訓定聲)이 언(言)을 건(䇂)의 파생음으로 단정해 건(䇂)을 비롯해 4개의 건성자(䇂聲字)에 언(言)을 편입해 놓은 것은 균형이 맞지 않는 일인 것 같다. 다음에는 『설문해자』 구부(口部)의 한자들을 분석해 보기로 하자.

『설문해자』(2上)에는 입 구(口, kǒu) 부에 180개의 글자가 수록되어 있지만 주술적인 의미로 구(口)를 설명하는 글자는 없다. 구부(口部)는 구(口)에 대해 "사람이 말하고 먹는 소이이다"라는 신체적인 설명으로 시작한다. 입(口)으로 먹고 말한다는 것은 너무나 상식적인 설명이다. 그러나 입의 뜻으로 구부(口部)에 분류되어 있는 글자들을 해석할 때 비합리적인 경우가 많다. 그것은 본래 사람의 입을 가리키는 구(口)가 아니라 신에게 기도하는 재(𠙵, 축기祝器)일 경우가 많기 때문이다.

예를 들어 군(君)에 대해 "존(尊)이다. 윤(尹)과 구(口)에 따른다. 입으로 호령을 발한다"라고 설명하는 것은 궁색하다. 단옥재주(段玉裁注)는 윤(尹)을 '다스리다'(治)라고 동조하지만,[79] 윤(尹)은 본래 지팡이를 손에 쥔 모습으로 성직자의 모습이다. 은대 탕왕(湯王)의 창업을 도운 이윤(伊尹)의 이름에 윤(尹)이 들어 있는데, 이윤은 성직자로 알려진다. 군(君)은 윤(尹)에 재(𠙵)를 조합한 회의자로 지팡이를 든 성직자의 본래 직분을 잘 보여주는 글자이다.[80] 이것은 갑골문의 자형을 보면 잘 알 수 있지만 구(口)와 혼동하기 쉽다. 그러나 이를 구(口)로 보고 『설문해자』에서처럼 입으로 호령한다고 말하면 야전 사령관에는 타당할지 몰라도 고위 성직자의 행위로는 적합하게 보이지 않는다. 윤(尹)과 비슷하게 오해된 글자로 명(命)이 있다.

---

79 段玉裁, 『說文解字注』, p. 99.

80 白川靜, 『新訂 字統』, 尹.

명령 명(命, mìng)

명(命)에 대해 『설문해자』(2上)는 "부림이다(使). 구(口)와 영(令)에 따른다"고 설명하지만, 갑골문의 자형에 따르면 이 구(口) 역시 재(ㅂ)가 본래의 뜻이다.

이 갑골문을 해석하면 영(令)은 깊이 의례용의 모자를 쓰고 무릎 꿇고 신탁(神託: 신의 말씀)을 받는 사람의 모양이다. 신에게 축문을 외치며 기도해 그 결과 신의 계시로서 주어지는 것을 명(命)이라고 하고, '신의 말씀, 명령, 분부'라는 뜻이 된다.

단주(段注)는 "영(令)은 호령을 발하는 것이고 군주의 일이다. 군주가 아니고서 입으로 부리는 것도 영(令)이다. 따라서 명(命)이란 하늘의 영(令)이다"라고 앞뒤가 맞지 않는 비약적인 해석을 한다. 갑골문의 해석에 따르면 자연스럽게 명(命)은 천명이라는 뜻이 파생되지만, 단주(段注)에 의하면 군주 이외에 명령할 수 있는 존재는 하늘밖에 없기 때문에 명(命)은 하늘의 영(令)이라는 것이다. 갑골문 본래의 주술적인 명(命)의 의미에 비해 단주(段注)는 주술적 신앙이 배제된 현실정치를 배경으로 한 정치적인 해석으로 전개해 갔음을 보여준다.

다 함(咸, xián)에 대해 『설문해자』는 "다(皆), 모두(悉)이다. 구(口)와 술(戌)에 따른다. 술(戌)은 실(悉)이다"라고 설명한다. 함(咸)의 자형은 구(口)와 술(戌), 즉 도끼의 조합인데, 갑골문의 자형에 따르면 역시 축문이 담긴 그릇인 재(ㅂ)에 성기(聖器)인 도끼를 더해 재(ㅂ)의 주능(呪能)을 수호한다는 의미를 갖는다.[81] 『설문해자』가 "술(戌)은 실(悉)이다"라고 한 것은 '도끼 술'(戌, xū)을 '모두 실'(悉, xī)의 뜻을 가진 실(悉)과 동음 가차(假借)로 보아

'모든 사람이 입으로 말을 한다'는 뜻으로 해석을 한 것으로 보인다. 허신의 고충은 이해가 되는데, 이렇게 가차로 해서 해석하지 않으면 "도끼가 말을 한다"로 되어버리기 때문이다. 그러나 사실 허신이 주장하고 단옥재가 동의한 술(戌)과 실(悉)의 동음 가차관계도 확실한 것이 아니다. 술(戌)은 'xū', 실(悉)은 'xī'이기 때문이다. 또 도끼는 월(戉)로 그려질 때도 있는데, 이때의 발음은 'yuè'가 되어 가차하기에는 더욱 가깝지 않은 발음이 된다.

이 모든 억지주장은 도끼라는 사물이 말을 하는 것처럼 생각하면 말이 안 된다고 생각한 데서 비롯된 것이지만, 그런데 사람의 입처럼 보이는 주기(呪器)인 재(ㅂ)는 사실 말을 의미했던 것이다. 주술사의 기도를 통해서 말이다. 갑골문자에는 화가의 그림과 마찬가지로 문자를 그린 자기 자신, 아마도 주술사의 모습은 그려져 있지 않은 경우가 일반적인데, 주술사의 기도는 축기(祝器)인 재(ㅂ)에 담겨 신에게 전달되었던 것이다. 기도를 하면 모두 신에게 전달되고 들어준다고 생각했던 것이 이 함(咸)이라는 글자에 담겨 있다. 그것을 좀더 구체적으로 표현한 글자가 감(感)이다.

느낄 감(感, gǎn)

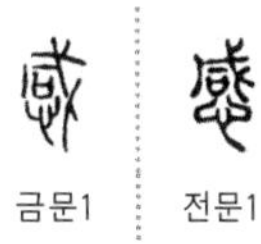

금문1 전문1

앞서 말한 대로 함(咸)에는 재(ㅂ) 위에 성기(聖器)인 도끼 월(戉, yuè)을 올려 재(ㅂ)를 지켜 기도의 효과를 안에 가두어 지킨다는 의미가 있는데, "그렇게 해두면 신은 밤중에 몰래 찾아와 기도에 응해 주리라고 생각되었다. 그렇게 신의 마음이 움직이는 것을 감(感)이라고 한다. 그래서 모든 일에 '마음이 움직이는 것'을 감(感)이라 하고, 또 마음(心)에 느끼는 것, '생각하는' 것을

81 白川靜,『新訂 字統』, 咸.

감(感)이라 한다."[82]

여기서 주의할 것은 사람이 아니라 먼저 신이 감응한다는 것이다. 감정이나 마음이라고 할 때 우리는 오직 인간만을 생각하게 되는데, 함(咸)에서 감(感)으로의 문자 발달 과정은 처음에 신이 있어서 느끼는 것도 신이 먼저 느끼고 감응했다는 사실을 보여준다.

함(咸)과 같은 의미를 갖는 것이 길할 길(吉, jí)이다. 『설문해자』는 "좋다(善), 사(士)와 구(口)에 따른다"로 설명할 뿐, 단주(段注)도 별 설명이 없다. "사(士)의 입(에서 나오는 말)은 좋(은 말이)다"는 뜻일 텐데, 서호(徐灝)의 『단주전』(段注箋)도 "사(士)와 구(口)에 따른다는 것은 야인(野人)의 말과는 다르기 때문이다"라고 풀이한다.[83] 그러나 사(士)의 입에서 나오는 말이라고 해서 좋은 말일 수는 없다. 길(吉)은 길흉(吉凶)의 길로 점복의 용어인데, 점복에 대해 이처럼 무관심한 태도는 납득하기 어려울 정도이다.

길할 길(吉, jí)

사(士)는 작은 도끼(월鉞, yuè)의 머리 부분을 날을 밑으로 향하게 한 모양이다. 도끼는 사악한 것을 쫓아내는 힘을 갖고 있다고 생각되었다. 구(口)는 축기 재(ㅂ)로, 신에의 기도문인 축문을 넣은 그릇의 모양이다. 축문에는 신에의 기원을 실현하는 효능이 있다고 생각해서 재(ㅂ)의 위에 신성한 도끼를 놓아두어 기도의 효과를 지키는 것을 표시한 것이 길(吉)이다. 기도가 실현되어

82 白川靜, 『常用字解』, 感.

83 李伯欽 注釋, 『說文解字』, p. 136.

사람들은 행복하게 되고 경사스럽게 된다. 그래서 길(吉)에는 '좋다, 행복하다, 경사스럽다'라는 의미가 있다.

『설문해자』가 길(吉)에 대해 선(善)이라 한 해설은 『주역』 「계전」(繫傳)의 "口無擇言"(한 마디도 가려서 버릴 것이 없는 좋은 말)을 인용한 것이다.[84] 그런데 길(吉)이라는 말은 원래 갑골문에서 복조(卜兆)를 점쳐 길흉을 판단할 때 쓰는 용어이고, 신사(神事)에 관련되는 용어이다. 혼인이나 이사를 할 때 길일(吉日)을 택하는 것은 지금도 그렇게 하지만 원래 점을 쳐 신의 뜻을 묻는 신사(神事)였던 것이다. 길일을 택하는 사람을 길사(吉士), 길인(吉人)이라 하는데, 이는 축(祝), 즉 무당을 말한다.[85] 일상적으로 주술을 행하던 주령시대에서는 무축(巫祝)의 입에서 나오는 말은 신성한 것으로서 모두 길선(吉善)한 말이었다. 그러나 주술의 의미가 사라진 시대에 사(士)는 더 이상 무축의 길사가 아닌 공경대부사(公卿大夫士)라는 관료제의 한 계층을 차지하는 신분에 불과할 뿐이었다. 그러한 사(士)의 입에서 나오는 말이 모두 선할 수는 없는 것이고, 『설문해자』의 해석은 비역사적인 것이다.

축(祝)에 대해 『설문해자』는 시(示, 신神)와 인(人)과 구(口)의 회의자로 보고 신 앞에 기도를 말하는 것으로 풀이한다. 형(兄)은 재(𠙵)와 인(人)의 회의자인데, 『설문해자』가 구(口)와 재(𠙵)의 구별은 하지 못했다 하더라도 신 앞에 기도하는 행위라고 본 점에서는 본질적인 차이가 없다. 다만 입으로 하는 기도인가 문자로 하는 축문인가 하는 차이가 있을 뿐이다. 즉 본래 축문을 통해 주술능력을 담으려고 했던 것이 축문은 사라지고 기도하는 행위만 남은 것이다. 후한의 오두미도(五斗米道)는 불에 탄 부적을 물에 타 먹으면 병을 치료할 수 있다고 믿었는데, 이는 축문의 주술능력의 유습이라고 할 것이다. 고대 은의 왕은 무축왕이었다고 하는데, 무축(巫祝)의 무

84 白川靜, 『新訂 字統』, 吉.

85 白川靜, 『漢字の體系』, p. 481.

(巫)와 축(祝)은 모두 신을 섬기는 사람을 가리킨다.

무당 무(巫, wū)

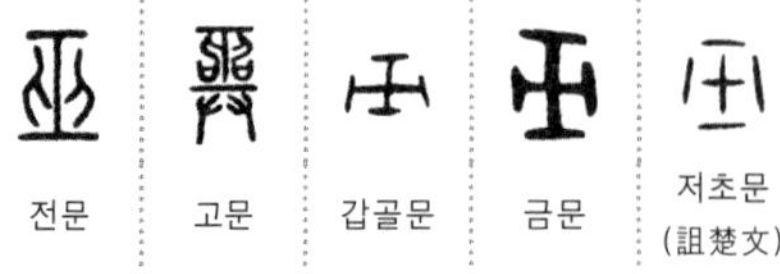

공(工)과 좌우 두 손의 모양을 조합한 회의자이다. 공(工)은 신을 섬길 때 쓰는 주구(呪具)이다. 신을 찾는 것을 좌우(左右)라고 한다. 좌(左)는 공(工)을 쥔 모양이다. 좌우를 거듭한 모양이 찾을 심(尋, xún)이고, 신의 소재를 찾는다는 뜻이다. 숨길 은(隱, yǐn)은 본래 주구인 공(工)으로써 신을 숨긴다는 뜻인데, 좌(左)·심(尋)·은(隱)은 모두 공(工)의 모양을 포함한다. 이 공(工)을 좌우 두 손으로 받든 모양이 무(巫)이다. 신을 섬기며 신의 뜻을 확인하는 자를 말한다. 『설문해자』(5上)는 "축(祝)하는 것이다. 여자가 무형(無形)을 섬기며 춤추어 신을 내리는 자이다. 사람이 양 소매로 춤추는 모양이다. 공(工)과 같은 뜻이다. 옛날 무함(巫咸)이 처음 무(巫)가 되었다"라고, 무(無)와 무(舞)의 성음관계로 설명한다. 『산해경』「대황서경」(大荒西經)에 십무(十巫)의 이름이 보이고, 십일(十日: 10개의 태양)을 관장한다. 그 첫째에 무함의 이름이 있다. 무함은 『초사』(楚辭) 「이소」(離騷)에도 태양의 운행을 관장하는 신무로 불리고 있다. 갑골문과 금문의 자형은 '𢀒'로 쓰는데, 공(工)을 종횡으로 조합한 모양이다. 복사(卜辭)에 '𢀒'를 제사지내는 것을 점친 예가 있는데, 무(巫)의 조신(祖神)을 제사했을 것이다. 또 "그 '𢀒'를 써서 조무(祖戊)에 구하는데 약(若＝諾)일까?"라고 하는 것은 희생으로 무(巫)를 쓰는 것을 보여준다. 큰가뭄 때 분무(焚巫)가 행해진 것과 같다. '𦰩'은 무(巫)를 분살(焚殺)하는 모양이다. 고대의 왕에는 무축왕으로서의 성격이 있고, 은의 시조 탕, 춘추기의 송경왕(宋景王)에도 큰가뭄 때 자분(自焚)해 가뭄을 구제하려 했다는 전승이 있다. 초영왕(楚靈王)은 무술(巫術)을 좋아해 각지의 무축이 모여 초는 일시 무축문화의 중심이 되었는데, 그 무축의 몰락 과정에 『초사』의 문학

이 생겼다.[86]

무축의 무(巫)와 관련되는 글자로 중요한 **영혼 영**(靈, líng)은 비올 영(霝, líng)과 무(巫)를 조합한 회의자이다.

갑골1 | 금문1 | 금문2 | 금문3 | 전문1

영(霝)은 기우(祈雨)를 위해 축기 재(ㅂ)를 3개 벌여놓고 기도하는 것을 말한다. 무(巫)는 그 기우를 하는 무녀(巫女)이다. 영(靈)은 본래 기우의 의례를 말한다. 기우만이 아니라 신령(신)의 강하를 구할 때에도 재(ㅂ)를 벌여놓고 똑같이 기도했기 때문에 후에 그 신령을 말하고, 일반적으로 신령에 관한 것을 모두 영(靈)이라고 한다. '무녀, 신, 영혼, 뛰어나다' 등의 의미로 쓴다. 금문에는 글자를 영(霝)으로 쓰고, 또 그 아래에 시(示: 신을 제사지낼 때 사용하는 제탁祭卓의 모양)나 심(心: 심장의 모양)을 더한 모양도 있다.[87]

이 책에서 자주 말하는 주령(呪靈)이란 주술을 이용해 신령을 불러내는 행위를 말하고, 사람들이 그러한 행위를 보편적으로 믿었던 시대를 주령시대라고 부르는 것인데, 은대의 경우가 이에 해당한다고 본다.

주령의 주(呪)는 구(口), 즉 재(ㅂ)와 형(兄)을 조합한 모양이다. 앞서 말한 신을 제사지내는 형(兄)이 재(ㅂ)를 갖고 주술행위를 하는 것을 주(呪)라 한다. 본래의 글자는 축(祝)이다. 축(祝)에 '빌다'는 뜻과 '저주하다'는 뜻이 있고, 후에 '저주하다'는 뜻으로 주(呪)를 사용하게 되었다. 중국의 수대(隋代)에는 주금박사(呪禁博士)라는 관직이 국가의 안녕이나 병의 치유를 위한 주술 등을 관장했고, 일본 율령제(律令制)에서도 관직으로 채용되었

86 白川靜, 『字統』, 巫; 『字通』, 巫 참조.

87 白川靜, 『常用字解』, 靈.

다.[88] 이 책의 주제와도 관련되는 주술(呪術)이라는 말을 정의하면, 불행이나 재해를 막으려고 주문을 외거나 술법을 부리는 것, 주금(呪禁)은 주술로 저주를 없애는 것, 저주(咀呪)는 남에게 재앙이나 불행이 일어나도록 비는 것, 주박(呪縛)은 주문의 힘으로 꼼짝 못하게 하는 것, 주문(呪文)은 음양가나 점술에 정통한 사람이 술법을 부리거나 귀신을 쫓을 때 외는 글이다.

주령의 주(呪)의 오른쪽 부분인 형(兄)은 구(口)와 인(人, 어진사람 인儿)을 조합한 모양인데 자형은 다음과 같다.

빌 주(**呪**, zhòu)

구(口)는 입 구(口)가 아니라 축기 재(ㅂ)로 신에의 기도문인 축문을 넣은 그릇의 모양이다. 축(兄)은 이 재(ㅂ)를 머리에 얹고 있는 사람을 옆에서 본 모양으로 신을 제사지내는 사람을 가리킨다. 형제 중에서 집의 제사를 담당한 사람이 장남이었기 때문에 형(兄)은 '형'의 의미가 된다. 맏형이 집의 제사를 잇고, 막내딸이 시집가지 않고 집에 남아 집의 제사를 지킨다는 습속이 있었다. 옛 글자형에는 소매에 춤출 때의 장식을 붙인 글자나 무릎을 꿇은 모양의 글자가 있어서 형이 제사에 종사하는 사람이었음을 알 수 있다. 형(兄)에게 제탁(祭卓: 신을 제사할 때 쓰는 상)의 모양인 시(示)를 가하면 축(祝)이 되어 신을 섬기는 사람을 가리킨다.[89]

이처럼 축기 재(ㅂ)는 신사에 관련된 신을 섬기는 사람과 관련된 글자이고, 그중에는 신을 부르는 일을 표시하는 글자도 있다. 소(召)가 그것이다.

88 白川靜, 『常用字解』, 呪.

89 白川靜, 『常用字解』, 兄.

부를 소(召, zhào)

갑골1 | 갑골2 | 금문1 | 금문2 | 전문1

소(召)는 재(𠙵)와 인(人)의 회의자이다. 인(人, 칼 도刀)은 위에서 내려오는 사람의 모양이다. 구(口)는 재(𠙵), 축문 그릇을 바쳐 기도하고 여기에 응해 사람이 내려오는 모양이 소(召)인데, 인(人)의 모양은 부름에 응해 하강하는 신령을 표시한다. 그래서 '신령을 불러들이다, 부르다'는 의미가 된다. 주 왕조 초기 인물인 소공(召公)은 성직자였는데, 그 소공의 소(召) 자는 금문에서는 '𩰫'로 되어 있다. '𩰫'는 술을 바쳐 기도해 내려오는 신령을 맞이하는 것을 나타내고 있어서 소공(昭公)이 성직자였던 것을 알 수 있다. 소(召)에 손 수(手)를 가해 부르는 동작을 초(招)라고 하고, 불린 신이 알리는 것을 조(詔)라고 한다. 후에 조칙(詔勅)의 자로 쓴다. 하늘에서 신이 내려오는 것을 각(各)이라 하고, 조상을 제사지내는 사당 묘(廟, miào) 중에 내려오는 신을 객(客)이라 한다. 객(客)은 밖에서 맞이한 신으로 객신(客神)이다. 소(召)는 '신을 부르다'는 의미에서 후에 사람을 '부르다, 불러들이다'는 의미가 된다.[90]

소(召)와 비슷한 의미를 갖는 글자로 각(各)이 있다.

이를 각(各, gè)

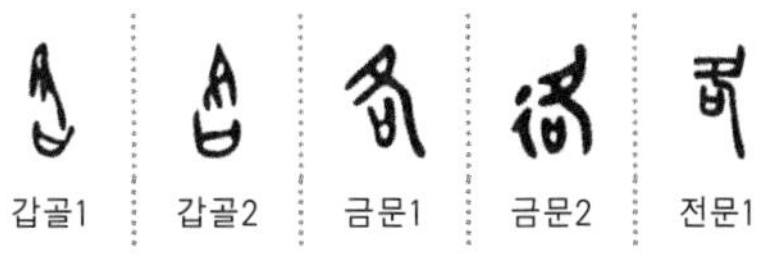

『설문해자』는 "말이 각각 다른 것이다. 구(口)와 뒤처져 올 치(夊, zhǐ)에 따른

90 白川靜, 『常用字解』, 召.

다. 치(夂)는, 어떤 사람은 가려고 하는데 어떤 사람은 못 가게 하고, 서로 뜻이 맞지 않는 것이다"라고 고심어린 해석을 하지만, 각(各)에 두 사람이라는 뜻은 보이지 않고, 이것은 후에 부가된 해석에 불과하다. 갑골문의 자형에서 각(各)은 역시 재(ㅂ)와 치(夂)를 조합한 모양이다.

치(夂)는 앞을 향해 가는 발자국의 모양을 거꾸로 한 모양으로, 위로부터 내려오는 것을 표시하고 있다. 그 자세한 의미에 대해 시라카와는 다음과 같이 말한다.

> 각(各)은 축문을 바쳐 기도해 신의 강하를 구함에 응해 하늘에서 신이 내려오는 것, 즉 '이르다'가 본래의 의미이다. 기도해 신이 내리는 것을 구하는 것, 신을 '부르는'(招) 의미의 글자는 소(召)이고 초(招)의 본래 글자이다. 각(各)을 덧붙인 격(格)도 '이르다'로 읽는 글자이다. 신내림해 도로를 정결하게 하는 것을 의미하는 글자가 노(路)이다. 신령이 함께 내리는 것이 개(皆)이고 단독으로 내리는 것이 각(各)이기 때문에 각(各)에는 각자(한 사람 한 사람, 각각)라는 의미가 있다.

이처럼 각(各)은 본래 기도에 응해 하나의 신령이 내려온다는 뜻이다. 근대의 학자 중에는 양수달(楊樹達)처럼 치(夂)를 사람의 발이 아래로 향하는 모습으로 보고, 구(口)를 구덩이(凵)의 모양으로 보고 사람의 발이 구덩이에 빠지는 것으로 해석해[91] 『설문해자』에 비해 진일보한 해석을 보이고 있지만 진의에는 도달하지 못하고 있다.

임(臨, 바라보다·굽어보다, lín)은 엎드릴 와(臥, wò)와 품(品)을 조합한 모양

91 楊樹達, 『卜辭求義』; 李伯欽 注釋, 『說文解字』, p. 144에서 인용.

이다.

금문1 금문2 전문1

와(臥)는 사람이 엎드려서 아래쪽을 보는 모양이고, 품(品)은 축기 재(ㅂ)를 세 개 늘어놓은 모양이다. 『설문해자』(8上)에서는 "감림(監臨)하는 것이다"라고 해 하늘에서 밑을 굽어보는 의미라고 풀이한다. 재(ㅂ)를 바쳐 기도하는 데 응해 하늘에 있는 신령이 아래를 굽어보는 것을 임(臨)이라 하고, 후에 모두 '바라보다, 굽어보다'라는 뜻으로 쓴다. 『시경』「대아 / 대명」(大雅 / 大明)에 "상제(上帝), 너에게 임(臨)하였으니"라는 구절이 있다. 군주로서 국가를 지배하는 것을 군림(君臨)이라고 한다.[92]

'신령이 내린다, 신령이 강림하신다'라는 '강림'(降臨)이라는 말은 말 그대로 신령이 내려보는 모습을 형상화한 글자였던 것이다. 신을 갈구하는 사람에게 신령이 내려오게 되면 그 사람은 황홀한 상태에 빠지게 된다. 그 상태를 보여주는 글자가 열(悅)이다.

열(悅, 기뻐하다, yuè)은 마음 심(忄)과 열(兌)의 형성자이다. 성부는 열(兌)이다. 열(兌)의 하부인 형(兄)은 신에의 기도문인 축문을 넣은 그릇(ㅂ)을 머리에 얹고 기도하는 사람의 모양으로 신에 봉사하는 축(祝)을 말한다. 그 축(祝)의 위에 신기(神氣)가 희미하게 내려오는 것을 팔(八)의 모양으로 표시한 것이 열(兌: 기쁘다·바뀌다)이다. 신이 반응해 옮겨 타서 황홀한 상태가 되어 있는 축(祝)의 마음을 열(悅)이라 하여 '기뻐하다'라는 의미가 된다. 말씀 설(說)에도 '기뻐하다'라는 의미가 있다. 『논어』의 첫머리에 나오는

92 白川靜, 『常用字解』, 臨.

"學而時習之不亦說乎"의 '說'은 열(悅)과 통하는 글자로 기쁠 열(悅)로 읽는다.

『논어』의 첫머리에 나오는 이 유명한 구절은 그 뒤에 "有朋自遠方來不亦樂乎"로 이어지는데, 전에 나의 지인이 열(悅)과 낙(樂)의 차이에 대해 물은 적이 있다. 두 글자는 모두 신사(神事)에 관련된 일을 가리키고 있다. 열(悅)은 신의 하강에 황홀해하는 무축의 상태를 가리키며, 낙(樂)은 신을 즐겁게 하려는 음악을 연주하는 악기인 북에서 온 글자라는 것을 생각하면, 열(悅)은 자신의 내면에서 생기는 기쁨이고 낙(樂)은 다른 사람과 함께 기뻐하는 관계적 즐거움이라는 차이가 있다. 맹자가 말한 "君子三樂"은 모두 외면적 관계에서 오는 즐거움이다. 군자가 천지와 부모형제, 제자 사이에서 느끼는 외적 기쁨을 말할 때 쓰는 말이다. 군자는 이런 관계에서 행복을 느낀다고 하는 것이다. 맹자의 선배인 공자도 군자의 붕우관계에서 즐거움을 낙(樂)으로 표현했다. 그러나 공자는 "學而時習之不亦說乎"(배우고 때때로 익히면 또한 즐겁지 아니한가)라고 하면서 자신의 배움에 대해 종교적 감정의 희열을 느꼈음을 고백하고 있다. 공자는 "朝聞道夕死可矣"(아침에 진리를 깨칠 수 있다면 그날 저녁에 죽어도 좋으리라)라고 매우 과격한 감정적인 말을 자주 하는데, 이는 그가 무축의 아들이었기 때문인지도 모른다.

그런데 열(說)은 '희열을 느끼다'라고 하듯이 주로 내적으로 인간 내면의 깊은 곳에서 조용히 피어오르는 즐거운 감정이다. 희열의 열(悅)은 고대 그리스의 델피의 신탁을 집전한 무녀 퓌티아의 모습을 떠올리기도 한다. 퓌티아는 델피 신전의 성소에서 연기가 피어오르는 곳 위에 삼발의자를 놓고 그 위에 앉아 무아지경 속에서 신탁의 말씀을 주워 올렸다고 한다. 고대 중국의 무녀들도 신이 내리는 기운을 보면서 마찬가지로 신들린 듯한 표정을 지었던 것이다. 그 글자가 열(兌)이고, 여기서 나오는 인간의 감정에 마음 심(忄)을 붙여 열(悅)로 표현한 것이다. 그래서 "君子三樂"이라고는 해도 "君子三悅"이라는 말은 없다.

공자는 "學而時習之不亦說乎"라고 배움의 즐거움을 최초로 말한 사람으로 유명하다. 그런데 공자는 왜 배우는 것을 즐겁다고 말했을까? 배워서 새로운 것을 아는 것은 즐겁다고 한다. 그런데 주령시대의 사람들은 무언가를 아는 것도 신에게 물어서 알았다고 한다. 안다는 의미의 지(知) 자에 대해 살펴보자.

알 지(知, zhī)

전문1

지(知)는 화살 시(矢)와 구(口)를 조합한 모양인데, 구(口)는 축기 재(ㅂ)이다. 화살(矢)은 신성한 것이라고 해 서약할 때 그 표시로서 화살을 쓰므로 '맹세하다'라고 읽고 화살을 부러뜨리는 것은 맹세할 때의 동작이었다. 신에게 기도하고 신에게 서약하는 것을 지(知)라고 해 '분명히 알다, 알다, 깨닫다'는 뜻으로 쓴다. 신에게 서약해서 비로소 '분명히 알고, 깨달을' 수 있는 것이다.[93]

설명처럼 신에게 서약해서만 알 수 있는 것이 주령시대의 지식이라고 한다면, 공자의 "배우고 때때로 익히면 또한 즐겁지 아니한가"라는 말은 인간이 아는 것의 즐거움을 자각한 최초의 표현으로 기억할 만한 역사적 사건이라고 생각된다. 당시는 춘추시대의 말기였다. 공자의 사상과 행동은 이 무렵이 주령시대가 세속적이고 인간 중심적인 세계로 변화해가는 것을 보여주는 지표가 된다.

각설하고 이외에 축기 재(ㅂ)를 요소로 하는 글자로는 신의 말씀을 의미하는 글자로 명(命), 영(令)이 있고, 신이 허락하지 않는다는 글자로 부

93 白川靜, 『常用字解』, 知.

(否), 법(法)이 있으며, 축기 재(ㅂ)를 지킨다는 글자로 고(古), 고(固), 길(吉), 합(合), 동(同), 함(咸), 오(吾) 등이 있고, 반대로 축기 재(ㅂ)를 버린다는 글자로 사(舍), 해(害)가 있다. 또 '축기 재(ㅂ)를 이용해 신을 다그치다'에서 비롯한 가(可)라는 글자가 있고, 여기서 나와 '노래하다'는 가(歌)라는 글자도 나온다. 그리고 후술할 죽은 자의 부활과 정화를 기도하는 글자로 애(哀)도 축기 재(ㅂ)를 요소로 한다.

이처럼 사람의 입(口)처럼 보이는 글자를 요소로 하는 글자들이 실은 신에의 기도문을 넣는 그릇인 재(ㅂ)를 요소로 하는 글자임을 이해한다면, 고대 한자의 세계가 얼마나 신에 대한 간절한 주술적 기도를 내포하고 있었는지 놀라게 된다. 이러한 주술적 관념은 사람의 일생 모든 부분을 좌우하고 있었던 것을 알 수 있을 것이다. 말이 나온 김에 좌우(左右)라는 말 또한 축기 재(ㅂ)로 구성된 말이다. 좌우(左右)의 우(右)라는 말의 입 구(口)처럼 보이는 구(口)가 입이 아니라는 것을 독자는 눈치 챘을 것이다.

우(右)는 또 우(又)와 구(口)를 조합한 글자인데 우(又)는 오른손의 모양이다.

오른쪽 우(右, yòu)

구(口)는 축기 재(ㅂ)이다. 오른손에 재(ㅂ)를 잡고 기도하며 신이 있는 곳을 찾아 신의 도움을 구하는 것을 우(右)라고 해 '돕다'는 의미가 된다. 왼손에 주구(呪具)인 공(工)을 잡고 기도하며 신이 있는 곳을 찾는 것을 좌(左)라 하고, 좌(左)와 우(右)를 위아래로 조합한 형태가 심(尋)이며, 신이 있는 곳을 찾는 것을 말한다. 우(又)는 우(右)의 본래 글자이고, 우(右)도 '오른쪽'의 의미로 쓴다. 또 우문(右文: 문사文事·학문學問을 숭상하는 것)처럼 '숭상하다'는 뜻으로도 쓴다. 우(右)에 돕다는 뜻이 있어 우(佑)·우(祐)는 '돕다'는 의미

로 쓴다.[94]

우(右)에 대해서도 『설문해자』는 "돕다(助). 구(口)와 우(又)에 따른다"고 하는데, 이에 대한 단주(段注)의 설명이 흥미롭다. "우(又)는 손이며 손이 부족해서 입으로 돕는다. 그래서 돕는다고 한다"라고 단주는 설명한다.

우(右)의 본래 글자인 우(又)에 대해 살펴보면, 손가락을 펴고 있는 오른손의 모양이다. 갑골문·금문에서는 '있다'는 뜻으로 쓰고, 후에 '또, 다시'의 뜻으로 쓰며, 또 '돕다'는 뜻으로도 썼다. 이 우(又)를 두 개 나란히 쓴 글자가 우(友)이다.

벗 우(**友**, yǒu)

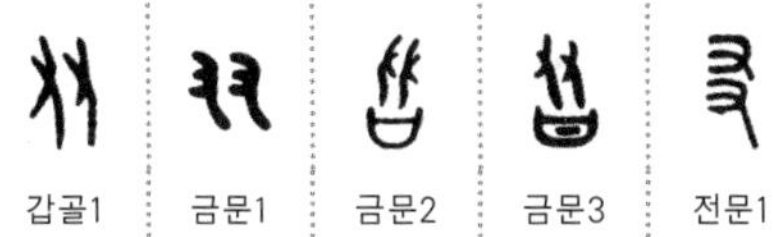

우(友)는 손을 맞잡고 서로 돕는다는 의미가 되고, 서로 돕는 인간관계의 '친구, 동무, 동료'의 의미로 쓴다. 금문의 자형에는 우(䨒)·우(䨓)처럼 아래에 신에의 기도문인 축문을 넣는 그릇 모양(재ㅂ·왈曰)을 가한 형태가 있고, 재(ㅂ)나 왈(曰)의 위에 손을 놓고 서약을 함으로써 서로 약속하는 것을 말한다. 금문의 붕우(倗䨓)는 동족의 동배를 말한다. 조개(貝)를 줄로 연결해서 묶고, 그 두 줄을 한 꾸러미로 만든 모양이 붕(朋: 친구·동료)인데, 그 관계를 사람에게 옮겨 친구 붕(倗)이라고 한다.

우(右)와 관련해 설명해야 할 글자로 짝이 되는 글자인 좌(左)가 있다.

94 白川靜, 『常用字解』, 右.

왼 좌(左, zuǒ)

좌(左)는 좌(𠂇)와 공(工)을 조합한 모양이다. 좌(𠂇)는 좌(左)의 본래 글자로 왼손의 모양이다. 공(工)은 무축(巫祝: 신을 모시는 사람)이 기도를 할 때 쥐는 주구(呪具)이다. 공(工)을 두 손으로 쥐는 모양이 무(巫: 무당)이다. 좌(左)는 좌수(左手)로 공(工)을 쥐고 기도해 신이 있는 곳을 찾아 신의 도움을 구하는 것을 말한다. 그래서 좌(左)는 '왼쪽, 돕다'는 의미가 된다. 오른손에 축기 재(ᆸ)를 쥐고 기도해 신의 소재를 찾는 글자가 우(右)이고 좌(左)와 우(右)를 상하로 조합하면 찾을 심(尋)이 되고, 신이 있는 곳을 찾는다는 것이 본래의 의미이다. 좌(左)는 우(右)에 비해 아래라고 생각되어 '떨어지다, 천하다'는 의미가 있고, 좌천(左遷: 낮은 지위로 내려가는 것, 중앙에서 지방으로 옮기는 것)·좌도(左道: 사악한 길)라고 말한다.[95]

좌경(左傾)은 왼쪽으로 기울어지는 것, 즉 공산주의나 사회주의 따위의 좌익사상으로 기울어지는 것을 말하는데, 진보주의자들에게는 유감스럽게도 우리 사회에서는 역시 무언가 올바르지 않은 것으로 여겨지는 경향이 있는 것 같다.

고대 그리스인도 왼쪽을 나쁘게 생각했던 것 같다. 헤로도토스의 『역사』(*Historiai*)에 의하면, 이집트의 역사서술에서 이디오피아를 아스마크(Asmach)의 나라로 불렀는데, 아스마크란 이집트에서 유래한 이 '탈주자'들을 그리스인들은 "왕의 왼쪽에 서 있는 자들"이라는 뜻으로 불렀던 것 같다. 그리스인에게 왼쪽은 불길한 방향이었다고 한다.[96]

95 白川静, 『常用字解』, 左.

96 헤로도토스, 천병희 옮김, 『역사』, 숲, 2009, 2: 30 참조.

영어에서도 좌(左)가 왼쪽이라는 방향 외에 'sinister'(편향된, 사악한)라는 뜻을 내포한 반면, 우(右)가 오른쪽이라는 방향 외에 'dexter'(길조의, 행운의, 정상적인)라는 뜻이 있고,[97] 십자군원정 때 유행한 동방박사의 후손으로 알려진 전설적인 프레스터 존의 왕국에서도 그의 오른편에는 12명의 대주교가 있고, 왼편에는 12명의 주교가 있는 것을 보면,[98] 기독교 문화권에서도 우가 좌보다 우위를 차지한 것처럼 보인다. 이러한 차별은 필자가 보기에 왼손잡이가 오른손잡이에 비해 소수자라는 생물학적인 사실에 의한 다수의 횡포라고 생각되는데, 모두 인류의 대다수가 왼손잡이가 아니라 오른손잡이라는 데서 온 다수의 편견임을 반영하는 것 같다. 그러나 사실 자연계의 구조는 좌우를 차별하지 않고, 좌우 대칭적인 양손잡이로 되어 있다고 한다.[99] 그런데 왜 인간계는 자연계와 달리 이러한 차이를 보이는 것일까? 생각건대 음과 양, 밤과 낮의 구별을 인간은 차등적인 것으로 받아들이게 되고, 이러한 자연의 자연스러운 순환이 인간에게는 도덕적인 질서로 변환되어 유교적·성리학적 질서로 받아들여지기 때문인 것은 아닐까? 이러한 도덕적 질서는 낮과 밤의 순환을 단순한 자연적 순환의 원리로 생각하는 자연과학적 패러다임으로 보는 과학혁명적인 사고의 인식 변환과 분리되기 전까지는 자연을 보는 관점에서 탈피하기 어려운 것이었다고 생각된다.

중국의 역사는 좌우 우열의 역사를 파노라마적으로 보여준다. 은대에는 우가 좌보다 숭상되었던 것 같다. 갑골문에는 같은 내용을 긍정 부정으로 물어보는 대정(對貞)이라는 형식이 있다. "병자(丙子)일에 복(卜)하여 아무개가 묻습니다. 나는 풍년을 받겠습니까?"라는 긍정문은 갑골의 우측에, "병자(丙子)일에 복(卜)하여 아무개가 묻습니다. 나는 풍년을 받지 못하겠습니

97 *Shorter Oxford English Dictionary* 참조.

98 윌리엄 번스타인, 『무역의 세계사』, 245쪽.

99 마틴 가드너, 과학세대 옮김, 『마틴 가드너의 양손잡이 자연세계』, 까치, 1993.

까?"라는 부정문은 좌측에 쓰는 것이다. 긍정명제는 점치는 사람이 바라는 점의 결과일 것이고,[100] 이는 우측이 좌측보다 존중된 증거로 볼 수가 있을 것이다. 좌우명(座右銘)이라는 말도 그렇다. 늘 잊지 않도록 자신의 자리 오른쪽 옆에 놓아두고 명심할 만한 격언이라는 뜻인데, 우를 존중하는 가치관에서 나온 말이다. 좌우명은 후한의 최원(崔瑗)이 지은 명(銘)에서 유래한다. 최원의 형 최장(崔璋)이 피살되자 최원이 형의 복수를 한 다음 도망했다가 후에 사면을 받아 죄를 벗고 나서 이 명(銘)을 지어 좌우(座右)에 두어 스스로 경계한 데서 좌우명이 유래되었다고 한다.[101] 당(唐)의 백거이(白居易)도 「속좌우명」(續座右銘)을 남기기도 했지만, 좌좌명(座左銘)이라고 하지 않는 것은 좌보다 우를 존중하는 관례를 따랐기 때문일 것이다.[102]

---

100 白川靜, 『甲骨文の世界』, 東京: 平凡社, 1972. p. 21.

101 『文選』「座右銘」, 唐 呂延濟 題注(『漢語大詞典』 참조). 「좌우명」의 내용은 다음과 같다. 김영문 외, 『문선역주 9』, 소명출판, 2010, 173~74쪽(일부 수정해서 인용): "無道人之短, 無說己之長, 施人愼勿念, 受施愼勿忘. 世譽不足慕, 唯仁爲紀綱, 隱心而後動, 謗議庸何傷. 無使名過實, 守愚聖所臧, 在涅貴不淄, 曖曖內含光. 柔弱生之徒, 老氏誡剛强, 行行鄙夫志, 悠悠故難量, 愼言節飮食, 知足勝不祥, 行之苟有恆, 久久自芬芳"(다른 사람의 단점을 말하지 말고 자기의 장점을 말하지도 말라. 다른 사람에게 은혜를 베풀었으면 삼가 기억하지 말고, 다른 사람에게 은혜를 입었으면 삼가 잊지 말라. 세상의 명예는 흠모할 것이 못 되니 오직 어짊을 근본으로 삼아라. 신중하게 헤아린 후에 행동하면 비방이 있다 한들 무슨 해가 있겠는가? 명성이 실질을 넘어서게 해서는 안 되며, 어리석은 상태를 유지하는 것은 성인이 훌륭하게 여기는 바였다. 검은 진흙 속에 있어도 검게 물들지 않음을 귀하게 여기고, 어두워 밝지 않은 듯하면서도 안으로 빛을 간직하고 있어야 한다. 부드럽고 약함은 살아 있는 것들의 특성이니, 노자(老子)는 굳세고 강함을 경계했다. 굳세고 강함은 천박한 것들의 의지이고, 유유자적하면 헤아리기 어렵다. 말을 조심하고 음식을 절제하며 만족을 알아서 불길한 징조를 극복할 수 있어야 한다. 이것을 실행함에 변함이 없으면 오래도록 절로 향기를 발할 수 있을 것이다).

102 좌좌명은 중국 한자에는 없는 말이지만 일본 한자에는 있다. 다시 말해 『한어대사전』에는 없는 말인데, 유명한 모로하시 데츠지(諸橋轍次)의 『대한화사전』(大漢和辭典)에는 나온다. 일본에서 생성된 말이기 때문인데, 그 어원은 10세기의 다이고 천황(醍醐天皇, 885~930)의 황자인 가네아키라친왕(兼明親王, 914~87)이 만

좌천이란 관리의 지위를 강등하는 것을 말하는데, 『사기』 「한왕신전」(韓王信傳)이나 『한서』 「주창전」(周昌傳)에 그런 용례들이 나오는 것을 보면 관료제가 본격적으로 시작될 때 그런 관행이 굳어진 것으로 보인다.[103] 따져 보면 이것은 중국에서 글을 쓰는 것이 오른쪽에서 왼쪽 방향으로 쓰고 읽기 때문이고 자연스레 관품도 우에서 좌로 갈수록 낮게 되어 있는 데서 그랬던 것 같다. 그러나 삼국시대의 위(魏)에 와서 다시 존좌비우가 되어 당송(唐宋)시대에도 좌우복야(左右僕射), 좌우승상(左右丞相)과 좌우승(左右丞)은 모두 우(右)보다 좌(左)가 더 높았다. 그러다 원대에 와서는 좌우승상, 좌우승은 우(右)가 더 높았다. 원대의 과거합격자 게시판도 우방(右榜)과 좌방(左榜)의 구별이 있었는데, 우방은 몽골족과 색목인(色目人)의 전용으로 더 높은 취급을 받았고, 좌방은 차별받는 한인과 남인(南人)의 합격자를 게시했다고 한다. 이처럼 원대에는 우(右)를 더 숭상했는데, 시대가 바뀌어 명대가 되면 좌우시랑(左右侍郎), 좌우도어사(左右都御史), 좌우포정사(左右布政使)는 좌(左)가 우(右)보다 다시 높게 된다.[104]

그런데 묘하게도 중국에서 좌우는 이중적으로 쓰이는 것 같다. 관직에서의 좌우존비가 역사적 변화를 보인다고 말했지만 그것은 이민족의 지배에 따라 정치도 그렇게 좌우되었기 때문일 것이다. 그러나 문화구조는 쉽게 변하는 것이 아니다. 프랑스 사학계의 아날학파는 장기지속이라는 말을 쓰는데, 중국의 오랜 문화구조야말로 이 장기지속이라는 용어를 쓰기

든 문장인 '좌좌명'(座左銘)에서 유래한 것이다. 백거이는 「속좌우명」을 지었지만 일본은 좌좌명을 지었다는 데서 중국과 일본의 차이가 보인다. 나름의 창작이라 할 것인데, 이토 진사이(伊藤仁齋)가 『동자문』(童子問)에서 평한 대로 임시적인 방편인 것이고, 좌좌명은 현재 폐어(廢語)가 된 말로 어학사전에도 좌우명은 나와도 좌좌명은 검색되지 않는다.

103 『한서』 「주창전」의 좌천에 대해 안사고(顏師古)는 "이때(한초漢初) 우(右)를 높이고 좌(左)를 낮추었기 때문에 지위를 강등하는 것을 좌천이라고 말한다"고 주석을 달고 있다.

104 『錢大昕全集』 卷7, 江蘇: 江蘇古籍出版社, p. 274, 左右.

에 적합한 경우라고 생각된다. 그래서 중국에서는 좌존우비 문화가 오래 정착되었는데, 군사와 흉사, 연석 등에서는 어떤 시대에도 우존좌비였다. 우(右)=상(上)·서(西)·여(女)·음(陰)·월(月)·지(地)·용무(勇武)·추(秋)·우수(偶數), 좌(左)=하(下)·동(東)·남(南)·양(陽)·일(日)·천(天)·인자(仁慈)·춘(春)·기수(奇數) 등의 좌우관념 같은 것이다.[105] 이러한 관념은 일본에도 영향을 주어 도시의 행정구역을 우경(右京: 서西의 경京)과 좌경(左京: 동東의 경京)으로 부르게 하고, 일상생활에서 목욕옷인 유카타를 입을 때 반드시 오른쪽 옷섶을 안쪽으로 넣고 왼쪽 옷섶을 위쪽으로 넣어야 하는 것이다. 일본 온천에 여행을 갔을 때 내가 좌우를 거꾸로 해서 여관 주인이 당혹해하는 모습을 경험한 적이 있다. 왜 그런가 물었더니 오른쪽을 위로 하는 방법은 죽은 사람의 옷을 입힐 때 하는 방식이라는 것이다.

한자의 좌우라는 글자의 구조는 그 차별의 사회적 원인을 찾는 실마리를 제공해 주는 것 같아서 흥미롭다. 좌(左)의 원의는 "좌수(左手)로 공(工)을 쥐고 기도해 신이 있는 곳을 찾아 신의 도움을 구하는 것"이고, 우(右)의 원의는 "오른손에 재(ㅂ)를 잡고 기도하며 신이 있는 곳을 찾아 신의 도움을 구하는 것"이라고 했는데, 공(工)과 재(ㅂ)로 그 기도를 하는 수단이 갈리는 것이 주목된다. 여기서 우리는 주술사인 무당이 신과 소통하는 수단이 축문을 넣는 그릇인 재(ㅂ) 외에 또 공(工)이라는 도구가 있었다는 사실과 무당 중에서도 공(工)을 전문으로 하는 무당과 축문을 넣는 축기를 전문으로 하는 무당으로의 분업화가 발생했다는 것을 상상할 수 있다. 무축(巫祝)의 무(巫)의 옛 자형은 공(工)을 좌우의 손에 쥔 모양이라는 점이[106] 이를 뒷받침한다. 이것은 은대의 고대에 무축과 같은 엘리트 계층에

105 三浦徹明, 「中国史上における左右尊卑観の変遷」.

106 白川静, 『常用字解』, 工. 공(工)은 무언가 공구(工具)의 모양인 것 같고, 금문에는 금속을 단련할 때 쓰는 단야대(鍛冶臺)로 보이는 것이 있다. 공(工)은 또 주술적인 행위 때의 주기(呪器)로서 이용되는 것이 있었던 것 같다.

이미 공과계와 인문계의 분화가 있었다는 것을 의미하는 것이 아닐까? 즉 축문을 쓸 줄 아는 인문적인 지식을 갖춘 무축은 고위직으로 우대되고, 그렇지 못한 무축은 하위직으로 공(工)이 상징하는 바와 같은 공업적인 도구와 연관되는 일에 종사하는 하위직으로 분화되었다는 추측이다. 요컨대 무(巫)의 공(工)은 이공계(engineer)를, 축(祝)의 재(ㅂ)는 문리계(literate)를 연상케 하는 것으로 주술사들 사이에도 인문계 우월의 문화적 발전 경향이 있었던 것이 아니었나 생각된다. 그렇지만 산업혁명 이후에 기술자들의 황금시대가 도래하면서 이제 이공계 우월의 역사가 시작되는 것 같으니 역사의 전변이 참으로 격심하다. 컴퓨터 공학과의 인기나 블록체인 기술을 응용한 가상화폐의 출현이나 나아가서 복제인간의 출현 가능성에 이르기까지 인공지능을 산출하는 과학기술의 눈부신 발달은 인문학의 파산을 선고하는 것처럼 보이기도 한다. 신은 오래전에 죽었고 인문학자들은 이제 주령의 복귀라도 빌어야 할 것인가라는 불안감에 사로잡힌 요즈음 시대이다. 또 인공지능 등 놀라운 속도로 발전하는 전자공학과 유전자 복제 등의 과학기술이 완전무결한 것인가를 놓고 우리는 다시 신의 존재를 묻고 싶어지기도 한다. 그런 점에서 현대는 좀더 겸허하게 우리의 존재 의미를 다시 되돌아보게 하는 시대이다.

제2장

존재의 시작: 신과 함께

원래 인간은 신과 함께 존재하기 시작했던 것 같다. 존재(存在)라는 한자어가 그 비밀을 담고 있다. 한자는 대개 은대 인의 의례를 표현한 것인데, 존재도 마찬가지로 의례행위를 담고 있는 말이다. 최초의 한자는 원래 신과 관계된 모든 종류의 의례의 모음집이라고 해도 좋을 것 같은데, 존재는 그중에서도 최초의 의례라고 해도 좋을 정도로 그 의미가 깊다. 생각해 보면 우리가 이 세상에 있다는 것은 그냥 있는 것이 아니라 어찌어찌해서 존재하게 된 것이다. 3,500년 전 모든 것이 주술적인 정령으로 뒤덮여 있는, 전등도 없고 불빛도 없는 캄캄한 어둠과 미지의 세상에 존재한다는 것은 공포스러운 것이 아니었을까? 가령 그 원시의 어둠을 조금이라도 체험하기 위해서라면 별빛만 고요하게 빛나는 한여름 산사의 캄캄한 하룻밤만으로 충분할지 모른다. 한자라는 문자를 처음 만들어낸 은대인들은 주술적 힘을 빌려 이 존재의 공포를 극복하려고 한 것 같다. 한자로 '存在'한다는 존재 그 글자에서 우리는 존재라는 문자가 신 또는 자연과 인간의 천인지제(天人之際)의 비밀을 담고 있지는 않은지 짐작해 본다. 프레이저가 간파했듯이 "사회의 관례는 제의에 기초를 두고 있으며, 제의는 거꾸로 주술적 신념을 담고 있다"[1]는 점이 한자의 인류학에도 적용된다고 할 수 있다. 여기에 그 한자 존재의 구조를 살펴보면 존재(存在)의 존(存)과 재(在) 각각의 왼편에 있는 재(才)의 의미가 중요하다. 이 글자의 의미에 대한 해설은 다음과 같다.

있을 재(才, cái)

재(才)는 표시로 세운 표목의 모양이다. 표목의 상부에 가로목을 놓고 여기에 재(ㅂ)를 둔다. 이것으로써 그 장소가 성화되며 재(才)는 신성한 장소로서 '있는' 것을 말한다. 나무를 세우는 것은 일본에서 섶나무(柴)를 제단의 경계에 꽂아 섶나무의 힘으로 토지를 성화하는 섶나무꽂이(시바사시)의 습속과 마찬가지로 신이 하늘에서 내려와 머무르는 장소를 성화하는 방법이다. 재(才)는 성화되고 신성한 것으로서 존재한다고 하는 것이 본래의 뜻으로서 재(才)는 재(在)의 본래 글자이다. 금문에서는 "정월(正月)에 재(才)(있다)"라는 식으로, 재(在)의 의미로 쓴다. 후에 성기(聖器)인 작은 월(鉞: 도끼)의 머리 모양인 사(士)를 더해 재(在)가 되고 자(子)를 더해 존(存, 있다·살다)이 된다. 존재(存在)란 신성한 것으로서 존재한다는 뜻이다. 새로운 기물이 만들어졌을 때 성스런 표시로서 재(才)의 모양을 표찰처럼 붙여 정화한다. 재(才)를 창 과(戈, gē)의 날 인(刃, rèn)의 위에 붙인 모양이 재(𢦏, 처음)이고, 마를 재(裁), 심을 재(栽), 처음 재(載)는 성부가 재(𢦏)이다. 재능(才能: 타고난 두뇌의 작용과 능력)도 처음부터 존재하는 기능이라는 뜻일 것이다. '있다'라는 것이 본래의 의미였지만 후에 재지(才智), 재지(才知: 두뇌의 기능, 또 두뇌의 기능이

1 제임스 프레이저, 『황금가지』, 16쪽, 서문 .

날카로운 것)의 뜻으로 쓴다.

존재(存在)의 재(在)를 구성하는 왼쪽 요소인 재(才)는 원래 축기 재(ㅂ)를 표시하는 글자였다. 신에의 기도문인 축문을 통해 성화된 장소가 재(才)이고, 이를 통해 존재가 의미를 갖게 된 것이다. 존재(存在)의 존(存)은 인간이 탄생해서 거치게 되는 최초의 의례라고 할 수 있다. 아이가 탄생해서 존재하는가 마는가를 신에의 기도문(축문)을 바치는 의례(存)를 통해 결정한 것이다. 인간의 존재는 신에게 물어 그 의미가 있게 되는 것이라고 할 수 있다. 모든 한자는 그 기원이 신사(神事)와 관련되어 있다고 해도 무방하다. 타고난 능력을 재능(才能)이라 하는데, 이는 신이 주는 것이고 영어로는 탤런트(talent)라고 하니 동서양이 마찬가지인 것 같다. 인간 존재 모두는 각자의 재능 탤런트가 있게 마련이다. 천재(天才)에 대해 "태어날 때부터 보통 사람과 달리 아주 뛰어난 재능을 가지고 있는 사람"이라고 말하지만, 재(才) 자체가 처음부터 존재하는 재주라는 뜻이다. 누구나 이런 재주가 있을 것이다. 이를 적극 찾아서 싹을 틔우고 발육해 자아를 실현하는 것이 인생의 길이라고 생각된다. 젊었을 때 나는 자아실현이라는 어려운 말의 의미를 잘 알지 못했지만, 이순(耳順)의 나이가 된 지금에야 조금 의미를 알 것 같다. 그것은 아마 생물학적으로 숲속의 나무가 자그마한 싹이 터서 큰 나무로 성장해 가는 현상과 같은 것이다. 인간도 나무처럼 자기 나름의 싹이 있는 것이라면 그 싹을 발견하고 키워주는 것은 인간공동체인 사회와 자신의 공동 책무이다.

존재(存在)라는 한자는 인간이라는 존재가 신이 있음으로 해서 존재한다는 것을 우리에게 일깨워준다. 신에 대한 기도와 표목은 우리 전통에서 솟대나무와 기도를 떠올리게 하는 면도 있는데, 이것은 성소(聖所)의 표시이고 이를 통해 공간과 시간이 성화된다. 서주 청동기에 새겨진 금문에 왕이 "정월(正月)에 있다(才)"든가, "종주(宗周)에 있다(才)"든가[2]라는 표현은 왕이 정월이라는 시간이나 종주라는 공간에 존재한다는 것을 말함으로써 그 시공을 성화함과 함께 이를 점유하고 지배하는 것을 표시한다.[3] 갑골문자에는 "王占曰"이라고 해서 왕이 점을 쳐서 판단하는 형식의 것이 많고, 또 왕 자신을 점치는 경우도 있다. 성화의 의례를 통해 왕권은 안정적으로 존재하게 되는데, 이러한 것은 갑골문자가 본래 왕을 위한 문자라는 사실을 암시한다.[4] 한자의 단음절 표의문자라는 속성과 함께 갑골문자가 갖는 이러한 신성문자적 의미가 결합해 한자의 상형문자로서 불변의 지속성에 기여했을 것이다. 이 점은 이집트 문자가 신성문자에서 사제문자를 거쳐 민중문자로 발전한 것과는 다른 양상이다.[5] 중국사에서 왕토와 왕신(王神)의 개념이 후대에 오랫동안 지속된 것도 한자의 신성문자적 속성과 깊은 관련이 있다고 생각된다.

2 白川静, 『字通』, 東京: 平凡社, 2014, 才.

3 이에 비해 율리우스 카이사르의 『갈리아전기』의 기년법(紀年法)이 도시기년을 쓰고 있는 것은 왕정과 대조되는 공화정의 중시를 보여주는 것이어서 주목된다.

4 白川静, 「卜辭の本質」, 『白川静著作集 4』, 東京: 平凡社, 2000.

5 白川静, 「載書關係字說」.

제3장

사람의 일생

불교에서는 생로병사 등 인생의 모든 것을 욕망에의 집착에서 생기는 고통이라고 파악하고 욕망에서 벗어나라고 설법하고 있다. 하지만 그것은 부처의 탄생 이후의 일이고, 갑골문의 주령시대 한자를 쓰는 사람들 사이에서는 생로병사가 주령들과 투쟁하는 일이었다. 그리하여 출생, 성인, 혼례, 죽음 등 생로병사의 모든 단계에 성화와 정화의 의례가 행해졌다. 앞에서 존재(存在)에 대해 살펴보았지만, 인간은 출생하면서 그 존재의 여부를 신에게 물어 생의 첫 번째 관문을 통과해야 한다. 이것은 비유적으로 설명하자면 「요한복음」(3: 5)에 나오는 다음 예수와 바리새인과의 대화처럼 그러한 것이 아니었을까 생각된다.

> "(바리새파 사람들 가운데 니고데모에게 말씀하시기를) 누구든지 새로 나지 아니하면 하느님의 나라를 볼 수 없다." 니고데모 왈, "다 자란 사람이 어떻게 다시 태어날 수 있겠습니까?" 예수께서 말씀하셨다. "정말 잘 들어두어라. 물과 성령으로 새로 나지 않으면 아무도 하느님 나라에 들어갈 수 없다."

세례를 받는 것은 명명식이나 입문의례(initiation)와 같은 것이라고 인류학자가 주장하듯이[1] 인생의 각 시기에 이러한 통과의례를 통해 사람들은 새로운 단계로 성장하고 통합되는 것 같다. 통과의례는 탄생에서 죽음, 그리고 부활에 이르기까지 반복된다고 할 수도 있는데, 주령시대의 사람들은 사람은 태어날 때 어딘가에서 온 영(靈)을 받고, 영이 깃든 육체의 죽음에 의해 그 영은 육체에서 떠나 어딘가로 간다고 생각했던 것 같다. 그리하여 불교에서는 통과의례가 생로병사의 순환체계로 장대한 관념으로까지 성립되어 있지만 중국의 윤리에서는 생과 사가 직선적인 체계로 양분되어 있다. 이하 중국의 출생에서 사망까지 의례의 한자를 살펴보기로 하자.

1. 존재의 의례

있을 존(存, cún)

전문1

존재(存在)의 존(存)인데, 존(存)은 앞서 말한 재(在)의 초문인 재(才)와 자(子)의 회의자이다.

재(才)는 축기 재(ㅂ)를 붙인 표목으로 신의 점유 지배를 표시하는 것이다. 우리의 전통신앙인 솟대와도 관련되는 것일지도 모른다. 재(在)는 이 표목에 성기(聖器)로서의 도끼(士)를 더해 그곳의 성화를 표시한다. 이스라엘

1 A. 반 겐넵, 전경수 옮김, 『통과의례』, 을유문화사, 1985, 108쪽.

의 신이 덤불에 불이 붙은 모습으로 나타난다면 중국의 신은 축기를 붙인 표목의 모습으로 나타나는 것이다. 그러한 신성한 곳에서 새로 태어난 아이를 두고 그 생존을 보증하는 진혼(振魂)의 의례가 존(存)이라고 생각된다.[2]

인간은 태어나 존재하면서 성화 과정을 겪는다. 그것이 존재의 의미라는 것을 앞에서 말했다. 그러나 주령시대가 지나 세속의 시대에 오면 본래의 뜻은 변화하고 그 말은 의미를 잃어버린다. 존(存)에 대해 『설문해자』는 "휼문(恤問)의 뜻이다. 자(子)에 따르고 재(才)가 성부"라고 설명한다. 휼문은 즉 위문인데, 위문은 현대의 주석자가 "가난하고 의지할 데 없는 사람을 존휼(存恤)한다"는 『명사』(明史) 「태조본기」(太祖本紀)의 기사를 인용하듯이[3] 제국의 정부가 빈민을 부양하는 복지정책을 가리키는 말이었다. 이는 『사기』 「초세가」(楚世家)에서부터 그 용례를 찾을 수 있는 말로 춘추전국시기 이후의 마지막 제국인 청 왕조에 이르기까지 국가의 복지정책의 용어가 된 말이다. 그러나 본래 이것은 신성한 것으로서 있는 것을 의미하는 성화의 의례이고, 사람의 생존을 보장하는 진혼적(振魂的)인 의례를 의미하는 말이었다. 글자의 본래 의미가 신성한 존재에서 다만 국가를 위해 최소한의 생존을 유지하기 위한 부양의 존재로 변한 것이다.

2 白川靜, 『新訂 字統』, 存 참조.

3 李伯欽 注釋, 『說文解字』, p. 1440.

2. 출생의 의례

낳을 산(產, chǎn)

금문1 전문1

문(文)과 언덕 한(厂)과 생(生)을 조합한 모양이다. 한(厂)은 이마의 모양이다. 문(文)은 문신으로, 일시적으로 주(朱)나 묵(墨)으로 그린 입묵(入墨)이다. 태어난 아이의 이마에 문신을 가하는 의례를 산(產)이라고 한다. 그래서 산(產)은 '낳다, 태어나다'라는 뜻이 된다. 태어난 아이에게는 이미 영이 깃들어 있고, 나쁜 영이 들어오면 안 된다는 의미에서 이마에 ×표를 그린다. 일본에도 아기의 이마에 ×나 견(犬) 자를 검댕이나 연지로 그리는 습속이 있었다. 산(產)은 태어났을 때의 생자의례(生子儀禮)를 표시하고, 이 의례에 의해 태어난 아이의 영이 지켜지는 것이다.

산(產)은 존(存)과 함께 생자의례인데, 둘 사이의 관계는 불명이다. 기(棄)는 역자(逆子)로 태어난 아이를 버리는 모양이다. 초생아를 유기하는 관습인데, 주나라 시조 후직(后稷)의 이름이 기(棄)인 것은 유기의 관습과 관계있는 것 같다.

3. 성인식의 의례

언(彥, yàn)은 문(文)과 한(厂)과 삼(彡)을 조합한 형인데, 이마 액(額=厂)에 아름다운 문신을 더해 일정한 연령에 달한 남자의 통과의례, 즉 아르놀트 반 헤넵(Arnold Van Gennep)이 말하는 입문의례(initiation)를 보여준다. 삼(彡)은 문신의 아름다움을 표시하는 기호이다. 그런데 문(文)은 본래 죽은 사람의 흉부에 문신을 한 모습이다.

무늬 문(文, wén)

문신(入墨)의 모양이다. 정면을 바라보고 서 있는 사람의 흉부에 심(心), ×, ∨ 등의 입묵을 써 넣은 모습이다. 아마 사자(死者)의 가슴에 주술 장식으로서 붉은색 등으로 일시적으로 그려 사자의 혼령이 사체에서 벗어나는 것을 방지해 사자의 부활을 기원하고, 또한 바깥에서 들어오는 사령(邪靈)이 빙의하는 것을 막으려는 의미가 있을 것이다. 산(産＝産), 언(彥＝彥)에는 문(文)이 포함되는데, 산(産)은 출생했을 때의 생자의례를 보이는 글자이다. 언(彥, yàn)은 문(文)과 한(厂)과 삼(彡)을 조합한 형인데, 이마 액(額＝厂)에 아름다운 문신을 더해 일정한 연령에 달한 남자의 통과의례를 보여준다. 죽은 여인의 좌우 유방에 사악한 혼령이 빙의하는 것을 떨어버리기 위해 밝은 모양 리(㸚), 문신을 선명한 붉은색으로 그린 형태가 밝을 상(爽, shuǎng), 아름다울 이(爾, ěr), 밝을 석(奭, shì)인데, 문신이 선명한 것을 말한다. 상(爽)의 상반신의 형이 이(爾)이다. 그래서 문(文)은 아름답게 장식한 '무늬, 모양, 채색, 장식'의 의미가 된다. 아름다운 색이나 모양을 가리키는 기호와 같은 문자의 삼(彡)을 추가한 벌겋고 퍼런 빛 문(彣: 무늬)은 문신이 아름다운 것을 말한다. 입묵을 가할 때 쓰는 침 끝에 먹물이 맺힌 형태가 장(章)인데, 문(文)과 합쳐 문장(文章: 무늬와 모양, 그리고 문자를 연결해 정리된 사상을 표현한 것)이라고 한다. 또 문자(文字)라고 해 글자나 말의 의미로 사용한다.

문(文)은 원래 사자의 영혼이 사체에서 빠져나가는 것을 막아 사자의 부활을 기원하고, 또 밖에서 사령(邪靈)이 빙의(憑依)하는 것을 막는 의미로 성화(聖化)하는 종교적인 의미를 가진 행위였다. 문화의 뿌리는 종교에서 기원하는 것이다.

4. 명명의 의례

기를 자(字, zì)

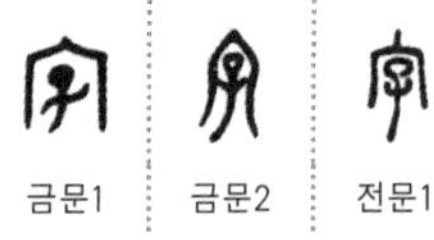

면(宀)과 자(子)를 조합한 회의자이다. 면(宀)은 조상의 영을 제사지내는 사당(廟)의 지붕 모양이다. 아이가 태어나서 일정한 일수가 지나 양육할 가망이 있으면, 사당에 출생을 보고하는 의례를 하는 것을 표시하는 것이 자(字)이다. 그때 아이 이름을 붙인다. 그것을 자(字)라고 하여 소자(小字)라고 한다. 또 일정 기간이 지나면 사당에 성장을 고하고, 명명의례(命名儀禮)의 의례를 행해 이름(名)이 붙여진다. 또 명(名)과 무언가 관계있는 문자가 선택되어 자(字)가 붙여졌다. 그리고 실명을 부르는 것은 회피되고, 자(字)를 통명으로서 사용했다. 자(字)는 출생을 보고하는 의례이고 이 의례에 의해 양육하는 것이 결정되고 자(字)가 붙여지므로 '기르다, 자'라는 뜻이 되고, 그 자(字)가 문자가 되었다.

자(字)는 출생을 보고하는 의례이고 이 의례에 의해 양육하는 것이 결정되고 자(字)가 붙여지는 의례를 말한다. 자(字)에 '기르다'라는 뜻이 있는 것은 이 글자의 본래 뜻을 암시한다. 자(字)와 함께 명명의례를 보여주는 글자가 명(名)이다.

이름 명(名, míng)

금문1 금문2 전문1

석(夕)과 구(口)를 조합한 회의자이다. 석(夕)은 육(肉)의 생략형이다. 구(口)는 축기 재(ㅂ)이고 신에의 기도문인 축문을 넣는 그릇 모양이다. 아이가 태어나서 일정 기간이 지나면 조상을 제사지내는 사당(廟)에 제육(祭肉)을 바치고 축문을 올려 아이의 성장을 고하는 명(名)이라는 의례를 진행한다. 그때 이름을 붙였기 때문에 '이름, 이름 붙이다'는 의미가 된다. 아이가 태어나서 일정 일수가 지나 양육할 가망성이 있으면, 사당에 출생을 보고하는 의례를 하고 유명(幼名)을 붙인다. 그것을 소자(小字), 자(字)라 하고, 또 일정 기간이 지나면 사당에 성장을 고해 명명의례를 행하는 것이다. 또 실명(實名)을 부르는 것을 피하기 위해 이름과 무언가 관계있는 문자를 택해 자(字)를 만들어 통명(通名)으로 사용했다.

명(名)은 재(ㅂ)와 석(夕, 月=肉, 제육祭肉)의 회의자이다. 글자의 상부는 저녁 석(夕)이 아니라 제육(祭肉)의 모양이다. 하부의 구(口)는 조묘(祖廟)에 고하는 축문을 넣은 그릇이다. 명(名)을 『설문해자』(2上)는 다음과 같이 해석한다. "스스로 부르는(命) 것이다. 구(口)와 석(夕)에 따른다. 석(夕)은 어둡다(冥)는 뜻이다. 어두워 볼 수 없기 때문에 입(口)으로 이름을 말하는 것이다." 그러나 이런 해석은 어두운 밤에는 통용될 수 있어도 밝은 대낮에는 통용되기 어렵다. 나의 지인은 『설문해자』의 명자(名字) 해석을 듣고는 "개그 콘서트도 저녁에 하잖아"라고 해서 한바탕 웃은 적이 있다. 이와 관련해서 일본어의 다소가레(黃昏)라는 말이 본래 사람의 얼굴이 보이지 않는 어둑할 때 '게 누구요'(다레가레誰彼)에서 왔다는 설도 생각나는데, 황혼(黃昏)이라는 한자와 일본어 다소가레는 물론 무관한 말이다.

명명식은 원시부족의 통과의례에 공통적으로 보이는 것 같은데,[4] 중국인의 명명은 특히 까다로운 것 같다. 자(字)와 명(名)의 구분도 까다로운데, 고대 중국의 명명식은 『예기』(禮記) 「내칙」(內則)에 비교적 상세하다. 이에 의하면 태어나면 우선 조상의 사당에 고하고 자(字)를 붙인다. 이것이 소자(小字)이다. 그리고 일정 기간이 지나서 명명의례를 하고, 또 성인식(관례) 때 자(字)를 붙인다. 이런 명명의례는 모두 조상의 묘(廟), 즉 조령(祖靈) 앞에서 하고 같이 성찬(聖餐)을 하는 통과의례의 의미를 갖는 것이다.

그런데 고대인의 경우 명(名)은 그 인격의 실체와 불가분한 것으로 생각되었던 것 같고, 그래서 이름은 함부로 불러서는 안 되는 금기였다. 그러한 금기의 근저에는 프레이저가 말하듯이 원시인에게 사람의 이름과 그 사람은 분리되지 않는 하나의 실체로서 머리카락이나 손발톱을 통해 주술을 거는 것처럼 사람의 이름을 통해서도 주술을 걸 수 있다는[5] 관념이 있었기 때문일 것이다. 이집트를 비롯해 세계의 많은 고대문명이나 원시부족에서 개인들은 두 개의 이름을 부여받았다고 하는데, 하나는 공개적으로 쓰는 이름이고, 또 하나는 감추어야 하는 자신의 진짜 이름이라고 한다.[6] 이것은 중국인들의 성인식 후에 받는 명(名)과 자(字)의 관계와도 흡사한 것이다. 프레이저가 언급하는 많은 사례 중에서 한 가지 흥미로운 사례만 소개하면 이시스와 태양신 라의 신화를 들 수 있다. 신의 세계를 동경하게 된, 말 잘 하는 능력을 가진 이시스는 태양신 라의 이름을 알기 위해 태양신이 흘린 침과 진흙으로 독사를 만든 다음, 독사를 풀어 태양신을 물게 해 고통스러워하는 태양신 라에게 신의 이름을 말하면 고통이 사라지리라고 말한다. 태양신은 여러 가지 이름을 말하지만 고통은 사라지지 않는다. 이시스는 진짜 이름을 말하라고 하는데, 태양신은 결국 고통에 못 이겨

4 A. 반 겐넵, 『통과의례』, 110~72쪽 참조.

5 James Frazer, *The Golden Bough*, 3rd ed., vol. 3, Cambridge University Press, 2012(1911), p. 318.

6 James Frazer, *The Golden Bough*, vol. 3, pp. 321~34.

"내 이름이 내 가슴에서 이시스의 가슴으로 옮아가는 데 동의한다"고 말한다. 이렇게 이시스는 태양신 라의 이름이 있는 곳을 알고, 그의 이름을 사물처럼 차지하게 되면서 신들의 여왕이 되었다는 것이다.[7]

중국 제왕들의 이름은 역사기록에도 함부로 쓰지 못하게 하여 이를 피휘(避諱)라고 한다. 역사도 제왕의 이름을 비껴서 표현했던 것이다. 중국의 문자옥(文字獄)은 역사상 유명하지만 이는 한자문화권이 갖는 특징이기도 할 것이다. 세종대왕의 이름은 이도(李祹)인데 복 도(祹)는 이름으로서는 잘 안 쓰는 글자이다. 혹시 일반인들이 잘 쓰지 않는 글자를 이름으로 씀으로써 피휘의 번거로움을 덜게 하려는 배려일지도 모른다. 고대 중국 황제들의 이름도 피휘하기 쉽도록 이름을 어렵게 썼다고 하는데, 전한(前漢)을 중흥한 군주로 유명한 선제(宣帝)는 민간에서 고생을 해본 황제답게 백성의 고달픔을 생각해서 황제의 이름도 백성이 피휘하기 쉽도록 바꾸라고 다음과 같이 명을 내리고 있다. "지금 백성들이 글을 올리면서 짐의 이름에 저촉되어 죄를 범하는 자가 많다고 하니 짐은 이를 심히 가련히 여긴다. 이에 순(詢)으로 이름을 고친다. 이름에 저촉된 자가 영이 내려지기 전인 경우에는 그들을 용서하라." 선제의 원래 이름은 뜻밖에도 병이 그치다는 뜻을 가진 '병이'(病已)였는데 한 제국의 황제가 되어서 한 제국의 병을 고치는 역할을 이름대로 하는 황제가 된 것인지도 모른다.

현대의 우리도 어떨 때 '내 이름 석 자를 걸고 말하는데~' 하듯이 이름 석 자를 자신을 대변하는 무엇인 양 말하는 경우가 있는데, 이것은 원시로부터의 주술적 흔적이 아닐까?

세상에 수많은 사람들이 있지만 이름이 없는 사람은 없고 지금에야 고대인들처럼 제육을 조묘(朝廟)에 바치면서까지 이름을 명명하지는 않겠지

7 James Frazer, *The Golden Bough*, vol. 3, pp. 387~89.

만 지금도 아이가 태어나기 전부터 태명(胎名)을 짓는 등하면서 모두가 소중하게 이름이 명명되고 있는 것은 마찬가지이다. 21세기 한국 사회에도 이름이 그 사람의 미래나 회사의 장래와 관계있다고 해 이름을 바꾸는 관습이 남아 있는 것을 보면 이름에 대한 신앙은 보통 뿌리 깊은 것이 아니다. 특히 연예인의 작명에만 관련되는 것이 아니다. 그러나 어쨌든 시인이 말하듯이 꽃 한 송이도 이름을 불러주기 전까지는 꽃으로 존재하지 않았다고 하듯이 부르는 이름을 통해 비로소 그 사람이 그곳에 존재한다는 것은 생각해보면 신기한 일이기도 하고, 고대인이 특히 최초에 씨족 구성원의 이름을 지을 때는 사뭇 엄숙한 의례와 진지한 마음을 가졌을 것이다. 이름과 관련해 동양에서는 부모님이 지어준 이름은 부모님, 그리고 부모와 동격의 존재인 왕 외에는 그 이름을 부를 수 없다는 금기는 까마득한 주령시대의 의례가 남긴 무의식적 유산인 것이다.

5. 배우고 익히기

배울 학(學, xué)

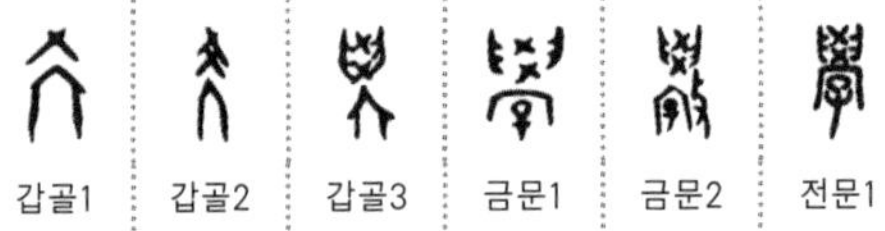

학(學, 16획/배우다)은 효(爻)와 곡(𦥑)과 면(冖)과 자(子)를 조합한 모양의 회의자이다. 글자의 본래 모양은 '乔'인데, 지붕에 천목(千木: 교차한 나무)이 있는 학사(學舍)의 모양이다. 후에 더해진 곡(𦥑)은 좌우의 손으로 교도(教導)한다는 의미가 있고, '𦥯'이라는 글자가 된다. 또 연소한 배우는 자(子)를 더해 학(學)이 되어 '배우다'라는 의미가 된다. 고대에는 일정한 연령에 도달한 젊은이들은 씨족의 장자들 밑에서 씨족의 전통과 생활의 규범을 배웠다. 교(教)는 효(爻)와 복(攴, 때릴 복攵)을 조합한 글자이다. 학(學)에도 옛 복

(攴)을 더한 자형(금문2)이 있었다.[8]

은주시대에는 귀족의 자제를 교육하는 연령계급적 제도가 있고, 학(學)은 교육하기 위한 집이다. 학(學)의 고문인 효(斅)의 우변은 때릴 복(攴)이다. 최근에는 학교에서 교사가 학생들을 사랑의 매로 훈육하는 것을 인권침해라고 해 금지되는 추세에 있지만, 근대 이전 수천 년 동안 학교교육은 효(斅)라는 글자가 보여주듯이 매가 따르는 것이 당연한 일이었다. 해방 전후에 활약한 마르크스주의 역사학자 백남운이 저술한 고전적인 사회경제사에서는 삼국시대에 채찍질당하는 어린 소년들의 모습을 두고 고대 노예제의 존재 증거라고 설명하고 있었지만,[9] 사실 이는 귀족의 자제를 교육시키기 위한, 오히려 귀족층의 사회화를 위한 통과의례로 보는 것이 합리적인 해석일 것이다. 학(學)에 두 손으로 교도한다고 한 것은 교(敎)가 두 손(爻)과 복(攴, 때릴 복攵)을 조합한 글자로 이루어져 연소자를 때려서 가르치는 것처럼 학(學)도 때려서 가르친다는 의미가 있었던 것으로 보인다. 유교의 경전인 『예기』「학기」(學記)에는 "教學相長"이라 해 가르치는 사람과 배우는 사람이 서로 키워준다는 의미로 읽히는데, 고대에는 이런 의미의 분화가 없고, 오직 일방적으로 때려서 가르치는 체벌식 교육만 있었던 것 같다. 공자가 말한 "學而時習之不亦說乎"가 얼마나 문명화된 이후의 세련된 교육 방식이었을지 짐작할 수 있을 것이다.

익힐 습(習, xí)

목간1 전문1

8 白川靜, 『常用字解』, 學.

9 백남운, 『朝鮮社會經濟史』, 東京: 改造社, 1933, pp. 141~42.

습(習, 11획/익히다·되풀이하다)의 본래의 글자는 깃 우(羽, yǔ)와 왈(曰, yuē)을 조합한 모양이다. 현재 하부를 백(白)의 모양으로 해 『설문해자』(4上)에 '자주 날다'라고 하고, 음부(音符)는 백(白, bái)이라고 한다. 그러나 음이 맞지 않기 때문에 '날면 날개 속의 흰 것이 보인다'라는 설도 있긴 하지만, 옛 자형을 보면 하부는 왈(曰)의 모양이다. 왈(曰)은 신에의 기도문인 축문을 넣는 그릇인 축기 재(ㅂ) 속에 축문이 들어 있는 모양이고, 그 위를 문지르는(摺) 것을 습(習)이라고 한다. 축문을 넣은 그릇을 깃으로 문지르는 것은 그 기도의 효과를 자극하는 행위이고, 그것을 되풀이하는 것이 익힐 습(習)이다. 일정한 행위를 되풀이하는(習) 것에서 반복해서 학습하는 것이 되고, 익숙해서 습관(慣習)이 된다. 그래서 습(習)은 '반복하다, 익히다, 익숙해지다, 되풀이하다'라는 의미가 된다.[10]

중국에서 최초의 스승이자 영원한 스승으로 불리는 공자는 자신의 학원의 교과 과정을 간단히 줄여서 "興於詩 立於禮 成於樂"으로 표현했다. 즉 시(詩)에서 일깨우고 예(禮)로 다듬은 다음 음악으로 완성한다는 것이 공자의 교육 이념이라고 할 수 있을 것이다. '흥어시'(興於詩)에서 흥(興)의 본래 뜻은 지령(地靈)에 제사할 때 대지에 술을 부어 지령을 불러일으키는 의례라고 한다.[11] 『주례』(周禮)에 작은 제사에는 흥무(興舞)하지 않는다고 했는데,[12] 지령에 제사하는 것은 큰 제사였던 것이다. 그렇다면 공자가 시에서부터 흥(興)한다고 말함으로써 기초교육을 지령을 일깨우는 큰 의례에 빗대어 말한 것은, 인간을 가르치는 교육의 기초로서 큰 의미가 있음을 뜻하는 것 같다. 시라는 것이 인간의 감정을 표현하는 데는 운율을 다듬고 박자를 맞추는 것이라면, 그것은 다른 자연이 움직이는 리듬과 같이 호

10 白川靜, 『常用字解』, 習.

11 白川靜, 『常用字解』, 興.

12 『周禮』「地官/舞師」: "小祭祀卽不興舞."

흡하며 흥무(興舞)할 수 있다는 것과 일맥상통한다고 생각된다. 예(禮)라는 것도 다른 사람들과의 관계를 잘 조절하는 것이며, 특히 음악은 오케스트라의 협연처럼 최상의 운율 조화를 지향한다. 예술가들의 탄생은 타고난 재능보다도 오래 반복된 학습의 결과일 것이다. "열 가구밖에 안 되는 조그만 마을에 나처럼 어진 군자는 있겠지만 나만큼 배우기를 좋아하는 사람은 없을 것이다"라고 한 공자의 말은 배우기를 좋아하는 인간의 습성을 최초로 대변하는 자부심에 가득 찬 말이라고 해도 좋을 것이다. 그러나 아무리 배우기를 좋아하는 인간이라 할지라도 생물체인 인간인 이상 결혼하고 가정을 꾸리지 않으면 안 된다. 그래서 결혼의례가 있다.

6. 결혼의례

혼인할 혼(婚, hūn)

금문1 금문2 전문1

성부가 혼(昏, hūn)인 형성자이다. 금문의 자형은 상형이다. 작(爵: 술잔)으로 술을 따르는 모양으로 결혼할 때의 의례를 표시하는 글자인 것 같다. 고대 중국에서는 혼례에 삼반삼윤(三飯三酳)이 행해졌는데. 이것은 일본에서 신랑신부가 같은 잔으로 술을 세 번씩 마시고 세 개의 잔으로 합계 아홉 번 마시는 의례에 해당한다.

『설문해자』(12下)는 혼(婚)에 대해 "처가를 말한다. 예(禮)에 신부를 맞이할 때 저녁에 한다. 부인은 음(陰)이기 때문이다. 그래서 혼(婚)이라 한다"고 설명한다. 허신이 인용한 예(禮)는 의례(儀禮)의 사혼례(士昏禮)를 말하는 것 같은데, 사혼례에 "모든 행사는 반드시 저녁과 새벽 사이에 한다"(凡

行事必用昏昕)고 한다. 이에 대해 정현(鄭玄)은 "사(士)가 결혼하는 예는 저녁을 때로 한다. 그래서 그렇게 이름 지은 것이다. 반드시 저녁(昏)으로 한 것은 양(陽)이 가서 음(陰)이 오기 때문이다"라고 당시 유행한 음양설에 기초해 설명하고 있다.[13] 이렇게 『설문해자』의 음양설에 입각한 혼(婚)의 설명은 혼(婚)의 우측 혼(昏)을 해가 지상에 떨어지는 것으로 봄으로써 더욱 오해를 증폭한 것으로 보인다. 『설문해자』(7上)는 혼(昏)을 "해가 지는 것이다. 일(日)과 저(氐)의 생략"에 의한 회의자라고 설명한다. 단주(段注)도 저(氐)의 생략형인 씨(氏)에 대해 "씨(氏)는 지(至: 이르다)이며, 인신(引伸)하면 떨어지다(下)가 된다"고 거들어 오해를 증폭하고 있다.[14] 그러나 혼(昏)은 씨(氏)와 일(日)의 회의자로 씨(氏)는 이미 설명한 씨족 공찬의 의례에서 쓰는 제육을 절단하는 칼의 모양으로 보는 것이 옳을 것이다.

어두울 혼(昏, hūn)

전문 | 갑골문 | 금문

씨(氏)가 칼이라면 일(日)은 아마도 고기(肉)의 모양으로 보는 것이 좋을 것 같다. 혼(昏)의 자형은 갑골문과 금문 사이에 단절이 있는 것으로 보이는데, 혼(昏)과 혼(婚)의 금문 자형은 일치하며, 고기와 술을 먹고 마시는 잔치를 표시하는 모양에서 일치한다.[15] 지금도 그렇지만 결혼식만큼 술과 음식이 필요한 잔치가 또 어디 있겠는가? 결혼의 혼(婚)과 관련해서 결혼한 여인을 가리키는 부(婦)의 의미를 생각해 볼 필요가 있다.

13 李伯欽, 『說文解字』, p. 1197에서 인용. 한대 음양설에 입각한 결혼론은 『白虎通德論』 卷9, 「嫁娶」에 잘 나타난다.

14 段玉裁, 『說文解字注』, p. 535.

15 白川靜, 『新訂 字統』, 昏 참조.

며느리 부(婦, fù)

갑골1	갑골2	금문1	금문2	전문1

부(婦)는 부(帚, 현재 음은 추, zhǒu)가 성부인 형성자이다. 갑골문에서는 부호(帚好: 인명)처럼 부(帚)를 부(婦)의 의미로 사용하고 있기 때문에 부(帚)의 음으로 읽고 있었다고 보는 것이 옳다. 부(帚)는 목(木)의 끄트머리를 가늘게 찢은 비(箒)의 모양을 한 것으로, 여기에 향기를 머금은 술을 뿌려 조상의 영혼을 제사지내는 묘(廟)를 정화하는 데 사용했다. 그래서 부(帚)는 후에 비(箒, zhǒu)가 된다. 부(帚)를 손에 들고 묘(廟)를 정화하는 것을 소(掃, 제除)한다고 하고, 이 일을 하는 여자를 부(婦)라 하여 '신부, 처, 여자'의 뜻으로 사용한다. 신부는 다른 집에서 시집와서 그 집의 사람이 되었기 때문에 그 집 조상의 영혼에 봉사해서 그 영혼에 동화될 필요가 있어서 주부(主婦: 일가의 주인의 처)로서 묘(廟)에 봉사할 의무가 있었다. 부(婦)는 묘(廟)를 정화하고 조상에 봉사한다는, 집에서 매우 중요한 직분을 담당한 것이다.[16]

부(婦)의 자형에는 빗자루 부(帚)가 있어서 여성은 집 안에서 청소만 하면서 남성에게 복종하는 존재로 생각하게 하는 면이 있다. 그러나 사실은 이는 좀 오해이다. 부(婦)의 자형 중에는 여성이 액체를 뿌리는 모양의 글자도 있는데, 이것은 "향기를 머금은 술을 뿌려 조상의 영혼을 제사지내는 묘(廟)를 정화하는" 것으로 해석되며, 부(婦)는 기왕의 주령시대의 다른 한자들과 달리 잔혹하지 않은 방법으로 주(酒)에 의한 비교적 우아한 정화(淨化)의 방식을 보여주는 글자이다. 그리고 부(婦)는 묘(廟)를 정화하고 조상에 봉사한다는, 집에서 매우 중요한 직분을 담당했다. 은대의 여성은 남

16 白川靜, 『常用字解』, 婦 참조.

성 못지않게 강력한 사회활동을 하기도 했다. 은대에는 다부족(多婦族)이라고 해 유력 부인집단도 있었던 것 같고, 이를 이끈 부호(婦好)나 부정(婦姘)이 3천 명 혹은 1만 명이 넘는 군사를 이끌고 출전하거나 수렵에 참가하는 사례가 있는 것을 보면,[17] 은대의 부인은 공적으로 중요한 역할을 했던 것 같다. 서주 초기에도 성왕의 비 또는 그 모친인 왕강(王姜)이 출진(出陣)한 것을 보면[18] 은에서 주 초기까지에는 남성 못지않게 강력한 여성의 사회활동을 찾아볼 수 있다. 주대(周代)의 부인(婦人)의 지위는 공적인 성격이 점차 약화하고 있는데, 그래도 금문 자료에는 부(夫)와 처(妻)의 이름을 나란히 적고 있는 명문(銘文)이 다수 있다.[19]

갑골문에 보이는 여성에 대한 이미지는 유교적이고 순종적인 여성의 이미지와는 많이 다르다. 『설문해자』(12下)에서는 부(婦)에 대해 "복종(服)이다. 여자가 빗자루를 드는 것에 따른다. 청소하는 것이다"라고 청소하는 일을 비천하게 취급하고 있는 것은 오해일 뿐만 아니라 유감스러운 해석이다. 단주(段注)는 주로 남을 섬기는 자라고 설명하면서 『대대례기』(大戴禮記) 「본명」(本命)을 인용해 "여자는 남자가 명하는 대로 따르고, 그 의리를 기르는 자이며, 남에게 엎드리고, 마음대로 하는 뜻이 없으며, 삼종(三從)의 도가 있다"고 말한다.[20] 그렇기에 사마천이 외척세가를 설정해 "역대 왕조의 흥성에는 군주 단독의 힘이 아니라 외척 일가의 도움이 있었다"[21]고 여성의 힘이 중대함을 반이나마 설파한 것은 역사가로서 탁월한 통찰력이

17 白川靜, 『甲骨文の世界』, 東京: 平凡社, 1972, pp. 149~52.

18 가이즈카 시게끼·이토 미치하루, 『중국의 역사: 선진시대』, 147쪽.

19 白川靜, 『新訂 字統』, 婦. 홍미롭게도 고부(姑婦) 간의 문제는 옛날부터 어려웠던 것 같다. 갑골문에는 부인(婦人)의 안부에 대해 점을 칠 때 시어머니의 영이 재앙을 가져온 것인지 아닌지를 묻는 예가 많다. 며느리에게 재앙을 가져오는 것은 대체로 시어머니의 영이라고 생각되고 있었던 것 같다.

20 段玉裁, 『說文解字注』, p. 1067.

21 『史記』 卷49, 「外戚世家」.

돋보이는 부분이라 하겠다.

결혼은 남자와 여자가 하는 것이지만 결혼과 관련된 글자인 혼(婚)·부(婦)·여(女)는 모두 여(女)를 요소로 하고 있다. 그것은 무엇 때문일까? 구조주의 인류학의 창시자 클로드 레비스트로스는 토테미즘에 대한 새로운 해석을 시도하면서 인간이 동식물계를 모델로 토템 분류를 만들면서도 동물과 다른 점으로 근친상간을 금기로 하는 점에 대해 다음과 같은 설명을 하고 있다. 레비스트로스는 나이지리아 남부의 요루바족의 신화를 분석하면서 결혼은 처음에는 6개 집단 간의 내혼제로 이루어졌다고 말한다. 6개 집단은 어부의 집단, 생선과 뱀과 새의 집단, 사냥꾼 집단, 네발짐승 집단, 농부 집단, 식물 집단이고 결혼은 각 집단의 남녀 사이에서 근친혼으로 오빠가 여동생과 결혼한 것인데, 인간들은 이와 같이 단조로운 '먹이'[22]에 금방 싫증이 났다는 것이다. 그래서 1조 부부의 아들은 2조 부부의 딸을 약탈했고, 같은 상황이 다른 조 사이에서도 일어났다는 것이다. 그것만으로 만족하지 못해 어부는 사냥꾼에게 사냥꾼은 농부에게 농부는 어부에게 도전해 제각기 상대편의 생산물을 자기 것으로 만들었다. 그 대가로 어부는 농산물을, 농부는 육류를, 사냥꾼은 생선을 요구하게 되는데, 이런 일이 계속 되면서 각 가족 간에 회의를 해서 다음과 같은 합의를 보게 된다. 딸은 서로 주고받을 것이고, 혼란과 무질서를 방지하는 일을 사제에게 맡기며, 결혼한 후에도 처는 자기의 '오리샤'를 받들되 자기의 '오리샤'를 자식에게는 전하지 않는다.[23]

레비스트로스가 분석한 요루바족의 신화는 인류가 최초의 근친상간적

22 요루바 말에서 결혼, 식사, 소유, 가치, 이익, 그리고 수확물 또는 승리 등은 모두 하나의 단어로 나타낸다. '결혼한다'와 '먹는다'는 말은 한 단어이며 동일한 뜻이라고 한다. 클로드 레비스트로스, 안정남 옮김, 『야생의 사고』, 한길사, 1999, 207쪽.

23 클로드 레비스트로스, 『야생의 사고』, 207~08쪽. 오리샤는 아이가 태어나 3일 후에 정해주는 그 아이가 받들어야 할 생물 혹은 물체로서 같은 오리샤를 가진 사람과는 결혼할 수 없다는 것이다.

결혼에서 약탈혼을 거쳐 안정적 결혼에 이르는 동안 여성이 차지한 중요한 역할을 말해 주는 것 같다. 여성이 씨족 간의 전쟁에서 평화로 이행할 때 윤활유가 되는 중요한 역할을 수행했다고 생각되는 것이다. 남성과 여성 간에 여성만이 후대를 낳고, 또 양육할 수 있다는 점은 아무리 강조해도 지나치지 않을 것이다. 앞서 혼(婚)을 분석하면서 음양설에 의한 무리한 설들을 살펴보았지만, 나의 중등학교 시절에 한자를 가르치던 교사로부터 들은 혼(婚)에 대한 기막힌 설명은 지금도 생생하게 기억이 난다. "여자가 씨를 받는 날"(女+氏+日=婚)이라는 것이다. 문자 그대로 딱 부러지게 너무나 잘 들어맞는 설명이어서 어린 나로서는 "그렇구나!" 하고 받아들일 수밖에 없었지만 무언가 찜찜했던 기억이 남아 있다. 나의 불쾌감은, 생각해보면 한자 해석의 부당함보다는 여성을 씨받이 동물로 취급하는 데서 왔던 것 같다. 그로부터 수십 년이 흘렀지만 그다지 긴 세월은 아니다. 우리 주변에 지식인이라는 사람들 중에는 이런 터무니없는 문자 해부에 근거한 자의적인 해석을 진리인 양 신봉하는 사람들이 많이 난무하는 것을 본다. 이 세상에 가장 귀한 것이 생명이라면 그 생명을 잉태할 수 있는 것은 오직 여성이라는 사실 하나만으로도 여성이 남성보다 오히려 우월하다는 점을 세상의 모든 남성은 인정해야 하지 않을까? 레비스트로스가 원시사회 연구에서 밝혔듯이 여성은 씨족 간 교환을 위한 매개로 쓰일 수도 있지만 남성은 그럴 기능이 없는 여성보다 모자란 존재라는 점은 충격적인 사실이다.

그런 여성들과 결혼을 하고 가족을 갖게 되면 이제 세상에 태어난 하나의 인간으로서 몫을 다하게 된다. 아이를 낳게 되면 자신도 자기를 낳아준 아버지와 같은 자리에 서게 된다. 생물학적 인간으로서의 몫은 이것으로서 다했다고 해도 좋다. 남은 것은 늙고 병들고 죽어가는 것뿐이다.

7. 병과 치유

병 질(疾, jí)

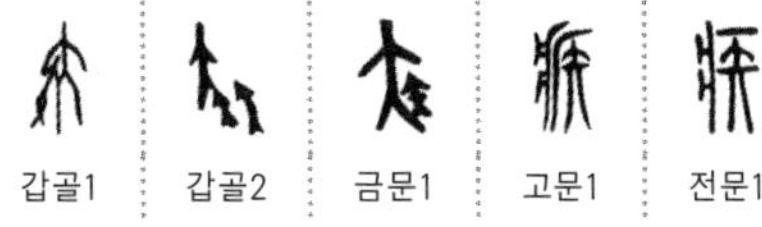

질(疾)은 대(大)와 시(矢)를 조합한 모양이다. 대(大)는 손발을 벌리고 선 사람을 정면에서 본 모양인데, 여기에 사람의 겨드랑이 밑에 화살을 받는 모양을 더해 화살로 받은 상처를 표시한 글자이다. 후에 대(大)를 녁(疒: 침상 위에 사람이 병들어 자고 있는 모양)으로 고쳐 병상에 있는 사람 모양으로 만들었다. 그래서 질(疾)은 화살의 상처라는 뜻에서 일반적인 '병'이라는 뜻이 되어 질병(疾病)이라고 한다.

병(病)은 『설문해자』(7下)에 "질(疾: 병환)이 더해지다"라고, 병이 악화되는 것을 말한다. 또 『논어』「자한」(子罕)에 "공자의 질(疾)이 병(病)하다"라고, 병의 증세가 위중한 것을 말한다. 병을 고치는 것이 의(醫)인데, 의(醫)의 자형은 다음과 같다.

의원 의(醫, yī)

의(醫)는 고칠 예(殹)와 술 유(酉)를 조합한 모양이다. 의(醫)의 옛 자형은 의(毉)로 썼다. 의(医)는 감출 혜(匸: 숨겨진 장소)에 악령을 물리치는 힘이 있는 화살 시(矢)를 놓아둔 모양이다. 예(殹)는 그 시(矢)에 몽둥이 수(殳, shū)를 더한 글자이다. 소리를 지르면서 시(矢)를 때리고, 그 시(矢)의 힘으로 악령을 쫓아내는 것이다. 모든 병은 악령의 소행으로 일어나는 것이라고 생각되었

기 때문에 이것으로 병을 고칠(殹) 수 있다고 생각한 것이다. 병을 고치는 푸닥거리를 하는 것은 무당(巫)이었기 때문에 예(殹)에 무(巫)를 더한 의(毉)가 의(医)의 옛 자형이다. 후에 술 주(酒, jiǔ)로 상처를 씻거나 주(酒)를 흥분제로 사용하기도 하면서 예(殹)의 밑에 유(酉: 술통의 모양)를 더해 의(醫)가 되었다. 의(医)는 의(醫)의 약자이다. 가장 오랜 시대에는 의(医)라는 자형이 사용되었고, 예(殹)는 화살(矢)을 때릴 때 지르는 소리를 나타내는 글자였다.

고대에는 병을 일으키는 원인이 악령의 소행으로 생각되었기 때문에 의사도 의학적인 수련을 거친 의사가 아니라 씨족의 주술사가 주술적 의례로 병을 고치는 것이었고, 그러한 과정이 의(醫)라는 한자에 잘 드러나 있다. 그런데 이런 주술적 치료가 까마득히 오랜 과거의 일이라고만 생각해서는 안 된다. 우리가 잘 아는 한글을 창제한 대표적인 계몽군주로 일컬어지는 세종시대에도 의술은 이런 주술적 치료에 의존하는 것이 특히 오히려 지방에는 주류가 아니었을까 생각될 정도이다. 세종시대에도 무당을 국가기관에 귀속시켜 놓을 정도였던 것이다.[24]

의약(醫藥)이라고 해 환자를 치유하는 과정의 또 한 부분인 약학 부분 역시 주술적인 방법을 동원한 것이었음은 약(藥)의 한자를 분석하면 드러난다.

24 『세종실록』 권44, 11년(1429) 4월 18일 계사 3번째 기사: 예조에서 계하기를, "지금 정부와 여러 조(曹)에서 함께 의논하되 각 고을 각 이(里)의 민호(民戶)를 가까이 사는 무격(巫覡)에게 나누어 맡겨, 만약 열병(熱病)을 앓고 있는 호(戶)가 있으면, 수령이 의생(醫生)과 무격(巫覡)으로 하여금 살펴서 치료하게 하되 혹시 마음을 써서 치료하지 않으면 즉시 논죄(論罪)하고, 연말에 가서 사람을 많이 살린 사람은 무당의 세금이나 부역을 감해 주기도 하며, 만약 병자가 가난해 치료할 재산이 없으면, 국고(國庫)의 미곡(米穀)으로서 서울의 활인원(活人院)의 예(例)에 따라 하루에 쌀 한 되를 주고, 세말(歲末)에 병자의 수효를 감사(監司)에게 보고해 회계(會計)의 근거가 되게 하소서" 하니, 그대로 따랐다.

약 약(藥, yào)

전문1

약(藥)은 성부가 악(樂, yuè)인 형성자이다. 악(樂)에 빛날 삭(爍, shuò)·녹일 삭(鑠, shuò)의 음이 있고, 그 음이 전화했을 것이다. 그 전화는 작(勺, sháo)이 약(約, yuē), 석(釋, shì)이 역(譯, yì)이 되는 것과 같다. 『설문해자』(1下)에 "병을 고치는 풀"이라고, 약초의 뜻으로 풀이한다. '약, 약으로 고치다'의 의미로 쓴다. 악(樂)은 자루가 달린 손방울의 모양이다. 신들린 상태가 되어 예언이나 병을 고치는 일을 하는 무녀(巫女), 즉 샤먼이 그 손방울을 흔들어 병마를 몰아내 병을 고치는 것을 요(𤺋)라 하는데, 요(療)의 옛 자형이다. 약(藥)이 성부를 악(樂)으로 하는 것은 고대에 샤먼이 병을 치료하는 일을 맡았던 흔적일 것이다.

무당이 흔드는 딸랑방울이 약(藥)의 원래 뜻이었던 것을 보면 화살의 주령으로 병을 고치는 의(醫)의 치료에 비해 보다 우아한 방법으로 보인다. 여기에서 음악(音樂)으로 예술적 발전의 길은 그다지 멀지 않았던 것으로 보인다. 치료와 관련해서 소개할 글자로 유(諭) 자가 있다.

깨우칠 유(諭, yù)

전문1

유(諭)는 성부가 유(兪, yú)인 형성자이다. 유(兪)는 손잡이가 달린 수술칼(余)인데, 환부의 농혈(膿血: 고름과 피)을 찔러서 쟁반에 옮겨 담는 모양이고, 병이나 상처가 낫는 것을 말한다. 병을 치료하듯이 사람의 잘못을 말로 깨우쳐서 고치는 것을 유(諭)라고 하고, '깨우치다, 알아듣도록 말하다, 충고하다'는 뜻이 된다. 비유해서 깨우치는 것을 비유할 유(喩, yù)라고 한다.

이렇게 주술적 의약과 치유 방법을 동원해서도 사람의 죽음을 말릴 수 없었던 것은 예나 지금이나 마찬가지여서 사람들은 우리의 아득한 조상인 수십만 년 전에 살았던 네안데르탈인 이래 죽음을 맞이하는 의례를 만들어 죽음이라는 이별의 충격을 완화해보려고 했던 것 같다.

8. 죽음의 의례

죽는 것은 슬픈 일이다. 슬프다는 뜻의 애(哀)는 죽음과 관련된 글자이다.

슬퍼할 애(哀, āi)

금문1 금문2 전문1

애(哀)는 의(衣)와 구(口)를 조합한 회의자이다. 의(衣)는 옷깃을 합쳐놓은 모양이다. 구(口)는 재(ㅂ)인데, 신(神)에게 올리는 기도문인 축사(祝詞)를 넣은 그릇의 모양이다. 사람이 죽으면 사자(死者)의 옷깃 언저리에 재(ㅂ)를 두고 기도한다. 이렇게 해서 사자를 슬퍼하고 사자의 혼을 불러오는(招魂) 의례를 애(哀)라고 하고, '슬픔, 슬퍼하다, 가여워하다'라는 의미로 쓴다.

그런데 이 애(哀)는 옷깃 언저리에 축기 재(ㅂ)를 두고 기도를 한다는 것에서 보듯이 본래 죽은 사람이 다시 한 번 돌아오기를 기도하는 의례의 의미이다. 후에 의례의 의미는 사라지고 슬픔만 남게 된 것으로 보인다. 죽은 사람을 마침내 보내야 할 때, 드디어 이 세상과 이별하게 될 때 그 사람의 옷깃을 끈으로 여미게 되는데 그 글자가 졸(卒)이다.

마칠 졸(卒, zú)

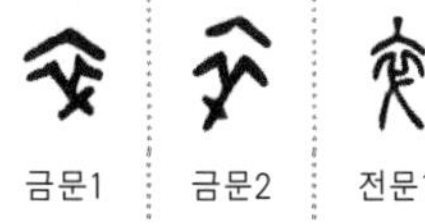
금문1 금문2 전문1

졸(卒, 8획/죽다·끝나다·마침내)은 옷깃을 거듭해서 묶어 맨 모양이다. 죽은 사람의 옷깃 언저리를 거듭 맞추어서 그 영(靈)이 사체에서 탈출하는 것을 막고, 또 사령(邪靈)이 들어오는 것을 방지한 것으로 보인다. 그래서 '죽다, 끝나다, 다하다, 마침내'라는 뜻이 된다. 숨을 거두면 서둘러 옷깃 언저리를 맞추기 때문에 졸연(卒然: 갑작스러운 것. 돌연突然)처럼 '갑자기'라는 뜻으로도 쓴다.

졸(卒)은 그래서 죽음을 뜻하는 글자이다. 죽은 사람은 먼 길을 떠난다고 생각되었기에 신발도 신기고 노잣돈도 옆에 놓게 된다. 백제 무령왕릉에서 출토된 금동신발이나 오수전 등이 좋은 예이다. 애(哀) 위에 갈 지(之=止)를 쓰면 원(袁)이 되는데 여기에 다시 착(辵, 辶)이 붙어서 원(遠)이 된다.

멀 원(遠, yuǎn)

금문1 금문2 전문1

성부가 옷길 원(袁, yuán)인 형성자이다. 원(袁)은 사자의 옷(衣)깃 언저리에 사람의 정기를 왕성하게 하는 진혼(振魂)으로서 옥(玉: ○)을 두고 그 베갯머리에 지(之: 발자국의 모양으로 '가다'라는 뜻)를 더해 사자를 사후세계로 떠나보내는 것을 표시하는 글자로 원(遠)의 본래 글자이다. 토(土)는 지(之)가 변화한 모양이다. 원(袁)에 착(辵=辶, '가다'라는 뜻)을 더한 원(遠)은 멀리 간다는 뜻을 표시하고 '멀다'는 의미가 된다.

원(遠)은 사자의 옷 밑에 옥을 두고 베개 위에 지(之)의 모양을 더해 사후세계로 영혼을 보내는 것을 뜻한다.

인생의 통과의례라고 할 관혼상제의 의례 중에서도 상례(喪禮)는 특히 엄중하게 취급되었는데, 상(喪) 자를 살펴보면 상(喪) 역시 죽음에서 비롯된 글자이다.

죽을 상(喪, sàng)

상(喪)은 곡(哭, kū)과 망(亡)을 조합한 회의자이다. 곡(哭)은 훤(吅)과 견(犬)을 조합한 모양인데, 훤(吅)은 축기 재(ㅂ)를 두 개 늘어놓은 모양이고, 견(犬)은 희생으로 바쳐진 개이다. 망(亡)은 손발을 구부린 죽은 사람의 모양이다. 장의(葬儀)에 임해 재(ㅂ)를 늘어놓고 희생의 개를 바치고 흐느끼며 애도하는 것을 상(喪)이라고 해 '죽다, 상복, 상복을 입다'는 뜻이 된다.

죽음의 의례와 관련해 애(哀)·졸(卒)·원(遠)·상(喪) 등을 살펴보았는데, 공통적으로 옷과 관련 있는 것을 알 수 있다. 애(哀)에 대해 사람이 죽으면 사자의 옷깃 언저리에 재(ㅂ)를 두고 기도하고, 사자를 슬퍼하고 사자의 혼을 불러오는 초혼의례(招魂儀禮)를 지낸다고 했는데, 그 의례는 그 사람이 살던 집의 지붕 위에 올라가 입던 옷을 흔들면서 그 사람의 이름을 부르는데, "아무개 돌아오라"(『禮記』「禮運」)고 외친다. 중국의 장례문화에서는 옷이 매우 중요하다는 것을 알 수 있는데, 졸(卒)이나 원(遠)의 경우에서 보듯이 옷깃을 잘 여미고, 또 옥기(玉器)를 배치하는 등 사령의 접근을 막기 위해 다양한 노력을 하는 것을 알 수 있다. 장례문화는 각 민족의 고유한 생활환경의 산물일 것인데, 발리섬의 장례에서는 독서가 악령의 접근을 막는다고 해서 하루 24시간을 2~3일씩 읽는다고 한다. 악령은 생자가 사망 직후의 상처받기 쉬운 기간 동안 영혼을 사로잡지만 이야기가 그를 물리친다는 것이다.[25]

중국의 장례문화에서 특징적인 것으로는 옷과 함께 옥(玉)을 들 수 있다. 옥은 금은보다 오히려 중시되기도 했는데, 옥(玉)에 사령을 막는 특별한 기능이 있다고 생각한 것 같다. 이를 보여주는 글자가 함(含)이다.

품을 함(含, hán)

전문1

함(含)은 금(今)과 구(口)를 조합한 모양이다. 금(今)은 본래 항아리 같은 그릇에 마개가 있는 뚜껑의 모양이다. 함(含)은 사람이 죽었을 때 그 사기(死氣)가 빠져나오는 것을 막기 위해 옥(玉)을 입(口)에 품게 하고 뚜껑을 하는 것으로 '품다, 품게 하다'라는 의미가 된다. 그 옥(玉)을 함옥(含玉)이라 해 사자(死者)의 부활을 기원하는 뜻에서 매미(蟬) 모양의 옥(玉)을 썼다.

고대 중국의 장례에서 옷은 그 사람의 영혼과 긴밀한 관계에 있는 것 같다. 사자의 부활을 기원하는 뜻에서 매미 모양의 옥을 썼다고 하는데, 고대인들은 허물을 벗고 날아가는 매미의 모습에서 허물을 매미의 옷으로 생각했을지도 모를 일이다. 그렇다면 허물은 매미의 전생의 집, 즉 전생의 육체가 되는 셈이어서 여기서 사자의 부활이라는 이미지를 얻었을 것이다. 어쨌든 옷이 날개라는 말도 있듯이 옷은 사람의 신체와 불가분의 관계가 있는 것도 사실이다. 현대에도 가령 군대에 가면 신병 훈련소에서 군

25 로버트 단턴, 『고양이 대학살』, 305쪽.

복으로 갈아입은 다음 입던 옷을 싸서 집으로 주소를 써서 돌려보내는데, 왠지 나의 분신을 떠나보내는 것 같은 묘한 느낌이 들었던 때가 기억난다. 집에서 아들이 입던 옷만 덩그러니 받아본 어머니의 마음은 자식이 돌아온 양 반기면서도 매우 공허하고 안타까웠을 것이다. 그 옷을 정말 신주단지처럼 중시하는 나라가 일본이다.

일본 천황의 즉위식에는 다이죠사이(大嘗祭)라는 제의가 동반된다. 대상제는 니이나메사이(新嘗祭)의 특별한 경우이다. 대상제는 말하자면 죽는 왕과 새로운 왕의 교체식인데, 이것은 달리 말하면 매년 곡물에서 새로운 싹이 생겨 추수하는 곡물의 신을 숭배하는 의식과도 비슷한 것이다. 신상제의 새로운 곡식을 맛보는 축제라는 말이 그 오래된 축제의 비밀을 암시하고 있다. 대상제의 의례는 아무도 알지 못하도록 비밀스럽게 거행된다고 하는데, 일본의 경우 11월의 중묘일(中卯日: 두 번째의 묘일卯日)에 거행된다고 한다. 이것은 9세기의 법령집인 연희식(延熙式)에 규정된 예에 따른 것이다. 이번 대상제는 2019년 11월 14일 저녁에서 15일 새벽에 걸쳐 이루어졌다. 『요미우리신문』(讀賣新聞)의 보도에 의하면 다음과 같다.

> 천황이 일대에 한 번 임하는 전통적인 황위계승의식인 다이죠사이의 중심의식인 '대상궁(大嘗宮)의 의(儀)'가 14일 저녁부터 15일 새벽에 걸쳐 고쿄(皇居)·히가시교엔(東御苑)에서 거행되었다. 1,300년 이상 계속되는 가장 중요한 즉위에 수반되는 황실제사에서 천황폐하는 신들에게 햇곡을 바치고, 오곡풍양과 국가의 안녕을 기원했다. 폐하는 히가시교엔에 건설된 대상궁(大嘗宮)에서 14일 오후 6시 40분경부터 동 9시 15분경까지 동일본의 햇곡을 바친 '유키전공찬(悠紀殿供饌)의 의(儀)'에 임했다. 의식은 비사(秘事)이기 때문에 비공개이고, 궁내청에 의하면 유키(悠紀) 재전(斎田, 수전水田)의 도치기현(栃木県)에서 수확된 햅쌀 등으로 만든 '신찬'(神饌)을 신에게 바치고 자신도 드셨다. 황후께서도 장전(帳殿)에서 배례(拝礼)하셨다. 의식에는 (9인의) 황족 외에 아베 수상 등 각계 대표 510인이 참여했

다. 폐하는 15일 오전 0시 반경부터는 서일본의 스키(主基) 재전(京都府)의 햅쌀 등을 바치는 '스키전공찬(主基殿供饌)의 의(儀)'에 임하셨다. 425인이 참여했다. 의식은 오전 3시 반까지 행해진다. 다이죠사이는 도작의 수확의 례에 근거하는 의식으로 673년의 덴무천황의 때에 일대일회의 황위계승의 식이 되었고, 무로마치에서 에도시대까지 약 220년간의 중단을 끼고 계속되어 왔다. 종교적인 색채가 강하기 때문에 헌법상의 국사행위인 '즉위의 예'와는 별개로 황실행사로 행해졌다. 정부는 "공적 성격이 있다"고 해 궁정비(국비)를 지출한다. 관련 예산은 대상궁의 건설비 등 계 24억 4,300만 엔 정도이다. 대상궁은 사방 약 90미터 부지에 목조건축 등 대소 40개 정도의 건물로 구성된다. 11월 21일~12월 8일 사이 일반에 공개한 후에 파괴된다.[26]

신문 보도에서 보듯이 햇곡의 공찬이 행해지고 있는데, 주목할 것은 새로운 레이와(令和) 천황의 즉위의례인 다이죠사이(2019년 11월)에 쓰일 쌀을 수확할 재전(齋田)을 선정하는 데에도 거북점을 통해 결정한다는 놀라운 사실이다. 즉 일본의 새 천황이 즉위하기로 발표되면서 황실행사를 주관하는 궁내청은 이미 그전 해(2018)에 오가사와라(小笠原)에서 8마리의 거북이를 확보하고, 이를 도쿄에서 6대째 거북 껍데기를 가공하는 장인에게 맡겼으며, 장인은 궁내청의 요구에 따라 거북 껍데기를 가공해 궁내청에 납품했고, 궁중제사를 담당하는 제관들은 거북 껍데기를 갖고 황궁에 마련된 재사(齋舍)에 들어가 40분간 쌀 생산지를 결정하기 위한 비밀의식을 거행했다는 것이다. 그 내용을 좀더 소개하면 대나무 젓가락으로 거북 껍데기를 조심스레 태워 달구어진 껍데기에 금이 생기면 물을 부어서 물이 가는 방향에 따라 쌀 생산지를 결정하는데, 동쪽에서는 도치기현이, 서

26 https://www.yomiuri.co.jp/kaigen/news/20191114-OYT1T50265.

쪽에서는 교토부가 꼽혔다. 구체적으로 어떻게 두 지역이 결정되었는지는 비밀이라고 한다.[27]

그런데 다이죠사이의 요점인 천황의 영의 수수는 죽은 천황이 쓰고 입던 옷과 이부자리를 새로운 천황이 쓰고 입음으로써 완수되는 것으로 보인다. 그리고 이렇게 오래된 다이죠사이 의례의 기원은 역시 은주시대의 중국까지 소급된다. 『서경』「고명」(顧命)은 주나라 3대 강왕의 즉위의례를 기록하는데, 여기에 나타나는 철의(綴衣)는 일본의 마도코오후스마(真床襲衾)에 해당하는 것으로 바로 다이죠사이에서 천황 영(靈)의 수수에 사용되는 매개체로 다이죠사이의 원형이라고 생각된다.[28]

이처럼 동아시아에서 문명은 중국에서 비롯된 것이 많고 일본인들의 다이죠사이의 원형도 중국에서 찾을 수 있지만, 더 놀라운 것은 다이죠사이뿐만 아니라 은대의 갑골점도 현대 일본에 그대로 계승되어 실존해 있는 사실일 것이다. 다이죠사이와 관련해 또 한 가지 언급할 것은 일제 강점기 때 다이죠사이는 한반도에도 실시된 적이 있었다는 사실이다. 즉 군산 지역에서 재전으로 결정된 임피(臨陂) 등의 쌀이 천황이 있는 도쿄까지 운송되었던 것이다.[29] 21세기에 갑골점을 치는 일본이 신국(神國)이라고 불리는 이유를 짐작할 만하다. 그런데 일본이 신국이라면 그 이웃인 한국도 반쯤은 신국이라고 해도 과언이 아니다. 물러난 아키히토 헤이세이 천황이 언명했듯이 제50대 일본 천황인 간무천황(桓武天皇, 782~806)의 어머니가 무령왕(501~23)의 10대손이고 만세일계를 자랑하는 일본 천황가는 그 후손들이 모두 간무천황의 후손들이기 때문이다. 무령왕은 『일본서기』(日本書紀)의 기록에 의하면 백제 동성왕의 이복동생으로서 개로왕이 보낸 왕

27 『조선일보』, 2019년 5월 15일자, 「현미경」 기사 참조.

28 시라카와 시즈카·우메하라 다케시(梅原猛), 이경덕 옮김, 『주술의 사상』, 사계절, 2008, 320쪽.

29 박영철, 『군산과 동아시아』, 민속원, 2017, 305~07쪽.

녀가 일본으로 가는 도중에 대한해협 중의 각라도(各羅島)라는 섬에서 출생해 이름도 사마(섬)라고 지었고, 일본에서 생활하다가 돌아와 백제 왕이 된 사람이다. 무령왕으로부터 150년쯤 후에는 나당연합군에 의해 백제 수도가 함락하는 사건이 발생하는데('기벌포 전투', 660), 이때 백제는 왕자 부여풍이 일본에 가서 원군 수만 명을 이끌고 와서 다시 한 번 전쟁을 벌이지만 '백촌강(지금의 동진강) 전투'(663)에서 전멸하고, 백제의 귀족들이 다수 일본으로 망명했던 것이다.[30] 동아시아의 형세에 큰 영향을 끼친 이 전쟁의 영향으로 일본은 국가체제를 재정비해 천황과 일본이라는 국호를 가진 고대국가를 건설하게 되었는데, 이 과정에서 일본은 한반도의 백제와 형제처럼 친밀한 관계를 유지하고 있었던 점이 주목된다. '백촌강 전투'의 패전 후 일본으로 망명한 백제인들은 "백제의 이름은 오늘로 끊어졌다. 이제 조상의 분묘가 있는 곳을 어떻게 갈 수 있겠는가?"[31] 하면서 고국인 백제를 떠났다고 하거니와 일본인들과 한국인들을 외형상으로 보아서는 얼핏 구별하기 어려운 것도 이처럼 백제뿐 아니라 유사 이래 한반도로부터 일본으로 건너간 수많은 도래인들이 오랜 세월을 거치면서 일본인들로 정착되었기 때문일 것이다. '백촌강 전투' 혹은 '기벌포 전투' 이후 동아시아에는 평화가 정착되어 중국의 당문화를 비롯해 한반도에는 신라가, 일본에는 나라와 교토의 고대왕국의 발전 아래 고대문화가 꽃피게 되었다.

옷을 중시하는 일본의 다이죠사이 제의는 생명의 영원한 지속을 꿈꾸었던 고대인의 관념을 지금까지도 잘 보여주는 살아 있는 신화라 해도 좋

---

30 기벌포는 현재의 금강 하구 군산 내항, 즉 군산과 장항 일대를 가리키는 말이다. 소정방(蘇定方)이 이끄는 13만 대군은 산동반도에서 덕적도를 횡단해 남하한 후 금강 하구를 통해 백제의 수도로 진격해 백제를 멸망시켰다. 나당연합군은 '백촌강 전투' 후에는 다시 상호 적대가 되어 기벌포에서 무려 22차의 전투를 벌인 끝에 당군이 퇴각해 신라가 삼국을 통일하게 된다. '기벌포 전투'의 자세한 경과에 대해서는 박영철, 『군산과 동아시아』, 72~95쪽 참조.

31 연민수 외, 『역주일본서기』 권3, 동북아역사재단, 2013, 342쪽, 덴치천황(天智天皇) 2년 9월 신해.

을 것이다. 사람의 장례에서 옷을 특히 중시하는 것은 이런 관념과 관련이 있는 것 같다. 다만 왕후장상의 장례와 서민필부의 장례는 크게 차이가 나기 마련이다. 죽어서 무덤까지 입고 가는 옷은 생전 그 사람의 권세를 옷으로 보여주는 과시용으로 쓰이기 때문이다. 누구에게 과시하는 것일까? 한대(漢代) 왕공귀족들의 무덤에서는 금루옥의(金縷玉衣)를 입은 주인공들이 발견되었다. 금루옥의는 얇게 가공한 수백 개의 옥조각을 금실로 누빈 한 벌의 귀한 옷이다. 얼마 전 우리나라에서도 전시된 금루옥의는 0.35밀리미터의 종잇장같이 얇은 2,498개의 옥조각을 총길이 88미터, 무게 1,001그램의 황금실로 누빈 것이다. 중국인에게 옥은 황금보다 더 귀한 의미를 갖는다. 주령의 영력(靈力)을 갖는다고 믿기 때문이다. 그런데 금루옥의를 입고 살았던 왕공귀족들은 행복한 삶을 살았을까? 또 누구나 이런 옷을 입었던 것도 물론 아니다. 울분의 사서(史書)라고도 일컬어지는 『사기』와 쌍벽을 이루는 정사(正史) 『한서』(漢書)는 한왕조의 영광을 기록했다고는 하지만, 여기에서도 왕공귀족의 비참한 최후가 수두룩하게 보이고 저자인 반고(班固) 자신도 불행하게 삶을 마친 것으로 알려진다.

"요람에서 무덤까지"는 제2차 세계대전 이후 영국의 노동당이 내세운 사회보장제도를 상징하는 슬로건이지만, 두 탁월한 역사가 사마천과 반고의 불행한 생애에서는 이와는 다른 의미로 국가가 드리운 어두운 그림자가 보인다. 즉 과거의 동양에서 국가야말로 개인의 일생에 커다란 영향을 끼치는 무덤 속에까지 입고 가야 할 무거운 옷과 같은 제도는 아니었던가? 빈손으로 태어나 의관을 정제하면서 살아가야 했던 것이 특히 동양문화권 사람들의 무거운 운명은 아니었던가? 의관은 국가를 상징하는 제도이지만 그것이 과연 그 사람의 행복을 보장했을까 등의 의문이 솟구친다. 국가의 의미에서부터 이 문제를 생각해보자.

제4장

고대 중국의 국가론

1. 제사와 전쟁

고대 중국의 국가는 씨족사회의 부락을 중심으로 한 주술적인 경계가 춘추전국시대에 와서 성곽도시가 되면서 영역적인 국가로 발전한다고 할 수 있는데, 국가를 뜻하는 문자인 국(國)도 서주시대의 금문에 와서 출현하기 시작한다. 문자로 본다면 자(者)에서 국(國)으로의 발전이다.

토담 자(者, zhě)

자(者)는 교차한 나뭇가지와 왈(曰)을 조합한 모양이다. 왈(曰)은 축기 재(ㅂ) 안에 축문이 담긴 모양이다. 왈(曰)의 위에 나뭇가지를 겹치고, 흙(土, 나뭇가지 사이의 점이 土를 나타낸다)을 뿌려서 토담을 만드는 모양이 자(者)여서 토담, 토루(土壘)의 뜻이 되는데, 토담 도(堵, dǔ)의 본래 글자이다. 고대의

집락은 그 출입구 외에는 토담으로 둘러싸서 밖으로부터의 습격에 대비했다. 토담 속에는 부적처럼 왈(曰)이 묻혀 있다. 그 부적에는 문자가 씌어 있는데, 그 문자를 서(書)라고 한다. 서(書)의 본래 글자는 자(者) 위에 율(聿: 붓의 모양)을 더한 모양으로, 사령(邪靈) 등을 물리치는 주술로서 적힌 신성한 문자를 서(書)라고 한다. 또 토담(성벽)으로 둘러싼 큰 읍(邑: 고을)을 서울(都)이라고 한다. 경(京)은 출입구가 아치 형태인 도(都)의 성문 모양이다. 경(京)과 도(都)를 합쳐서 경도(京都)·경사(京師: 서울)라고 하는데, 경도는 성벽으로 방어된 무장도시였다. 자형에서 왈(曰)의 윗점(丶)은 흙을 끼얹어서 왈(曰)을 묻는다는 의미를 갖고 있다. '토담, 감추다'가 자(者)의 본래 뜻인데, 후에 '여러(諸), 사람'의 뜻으로 써서 학자(學者)·사자(使者)처럼 다른 말에 붙여서 쓴다.

자(者)는 주술적 경계인 토담이고, 토담이 성벽이 되어 큰 읍(邑)이 되면 도(都)가 된다. 이쯤 되면 무장한 도시인 성읍(城邑)이 되고 국(國)으로 불리게 된다. 국(國)의 본래 글자인 혹(或)은 무장한 성읍을 의미한다. 국(國)의 자형부터 살펴보자.

나라 국(國, guó)

국(國)은 위(囗)와 혹(或)을 조합한 모양이다. 혹(或)은 위(囗)와 과(戈)의 조합이다. 즉 위(囗)는 도시를 둘러싼 성벽의 모양이므로 혹(或)은 성벽을 창(戈)으로 지키는 모양이다. 이것이 국(國)의 본래 글자이다. 혹(或)이 후에 '혹은'이라고 쓰이게 되어 혼동을 피하기 위해 혹(或)에 다시 위(囗)를 더해 국(國)으로 한 것이고 무장한 나라의 수도를 말한다.[1]

고을 읍(邑, yì)의 자형은 다음과 같다.

전문 | 갑골문 | 금문 | 금문

읍(邑)은 위(囗, 국國의 옛 글자)와 파(巴)의 회의자인데, 위(囗)는 도읍의 외곽, 성벽으로 둘러싸고 있는 모양이다. 파(巴)는 신표 절(卪=卩, jié)이 본래 모양으로 사람이 꿇어 엎드린 모양이다. 성안에 많은 사람이 있는 것을 표시하는 것으로 성읍을 의미한다. 은인들은 자신들의 왕도를 대읍상(大邑商)이라고 불렀다. 한편 읍(邑)은 국도(國都)를 가리키는 것 외에 농노나 경작자의 취락 정도를 가리키는 경우도 있다. 금문에 보이는 "후씨(侯氏), 이에 읍(邑) 299읍과 민인도비(民人都鄙)를 하사한다"는 것이 그러한 예이다.[2]

이처럼 한자의 자형에서 본래 주금(呪禁)으로 경계를 형성한 토담(者)이 성벽으로 방어된 무장도시로 발전해 국가의 원형이 된 것은 국가의 기원을 생각할 때 전쟁이 차지한 중요한 비중을 시사한다. 『설문해자』(6下)에서 읍(邑)에 대해 "(위囗와 절卪의 회의자로 보고) 국(國)이다, 위(囗, 봉역封域)에 따른다. 선왕의 제도에 존비대소가 있어 절(卪)에 따른다"고 풀이하고 단주(段注)는 공(公)·후(侯)·백(伯)·자(子)·남(男)의 각각의 봉역 방(方) 5백 리에서 방(方) 1백 리까지의 대소 봉역이 왕명에서 나오기 때문에 절(卪)에 따른다고 설명한다.[3] 읍(邑)의 본래 의미와 『설문해자』 당시의 읍(邑)에 대한 해석은 역시 차이가 나는 것 같다. 주령시대의 씨족공동체를 넘어 고대 제국을 건설한 단계에서 세속군주를 중심으로 추진된 전쟁의 역할과 성벽의 중요성을 읍(邑) 자는 보여준다. 그럼에도 불구하고 토담에서 읍으로 발전

1 白川靜, 『常用字解』, 國.

2 白川靜, 『新訂 字統』, 邑.

3 段玉裁, 『說文解字注』, p. 498, 邑.

하는 과정에서 무릎을 꿇은 인간의 자세는 변함이 없는 것으로 느껴진다. 다른 것이 있다면 전자가 신에, 후자가 세속군주에 대한 경외를 표하는 차이였다고 생각된다.

『좌전』(左傳)에 국가의 대사는 전쟁과 제사라는 말이 있지만, 이 두 가지는 인간의 생존을 지속하는 데서도 양대 축이라고 할 수 있는 요소이다. 그런데 여기서 전쟁과 제사라고 할 때 간과할 수 없는 물음이 누구의 전쟁과 제사인가라는 점이다. 씨족공동체에서 국가로 발전해가면서 인간집단이 발전하고 복잡해지면서 공동체를 구성하는 내적인 원리에도 변동이 일어날 것이라고 예상이 된다.

사마천의 『사기』를 읽다 보면 주왕이 제후국에 제육(胙)을 보냈다는 기사를 종종 마주한다. 주나라 천자가 주나라의 제사를 지내고 나서 그 제육을 진효공, 진혜문왕, 제환공, 초성왕, 월왕 구천 등에게 제육을 보냈다는 것이다.[4] 이들 제후는 주나라와 동성의 제후가 아니다. 제육은 본래 씨족 공찬의 의미가 있는 것인데, 주왕은 왜 진국에 제육을 보낸 것일까? 동성제후에게 보내는 것이었다면 별 의미가 없었을 텐데, 이성제후였기 때문에 이례적인 것으로 기록의 가치가 있었을 것이다. 제육을 보내는 것은 단순한 의미가 아니다. 제사는 자신의 조상에게 바치는 의례인데, 어째서 주의 천자는 자신과 아무 혈연도 아닌 이성제후국에 제육을 보낸 것인가?

제육의 하사는 진헌공이나 초성왕처럼 전국시대에 제후세력이 패자를 칭할 정도로 강성해지는 경우에 나타나는 현상이다. 진효공에게 제육을 분배하니 제후가 모두 축하했다고 하는 기록이 「상군열전」(商君列傳)에 보인다. 제육의 분배는 이제 씨족 공찬의 의미는 상실하고 주 왕실과 같은 수준의 문화국으로서 역량을 인정받은 의미라 생각된다. 씨족의 씨는 본래 씨족 공찬의 의미를 갖는 글자였다. 즉 씨족공동체의 제사와 제육에 관

4 『사기』의 「주본기」, 「진본기」, 「12제후연표」, 「육국연표」, 「제태공세가」, 「초세가」, 「월왕구천세가」, 「상군열전」 등 참조.

련된 글자이다. 씨(氏)의 자형은 다음과 같다.

씨 씨(**氏**, shì)

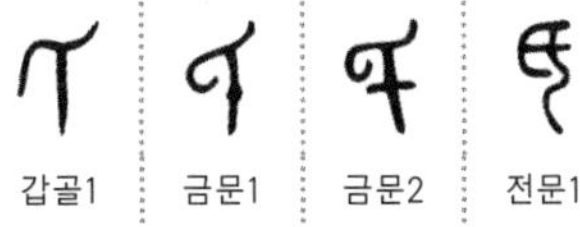

손잡이가 있는 작은 칼 모양의 상형이다. 조상의 제사 후에 행해지는 씨족 공찬(共餐: 모여서 식사하는 것)에서 이 칼로 제사에 쓴 고기를 자르기 때문에 이 칼이 씨족의 상징이 되고, 씨족 공찬에 참가하는 자를 씨(氏)라고 한다. 그래서 씨(氏)는 '씨족'의 뜻이 된다. 제례 때 왕이 난도(鸞刀: 방울이 달린 칼)로 희생의 고기를 자르는 것처럼 씨족의 제사에서는 씨족장이 그 일을 맡고 있었다. 조상의 제사와 씨족 공찬은 씨족제도를 유지하는 데 가장 중요한 의례였다.[5]

씨족 공찬이 씨족제도를 유지하는 데 가장 중요한 의례라고 할 때 다빈치가 그린 「최후의 만찬」을 문득 떠올리게 되는데, 사실 기독교의 의례에서도 가장 중요한 의례가 예수의 피와 살을 상징하는 성체를 받는 미사, 즉 성찬식(성체배령聖體拜領: Mass, Eucharist, Communion)에 참여하는 것이다. 기독교의 미사는 씨족제도 이래로 가장 오래 유지되고 있는 씨족 공찬의 형식이라 할 수 있을 것인데, 지금에 와서는 씨족이나 국경을 초월한 초세계적인 종교공동체의 의례가 되었다.

씨족 공찬제(共饌祭)의 기원은 원시시대로 농경이 시작되기 전의 구석기 시대로까지 거슬러 올라갈 수도 있는데, 토테미즘 시대의 사회제도이자 종교라는 주장이 인류학자 사이에 주장되고 있다. 즉 기독교처럼 의인화된

5 白川静, 『常用字解』, 氏.

신을 숭배하기 이전 시대에는 토템을 정기적으로 잡아먹는 일이 토테미즘의 중요한 부분인데, 그러한 의례의 목적은 종족 상호간의 물리적 동일성 및 신과의 물리적 동일성을 확인하기 위해서라는 것이고, 이때 공찬된 토템은 그들이 제물로 바친 신 그 자체였다는 것이다.[6] 요컨대 씨족 구성원들은 토템을 먹음으로써 토템과의 일체감 및 씨족원과의 일체감을 강화한다는 것이다. 이러한 씨족 공찬의 의례행위는 세계 각 민족에서 풍부하게 발견된다. 지그문트 프로이트는 「토템과 터부」에서 "기독교 성찬식은 기독교보다 훨씬 오래된 종교의 성찬을 저희들 속으로 흡수한 것임에 분명하다"는 프레이저의 말을 인용하면서 토템 향연과 기독교 성찬식은 동일한 것임을 확인하고 있다.[7]

씨족사회가 해체되고 있지만 아직도 인신공양의 관습도 남아 있기도 하던 춘추전국 시기에[8] 제육을 분배한다는 것은 물론 씨족 공찬제 그 자체라고 할 수는 없겠지만, 그 제도의 흔적을 찾아볼 수는 있을 것이다. 그것은 말하자면 기독교의 예배에서 성체배령의 의례와 같은 것으로 주왕의 입장에서 강포하게 보이는 신흥강국인 진국을 주 왕국의 제례에 참가시켜 순화하려는 의도였다고 생각된다.

은대의 씨족제도 시대에는 씨족 간 제사 음식의 공유는 단순히 육신을 지탱하는 약이 아니라 그 씨족을 수호하는 조상신의 주령의 영력이 주는 활기를 공유한다는 생각이 있었던 것으로 보인다. 이러한 생각은 관(官)자에 잘 드러난다.

---

6 이것은 윌리엄 로버트슨 스미스(William Robertson Smith)의 『셈족의 종교』(1899)를 요약해서 소개한 지그문트 프로이트, 이윤기 옮김, 「토템과 터부」, 『종교의 기원』, 열린책들, 2016, 210~11쪽에서 인용한 것이다.

7 지그문트 프로이트, 「토템과 터부」, 231~32쪽.

8 인신희생의 예로서 『좌전』 희공(僖公) 19년(기원전 641), 소공(昭公) 11년(기원전 531) 참조.

벼슬 관(官, guān)

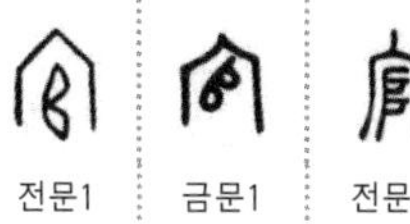

면(宀)과 퇴(𠂤)를 조합한 모양의 회의자이다. 건물의 지붕을 표시하는 면(宀)의 아래에 군대가 행동할 때 군의 수호령으로 휴대하는 신육(脤肉: 제육祭肉으로, 퇴𠂤의 모양이다)을 안치한 모양이다. 고대에는 군(軍)이 출발할 때 군사(軍社)에서 육(肉)을 바쳐 전승기원의 제사를 지내고 그 제사의 고기를 받들어 모시고 출발했다. 그 고기의 모양이 퇴(𠂤), 그리고 군이 주둔할 때는 이것을 건물에 안치했다. 그 안치한 신성한 곳을 관(官)이라 하고, 그 건물 속에서 장군들이 생활하므로 관(館)이다. 관(官)이 관(館)의 본래 글자이다. 군을 나누어 행동하게 할 때는 신육을 잘라 분배했다. 그 고기를 두 손으로 받들어 모시는 모양이 견(𠳋)이며, 이렇게 받들어 모시고(𠳋), 군을 행동하게 하는 것을 견(遣, qiǎn)이라 해 '파견하다'라는 의미가 된다. 사(師, shī)는 피막이(지혈장치)가 달려 있는 칼로 신육을 잘라내는 것으로 이 잘라내는 권한을 부여받은 사람을 사(師: 군관, 장군)라고 한다. 군의 원정이 끝나 귀환(歸還)하면 침묘(寢廟: 사당)에 보고하는데, 귀(歸)는 퇴(𠂤: 신육脤肉)와 귀환을 표시하는 지(止: 족적의 모양)와 술을 뿌려 침묘를 정결하게 하기 위한 비 추(帚, zhǒu)를 조합한 모양이다. 퇴(𠂤)를 포함한 글자는 본래는 모두 군사에 관한 글자이다.

이처럼 본래 군의 주둔지를 말하는 관(官)은 후에 관리(官吏)·관료(官僚)·사관(仕官)·퇴관(退官)처럼 '벼슬, 관직, 관장하다'라는 의미로 사용하게 되는데, 관(官)이 "군대가 행동할 때 군의 수호령으로 휴대하는 신육(脤肉)을 안치한 모양"이라는 설명은 전쟁과 제사가 혼연일체가 된 상태를 보여준다. 융(戎)과 사(祀), 즉 국가의 양대 축이라고 하는 전쟁과 제사는 관(官) 자에서 보듯이 본래 불가분의 상태였다. 고대의 씨족공동체적 국가는 전쟁을 위해 우선 신에게 보고해 허락을 받았을 것이다. 그리고 신의 혼령이 담긴 신육과 함께 출전한다. 승전한 후에는 다시 그 결과를 신전 사당에 보고한다. 이렇게 전쟁과 제사는 혼연일치되어 있었다. 사당에 보고하는 절차에 대한 글자가 귀(歸)인데, 이것은 관과 그 요소를 같이한다.

돌아갈 귀(歸, guī)

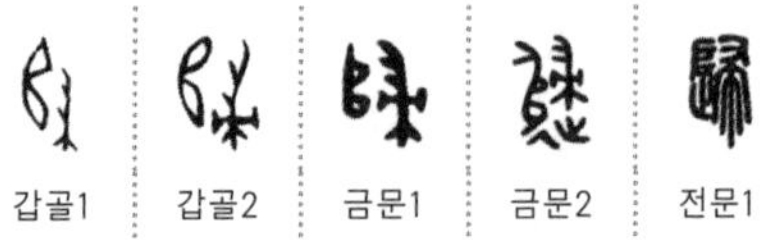

귀(歸)는 퇴(𠂤)와 지(止)와 추(帚)를 조합한 모양의 회의자이다. 퇴(𠂤)는 본래 '𠂤' 형태로 된 제육(祭肉)을 말한다. 군이 출발할 때 조상을 제사지내는 사당(廟)이나 군사(軍社)에서 고기를 바쳐 제사를 하고, 그 제육을 수호령으로 받들고 출발했다. 추(帚)는 목(木)의 끄트머리를 가늘게 찢은 비(箒)의 모양을 한 것으로, 여기에 술을 뿌려 묘(廟)를 정화하기 위해 사용한 비로서 묘(廟)를 의미했다. 옛 자형은 퇴(𠂤)와 추(帚)를 조합한 모양인데, 후에 지(止: 발자국의 모양)를 더해 돌아오다(歸)라는 의미가 되었다. 그래서 귀(歸)는 군이 개선하고 돌아오면 모시고 있던 제육을 묘(廟)에 바치고 무사히 귀환한 것을 조상의 영에게 보고하는 의례를 말한다. 귀(歸)란 본래 군이 '돌아오다'라는 의미였는데, 후에 일반적으로 '돌아오다'라는 의미가 되었다. 여자가 결혼해서 남의 집 사람이 되는 것을 귀(歸: 시집가다)라고 하는 것은 조상을 제사하는 묘(廟)에서 결혼한 것을 보고해 그 집의 사람으로서 조상에게 인정받는 의례를 했기 때문에 귀(歸)를 '시집가다'라는 의미로 사용한 것이다. 이처럼 귀(歸)는 개선장군이 돌아오거나 여성이 결혼할 때 묘(廟)에서 조상에게 보고하는 의례였다.[9]

---

9 白川靜, 『常用字解』, 歸.

그런데 제육을 분배받지 못한 공자가 노나라의 정치에서 추방당해 도(盜: 제사공동체에서 추방된 사람)로 몰려 천하를 주유방랑하게 된 것은 유명한 이야기이다.[10] 제육 분배에서 추방당한 공자를 보면 중국의 경우 이러한 씨족 공찬제는 공자 당시까지도 유행했고, 그 후에도 왕조의 제례로, 그리고 각 가문의 제사로 이어져서 지금까지 이어져 오고 있는 유구한 역사를 갖고 있다. 나라의 제사를 지낸 뒤 제사에 쓴 음식을 나누어먹고 고기를 제관들이 나누어 가지는 것을 음복수조(飮福受胙)라 하는데, 가정에서 제사를 지내고 조상에게 올린 술을 마시는 것을 음복주라 해 지금껏 그 전통이 이어져 오고 있는 것은 새삼 놀라운 일이기도 하지만, 그 본래의 형식과 의미는 조금씩 달라져 온 것 같다.

그래서 주나라 천자에 의한 이성제후에 대한 제육의 분배는 제사공동체의 확대를 의미하는 것으로 주나라의 영역을 의례적으로 확대하려는 제례적 조치로 볼 수 있지 않을까? 물론 현실적으로 그것은 무력했고, 주나라는 진에 의해 오히려 멸국의 길을 걸었지만 말이다. 전쟁과 제사는 나라의 대사라고 하듯이 전력 없는 제사는 무력하고 제사 없이 전력만으로는 역시 공동체를 유지하는 정신적인 유대가 부족하다. 주 왕조는 결국 진에 의해 그 종묘가 파괴되어(기원전 256) 왕조의 제사를 지낼 수 없는 망국의 신세가 되고 말았다. 진은 주 왕조의 종묘를 파괴한 지 한 세대 후에 천하를 통일했는데(기원전 221), 진이 주의 종묘를 파괴한 것은 주 왕조에 대한 가장 가혹한 파괴행위이다. 그러나 진시황이 천하를 순수(巡狩)하면서 세운 비문에 천하통일의 공을 조상의 공덕으로 돌리고 있는 것을 보면 진나라 역시 조상숭배를 하고 조상의 제사를 지낸 것은 분명하지만 제육의 분배에 담긴 전통적인 씨족사회를 배경으로 한 제사공동체의 의미는 크게 변질된 것처럼 보인다.

10 白川靜, 『孔子傳』.

전쟁과 제사가 국가의 대사라는 것은 고대국가의 특징을 요약한 말인데, 이것은 은의 제정일치 사회제도를 여전히 반영한 말로 보인다. 은주 혁명시기에 패망한 은대 사회를 가리켜 비방하는 말이었던 주지육림의 고사는 은 왕실이 제사를 방만하게 관리해 그 정신을 잃어버린 것을 암시하는 것으로 보인다. 그리하여 국가의 한 축이 기울어진 것이다. 그러던 순간에 주나라의 반란으로 국가의 나머지 한 축이 무너져 은은 멸망했다. 은주혁명 이후의 주 왕조가 제육을 분배하는 관행을 계속한 것은 씨족공동체의 제정일치 정신을 계승하려는 제스처로 볼 수도 있을 것이다. 진이 씨족공동체적 관행을 벗어나 법가적 법치주의의 정신으로 제국을 통일한 것은 은주 이래의 제정일치를 변혁하는 새로운 시도라 할 것이다. 「진시황본기」(秦始皇本紀)에는 황제의 법령이 제국의 산천초목의 귀신을 위압하는 모습이 넘쳐난다. 인간 중심적인 세속적인 국가라고 할 수 있다. 그러나 그 법령은 백성의 동의 없이 전제적으로 이루어진 것이었다. 한편으로는 그 법령의 정신이 유가(儒家)의 정신과 맞닿아 있는 것도 부인하기 어려울 것 같다. 공자가 사구(司寇)로서 소정묘(少正卯)를 주살했다는 전설이 생긴 것도 공자의 학설이 법가(法家)의 학설과 그렇게 멀지 않다는 것을 암시하는 것으로 보인다.

무축의 후예로서 제사 일에 대해 누구보다 잘 알았을 터인 공자가 국가의 유지에 중요한 세 가지 요소로 제사는 언급하지 않고, 병(兵)과 식(食)과 신(信)을 언명한 것도 이와 무관하지 않을 것이다. 무축의 아들로서 귀신과 죽음을 논하지 않은 것은 공자의 획기적 전환이라 할 수 있다. 또한 공자가 병(兵)과 식(食)보다도 신(信)의 윤리를 중시한 것은 공자답다고 할 수 있다. 이것은 지금에 이르기까지 동서고금을 막론하고 불후의 국가론이라고 하지 않을 수 없다. 이에 대해 이야기를 해보기로 하자.

2. 고대 중국의 국가론

전국시대는 성곽을 갖춘 영역 국가들의 생존경쟁의 시대인데, 제자백가의 국가론 중에서 가장 강력하고 선명한 국가론은 법가에서 보인다. 그 국가론은 간단히 말하면 공자가 말한 병(兵)·식(食)·신(信)을 병(兵)·식(食)·법(法)으로 대체한 것이라 할 수 있다. 우선 공자의 국가론이라 할 수 있는 병(兵)·식(食)·신(信)에 관해 논의해 보자. 이것은 공자와 제자 자공(子貢)과의 대화에서 나온 이야기이다.

> 자공이 정치란 무엇인가 여쭈었다. 선생께서 대답하셨다. 식량을 저장하고 군비를 충족하고 백성에게 신뢰받는 것이다. 자공이 다시 여쭈었다. 삼자를 도저히 동시에 갖출 수 없을 때 하나를 우선 버린다고 한다면 무엇을 버려야 되겠습니까? 선생께서 대답하셨다. 군비를 뒤로 미루어야 한다. 다시 자공이 여쭈었다. 남은 두 가지도 도저히 동시에 갖출 수 없을 때 하나를 버린다고 한다면 무엇을 버려야 되겠습니까? 선생께서 대답하셨다. 식량을 뒤로 미루어야 한다. 정치가도 먹지 않으면 죽지만 그것은 옛날부터 있었던 일이다. 백성에게 신뢰를 잃는다면 그것은 이미 정치가 아니다.[11]

"民無信不立"(백성에게 신뢰를 잃는다면 그것은 이미 정치가 아니다)에는 '불

11 『論語』「顔淵」: "子貢問政. 子曰. 足食. 足兵. 民信之矣. 子貢曰. 必不得已而去. 於斯三者何先. 曰. 去兵. 子貢曰. 必不得已而去. 於斯二者何先. 曰. 去食. 自古皆有死. 民無信不立"(자공이 정政을 묻자온대 공자 가라사대 식食을 족足하게 하며 병兵을 족足하게 하며 민民을 신信하게 함이니라. 자공이 가로되 어쩔 수 없이 꼭 버려야 할진댄 이 삼자三者에서 무엇을 먼저 버리리까? 가라사대 병兵을 버릴지니라. 자공이 가로되 어쩔 수 없이 꼭 버려야 할진댄 이 이자二者에서 무엇을 먼저 버리리까? 가라사대 식食을 버릴지니 예로부터 모두 죽음이 있거니와 민民이 신信이 없으면 서지 못하느니라). 미야자키 이치사다(宮崎市定) 해석, 박영철 옮김, 『논어』, 이산, 2001, 179쪽.

립'(不立)의 주어가 무엇인가에 따라 두 개의 해석이 대립한다. 앞에 나오는 민(民)으로 보는 것과, 문장 전체의 맥락으로 보아 숨어 있는 배경으로서 국(國)으로 보는 것이다. 국(國)으로 보는 것은 공안국 등의 고주(古注)가, 민(民)으로 보는 것은 주자 등의 신주(新注) 이래의 해석이 대개 그러하다. 이 문장은 "정치를 어떻게 해야 하는 것입니까"라고 묻는 자공과 이에 대한 스승 공자 사이의 문답이므로 마지막 문장의 주어는 정치를 하는 주체이자 객체인 국가(國)라고 보는 것이 옳다. 특히 이 문장 모두(冒頭)의 "足食足兵民信之矣"라는 식(食)·병(兵)·신(信)의 삼자를 정치의 3요소로 공자가 제시할 때, 다른 판본에서는 민신지(民信之)의 앞에 사(使) 또는 영(令)이라는 동사가 첨부되어 있다고 한다. 그렇다면 "국민으로 하여금 신뢰하게 하는 것이 중요하다"라는 뜻이 되는데, 이때 목적어가 '국민의 신뢰'가 되어서는 말이 되지 않는다. 당연히 국가 또는 군주가 되어야 할 것이다. '국민의 신뢰'라고 주장한 것은 주자(朱子)였다. 주자는 성리학자로서 완고하게 민에 신뢰가 없으면 민이 쓰러진다는 식으로 해석했지만, 주자의 제자 중에도 이러한 해석에 의문을 품은 이가 있었던 것 같다. 『주자어류』(朱子語類)에서 "'불립'의 주체가 '민'입니까 '국'입니까?"라고 어떤 제자가 묻자 이에 대한 주자의 대답은 역시 교묘했다. '민'이다, 라고 대답하면서 주자는 이어서 "'민'이 쓰러지면 국가도 쓰러진다"라고 대답하고 있다.[12]

공자는 이 점에서 래디컬하다. 단호했다. 인간공동체로서의 존립 요건으로서 국가방위보다, 굶어 죽는 것보다 신뢰를 더 중시한 것이다. 사실 그렇지 않은가? 어차피 인간은 죽는다. 잘 먹어도 죽고 못 먹어도 죽는다. 공자는 가까운 예를 들면 국민의 신뢰 없이 사는 대한민국 국회의원들의 도적 같은 삶보다는 굶어 죽는 한이 있어도 신뢰를 지키는 것이 정치에서 가장 중요하다고 말한 것이다. 그런데 오히려 이런 공자의 말씀을 도적 같은

12 『朱子語類』 卷42, 「子貢問政章」.

21세기의 대한민국 국회의원의 입에서 듣고 있으니 참으로 가소로운 일이다. 청말 개화기의 세태를 다룬 『문명소사』(文明小史)에도 '무신불립'(無信不立)의 주어는 국가라고 못을 박는 대사가 나온다.[13] 시민혁명시기에 서양의 사상가들은 로크와 홉스, 루소 등을 비롯해 계약론을 썼지만, 그 근본은 상호 동의라는 것이었다. 그리고 이것을 물질적으로 뒷받침하는 것은 사유재산이고, 이를 법으로 보장하는 것이 헌법이었다. 그 이론은 정치하게 구성되어 오늘날 서구민주주의의 토대가 되었다. 양계초(梁啓超)가 동양의 루소라고 부른 황종희(黃宗羲, 1610~95)의 방안은 어떠한가?

황종희가 말한 신뢰를 얻는 가장 좋은 방법은 천하를 천하에 내놓는 것이었다. 이것은 『명이대방록』(明夷待訪錄)에서 삼대 이전과 삼대 이후의 정치를 구분해 논하면서 한 말이다. 천하를 군주 개인의 호주머니에 넣어서 독재정치를 한 것이 잘못이라고 비판하기 위해 삼대의 정치는 천하를 천하에 품은 것이라고 한 것인데, 그렇다면 그 정치제도는 천하가 천하인을 위한 것이어야 할 것이고, 그러한 정치제도는 왕정과 귀족정, 민주정 중에서 택한다면 민주적인 것이어야 한다. 그러나 황종희는 구체적인 정치제도에 대해 언급하지는 않는다. 사실 삼대의 정치가 민주적이었다는 증거는 없다. 다만 선양(禪讓)의 전설이 그러할 뿐이다. 천하를 자기 것이라 생각하지 않았기에 자신의 아들에게 세습하지 않고, 유덕한 사람에게 물려주었기에 황종희는 이를 천하를 천하에 품은 것이라고 본 것이다. 그러나 이것으로는 부족하다. 개인이 유덕자에게 물려주는 것 자체에 제도적 장치가 없다.

이와 달리 철저한 제도적 장치를 주장한 것이 법가이다. 대표적인 것이 진의 변법을 설계하고 실천한 상앙(商鞅)이다. 상앙은 "나라를 잘 다스리

---

13 "民無信不立"("백성의 믿음이 없다면 나라가 설 수 없다"라고 했습니다). 김도대(金道臺)의 「재정론」 참조. 이보가(李寶嘉), 백승도 옮김, 『문명소사』, 을유문화사, 2014, 670~71쪽.

는 자는 백성을 교화하기를, 농경과 전쟁에 전념하면 관작(官爵)을 얻을 수 있다고 가르친다"[14]고 말한다. 또 나라를 잘 다스리는 자는 관리를 임용하는 법이 엄명해 지혜로운 인물을 임용하지 않으며, 백성이 농사와 전쟁 이외의 일을 하려고 꾸미지 않으므로 국력이 강해진다고 한다.[15] 여기서 상앙의 법치주의가 흥미로운 것은 전제적인 군주권의 하향식 명령과 상통한다는 것이고, 그것은 철저한 우민정책을 토대로 하고 있다는 점이다. 예를 들면 "농전(農戰: 농사와 전쟁)의 백성이 1천 명 있고 시(詩)와 서(書)를 배워 말 잘하고 지혜로운 사람 한 명이 있다고 하면 1천 명이 모두 농전을 게을리할 것이고, 농전의 백성이 1백 명 있고 기예를 가진 사람이 한 명 있다고 하면 1백 명이 모두 농경을 게을리할 것이다. 국가는 농전에 의해 안정되고 군주는 농전에 의해 존엄해진다. 백성이 농전을 하지 않으려는 것은 군주가 (쓸데없는) 말을 듣기 좋아해서 법률에 따라 관리를 임용하지 않기 때문이다"라는 상앙의 경고이다.[16] 이것은 법가 스스로 농경보다는 시와 서를 배워 말하고 기예를 익히는 일을 농경이나 전쟁보다 사람들이 더 좋아한다는 것을 알고 있다고 고백하는 것이 아닌가? 상앙의 주장을 요약하면, 백성이 소박하게 농사와 전쟁만을 열심히 해주길 바라고, 그 대가로 관작을 주어서 부귀를 충족해 주겠다는 것이다. 농경과 전쟁이 국가의 전부는 아니지만 그것이 국가를 유지하는 가장 중요한 요소라고 법가는 이해한 것이다. 공자가 말한 병(兵)·식(食)·신(信) 중 신(信)의 문제를 법가는 관작의 약속으로 보고 군주가 책임지고 법대로 지킬 것을 요구한 것이다.

요컨대 공자의 병(兵)·식(食)·신(信)이 법가에 와서 병(兵)·식(食)·법(法)으로 변한 것이다. 앞서 보았던 진대의 죽간에서 잘린 머리를 갖고 소송

14 石磊 譯注, 「農戰」, 『商君書』, 北京: 中華書局, 2011, p. 25.

15 石磊 譯注, 「農戰」, 『商君書』, p. 28.

16 石磊 譯注, 「農戰」, 『商君書』, pp. 28~29.

을 벌이는 진의 병사들의 모습, 그리고 그 엄밀하게 진행되고 있던 재판의 상황을 보면 진의 국가는 상앙이 주장한 이 관작을 법률대로 철저하게 시행하고 있었던 것으로 평가된다. 그런 것들이 진이 천하통일을 할 수 있던 토대가 되었을 것이다. 그러나 진의 천하는 오래가지 못했다. 그것은 진의 법치주의에 내재한 모순으로 생각된다. 가의(賈誼)의 「과진론」(過秦論)에서 지적된 것처럼 상황에 따른 공성과 수성의 차이를 이해하지 못했다는 점도 있겠지만 진의 법치주의는 위로부터의 법치주의였다는 구조적인 문제를 안고 있었다. 천하의 통일 후 농전만으로 백성을 부릴 수 있는 것은 아니며 시서(詩書)와 기예를 익히는 것이 더 중요한 인간의 본성임을 이해할 필요가 있는 것이다. 그리고 무엇보다도 위로부터의 전제적이고 일방적인 법치주의 외에 아래로부터의 법치주의, 즉 민의를 반영한 법치주의, 공자가 말한 민의 신뢰 회귀가 있어야 진의 법치 모순은 시정될 수 있을 것이다. 진 제국을 무너뜨린 기점이 된 '진승(陳勝)의 난'은 법가의 일방적인 전제적 법치주의에 의한 것으로 그것은 현대의 법치주의와 결코 동질적인 것이 아니다. 상앙과 동류의 법가인 관자(管子)에게는 법에 대해 다음과 같은 법가의 정수를 담은 말이 있다.

> 법이란 군주가 민을 하나로 묶어 아랫사람을 부리기 위한 수단이다. 사사로움이란 아랫사람이 법을 침입하고 군주를 어지럽히는 행위이다. 성군은 법을 설치해 잘 지켰기 때문에 총명하고 박학한 사람이라도 어지럽힐 수 없으며, 힘세고 부귀한 자들도 침입할 수 없고, 믿음직하고 친애하는 자도 떼어낼 수 없으며, 진괴한 기물도 유혹할 수 없고, 세상만물이 법에 맞지 않으면 움직일 수 없다. 그러므로 법은 천하의 지도(至道)이고 성군의 실용이다. 그런데 지금의 천하는 그렇지 않으니 좋은 법이 있으나 지킬 수 없기 때문이다. 그래서 총명하고 박학한 선비가 그 지혜로 법을 어지럽히고 군주를 현혹하고 힘세고 부귀한 자들이 범법하고 침릉한다. …… 성군은 그 법을 밝히고 잘 지키며, 군신은 그 군주를 잘 섬기고, 백성은 공손히

명령을 듣고 법을 따라 말하며 시키는 대로 한다. 그래서 말한다. 법을 만드는 일이 있고 법을 지키는 일이 있고 법대로 법을 당하는 일이 있다고. 법을 만드는 것은 군주요, 법을 지키는 것은 신하요, 법대로 법을 당하는 것은 백성이다. 군신과 상하 귀천이 모두 법에 따르니 이를 대치(大治)라고 한다.[17]

관자의 이 법치주의에서 주목할 점은 법을 제정하는 것은 군주라고 명백히 밝히고 있는 점이다. 20세기 초에 고대 이란의 도시 수사에서 발굴되어 세계 최고의 체계적 법전으로 유명한 바빌로니아 왕조의 「함무라비 법전」은 2미터 높이의 돌기둥에 282조의 법조문이 새겨져 있는데, 맨 위에 함무라비 왕이 정의의 신인 샤마시(Shamash)로부터 정의의 상징물을 받는 그림이 부조되어 있는 것이 선명하다. 앉아 있는 신으로부터 정의의 상징물을 받는 왕의 모습은 왕의 세속적 권위가 신으로부터 유래하는 것임을 단적으로 보여준다. 「함무라비 법전」이 원래 바빌로니아 왕조의 도시 시파르의 신전 앞에 설치되어 있었던 것도 고대법의 권위 원천이 신에게서 비롯된 것임을 암시한다. 기원전 18세기에 선포된 「함무라비 법전」은 전문과 본문과 후문의 형식으로 되어 있는데 중국법(中國法)의 형식과 비교해보면 매우 무질서한 느낌을 받는다. 그 전문의 내용에는 수많은 신들과 신들이 지배하는 도시들의 이름이 나열되어 있고, 그다음 본문에서는 1조에서 282조까지 아무 구별 없이 항목이 나열되어 있다.

한편 「함무라비 법전」과 대조적으로 중국 법전에서는 법의 원천으로서 신의 권위는 찾아보기 어렵다. 중국에서 오래전에 신판이 소멸한 것이 이를 증명하는데,[18] 앞서 옥(獄) 자의 고찰에서도 본래 두 마리의 개를 희생

17 『管子』「任法」: "有生法, 有守法, 有法於法. 夫生法者君也, 守法者臣也, 法於法者民也, 君臣上下貴賤皆從法, 此謂爲大治."

18 박영철, 「獬豸考: 中國에 있어서 神判의 向方」, 『東洋史學研究』 61, 1998 참조

으로 하는 신판을 의미하는 글자였으나 후에 재판의 결과 죄인을 구속하는 감옥의 뜻으로 변했음을 알 수 있었다.

중국의 법은 한고조가 포악하기로 유명한 진(秦)의 법률에 대해 3장으로 줄이겠다고 공언한 말에 비치듯이 여러 개의 부문으로 분류되는 것이 보통이다. 중국 법제사에서 법가의 시조로 알려진 이회(李悝, 기원전 455?~395)는 전국시대 위문후(魏文侯)를 섬겨 위국의 변법을 담당해 부국강병에 기여한 것으로 알려지며, 도(盜)·적(賊)·수(囚)·포(捕)·잡(雜)·구법(具法)으로 구성된 『법경』(法經) 6편을 편찬했는데, 대개 형벌에 관한 것이다. 『법경』의 형벌 중심의 구성은 이후 법가의 전통으로 계승된다. 이것은 후에 상앙의 '육률'(六律)과 한(漢)의 '구장률'(九章律) 및 '당률'(唐律)로 계승된다고 알려졌지만, 1975년에 발굴된 진(秦)의 지방 사법관의 묘에서 발굴된 당시 법률은 훨씬 복잡한 모습을 보여주어서 충격적이었다. 편집자들이 '진율십팔종'(秦律十八種)이라 이름 붙인 18종의 「진율」(秦律)은 전율(田律), 구원율(廏苑律), 창률(倉律), 금포율(金布律), 관시율(關市律), 공률(工律), 공인정률(工人程律), 균공률(均工律), 요율(徭律), 사공률(司空律), 군작률(軍爵律), 치리율(治吏律), 효율(效律), 전식률(傳食律), 행서율(行書律), 내사잡률(內史雜律), 위잡률(尉雜律), 속방률(屬邦律) 등 18편의 법률로 구성되어 있다.[19] 한초(漢初)의 법률로 역시 지하에서 발굴된 「이년율령」(二年律令)은 28편의 법률로 구성되어 있는데, 그 내용은 '진율십팔종'과 대동소이하다.[20] 「함무라비 법전」과 비교하면 「진율」의 내용은 철저하게 국가의 행정과 질서를 위주로 하는 내용이다. 여기에는 신의 그림자도 보이지 않고, 신의 이름으로 정의를 수호하는 왕의 권위도 보이지 않는다. 중국의 법의 성격은 "『풍

(이은봉 편저, 『신판 神明裁判』, 신서원, 2000에 재수록).

19 睡虎地秦墓竹簡整理小組, 『睡虎地秦墓竹簡』.

20 彭浩·陳偉·工藤元男 主編, 『二年律令與奏讞書: 張家山二四七號漢墓出土法律文獻釋讀』, 上海: 上海古籍出版社, 2007.

속통』(風俗通)에서 말하기를 '고요모(皐陶謨)에서 우(虞)가 율(律)을 만들었다 한다' 하고, 『서경대전』(書經大傳)에서 말하기를 '하나라 형벌은 3천, 주나라 형벌은 2천5백이라고 하는데, 이것이 율(律)의 시작'"[21]이라고 『사고전서』(四庫全書)의 편집자도 인정하듯이 형벌 중심적이며 철저히 중앙집권적 국가의 존재를 전제로 한다.

대개 근동의 법문화에서 법이 신의 이름으로 시행되는 정의의 표상이라는 떳떳한 것이라고 한다면 이에 비해 중국의 법문화에서는 법가 외에 법이 부정적으로 보이는 것은 주목할 일이다. 가령 「진율」과 함께 출토된 「어서」(語書)는 이 사법관리가 갖고 있던 법령의 구체적인 목적을 담고 있을 뿐만 아니라 당시 법령에 대한 중앙정부의 일반적인 생각을 보여주는 점에서 중요하다.

> 진시황 20년 4월 초이틀, 남군(南郡)의 군수인 등(騰)이 현(縣)·도(道)의 색부(嗇夫)에게 이르기를, 옛날 민간에는 각기 지방마다 독특한 풍속이 있고, 그 이롭게 여기는 바와 좋아하고 싫어하는 것이 서로 달라서, 백성(民)에게 이롭지 못하거나 나라에 해가 되는 것도 있었다. 이에 성왕(聖王)이 법도(法度)를 만들어, 민심을 교정하고 사악한 행위를 제거하며 나쁜 풍속을 제거하였다. 그런데 법률이 충분히 완비되지 못하여 백성이 거짓을 꾸미는 일이 많아지고 그래서 나중에는 국가의 令을 어지럽히는 자가 생겨나게 되었다. 무릇 법률령(法律令)이라는 것은 백성을 교도하고 사악한 행위를 제거하고 나쁜 풍속을 제거하여 백성으로 하여금 선량한 상태에 이르도록 하는 것이다.[22]

21 四庫全書總目 卷82, 史部政書類 2, 『唐律疏議』, 北京: 中華書局, 1965, p. 711.

22 윤재석, 『수호지진묘죽간역주』, 소명출판, 2010, 59~66쪽 참조.

「함무라비 법전」의 전문을 연상시키는 이 「어서」에는 「함무라비 법전」과는 달리 중앙정부와 지방 백성 간의 정복과 불신, 중앙법률의 선과 지방 풍속의 사악의 대립과 긴장이 보인다. 사실 「어서」의 목적도 법령을 집행할 관리들이 불법행위를 알지 못하거나 혹은 불법을 알고도 이를 묵인하거나를 모두 (군주에 대한) 대죄(大罪)로 단정하고,[23] 철저한 법령의 시행을 독찰(督察)하기 위한 것인 점을 생각하면 중국에서 법은 정치적 목적을 위한 수단이고, 그 과정에서 지방 백성인 사회 구성원의 목소리는 처음부터 많이 배제되는 입장에서 논의 제정되고 있었다고 해야 할 것이다. 「함무라비 법전」에서 말하는 정의와 백성의 복리는 별로 부각되어 이야기되고 있지 않다.

관자는 법제를 의논하게 하면 백성이 서로 사사로운 이익을 추구할 것이라고 해 법제의 토론을 원천적으로 봉쇄한다.[24] 대개 법가의 사상가들은, 한비자(韓非子)도 사(私)는 공(公)의 반대라고 정의했듯이, 사(私)에 대해 부정적인 입장이다. 그러나 공과 사는 대조적인 개념으로 쓰이지만, 사(私)는 자형상 공(公)의 반대는 아니다. 이런 데서부터 법가의 사(私)에 대한 편향성이 드러나는 것을 볼 수 있지만, 법가의 법치주의가 사(私)에 대해 극히 부정적이고 개인주의와 거리가 멀다는 것을 유념할 필요가 있다. 『사기』 「상군열전」에는 사적인 개인의 견해를 봉쇄하는 법가의 본질적 모습을 잘 보여주는 유명한 장면이 있다.

> (상앙의 말에 따라 새로운 법령이 확정되었다.)
>
> "백성은 5가 또는 10가를 단위로 조직하여(什伍) 서로 감시하고 연좌책임을 지도록 한다. 범죄자를 고발하지 않는 자는 요참에 처하고, 고발하는 자는 적을 참수한 자와 같은 상을 내리며, 범죄자를 숨긴 자는 적에 항

---

23 윤재석, 『수호지진묘죽간역주』, 66쪽.

24 『管子』 「法禁」: "法制不議, 則民不相私."

복한 자와 똑같이 처벌한다. 한 집안에 성인 남자가 2명 이상 있으면서 분가를 하지 않으면 그 세금을 두 배로 징수한다. 군공을 세운 자는 그 공에 따라 상작(上爵)을 받으며, 사사로이 싸움을 벌이는 자는 각기 그 경중에 따라 대소의 형에 처한다. 농사와 옷감짜기 등 본업에 전력하여 곡식과 비단을 많이 바치는 자는 요역을 면제하고 (허가 없이) 말업(末業: 상업·수공업 등)에 종사하거나 게을러 가난한 자는 모두 적몰하여 관노비로 삼는다. 종실이라도 군공이 없으면 귀족의 신분을 누릴 수 없다. 작(爵)의 등급을 정하여 신분의 존비를 명확히 구분하고, 각 등급에 따라 전택(田宅)의 점유 (한도를) 규정한다. 노예의 (소유), 의복의 (종류도) 각 가(家)의 지위에 따라 그 제한을 둔다. 유공자는 영예를 누리지만 무공자는 비록 부유해도 영예를 누릴 수 없다."

이 개혁안이 마련되었으나 백성이 믿고 (따르지) 않을 것을 걱정해 공포하지 않고, 먼저 도성의 시(市)의 남문 앞에 길이 3장(약 9미터)의 나무를 세워두고 백성에게 공포해 그것을 북문으로 옮기는 사람에게 10금(金)을 주겠다고 약속했다. 백성은 이상하게 여기고 감히 그것을 옮기려 하지 않았다. 그래서 다시 "능히 그것을 옮기는 사람은 50금을 주겠다"고 약속했다. 어떤 사람이 그것을 옮기자 즉시 50금을 주었다. 이것은 정부가 백성을 속이지 않겠다는 것을 밝히기 위한 (수단이었다). 그런 연후에 드디어 법령을 공포하였다(기원전 359).

법령을 백성에게 공포한 이후 1년 동안 도성에 와서 그 법령이 불편하다고 (불평하는) 백성의 수는 수천 명이나 되었고, 태자도 법을 어기는 사태가 발생하였다. 상앙은 "법령이 행해지지 않는 것은 윗사람부터 그것을 어기기 때문이다"며 태자를 처벌하려고 하였다. 그러나 태자는 장차 공(公)의 지위를 계승할 사람이라 형을 내릴 수가 없어 그의 보호역을 맡은 공자건(公子虔)에게 육형을 가하고, 그의 선생역을 맡고 있던 공손가(公孫賈)를 묵형에 처하였다. 그 다음날부터 진나라 사람들이 (모두) 법령을 준수했다. 이렇게 10년이 지나자 진나라 백성은 크게 기뻐했다. 길에 떨어진 남의 물건을 주워가는 사람도 없고, 산에는 도적이 없어졌으며, 집집마다 모두 풍족한 생활을 하였다. 또 백성은 국가의 전쟁에는 용감했지만 사사로운 싸움에는 겁을 내니 향읍의 질서가 크게 확립되었다. 처음에는 새 법령이 불편하다던 진나라 백성 중에 다시 와서 법령이 편하다고 말하는 사람들이 있었다. 그러나 상앙은 "이들은 모두 교화(敎化)를 어지럽히는 백성"(此皆亂化之民也)이라며 전부 변방으로 유배시켰다. 그 후 백성은 감히 법령에 대해 왈가왈부하지 못했다(民莫敢議令).[25]

좀 길게 인용한 「상군열전」에 보이는 법가의 법치주의는 공포와 침묵이 지배하는 것을 알 수 있을 것이다. 이 법치주의는 현대의 법치주의와는 성격이 다른 것이다. 가령 현대의 사전에서 법치주의를 찾아보면 전혀 대조적인 두 개의 정의를 발견할 수 있다.

① 법률·형벌로 국가를 다스리는 주의. 상앙(商鞅), 한비자(韓非子), 이사(李斯) 등 법가가 주장한 것으로 유가의 덕치주의와 대립한다. ②의 군주의 전제정치의 근간이 되는 사상이다.

② 군주의 전제정치를 부정하고 법률에 준거하는 정치를 주장하는 근대 시민국가의 정치원리이다.[26]

이 설명은 1991년 현재 319판(초판 1968)을 인쇄하고 있는 일본의 대표적인 한자사전인 『신자원』(新字源)에서 인용한 것이다. ①은 법가의 법치주의를 설명한 것이고, ②는 근대적인 법치주의를 설명한 것인데, ②는 ①을 부정하고 법률에 준거하는 정치를 주장하는 법치주의라는 설명을 읽어보면, 두 개의 법치주의는 같은 법률에 의거하는 것인데도 그 내용은 전혀

25 『史記』 卷68, 「商君列傳」. 이성규 편역, 『사기』, 서울대학교출판부, 1987, 114쪽 참조.
26 小川環樹 外編, 『新字源』, 東京: 角川書店, 1991, p. 569, 法治主義.

상반되는 대립적인 것임을 알 수 있다. 요컨대 법치주의의 항목 설명은 각각 동서양의 법에 대한 것으로서 전자는 전통적인 중국 법가가 개발한 법치주의이고, 후자는 서양의 전통에서 배양된 것이다. 이러한 의미에서 주의해야 하는 것이 번역 문제이다. 후술하는 'happiness'의 번역어로서 행복도 그렇지만, 'law'의 번역어로서 법(法)도 외국어를 번역할 때 숙명적으로 생기는 오역 문제를 안고 있다고 생각되는 것이다. 그것은 단순한 번역자의 어학능력 문제가 아니다. 문명 간의 차이에서 생기는 필연적인 문명론적 문제이다.[27] 이에 대해서는 후술하겠지만, 상앙의 법치주의의 정신은 현대에까지도 관철되고 있다는 것이 나의 생각이다. 그리고 이러한 나의 생각은 다름 아닌 「상군열전」을 입전한 사마천 본인의 판단에 연유한다. 잘 알다시피 상앙은 자신이 만든 법에 의해 귀족의 반격을 받아 모반죄의 누명을 쓰고 도망하다 실패하고 끝내는 저항하다 죽고 가족까지 멸족당하는 패가망신의 비극을 겪게 된다. 「상군열전」의 논찬에서 사마천은 상앙의 비극적인 최후에 동정하기보다는 자신이 읽어본 상군의 법령과 상군의 행위는 서로 닮은 점이 있다고 하면서 상군의 최후에는 그럴만한 이유가 있다고 냉정한 비평을 내린다. 이런 혹평은 아마 사마천 자신이 궁형(宮刑)을 당한 불우한 경험에서 나온 편견일지도 모른다. 그럼에도 불구하고 놀라운 점은 사마천이 개인적인 포폄을 떠나서 「상군열전」을 「중니제자열전」(仲尼弟子列傳) 다음에 당당하게 위치시켜 놓았다는 점이다. 그 이유는 「태사공자서」(太史公自序)에 의하면 "상앙이 법술(法術)을 밝혀 진효공을 패자로 만들어 후세에 그 법을 존중하게 했다"는 점이다. 즉 사마천의 개인적인 포폄에도 불구하고 법치주의에 대한 후세의 역사적인 영향이야말로 사마천으로 하여금 「상군열전」을 「사기열전」의 하나로 쓰게 하지 않을 수 없

27 이 문제에 대해서는 박영철, 「나라카(Naraka)에서 地獄으로: 불교의 번역과 중국문명」, 『歷史教育』 63, 1997; 박영철, 「嚴復의 몽테스키외 번역과 중국의 근대화」, 『歷史教育』 92, 2004 참조.

었던 것이다. 역시 「진시황본기」에도 힘 있는 자들의 세력을 꺾어 힘없는 백성을 편안하게 한다는 식으로 그 법치에 대해 긍정적 해석이 보이는데, 이러한 점에 역사가로서 사마천의 통찰력이 빛난다고 할지도 모른다. 그러나 문제는 사마천 개인의 비극적 생애가 암시하듯이, 중국에서 법치주의와 개인의 행복은 반드시 동의어가 아니라는 것이다. 법은 개인의 포폄에도 불구하고 사마천도 인정할 정도의 국가적 질서를 유지하기 위한 어떤 필요악으로서 인정할지언정 그 자체로서 고귀한 것으로서 인정되지는 않았다는 것이다. 가령 법가의 집성자인 한비자는 법을 맹수의 발톱과 이빨에 비유한다. "호랑이가 개를 위압할 수 있는 것은 발톱과 이빨을 갖고 있기 때문인데, 호랑이에게서 발톱과 이빨을 빼서 개로 하여금 사용하게 하면 호랑이가 반대로 개에게 복종하게 될 것이다. 군주가 신하를 제압할 수 있는 것은 형덕(刑德)이 있기 때문인데, 형덕을 군주에게서 빼앗아 신하에게 사용하게 하면 반대로 군주가 신하에게 제압될 것이다."[28] 한비자 특유의 알기 쉬운 논법이기는 하지만, 이러한 이야기는 인간을 동물과 같은 수준으로 격하하는 것이고, 결국 중국법의 역사에서 법의 지위를 암시해 줄 것이다.

법의 지위는 예컨대 상앙이나 그 후예인 한비자와 이사의 비극적 최후에서 잘 드러날 것이다. 이른바 법가로 알려지는 이들은 진시황이 죽기 전에 이 사람을 꼭 한 번 만나보았으면 좋겠다고 한 한비자나 그 선배인 상앙과 같은 제국의 창업을 위한 기획자이거나 제국의 유지를 위한 충실한 사냥개로 쓰였던 이사와 같은 인물이지만, 역사가 이들에게 내리는 평가는 『사기』(史記) 「혹리열전」(酷吏列傳)에 보이듯이 냉정하다. 그들이 제국보다는 제국의 군주 일가일인을 위해 복무했기 때문일 것이다. 법가의 법이 사회공동체보다 군주독재를 위한 것으로 변질됨으로써 국가의 법과 정치가 백성으로부터 소외되고 신뢰를 잃게 된 점은 비극적이다. 공자가 말한

28 『韓非子』「二柄」. 인주(人主)에도 비슷한 논법이 있다.

병(兵)·식(食)·신(信)에서 가장 중요한 신(信)을 법(法)으로 바꾼 법가는 성공적으로 제국을 건설하기는 했지만, 백성의 마음을 얻는 데 과연 성공한 것이라 할 수 있을지 공자에게 물어본다면 그 대답은 아마도 부정적일 것이다.

『예기』「애공문」(哀公問)에서 공자는 정치의 본질을 묻는 애공에 대해 정치는 본질적으로 사람을 사랑하는 것(愛人)이고, 애인(愛人)을 하는 방법으로 가장 중요한 것은 예이며, 예의 가장 중요한 것은 경(敬)이고, 경(敬)의 가장 중요한 것은 혼인(大婚)이라고 말한다. 따라서 혼례에서 면류관과 곤룡포를 입고 직접 신부를 맞이하라고 말하는데, 그것이 애와 경을 갖추는 것이고 정치의 본질이기 때문이라는 것이다. 애공이 그것은 너무 지나친 것이 아니냐고 묻자, 공자는 혼인은 선왕의 뒤를 잇고 종묘사직을 위한 일이며, 천지가 만나지 않으면 만물이 생기지 않는 것처럼 혼인은 만대를 잇는 일이니 결코 지나친 일이 아니라고 반박한다. 더불어 삼대의 선왕들이 모두 처를 공경했다고 하면서 처는 부친의 안주인이니 공경하지 않을 수 없고 아들은 부친의 후손이니 공경하지 않을 수 없다고 말한다.

그런데 군자가 가장 공경하는 것은 몸인데, 몸은 부모의 가지이기 때문이다. 부모의 가지인 자신의 몸을 공경하지 않는 것은 부모를 손상하는 일이고, 부모를 손상하는 것은 본체를 손상하는 것이며, 본체를 다치면 가지도 따라서 망한다. 이 삼자는 백성에게 대해 말할 수 있는 형상이기도 하다. 그래서 내 몸으로써 다른 사람의 몸에 미치며, 내 아들로써 다른 사람의 아들에게 미치며, 내 처로써 다른 사람의 처에게 미칠 수 있다. 군주가 이 삼자를 행하면 천하에 그 기운이 가득할 것이고 국가가 순탄할 것이다.[29]

---

29 『禮記』「哀公問」: "合二姓之好, 以繼先聖之後, 以爲天地宗廟社稷之主, 君何謂已重乎? … 天地不合, 萬物不生. 大昏, 萬世之嗣也, 君何謂已重焉!… 昔三代明王之政, 必敬其妻子也, 有道. 妻也者, 親之主也, 敢不敬與?子也者, 親之後也, 敢不敬與?君子無不敬也, 敬身爲大. 身也者, 親之枝也, 敢不

부모의 가지로서 자신의 몸과 자신의 짝인 처와 처와의 결혼으로 생겨날 또 하나의 가지인 자(子), 이 삼자로 구성된 인간관계의 합당한 확산으로 이상적인 천하국가가 유지될 수 있다는 『예기』의 논의는 기독교의 삼위일체를 방불케 하는 면도 있어서 흥미로운데, 『논어』에는 이런 말이 없고, 공자가 애공과 이런 대화를 나누었는지는 의심스럽다. 『논어』에 애공과 공자 또는 그 제자와의 대화가 몇 차례 나오지만 단편적이며 이렇게 깊은 논의는 보이지 않는다. 아마 이것은 후대의 윤색이라고 생각된다. 『논어』에 나오는 공자의 "법령과 형벌로 통치하면 피지배자는 운이 없어 나만 걸렸다 생각할 것이지만, 덕과 예로 통치하면 수치를 알고 스스로 바로잡는다"[30]라는 말은 법가의 법치주의의 강제성의 한계를 설파한 말로 지금까지도 영향을 주고 있는 말이지만, 「애공문」의 이 대화는 법가나 묵가 계열의 사상도 절충되어 있는 것 같고 중국 고대국가론의 절충적 종합론으로 볼 수 있을 것이다.[31]

어쨌든 성부와 성자와 성령이 아니라 부와 모와 자의 셋으로 구성된 가족이 사회의 가장 우선이고 부부, 부자, 군신의 예 중에서도 가장 근본에 있는 것이 부부의 관계라는 것에 있다고 역설한 「애공문」의 논리는 공자가 제경공에게 말한, 정치의 본질로서 "君君臣臣父父子子"라고 대답한 것과 약간 색깔을 달리한다고 할 수 있다. 무엇보다 "君君臣臣父父子子"에는 부부가 결여되어 있다. 그리고 앞서 부(婦)를 논할 때 『설문해자』가 인용한

敬與?不能敬其身, 是傷其親; 傷其親, 是傷其本; 傷其本, 枝從而亡. 三者, 百姓之象也.身以及身, 子以及子, 妃以及妃, 君行此三者, 則愾乎天下矣, 大王之道也, 如此, 國家順矣."

30 『論語』「爲政」: "道之以政齊之以刑, 民免而無恥, 道之以德, 齊之以禮, 有恥且格."

31 앞서 말한 노노(老老)도 법가로 분류되는 『관자』(管子)의 「입국」(入國)에도 보인다: "所謂老老者, 凡國都皆有掌老, 七十已上, 一子無征, 三月有饋肉, 八十已上, 二子無征, 月有饋肉, 九十已上, 盡家無征, 日有酒肉, 死, 上共棺槨, 勸子弟精膳食, 問所欲, 求所嗜, 此之謂老老." 또한 『예기』 대동사상에도 보인다.

『대대례기』(大戴禮記)의 복종적인 부(婦)에 대한 해설과도 다른 것이다. 한 제국의 정착화에 따라서 『설문해자』가 표방하는 바와 같이 여성의 종속적인 경향도 강화되고, 자의 부에 대한 종속적인 경향도 강화되면서 「애공문」이 말하는 공경을 존중하는 '이급'(以及)의 정치도 쇠퇴해 간 것으로 보인다.

'이급'(以及)의 정치 쇠퇴와 관련해 국가와 같은 공적인 기구와 관련된 관(官), 공(公), 법(法) 등의 문자를 논의해 보자. 이 글자들은 공통적으로 국가의 권력과 관계있다. 관(官)은 앞서 말했지만, 제육의 분배를 말하는 글자이다. 제육의 분배에서 파생되어 관리나 관직, 관공서 등의 말이 생겨났다. 공(公)이란 어떠한가? 관공서처럼 관과 곧잘 결합해 쓰이는 공(公)은 본래 궁정 안의 의례를 행하는 식장의 평면 모양이다.

공변될 공(公, gōng)

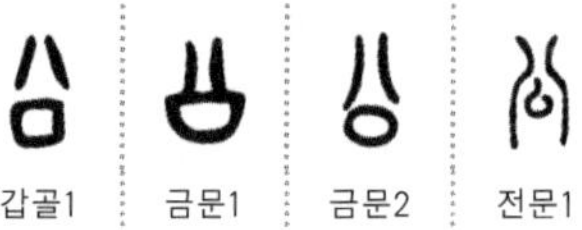

『한비자』(韓非子) 「오두」(五蠹)에 "사(厶=私)에 반하는 것, 이것을 공(公)이다"라고 하고, 『설문해자』도 이에 따르고 있지만, 옛 자형에는 사(厶)의 모양은 포함되어 있지 않다. 옛 자형에서는 광장을 나타내는 에워쌀 위(囗, wéi) 모양의 상부에 좌우의 담을 두 개의 직선으로 표시하고 있다. 공(公)의 본래 의미는 궁정이나 조상을 제사지내는 묘(廟) 앞에서 제사의례나 소송을 행하는 장소였고, 그런 일을 공사(公事)·공무(公務)라 부르게 된다. 여기서 공(公)은 '궁정, 조묘(祖廟), 군주, 제후' 등의 의미가 되고, 또 '공공'(公共)의 의미가 된다. 나아가 지배하는 자의 사고방식을 공평(公平)·공정(公正)한 것이라 한다.[32]

『설문해자』(2上)에는 공(公)에 대해 짧지만 중요한 정보가 들어 있어서 여기에 인용해 보자. "공(公)은 공평하게 분배하는 것이다(平分). 팔(八)과 사사사(厶, sī)의 회의자이다. 팔(八)은 등지다는 뜻이다. 한비자가 말하기를, '背厶爲公'이라고 했다."[33] 『설문해자』의 설명은 본래 상형자인 공(公)을 두 글자의 회의자로 오독한 것이라고 할 수 있지만, 어쨌든 공(公)에 대한 당대인의 가치관, 즉 평분(平分), 균분(均分)에 대한 인식을 보여주는 점에서 중요하다. 그리고 이런 가치의 실행이 공정(公庭)이나 관(官)과 같은 지배계층에 속한 것이라는 점에서, 한자의 공(公)은 권위 지향적이면서 도덕적인 가치를 갖고, 공의 도덕적 성격은 사(私)의 비도덕적 성격과 대조되어 부각된다. 사(私)에 대해 살펴보자.

사사로울 사(私, sī)

전문1

사(私)는 화(禾: 곡물)와 사(厶)의 회의자이고, 사(厶)는 쟁기(耜)의 모양이다. 쟁기를 사용해 경작하는 사람을 사(私)라고 한다. 사(私)는 사속(私屬)의 경작자, 예농(隸農)을 말하고, '나'라는 뜻이 된다. 『한비자』「오두」에 "사(厶=私)에 반하는 것, 이것을 공(公)이라 한다"라고 공사(公私)를 서로 대립하는 말이라고 하는데, 공(公)은 궁정에서 의례를 행하는 식장의 평면 모양이다. 다만 그 신분관계에서 말하면 공(公)은 영주, 사인(私人)은 여기에 종속하는 자이고, 지배·피지배의 관계에서 공사(公私)라고 한다.[34]

한비자가 역설한 공(公)의 반대라고 규정한 사(私)의 부정적 가치는 법률

32 白川靜, 『常用字解』, 公.

33 段玉裁, 『說文解字注』, p. 86.

34 白川靜, 『常用字解』, 私.

적으로도 공적인 과정에서 벌어진 실수로 인한 공죄(公罪)보다 개인의 사특한 마음으로 벌어진 사죄(私罪)는 무겁게 처벌되는 등 부정적으로 간주되어 왔다. 한편 오랜 역사를 가진 중국사에서는 사(私)의 가치도 긍정적으로 인정되어 논의되어 온 역사도 있다. 특히 명대 후기에는 사(私)를 인정하면서 '정분'(定分)의 틀을 넘지 않는 한에서 어느 정도 상하의 균분을 인정하는 여곤(呂坤, 1536~1618)의 공사론(公私論)이나, 공(公)은 사(私)의 집합에서 연유한 것이라는 고염무(顧炎武, 1613~82)의 주장, 그리고 전통적으로 공(公)의 대표로 간주된 군주의 권력은 오히려 군주 개인의 대사(大私)에 불과하다고 비판하는 황종희(黃宗羲) 등의 논의들이 주목된다. 그러나 명말에 나타난 새로운 공사론을 포함하더라도 중국의 공사론은 원리적인 것이 아니라 고염무가 말하듯이 집합적인 특징을 갖는다.[35] 양계초가 20세기 초 중국 사회에 대해 쟁반에 담긴 모래(一盤散沙)와 같다고 비유한 것도 이와 같은 공사론의 향방을 말해 주는 것이라 할 것이다.[36]

중국의 공사론(公私論)에서 공(公)이 원래 궁정을 의미하듯이 군주나 군주 주변의 관리를 의미하는 것이면서 한편 공평한 분배라는 이념도 포함한 것인 반면, 개인 간의 사적인 관계가 계약이나 법적인 차원으로 확대된 관계로서의 공공이 약하다는 것이 그 특징이라 할 수 있을 것이다. 한편 일본의 공사론을 보면 공(公)은 오오야케(大宅)로 읽고 사(私)는 와타쿠시(私)라고 읽는 데서 알 수 있듯이 일본의 공(오오야케)과 사의 영역은 명확히 구분되며, 중국의 공사처럼 공과 사가 도덕적인 관계에 놓이지는 않는다.[37]

중국이나 일본의 공사론을 기반으로 한 동양에서 '공공'(公共)의 개념은

35 溝口雄三, 『中國の公と私』, 東京: 硏文出版, 1995, pp. 42~89.

36 梁啓超, 「十種德性相反相成義」, 『梁啓超選集』, 上海: 上海人民出版社, 1984(1901), p. 157.

37 溝口雄三, 「公私」, 『歷史學事典 6』, 東京: 弘文堂, 1998.

서양의 'public'과는 역시 대조적인 개념으로 보아야 할 것이다. 'public'은 라틴어의 'publicus', 영어의 'people'에 해당하는 말에서 왔다고 한다. 그래서 'public' 우리가 그 번역어로 쓰는 공공이라는 개념은 옥스퍼드 영어사전의 정의에 의하면 "전체로서의 인민(people)에 관련된, 공동체(community)나 국가(nation)에 관한"이라는 뜻이다. 참고로 서구 르네상스 시기의 대표적인 인문학자 에라스무스는 군주의 통치권 문제를 제기했는데, 그것은 자유민이라는 평등한 시민 간의 통치에서 지배권한의 설정이라는 문제에 관한 것이었다. 에라스무스는 자유민에 의한 자유민의 통치라는 플라톤과 아리스토텔레스의 고전적 통치론의 요체를 계승해 통치 문제는 자유민 동배 간의 문제이므로 자연히 동의라는 과정이 제기된다는 것을 주장하면서 동의에 의한 자유민의 지배는 신성함의 차원에까지 제고되며, 인간은 자연과 법에 의해 두 번 자유롭다고 말한다.[38] 이에 비해 중국의 왕법주의(王法主義)라는 오랜 전통이 있는 전제군주제에서 황종희 등의 집합적 공사론은 제기되는 것조차 매우 새로운 획기적인 공사론이라고 평가해야 할지 모른다.

그러나 공(公)의 자형에서 한비자와 같이 철저한 왕법주의적 법가를 인용하며 도덕적 평분(平分)을 주장하는 공사론이 제시되는 데서 근대적인 공공성과의 갈등은 근본적으로 배태되어 있는 것으로 보인다. 마찬가지로 사(私)의 자형 설명에서 제시한 바와 같이 공(公)이 지배하는 자의 사고방식으로서 공평하고 공정한 것이고, 사(私)가 경작하는 예농으로서 이와 반대되는 부정한 존재라고 한다면, 피지배자는 이중적으로 억울한 대우를 받는 셈이다. 경제적인 약자가 이데올로기적으로도 사악한 자로서 피해를 당하는 것이다. 레비스트로스는 문자의 원초적 기능이 다른 인간들을 쉽게 예속화하는 것이라고 말한다. 즉 문자의 출현은 도시나 제국의 형성에

38 Desiderius Erasmus, *The Education of a Christian Prince*, Cambridge: Cambridge University Press, 1997, p. 38.

수반되는 현상이며 문자는 인간에 대한 약탈, 즉 지배체계의 확립을 위해 인간의 약탈을 용이하게 하는 수단이라는 것이다.[39] 예를 들면 특히 현대 형사소송과 관련된 한자 용어와 관련해서는 극소수의 자격증을 부여받은 법조인 외에는 그 뜻을 알 수 없는 경우가 부지기수이다. 심지어 대법관조차도 모르는 법률용어들이 즐비한 것을 보면 고대의 무지한 민중이 문자를 아는 지배층 앞에서 얼마나 좌절감을 느꼈을지 상상하기도 쉽지 않을 정도이다. 동서고금을 막론하고 교육은 문자를 배우는 데서부터 출발하며, 문자를 아느냐 모르느냐에 따라서 지배계층과 피지배계층으로 나뉜다고 해도 과언이 아닐 것이다.

도가학파는 문자의 출현이 이런 부정한 세상을 만들어내는 것을 막기 위해 오히려 문명을 과거로 돌이키려고 한 사람들이다. 장자(莊子)는 무위자연을 주장하며 자연 그대로 살기를 주장했는데, 노자(老子)는 그래도 좀더 적극적으로 국가를 만들더라도 작고 적은 나라를 주장했다. 『노자』 80장의 유명한 소국과민(小國寡民)이 그것이다.

> 나라의 크기를 작게 하고 백성의 수를 적게 하라(小國寡民)
> 온갖 생활의 그릇이 있어도 쓰지 않게 하라(使有什佰之器而不用)
> 백성으로 하여금 죽음을 중히 여기게 하여 멀리 이사 다니지 않게 하라(使民重死而不遠徙)
> 배와 수레가 있더라도 탈 일이 없게 하라(雖有舟輿, 無所乘之)
> 갑옷과 병기가 있더라도 펼칠 일이 없게 하라(雖有甲兵, 無所陳之)
> 백성으로 하여금 다시 끈을 매듭지어 쓰게 하라(使民復結繩而用之)
> 지금의 음식이 달고, 지금의 옷이 아름답고, 지금의 사는 집이 편안하고, 지금의 사는 삶이 즐겁게 하라(甘其食, 美其服, 安其居, 樂其俗)
> 그리하면 이웃하는 나라들이 서로 바라다보여 닭소리와 개소리가 서로

39 클로드 레비스트로스, 박옥줄 옮김, 『슬픈 열대』, 한길사, 2001, 546~47쪽.

들리도록 가까워도 백성이 늙어 죽을 때까지 서로 왕래하지 아니할 것이다(隣國相望, 鷄犬之聲相聞, 民至老死, 不相往來)

노자의 국가론은 반문명론이다. 그리고 소국과민과 지족의 정치는 『도덕경』 65장이 암시하듯이 우민정치로 귀결될 수도 있다는 우려를 낳는다. 그리고 그렇게 문자도 없이 자급자족해 사는 소박한 세상에서 "맛있는 음식을 먹고, 아름다운 옷을 입고, 편안한 집에 살고, 즐거운 삶을 누릴" 수가 있는지 의문이다. 모두가 소국과민의 자급자족적 공동체만으로 외부세계와 교류 없이 닫혀서 산다면 그것도 가능할지 모르지만, 인간은 창힐의 문자 발명 이래 곡식이 비처럼 뿌리는 문명의 축복을 받으며 살아오기 시작한 이상 과거로 되돌아가기는 불가능한 것이 아닌가?

도가(道家)의 정치는 철저하게 소국과민의 유토피아를 주장하지만 결국은 우민화를 조장하는 결과가 된다. 한대의 도가적 통치론의 집합이라 할 『회남자』(淮南子) 「주술훈」(主術訓)은 군주의 통치론으로서 '무위의 도'를 최상의 통치방법으로 제시한다. 무위의 실태는 무엇인가 하면, 천자는 모든 것을 알면서도 직접 말하거나 행동해서는 안 된다는 것이다. 뿐만 아니라 망령된 것을 보고 듣지 못하도록 천자의 눈과 귀를 면류관과 주광(黈纊: 귀를 막는 누런 솜)으로 막는다고 한다. "눈은 망령된 것을 보면 음란해지고, 귀는 망령된 것을 들으면 현혹되며, 입은 망령된 것을 말하면 문란해진다"(「주술훈」)고 하지만, 이렇게 부정적으로 생각한다면 사람이 존재할 필요부터 진지하게 생각해 보아야 할 것이다. 모든 존재는 곧 무로 돌아갈 것이기 때문이다. 무엇이 망령된 것인지를 알아보기 위해서라도 보고 듣고 사람들과 말할 필요가 있을 터이다.

도가의 이러한 극단적인 무위정치는 법가의 극단적인 전제정치와 외면상 대조적이지만, 백성을 우민으로 한다는 점에서는 공통점이 있었다. 유가만이 학문을 사랑한 최초의 스승인 공자답게 배움을 민간에 개방했으나, 공자도 "백성으로부터 정치에 대한 신뢰를 쟁취할 수는 있지만 정치의 내용을 알게 하기란 어렵다"[40]라는 말처럼 민중에게 민주적인 신뢰를 보낸 것은 아니었던 것 같다. 예를 들면 맹자의 방벌혁명론(放伐革命論) 같은 주장은 공자로서는 아마 허용하기 어려웠을 것이다. 또한 덕이 없는 군주라면 군주가 아니라 일부(一夫)에 불과하다 하고, 혁명을 용인한 맹자도 민주주의를 용인한 것은 아니었다. 맹자는 제선왕(齊宣王)에게 이익이 아니라 인정(仁政)을 베풀기를 열변하고, 그 방안에 대해 '여민동락'(與民同樂)을 제시했지만, 왕에게 재물과 여색을 백성과 같이 즐기라고 한 주장은 그다지 실제적인 내용을 가진 것이 아니었다. 그것은 동시대 유라시아 대륙 서단의 그리스의 철인 플라톤이, 이상국가론에서 국가를 다스리는 수호자 계급의 부패를 우려해 누구도 어떤 사유재산을 가져서는 안 된다고[41] 주장한 것처럼이나 공허하게 들린다.

앞에서 공(公)이란 관(官)과 같이 위로부터 주어지는 가치관이라는 관념이고, 사회 구성원이 공유하는 'public'의 개념과는 다르다고 말했는데, 이러한 개념을 가장 잘 표현한 것은 장자의 철학일 것이다. "광대한 토지를 갖는다는 것은 광대한 토지 인민[大物]을 지배한다는 것이다. 광대한 토지 인민을 지배하는 자는 일반적인 물(物)로 규정할 수 없다. 그것은 일종의 물(物)이면서도 단순한 물(物)을 초월하는 존재이다. 그러므로 만물을 만물로서 지배할 수 있다. 만물을 만물로서 지배하는 것이 만물과는 다른 차원, 만물을 초월한 차원에 선다는 것임을 자각한다면(明乎物物者之非物也), 천하의 백성을 다스리는 데 멈출 뿐만 아니라 천지사방을 자유로이 왕래할 것이다."[42] "물고기는 연못을 떠나면 안 되고 나라의 이기(利器)는 남에게 보이면 안 된다."[43] "띠쇠를 훔치는 자는 죽임을 당하고 나라를 훔

40 『論語』「泰伯」: "民可使由之. 不可使知之."

41 플라톤, 박종현 역주, 『국가』, 서광사, 2016, 251~52(416a-417b), 346~47쪽(464a-464e).

42 福永光司, 『莊子外篇』, 東京: 朝日新聞社, 1966, p. 129 참조.

치는 자는 제후가 되니, 제후의 가문에는 인의가 보존된다."[44] 등등이 그것인데 특히 최후의 구절은 사마천도 「유협열전」(遊俠列傳)에서 이 구절을 인용하며 동의를 표시한 바 있는 것을 보면 국가에 대해 지식인들이 갖고 있던 국가라는 공공물에 대한 유(儒), 법(法), 도가(道家)에 공통한 중국 특유의 사유적인 관념을 발견할 수 있을 것이다. 장자는 나아가 이런 대도들이 천하를 장악하고 있는 것은 성인들이 인의도덕을 모아놓은 때문이니, 성인이 죽지 않으면 대도가 사라지지 않는다고 문명부정을 외치고 있다. 특히 주목되는 것이 복희씨와 신농씨 같은 시대의 회상인데, 당시에는 문자도 몰랐던 소국과민의 이상적인 시대였다는 것이다. 그러나 지혜가 발달하면서 세상이 혼란에 빠졌다고 비판한다. "저 순박한 백성을 버리고 경박한 인간을 반기며, 저 담박 무욕한 태도를 버리고 수다스런 말뜻을 기뻐한다. 수다야말로 이미 세상을 혼란하게 만들어놓았다."[45] 그러나 생각해보면 유가(儒家)와 묵가(墨家) 등 전국시대의 제가 등을 비판하면서 인류의 지혜와 기술을 부정하면서 소박한 원시로의 삶을 강조한 장자였지만, 역사의 진행은 돌이킬 수 없는 것이고, 어떤 의미에서 가장 수다를 잘 떤 사람이 장자 자신이라는 것도 아이러니한 일이다. 도척의 입을 빌려 '성용의지인'(聖勇義知仁)의 오덕을 갖추지 않고, 대도(大盜)가 된 자는 천하에 없다고 통렬하게 유가를 비판하며, 성인(聖人)이 죽지 않으면 대도는 사라지지 않는다고 외친 장자이지만, 문명에는 빛과 그림자가 있게 마련이라면 그림자를 없애기 위해 빛까지 없애버릴 수는 없을 것이다. 공자가 이런 도가의 무리들과 같은 길을 갈 수 없다고 절연한 것도 그 때문이었을 것이다.

43 안동림 역주, 「胠篋」, 『莊子』, 현암사, 2010, 273쪽.

44 안동림 역주, 「胠篋」, 『莊子』, 272쪽: "竊鉤者誅, 竊國者爲諸侯, 諸侯之門, 仁義存焉."

45 안동림 역주, 「胠篋」, 『莊子』, 278쪽.

병(兵)·식(食)·신(信)의 국가론과 관련해 구체적인 정치론이라 한다면 공자는 "법령과 형벌로 통치하면 피지배자는 운이 없어 나만 걸렸다 생각할 것이지만, 덕과 예로 통치하면 수치를 알고 스스로 바로잡는다"(道之以政齊之以刑, 民免而無恥, 道之以德, 齊之以禮, 有恥且格)의 덕치(德治)와 예치(禮治)를 내세웠고, 개인의 실천적 윤리방침으로는 안회(顔回)에게 말한 "극기복례"(克己復禮)나 "己所不欲勿施於人"(자신이 하고 싶지 않은 일은 남에게 시키지 않는다) 정도의 황금률 같은 조항을 말했을 뿐 상세한 플랜은 제시하지 않았다. 공자가 뜻한 신뢰의 방법은 결코 법가적 방법이 아니었을 것이다. 그러나 공화국적 길을 제시한 것도 아니었다. 가장 효율적인 국가경영의 길을 제시한 것은 법가(法家)들이었다. 맹자가 양혜왕(梁惠王)에게 등용되지 못하고 상앙이 진효공에게 등용되어 변법이 실시된 것은 그만큼 법가의 정책이 국가를 위해 실효성이 있었던 것을 말해준다.

상앙변법은 변방의 진을 속성으로 강력한 강국으로 만들어내는 방법으로 채택된 것이었다. 처음 상앙은 백성이 법령을 믿지 않을까 우려해서 도성의 남문 앞에 나무를 세워두고 막대한 액수의 현상금을 걸어놓기까지 했지만, 이는 진정한 민의를 바탕으로 한 것이 아니고 침묵과 공포의 법치주의를 향한 수단에 불과했음은 이미 밝힌 대로이다. 상앙과 같은 법가는 법과 백성을 군주나 그 군주의 소유인 국가를 부강하게 만들기 위한 수단으로 생각했을 뿐이다. "백성이 국가를 신뢰하지 않으면 국가는 설 수 없다"는 공자의 말은 신뢰의 무거움을 다시 한 번 생각하게 한다. 신뢰야말로 국가를 건설하는 가장 중요한 토대라는 것이다. 그러면 어떻게 신뢰를 현실화할 것인가? 『논어』 중에 공자는 신뢰와 관련해 "노인들에게는 불안이 없도록 하고, 동료는 서로 믿으며, 젊은이들은 가능한 한 보살펴주고 싶다"(老者安之. 朋友信之. 少者懷之)(『論語』, 「公冶長」)라고 자신의 의지를 제자들에게 밝힌 바 있지만 구체적인 정치적 플랜을 밝힌 것은 없다. 상앙이 진효공을 설득하기 위해 제도(帝道)와 왕도(王道)의 방책을 먼저 유세했다는 점을 고려하면 『논어』의 "民無信不立"을 알고 있었을지도 모르지만, 국가를 통치하는 방책으로 제도와 왕도와 패도 등 다양한 방법이 제시되어 있다는 사실 자체가 법가 지식인인 상앙의 치국관이 얼마나 가벼운 것인지를 느끼게 해주는 것은 아닐까? 그러나 상앙변법이 그 후 진이 천하를 통일하는 데 크게 기여했을 뿐 아니라 진의 법률이 중국 2,000년의 법률 토대가 되기도 했다면,[46] 문제는 상앙변법을 넘어 중국의 법문화 그 자체에 있다고 해야 할 것이다. 이 법문화를 이해하기 위해서 신(信)과 법(法)의 자의를 살펴볼 필요가 있다.

믿을 신(信, xìn)

신(信)은 인(人)과 언(言)을 조합한 회의자이다. 언(言)은 축기 재(ㅂ: 신에게 올리는 기도문인 축문을 넣는 그릇의 모양)의 위에 형벌로 가하는 입묵용의 큰 바늘을 놓고 신에게 맹세하는 것을 말한다. 신에게 맹세한 다음, 사람과 약속한 것을 신(信)이라고 한다. 그래서 '참, 참으로 하다'는 뜻이 된다. 또 '표식'의 뜻으로 써서 신(訊)과 통용해 '소식, 심부름'의 뜻으로도 쓴다.[47]

한자의 기원이 대개 그렇듯이 신(信) 역시 신사(神事)에서 기원하는 글자이다. 어원의 설명에서 신(信)이라는 글자가 본래 신령(神靈)에게 거짓이 없다는 것을 고하는 맹세였다는 것을 보여준다. 그 맹세가 사실이 아닐 때는 바늘로 입묵의 벌을 받겠다는 것을 스스로 고하는 자기저맹(自己咀盟)의

46 Anthony J. Barbieri-Low · Robin D. S. Yates, *Law, State, and Society in Early Imperial China, A Study with Critical Edition and Translation of the Legal Texts from Zhangjiashan Tomb*, no. 247, Leiden: Brill, 2015, p. 242.

47 白川静, 『常用字解』, 信.

선언이 신(信)이라는 것을 알 수 있다. 사실 무서운 내용을 담고 있는 글자이다. 그 말의 어원상 신(信)은 형벌의 개념에 속하는데, 그런 점에서 공자의 신(信)이 원래의 형벌 개념을 신뢰 개념으로 탈피시킨 것은 혁명적이라고 할 수도 있다. 그러나 공자의 유가는 신(信)을 제도적으로 실현할 수 있는 기회를 얻지 못했다. 그 대신 전국시대의 중국에서 권력의 주도권을 잡은 것은 법가 혹은 법가에 영향을 끼친 논리학과 중앙집권적인 철학을 가진 묵가 일파였다.[48] 그러나 결국 상앙변법으로 인해 백성의 자유롭고 자발적인 상호교류에 의한 공용성(共用性, commonality)에서 형성되어야 할 신(信)은 철저한 국가 주도의 통제와 법령을 정착시키는 수단이 되고 말았던 것이다. 신(信)에는 "신에게 맹세한 다음, 사람과 약속한 것을 신(信)"이라고 하듯이 사람과의 약속으로 발전하는 계기도 갖추어져 있었다. 그러나 상앙변법으로 인해 민(民)의 공용성에서 솟아난 공자가 지지하기도 했던 신(信)의 방향이 억압되고, 철저한 국가 위주의 통제와 법령을 정착시키는 방향이 추진된 결과 법가적인 신상필벌(信賞必罰)의 수단으로만 이용되어 신(信)의 신뢰가 떨어진 점에서 신(信)은 외피만 남았다고 생각된다. 사마천의 『사기』에도 목숨 걸고 신의를 지키려는 사람들의 이야기가 많다. 백이(伯夷)·숙제(叔齊), 오자서(伍子胥) 및 「자객열전」(刺客列傳) 등 수많은 열전은 사마천 자신이 배신의 쓰라림에 평생 고통스러운 삶을 살았던 동병상련의 심정에서 우러나온 것이라고 생각된다.

신(信)이 신사(神事)에서 비롯되어 신상필벌의 수단으로 전락한 글자라면 법(法) 또한 비슷한 운명을 겪은 글자라 할 수 있다.

48 묵가와 법가와의 관계를 세밀하게 논한 것으로는 이성규, 「秦國의 政治와 墨家」, 『東方學志』 41, 1984 참조.

법 법(法, fǎ)

법(法)은 본래 법(灋)으로 쓰고, 수(水)와 해태 치(廌)와 거(去)를 조합한 모양이다. 고대의 재판은 축문을 부르고 거짓이 있으면 벌을 받겠다고 신에게 맹세하고 행하는 신판(神判)의 형식으로 진행되었다. 치(廌)는 해치(解廌)라고 불리는 양(羊)과 비슷한 신성한 동물인데, 이것이 원고·피고 쌍방에서 제출되어 재판이 진행되었다. 거(去)는 대(大: 손발을 벌리고 선 사람을 정면에서 본 모양)와 거(凵, 덮개를 벗긴 축문 그릇, qù)를 조합한 모양인데, 거(凵)는 축기 재(𠙵)의 덮개를 벗겨서 축문이 거짓이었다고 해 무효라는 것을 표시한다. 재판에 패배한 자(大)가 해치(解廌)와 거(凵)와 함께 물에 떠내려가는 것을 법(灋)이라 하고, 버릴 폐(廢)의 의미가 된다. 금문에서는 "짐의 명령을 법(灋, 폐廢)하지 말라"고 하는 용례가 있다. 후에 법(灋) 중 치(廌)를 생략한 법(法)의 자형이 되어 '법(법령·규칙), 본받다(법에 따르다), 방법'의 의미로 쓴다.

법은 본래 신판(神判)의 절차와 그 결과로서 처벌의 의미를 담고 있는 다소 복잡한 글자인데, 여기서 본래의 재판절차 등은 망각되고 국가가 정하는 법규나 처벌의 의미만 남아 기억되게 된 것이다. 요컨대 춘추전국시대에 와서 공자가 중시한 신(信)이나 법가가 강조한 법(法)은 모두 주술적 의미를 떨쳐버린 국가를 지탱하는 새로운 가치관을 보여주는 말이 되었지만, 이들이 민의 동의를 얻어 어떤 국가적인 제도로까지 실체화되지는 못했다고 할 수 있다. 그것은 중국 고대문명이 지향하는 방향과 수준을 보여주는 것이다. 그것은 주로 사회지배층을 중심으로 위로부터 추진되는 문명건설이었으며, 지방과 민중의 많은 희생을 강요하는 것이었다. 다른 4대문명과 비교할 때 중국의 한자만이 알파벳으로 가는 길을 걷지 못하고 상형문자에 머물렀던 것은 가장 명백한 그 증거라고 할 수 있을 것이다.

제5장

주술의 세속화

1. 주술과 도덕

고대사회는 제정일치 사회였고 그 사회의 왕은 사제를 겸한 무축왕(巫祝王)이었다. 프레이저의 고전적 저작 『황금가지』는 고대세계를 망라해서 무축왕의 사례들을 수집하고 있는데, 은대의 왕도 사제로서 신성한 권위를 가진 무축왕이었다.[1] 무축왕으로서 은왕의 성격은 갑골문에 잘 나타나 있는데, 특히 갑골문 중에서 왕의 출입을 점친 경우, 왕의 일주일(卜旬)이나 하루(卜夕) 등 미래의 시간을 점친 경우, 그리고 왕 자신에 대해 점을 친 "卜王 …" 형식의 경우에 잘 드러난다. 특히 '복왕'(卜王)의 경우는 갑골에 점을 치고 문자를 새기는 복사(卜辭)의 행위가 단순히 미래를 예언하고 신을 판단하기 위한 목적이 아니라 왕 자신의 신체를 주변의 악령으로부터 성화하고 보호하기 위한 주술행위라는 점에서 무엇보다 갑골문의 본질을 잘

1 James Frazer, *The Golden Bough*, vol. 1, p. 47, 297, 355.

드러내고 있다고 생각된다.[2] 그럼에도 불구하고 이 제정일치적 신정(神政) 사회도 말기에 오면 세속화의 경향을 보이는 것 같다. 『사기』 「은본기」(殷本紀)에 의하면 은의 마지막 군주, 즉 폭군 주왕(紂王)으로 유명한 제신(帝辛)은 그 부친 제을(帝乙)과 함께 은의 최고신 제(帝)로 칭해지고 있는데, 이러한 현상은 오히려 은대의 최고신 상제(上帝)의 격하 현상을 보여주는 것 같다. 상제의 이러한 의인화(擬人化) 현상은 제신의 증조부 무을(武乙)에게서 이미 보이는데, 무을은 천신(天神)을 분장한 사람에게 도박을 두게 해 그가 패배하자 천신을 조롱했다고 하며, 또 가죽주머니에 피를 가득 채워 활로 쏘고는 하늘을 쏜다(射天)고 했다고 한다. 그 후 무을은 사냥을 나갔다가 천둥소리에 놀라 죽었다는 일화를 남기고 있다. 폭군이라는 제신의 죽음도 상징적이다. 주지육림 등의 부덕한 행위를 간하는 신하에게 천명이 자신에게 있지 않느냐고 오히려 묻는 등 하늘을 조롱할 정도의 자만심을 드러내다가 왕조의 멸망에 임해 스스로 분신해 생을 마감했다고 한다. 제신의 죽음은 무축왕이 가뭄 때 분사(焚死)하는 전통과는 다르며 어떤 점에서 인간이성의 자각을 보여주는 것 같기도 하다. 이러한 이야기의 존재는 그 사실 여부를 떠나서 신정적이었던 은대사회의 동요와 갈등을 보여주는 것이라 하겠다. 제정일치의 주령시대라고 할 은대 사회는 후기에 이르러 주술의 권위가 점점 그 권위를 잃고 세속화되고 정치권력에 종속되는 경향을 보인다. 주술의 세속화라 할 만한 현상이다.

주술의 세속화 현상은 은대 사람들이 두렵게 생각했던 조령(祖靈)을 제사지내면서 점점 친근한 조상으로 생각되어 시작되는 것 같다. 그리고 제사에 의해 수호라는 이익이 얻어지기 때문에 조상의 영은 사령(死靈)처럼 두려운 것이 아니라 오히려 친한 것으로 생각하게 되었다. 즉 동작빈(董作賓)의 분류에 따른 시기 구분인 제2기 후반에서 조상제사의 고정화를 경

2 白川靜, 『甲骨文の世界』, pp. 29~32.

과해 이 제3기 후반~제4기가 되면, 제사는 사령숭배에서 조상숭배로 진전한 것이다.[3] '수우'(受祐)의 해석이 그것인데, 우(祐: 도움)를 주는 것이 조상이라고 생각됨과 함께 조상의 칭호에도 제갑(帝甲)·제을(帝乙)·제정(帝丁)·제신(帝辛) 등 제(帝)를 붙여 부르는 방식의 변화가 나타난 것이다.[4] 제신(帝辛)은 은의 마지막 왕으로 유명한 폭군이다. 지금 우리가 애창하는 애국가의 "하느님이 보우하사 우리나라 만세~" 하는 보우(保佑)의 원형이 바로 이 수우이다. 애국가를 부를 때 하느님께 어떤 친근감을 느끼고 부른다면 그런 비슷한 감정이 은나라 사람들이 수우를 기원하면서 제사지낼 때의 감정과 비슷한 것이라고 생각해도 좋을 것이다. 다른 점은 은대의 조상은 어느새 하느님과 동격의 신으로 자리 잡게 되었다는 점이다.

신화학적 관점에서 본다면 갑골문 제2기 이후에는 조령 관념이 우위를 차지하면서 조상신 제사가 지배적인 지위를 차지하게 되면서 그 결과 신화적 전승의 담지자들은 왕조가 행하는 제사의례에 참가하는 기회를 상실하고, 그 집단은 사제(司祭)의 군무(群巫)로서 지역화하고 민간화해 중국신화는 충분히 체계를 성취할 수 없었다.[5] 그리고 "주의 천(天)과 명덕수명(明德受命), 즉 혁명의 사상은 신화적 세계의 성립을 방해하는 최대의 사건"[6]이라고 하듯이 주의 천자는 이제 신화의 세계를 벗어나 명덕(明德)을 통해 지상의 왕조를 통치한다. 그것을 천명을 받았다고 표현한다. 주의 군주는 주령시대의 무축왕에서 도덕적인 능력자로서 군주로의 전환이라는 의미에서 은주혁명의 의의가 있다. 요컨대 은주혁명의 변화의 저변에는 제사 관념의 변화가 있고, 그 핵심에는 조령 관념의 우위가 있다. 그 조령 관념의 우위는 『사기』의 제후세가에서 모든 세가들이 「오제본기」(五帝本紀)의

3 伊藤道治, 『古代殷王朝の謎』, 東京: 講談社, 2002, p. 80.

4 伊藤道治, 『古代殷王朝の謎』, p. 81.

5 白川靜, 「神話と經典」, 『白川靜著作集』 6, 東京: 平凡社, 1999, p. 226.

6 白川靜, 「神話と經典」, p. 226.

혈통과 무연하지 않다는 서술에도 큰 영향을 끼치는 것은 아닐까? 중국의 '다민족통일국가론'의 기원도 여기에 있을 것으로 생각된다.

왕국유(王國維)는 은주혁명을 논하면서 은과 주 사이에 깊은 제도적 차이를 주장했지만,[7] 어쩌면 은대에 확립된 조상숭배와 왕권 및 가족제도는 이후 중국사의 뼈대를 결정짓는 획기적 사건이 아니었을까 하는 의문도 든다. 은의 최고신이 제(帝)이고, 주의 최고신이 천(天)이라 할 때 은주혁명에도 불구하고 상제(上帝)와 천신(天神)은 이후 중국문명에서 빼놓을 수 없는 주제가 된다. 그리고 상제와 천신보다 더 강력하게 작용하는 것은 조상신일 것이다. 제사를 통해 일상적으로 사람들과 교섭하는 신이기 때문이다. 가족제사와 연결된 조상의 권위는 아마도 20세기에 와서 공산당 주석이 될 모택동(毛澤東)이 인민을 착취하는 봉건적인 4대권력(정권政權, 족권族權, 신권神權, 부권夫權)의 하나로 규정할 정도로 절대적인 권위를 유지했다고 해도 좋을 것이다.[8] 공산당 집권 1세기 전인 19세기 중반 역사상 최대 규모의 민중반란인 '태평천국의 난'이 터졌을 때 기독교의 세례를 받은 배상제회(拜上帝會)가 반유교적인 정책을 시행하자, 관군의 총사령관이었던 증국번(曾國藩)이 "수천 년 동안 내려온 예의와 인륜, 경전과 규범을 하루아침에 내버리고 있으니 공자·맹자가 저승에서 통곡할 일이다"[9]라고 표명한 반감에서도 유교를 지탱했던 신권(神權)의 깊이가 느껴진다.

일본어에서는 정치를 마츠리고토라고 해 말에서부터 제정일치의 흔적을 그대로 보여주고, 천황제도는 그 현저한 유제(遺制)로 지속되고 있으며, 헤아릴 수 없이 많은 신사와 불사 등의 존재에서도 제사계급의 우위가 지금도 계속되고 있음을 느끼게 하지만, 중국은 정(政)이 정(正)이라고 하듯

7 왕궈웨이, 하영삼 옮김, 「은주제도론」, 『관당집림』, 지식을만드는지식, 2012.

8 毛澤東, 「湖南農民運動視察報告」, 『毛澤東選集1』, 北京: 人民出版社, 1991, pp. 31~34. 여기서 모택동은 여성과 빈농은 사당(祠堂)에 들어가서 술을 마실 수 없다는 관례를 타파한 예 등을 소개하고 있다.

9 레이 황, 이영옥 옮김, 『중국의 출로』, 책과함께, 2005, 118쪽.

이[10] 일찍이 정치가 제사에서 분리된 도덕 중심의 지향을 보여왔다. 그리하여 중국에서는 국가의 대사가 전쟁과 제사라고 일컫는 전통이 있었지만, 전사계급과 제사계급의 두 계층으로 지배계층이 분립되는 일은 없었다. 중국의 제사계급이 인도 브라만과 달리 세속제후와 병존하는 독립적인 계층으로 존재하지 않았던 것은 중국 사회의 중요한 특성으로 일찍이 막스 베버가 지적한 것이지만,[11] 중국에서는 제사계급의 유력가문이 왕권의 확립에 보조적인 역할을 하는 경향을 나타낸다. 예를 들면 『서경』 「소고」(召誥)에 보이는 바와 같이 세습 사제가의 존재가 보이기는 하나 그것이 하나의 사제계급으로 정착되는 일은 없었다.[12] 이러한 제사계급의 정치에 대한 종속은 주술의 세속화 현상을 가속화한 것으로 생각된다. 이들은 최고의 전사인 왕을 중심으로 제사관료와 전사관료로 구성되는 관료제를 형성하게 된다. 태보(太保)·태사(太師)·태사(太史) 등은 주(周) 왕조의 유력한 관직이 되지만 이들은 원래 은의 전사나 제사계급에서 유래하는 것이다. 특히 주소공(周召公)과 관련이 깊은 태보의 보(保)에 대해 설명해 보자.

보전할 보(保, bǎo)

보(保)는 인(人)과 자(子)와 포대기 보(褓)를 조합한 모양이다. 포대기 보(褓)

10 『禮記』「哀公問」: "公曰, 敢問何謂爲政, 孔子對曰, 政者正也, 君爲正, 則百姓從政矣, 君之所爲, 百姓之所從也, 君所不爲, 百姓何從."

11 Max Weber, *The Religion of India*, New York: The Free Press, 1958, p. 141.

12 白川靜, 「『書經』 札記」, 『白川靜著作集 5』, 東京: 平凡社, 2000 참조. 「소고」(召誥)는 사제가인 소공이 주공의 부탁을 받아 하·은의 멸망에 비추어 주나라가 소민(小民)에게 폭정을 하지 말고 덕치를 통해 영원한 천명을 누릴 것을 기원하는 내용이다.

는 태어난 아기에게 입히는 배내옷(産衣)인데, 이 글자에서는 조상의 영(靈)을 빙의(神接)하기 위한 옷이고, 또 영을 지키기 위한 옷이다. 갑골1의 자형은 갓 태어난 아이에게 포대기를 더해 안는 모양인데, 신생아에게 조상의 영을 주고, 그 영을 지키는 의례를 표시한다. 금문1의 자형은 아이의 아래에 가해져 있는 곡선이 보(褓)이고, 금문2의 자형은 영의 힘이 있는 옥(玉)을 가한 '𠈃'로 쓴다. 신생아에게 영을 주고 그 영을 지키는 의례를 보(保)라 해 '지키다, 영을 지키다, 돕다, 편안히 하다' 등의 뜻으로 쓴다. 이처럼 보(保)는 새로운 생명에 대한 진혼(振魂)의 의례를 표시하는 글자이다. 그래서 보(保)는 본래 영의 수수에 관한 의례에 관여하는 성직자의 칭호일 것이고, 그 최고관을 태보(太保)라고 한다. 주 왕조 초기의 금문에 태보를 도상적으로 표시한 것이 있는데, 주나라의 공신인 소공석(召公奭)은 금문에서 '황천윤대보'(皇天尹大保)라 불리고 있다. 주공의 가(家)가 명공(明公)·명보(明保)라고 불리고 소공가는 대보(大保)라 불렸는데, 모두 성직자로서 최고의 지위를 차지했다.[13]

실제 소공(召公)이 태보로서 영의 수수(授受)의 의례를 집전하는 실례는 『서경』 「고명」(顧命)에서 볼 수 있다. 성왕이 보지(保持)하던 영의 매개자인 태보를 통해 새로운 왕인 강왕(康王)에게 계승되는 의례를 볼 수 있는 것이다. 그런데 이러한 의례는 점점 형식에 지나지 않게 되고, 제사를 담당하던 사제계층은 단순한 왕의 관료로 변모해 간다. 은주혁명 이후 2세기가 지나서 신무(神巫)가 다음과 같이 왕의 하수인으로 전락한 모습도 볼 수 있다.

주여왕(周厲王) 37년(기원전 842) 주여왕이 포학무도하자 국인(國人)들이 그의 잘못을 비난하매, 국왕이 위(衛)나라의 신무(神巫)를 불러 자신의

---

13 白川靜, 『常用字解』, 保; 白川靜, 『新訂 字統』, 保 참조.

과실을 지적할 사람을 감시케 하고, 신무가 보고하자 죽여 버리니 국인이 감히 말을 하지 못하고 길에서 만나도 눈짓으로 뜻을 전할 뿐이었다.[14]

제사계급이 왕권에 종속되는 경향은 갑골문의 양식에서도 나타나는 것으로 보인다. 갑골문 제4기에 조상숭배가 확립되는 동시에 왕권의 확립 또는 가족제도의 확립도 실현됐다고 하는데,[15] 이것은 정인(貞人) 명칭의 양식에도 변화를 가져오는 것으로 보인다. 즉 제1기에서 제3기까지는 "干支卜某貞 …"으로 정인(貞人)의 이름이 명사(命辭) 앞에 나오는 양식인데, 제4기는 정인의 이름을 기록하지 않는 "干支卜貞…"의 양식이 나타난다. 이는 정인의 지위에 무엇인가 변화를 느끼게 한다. 제5기는 황(黃)·영(永) 등의 정인을 제하고 "王親卜貞…"의 양식을 취하는 것으로 변하고 있다.[16] 이러한 변화는 은 말기로 갈수록 왕권의 강화를 보이는 것으로 해석된다.

점사(占辭)는 보통 "왕이 복조(卜兆)를 보고 판단하기를"(王占曰…)로 시작되는데, 대개 길(吉), 불길(不吉), 대길(大吉), 홍길(弘吉) 등으로 간략한 경우가 대부분이다. 그러나 때로는 왕 무정(武丁)의 비 부호(婦好)의 출산에 관한 것처럼 점사가 명사(命辭)보다 긴 경우도 있다. 점괘의 판단은 왕에 의한 것이 거의 대부분이고, 정인에 의한 것은 없다.[17] 한편 왕점왈(王占曰)의 형식은 갑골문 제1기와 제5기의 형식에만 나타나고, 제1기의 것이 정연한 형식을 따르는 반면에 제5기의 것은 단순히 '길'(吉)이라고 쓰는 등 형식에 차이가 있다고 하는데,[18] 이것은 왕권을 확립하는 데 궁정 내부의 갈등을 보여주는 것인지도 모른다.

---

14 『國語』 卷1, 「周語」, pp. 43~44.

15 伊藤道治, 『古代殷王朝の謎』, p. 83.

16 白川靜, 「卜辭の本質」, 『白川靜著作集 4』, p. 307.

17 David N. Keightley, *Sources of Shang History*, Berkeley/Los Angeles: University of California Press, 1978, pp. 41~42.

18 David N. Keightley, *Sources of Shang History*, pp. 117~18.

주술의 세속화는 사회의 발달에 수반된 사회 내부의 갈등으로 인한 주술의 해체 과정이라고 할 수 있을 것이다.

사회발전의 하나로서 생산력의 발전에 따르는 사치스러운 생활의 발달과 음주문화의 발달을 들 수 있다. 가령 『서경』 「주고」(酒誥)는 은대 사치문화를 경계한 주대의 사치 경계령이라고 할 수 있다. 주지육림은 은의 마지막 왕 제신(帝辛)의 폭정을 풍자한 말로 알려져 왔지만 본래 은인은 1년을 매일같이 신에 대한 제사로 일관한 것으로 유명하다. 은 왕조는 매일 술 마시다 망했다는 말이 있지만 그들은 사실 1년 열두 달 조상을 제사지내야 하므로 늘 술을 마시지 않을 수 없었던 사정도 있다.[19] 그래서 그것이 은의 멸망 시에는 정복자인 주나라 측에 하나의 정당화를 위한 좋은 핑계거리가 됐을 수도 있다. 과연 음주가 은의 멸망 원인인지 생각해 볼 필요가 있다. 『서경』 「주고」는 성왕이 강숙(康叔)을 매방(妹邦)에 봉하면서 훈계한 말이라고 하는데, 그중 다음과 같이 은나라가 술에 취해서 망했다는 말이 있어 흥미롭다.

> 왕이 말했다. 문왕께서 서토(西土)에 나라를 세우고 조석으로 명하기를, 제사를 올릴 때만 술을 써야 한다. 하늘이 명을 내려 우리 백성에게 처음 술을 만들게 한 것은 오직 큰 제사를 위한 것이다. 하늘이 위엄을 내렸는데 백성이 덕을 어지럽힌 것은 술에 취해서 그러하지 아닌 게 없고, 작고 큰 나라들이 망한 것도 술의 죄가 아닌 게 없다. 문왕께서 말씀하시기를, 술을 항상 마시는 일은 없도록 하라. 서국(庶國)과 마실 때는 제사 때만 마셔라. 술을 권해도 덕으로써 취하는 일이 없도록 하라(德將無醉) 하셨으니 …… 그대들은 잘 보고 살펴서 행동이 덕에 맞게 하라(克永觀省, 作稽中德).

19 白川靜, 『甲骨文の世界』, pp. 91~94.

왕이 말했다. 우리 서토는 제후와 어사(御事) 및 소자들이 문왕의 가르침을 따라 술을 많이 마시지 않았다. 그래서 지금에 이르러 은의 명을 받을 수 있었다.

왕이 말했다. 내가 듣건대 옛날 은나라의 선철왕(先哲王)은 천현(天顯)과 소민(小民)을 두려워하여 덕을 도리로 삼고 지혜를 부여잡았다(經德秉哲). 그래서 성탕(成湯)에서 제을(帝乙)에 이르기까지 모두 왕외(王畏)를 이루었다. …… 제후를 비롯해 백관 및 모든 장관, 일반관원과 종공(宗工)과 백성이군(百姓里君)도 감히 술에 취한 일은 없었다.

내가 듣건대 "지금의 왕에 이르러 몸을 술에 빠트려 그 명령이 백성에게 밝혀지지 않고, …… 떳떳하지 않은 일을 멋대로 하고 안일을 추구해 위의를 잃었다. 백성 가운데 슬퍼하고 상심하지 않는 자가 없다. 그런데도 황폐하여 술에 빠져 안일을 추구하기를 그치지 않았다. …… 덕으로 지내는 향기로운 제사가 하늘에 들리지 않아 백성은 크게 원망하고, 무리(庶群)가 술에 취해 역겨운 냄새가 하늘에 들리게 되었다. 그래서 하늘이 은나라에 패망의 벌을 내린 것이다. 은나라를 사랑하지 않은 게 아니라 안일에 빠졌기 때문이다. 하늘이 사나운 게 아니라 백성이 스스로 허물을 재촉한 탓이다"라고 했다.[20]

「주고」라는 글을 읽으면 글에서 술 냄새가 진동하는 것 같다. 처음부터 끝까지 술을 마시지 말라고, 술을 마시면 나라가 망한다고, 술을 마셔도 함부로 마시면 안 된다고, 제사 때만 마시라고, 술만 마시고 안일을 탐한다면 하늘이 벌을 내린다고, 그래서 은나라는 망했다고 맹렬히 비난을 쏟아내고 있다. 중국은 역대 왕조의 흥망이 빈번하지만, 은의 멸망은 매우 급

20 해석에는 白川靜, 「書經 札記」, pp. 434~37; 十三經注疏整理委員會 編, 『書經 正義』, 北京: 北京大學出版社, 2000, p. 449; 신동준 역주, 『書經』, 인간사랑, 2016, 251~57쪽 참조.

작스러운 일로 알려진다. 즉 국세(國勢)가 한참 왕성할 때 갑자기 멸망했다는 것이다. 실제 은이 어떻게 망했는지는 잘 알 수 없다. 은왕이 동방으로 원정을 간 틈에 기습적인 공격을 당했다는 것이 직접적인 원인으로 거론되며,[21] 은왕이 '목야(牧野)의 전투'에서 무왕과 결전을 벌인 것도 사실이다. 역사는 대개 승자의 기록이고 승자의 편에서 왜곡되게 마련이므로 객관적 진실을 알기 어렵다. 전해지는 기록은 대개 주나라의 쿠데타가 아니라 은나라의 실정(失政) 때문에 천벌을 받아서 망한 것이고, 실정의 구체적인 이유로 술만 마시고 안일에 빠졌다는 것이다. "덕으로 지내는 향기로운 제사가 하늘에 들리지 않아 백성은 크게 원망하고, 무리(庶群)가 술에 취해 역겨운 냄새가 하늘에 들리게" 되어서 천벌을 받아 망했다는 것이다. 역대 왕조 중에 술로 나라를 잃은 경우는 은 왕조밖에 없지 않은가 싶다. 그런데 글을 읽다 보면 이상하게 느껴지는 구석이 있다. 은 왕조가 폭군으로 알려진 마지막 군주인 주왕(紂王)만 빼고 주왕의 아버지인 제을(帝乙)까지는 모두 술에 취하지 않고 하늘의 명을 잘 따랐는데, 갑자기 주왕(紂王) 제신(帝辛)에 이르러서만 인사불성의 음주폭군이 되었다는 것이 그것이다. 이렇게 「주고」가 전하는 말을 그대로 받아들이기에는 의심스러운 데가 있다. 은 왕조는 매일 제사지내는 데 쓰이는 술에 필요한 곡물과 그 곡물을 지속적으로 공급하기 위해 많은 신경을 써야 했을 것이고, 언젠가는 이러한 공급장치에 문제가 생긴 것이다. 제사가 경건하게 받아들여지지 않은 점을 탓한 「주고」의 내용에서 보면 은왕의 리더십에 문제가 있었던 것으로 보이기는 하지만 자세한 것은 알기 어렵다. 다만 주지육림의 전설이나 현인들을 처형한 내용들에서 지배층 내부의 분란이 있었던 것은 짐작되는데, 특히 사치문제가 주요한 이슈가 되었던 데 주목하고 싶다.

탐주망국(耽酒亡國)은 은의 문화가 제사에서 세속화하는 현상을 보여주

21 白川靜, 『甲骨文の世界』, pp. 163, 238~39.

지만, 그 외에도 『사기』「송미자세가」(宋微子世家)에는 주왕이 상아로 젓가락을 만든 것을 두고 기자가 "이미 상아 젓가락을 쓴 이상 틀림없이 옥잔을 쓸 것이고, 옥잔을 쓰면 곧 먼 지방의 진귀한 물건을 생각하고 쓰려고 할 것이다. 수레와 마차, 그리고 궁실의 사치스러움이 여기에서 시작될 것이니 진정시킬 수 없을 것이다"라고 한탄했다는 기술이 보인다.[22] 은의 구조적 멸망원인으로서 이러한 내부의 호화로운 문명 수준이 하층사회와 더불어 유지될 수 없었던 점에서 찾아야 하지 않을까? 최초의 고대국가로서 그 열매를 상층 지배층만 향유했던 불평등한 사회구조에 문제점이 있었던 것이 아닐까? 이러한 문제 위에 성립된 주 왕조는 새로운 가치관을 갖고 새로운 시대를 개창했으니 그것이 하늘이 명한바 천명이고 사실은 자신들의 능력이라는 도덕이었다.

혁명의 명분과는 별도로 「주고」의 내용을 그대로 받아들이면, 이 「주고」는 술에 대한 중국 최초의 금주령으로 볼 수 있을 것이다. 「주고」에서 보듯이 당시 은대 사회는 넘쳐나는 술의 소비를 보이고 있는데, 그것은 그만큼 곡물 생산력의 증대를 나타내는 것이라 할 수 있다. 또 생산력의 증대와 함께 사회계층 간의 갈등이 증대한 징조를 「주고」에서 찾을 수도 있을 것이다. 백성의 원망은 크고, 향기로운 제사는 잘 지내지 않으며, 군신은 왕을 중심으로 안일 속에 음주를 즐기고, 그것이 일반 백성에게까지 음주의 풍조를 부추겼다는 뉘앙스가 읽힌다. 그렇다면 은의 멸망은 직접적으로는 주 왕조의 공격이지만, 보다 깊은 원인은 은의 사회 내부적인 것일 수가 있다. 즉 은은 사회가 너무 발전해서 신이 노할 만큼 부패했기 때문에 결국 망한 것이라고 할 수도 있을 것이다. 이렇게 본다면 「주고」의 금주령은 사치 금지령이라 할 수도 있다.

22 비슷한 사치망국론의 이야기는 『한비자』「유로」(喩老)에도 나온다.

사치는 한자로 '奢侈'라 쓰는데, 사치가 럭셔리(luxury)의 뜻으로 쓰이게 된 것은, 주술적 세계의 붕괴가 어떻게 진행되어 갔는지 보여준다는 점에서 흥미로운 글자이다. 사(奢)의 자형은 다음과 같다.

사치할 사(奢, shē)

사(奢)는 대(大)와 자(者)의 회의자이다. 대(大)는 사람의 정면 모양, 자(者)는 축문을 넣는 그릇(曰)을 묻어 주금(呪禁)으로 삼은 토담이다. 이것을 뛰어넘은 모양이 사(奢)이다. 『설문해자』(10下)는 자(者)를 성부로 하는 형성자라고 하지만 글자는 회의자의 구조이다. 주문(籒文)에 '奓'로 쓴 글자는 형성자이다. 진(秦)의 저초문(詛楚文)에도 보이는데 치(侈)의 초문일 것이다.[23]

사치(奢侈)의 사(奢)는 자(者)와 대(大)로 구성된다. 자(者)는 앞서 살펴보았듯이 신에게 올리는 주문을 넣는 그릇을 경계가 되는 울타리 담장에 묻어서 주금으로 삼는 것이 본래의 뜻이다. 대(大)는 사람의 형상이므로 사(奢)는 사람이 이 경계·울타리·담장을 넘어가는 것을 말한다. 그러한 행위는 도를 넘은, 영어로 말해 '선을 넘은'(cross the line) 것으로서 지나친 행위가 된다. 이러한 행위는 주술의 위력을 인정하려 하지 않는 합리적인 의심의 표현이라고 할 수도 있을 텐데, 주술이 주류였던 시대에는 참람한 행위로 인식되었을 것이다. 그것은 언제부터인지 알 수는 없지만, 자(者)가 '토담, 감추다'를 의미하는 글자에서 '여러, 놈'이라는 대중적인 뜻으로 의미전환이 일어난 것으로 미루어보아 경제적 생산의 발달과 시장의 교환이 증

23 白川靜, 『字統』, 奢.

대되면서 외부와의 경계가 해체되고, 내적으로 사치와 같은 부의 향락이 가능해지면서 사람들의 인식에도 변화가 서서히 생겨났을 것이다. 그리고 『노자』 29장에 "성인은 심(甚)을 버리고 사(奢)를 버리고 태(泰)를 버린다"는 말이 보이는데, 춘추전국시대 노자사상에 사치를 경계하는 말이 나오는 것은 이미 이 시대에 주술적 의미의 사치는 망각된 것을 의미할 것이다. 그리고 노자의 경계와는 달리 사람들의 언어 자체에서 이미 사치는 멈출 수 없는 현상이 되어버린 것을 사치라는 말 자체가 증언해 주는 것 같다. 즉 사치의 사(奢)와 치(侈)는 본래 같은 글자인데 다른 글자인 것처럼 쓰이게 된 것도 사치라는 글자 자체의 사치성을 보여주는 것이다. 치(侈)에 대해 살펴보자.

사치할 치(侈, chǐ)

전문

치(侈)는 성부가 다(多)인 형성자이다. 다(多)에 많을 치(哆, chǐ)·넓을 치(誃, chì)의 소리가 있다. 다(多)는 다육(多肉)의 뜻이다. 겉모습을 과장하는 것을 치(侈)라고 한다. 신분에 지나친 일을 하는 것을 치미(侈靡)라고 한다.[24]

치(侈)에 대해 『설문해자』(8上)는 "엄협(掩脅) 또는 사치(奢侈)"라고 풀이하는데, 단주(段注)는 이에 대해 "엄협이란 위에서 가리고 옆에서 제압하는 것이며, 스스로 많다고 해서 남을 업신여기는 것을 치(侈)라고 한다"고 풀이하는데[25] 허신이 말한 엄협과 사치를 종합적으로 해석하려고 고심하지만 합리적이지는 않은 것 같다. 다(多)를 다육(多肉)으로 해석한다면 주지

24 白川靜, 『字統』, 侈.

25 段玉裁, 『說文解字注』, p. 665.

육림의 고사성어를 낳은 은 말기의 사치풍조를 낳은 주왕(紂王) 시대의 사회풍속을 이해하는 데 도움이 될 글자일 것이다.

사치의 풍조는 사회풍속뿐 아니라 언어에도 영향을 끼치는 것 같다. 즉 글자 자체도 의미가 증폭되어 사치(奢侈)의 사(奢)와 치(侈)에 의미가 부연되어서 새로운 단어가 된다. 그래서 파티 등에서 쓰이는 물건이 큰 것을 의미하는 글자로 사(奢), 사람이 많이 모이는 것을 의미하는 글자로 치(侈)가 쓰이게 되고, 이 두 글자가 합쳐서 사치(奢侈)라는 용어가 탄생하게 된다. 사치의 본래 뜻은 그런 것이 아니었는데, 역사의 변화와 함께 사람의 일상생활이 풍요로워지면서 이를 표현하는 언어도 따라서 풍요롭게 의미가 변화해 간 것이다. 역사적으로는 사치의 내용이 양에서 질적인 것으로 변화해 가기도 한다.[26] 그러나 노자의 도가사상은 물론 이러한 사치를 조장하는 세속화에 대해 비판적이었다. 『노자』 46장에 보이는 다음과 같은 구절들이 이를 대변한다.

> 천하에 도가 있으면 오히려 말을 달려 똥거름을 끌게 하지만(天下有道, 卻走馬以糞)
>
> 천하에 도가 없으면 성문 밖에서 전마들이 태어난다(天下無道, 戎馬生於郊).
>
> 만족함을 모르는 것처럼 큰 화는 없고(禍莫大於不知足)
>
> 더 가지려고 하는 것처럼 큰 허물은 없다(咎莫大於欲得).
>
> 그러므로 만족할 줄 아는 만족이라야 항상 만족할 수가 있다(故知足之足, 常足矣).

기원전 6세기에 활약한 공자는 사치의 원천인 부에 대해 『노자』의 논지

26 宮崎市定, 「中國における奢侈の變遷: 羨不足論」, 『宮崎市定全集 17』, 東京: 岩波書店, 1993.

와 별로 다르지 않지만 보다 생활적인 언어로 지금도 교훈으로 삼을 만한 말을 우리에게 남기고 있다.

> 자공이 가로되, 가난해도 아첨함이 없으며 부유해도 교만함이 없으면 어떠하나이까? 자 가라사대, 가하나 가난해도 즐기며 부유해도 예를 좋아하는 것만 같지 못하니라. 자공이 가로되, 시에 이르되 절(切)하듯 차(磋)하듯 탁(琢)하듯 마(磨)하듯 한다 함은 이를 이름이나이까? 자 가라사대, 사(賜)는 비로소 가히 더불어 시를 이르리로다. 지난 것을 말하자 올 것을 아는구나.[27]

노자와 공자의 말이 담고 있는 핵심은 무엇일까? 요컨대 인간의 마음의 각성에 주의하는 것이 아닐까? 어떠한 외부로부터의 변화도 인간 개개인의 의식에 변화를 주지 않는다면 무의미할 것이다. 물론 그런 변화를 얼마나 자각하느냐에는 개인 차가 있겠지만 말이다. 석학 왕국유(王國維)는 중국 역대 왕조의 변화 중에서도 은주의 교체만큼 심각한 혁명은 없었다고 말할 정도로 은주 교체의 의의를 역설한다. 그가 말하는 은주 교체는 첫째로 왕위계승에서 적자계승제도의 실시와 이로 인한 종법과 상복제도 및 봉건제도가 시행되었다는 점, 둘째로 묘수(廟數)의 제도, 셋째로 동성불혼

---

27 『論語』「學而」: "子貢曰. 貧而無諂. 富而無驕. 何如. 子曰. 可也. 未若貧而樂道. 富而好禮者也. 子貢曰. 詩云. 如切如磋. 如琢如磨. 其斯之謂與. 子曰. 賜也. 始可與言詩已矣. 告諸往而知來者"(자공이 여쭈었다. 가난하다고 해서 부자에게 아첨하지 않고 부자가 되었다고 가난한 사람에게 교만하지 않다면 어떻습니까? 선생께서 대답하셨다. 그래도 좋겠지만 가난한 사람은 가난을 의식하지 않고 인간의 삶의 길을 찾아 만족하고, 부자는 돈을 의식하지 않고 겸손한 삶에 마음 쓴다면 더욱 좋겠지. 다시 자공이 여쭈었다. 『시경』에 (인생 공부는) 옥이나 상아를 자른 다음 금강석으로 갈듯이, 조각한 다음 숫돌로 갈듯이, 라는 구절이 있는데 방금 말씀으로 시의 의미를 알았습니다. 선생께서 말씀하셨다. 사賜야, 너는 이제 『시경』을 공부해도 되겠다. 하나를 가르쳐주니 열을 아는구나). 미야자키 이치사다, 『논어』, 30쪽.

제도 등인데, 본질적으로 이런 제도들의 의미는 천하의 기강을 바로잡는 것으로서 그것은 천자로부터 제후와 경·대부·사·서민에 이르기까지 모든 사람을 도덕에 귀의시켜 하나의 도덕적 단체로 만든다는 것으로 요약된다.[28] 왕국유는 은주혁명이 중국사에서 여러 가지로 큰 전환기라고 말했지만, 주술사(呪術史)적 관점에서는 주령시대에서 인간적 시대로, 그 문명이 인간 외적인 힘에서 인간 내적인 힘의 존재로 옮아가는 시대였다고 말할 수도 있지 않을까? 「주고」에는 술을 마시더라도 절제하기를 권하는 용어로 "克永觀省, 作稽中德"(잘 보고 살펴서 행동이 덕에 맞게 하라)이라고 한 덕(德)의 강조가 눈에 띈다. 공자가 하은주 3대 중에서도 주의 문화가 빛난다고 하면서 자신을 주의 문화계승자라고 자임한 것도 주 왕조가 그만큼 깨어 있고 인간의 덕을 강조한 왕조이기 때문은 아니었을까? 깨어 있던 주 왕조는 종국에는 진시황제를 배출한 진나라에 의해 멸망하게 되는데, 진시황제의 병마용(兵馬俑)이 보여주는 병사들은 술에 취해 배부른 모양을 하고 있었다. 그것은 전투력을 상승시키기 위한 것이라고 추정되는데, 전략적이긴 하지만 술에 취한 적군에 의해 주나라가 망한 것은 또한 매우 아이러니한 역사의 한 장면이다.

덕(德)은 도덕과 같은 내면적인 감화력을 말한다. 덕(德)의 본래의 뜻은 앞에서 설명한 대로 눈의 주능(呪能)을 이용해 길의 악령을 제거하는 주술적인 의례인 제도(除道)이다. 덕(德)이라는 글자에는 본래 심부(心部)가 없었지만 후에 심부(心部)가 붙게 되는 데서 보듯이 인간의 내면적인 힘, 도덕적인 능력을 의미하게 되었다. 제도의 주술적 의례가 내면화 과정을 통해 인문화 혹은 세속화가 일어난 것이다.

『주례』(周禮) 「대사악」(大司樂)에는 교육의 책임에 대해 유도자(有道者)와 유덕자(有德者)가 그 직을 맡는다고 되어 있다. 주강왕(周康王) 23년의 기

28 왕궈웨이, 「은주제도론」, 171쪽.

년(紀年)이 있는 대우정(大盂鼎)은 아마 은의 후예인 우(盂)라는 인물을 그 조부인 남공(南公)의 봉토를 계승하는 것을 명하는 책명의례(冊命儀禮)를 내용으로 하고 있다.[29] 봉토와 함께 1,600여 명의 예속민이 우(盂)에게 사여되고 있는데, 우씨(盂氏)는 대우정이 출토된 위수 남쪽의 주도(周都) 서교(西郊)에서 주 왕조의 번병(藩屛)으로서 중요한 역할을 한 호족으로 추정된다. 대우정에는 『서경』「주고」와 비슷하게 은인(殷人)들이 음주에 탐닉해 패망했다는 것, 그래서 음주를 삼가라는 내용이 들어 있어서 흥미롭다. 『서경』「주고」의 탐주망국론(耽酒亡國論)은 얼핏 보면 혁명에 부수적인 레토릭이 아닐까 의심스러울 정도로 강조되고 있지만, 주초의 출토 자료인 엄숙한 책봉의례를 기념하는 대우정에서 그러한 내용이 진지하게 각인되고 있다는 것은 은인들의 음주에 대한 역사적 성격을 다시 한 번 생각하게 한다. 음주와 천명과 덕이 함께 논의되고 있는 데서 은대의 매일 끊임없이 진행되는 조상제사에서 탈피한 새로운 천명 개념으로 제사 개념이 변화하고 있는 것을 느끼게 한다. 우(盂)가 유덕자로서 다음과 같이 소학(小學)의 책임자로 임명되고 있는 것은 그 하나의 단서로 볼 수 있다.

> "아! 너에게 중요한 일이 있으니, 짐의 소학(小學)에 취임하기 명하노라. 너, 짐 일인(一人)만을 돕지 말라. 이제 나는 문왕의 정덕(正德)을 모범 삼아 나아가 문왕이 명하신 정치에 따르려고 한다. 이제 나는 너 우(盂)에게 명하여 보필하게 하노니, 덕경(德經)을 경옹(敬雝)하고, 재빨리 조석으로 들어와 간언하고 분주하여 천위(天威)를 두려워하라."

심부(心部)가 붙은 덕(德) 자가 출현하기 시작하는 것은 이 대우정 무렵부터라고 하는데,[30] 주 왕조로서는 왕조의 명운을 건 술에서 깨어나라는

29 白川靜, 「金文通釋1下」, 『白川靜著作集別卷』, 東京: 平凡社, 2004, pp. 647~81 참조.

「주고」도 주초의 것이라고 한다면 인간 내면의 능력에 대한 신뢰와 자신감을 가진 사람들이 서주 시기에 와서 등장하게 되고 마음(心)과 같은 요소가 문자를 구성하게 되는 것도 이 시기에 와서의 일일 것이다. 『서경』「태서」(泰誓)에서도 마음이 일치단결해서 얻을 때의 시너지를 강조하면서 "은의 주왕(紂王)에게 신하가 억만 명이 있더라도 억만 개의 흐트러진 마음일 뿐이지만, 무왕에게는 신하가 3천 명이지만 한마음으로 단결되어 있다"라고 말하고 있고,[31] 관자(管子)는 이를 법가적 관점에서 중시하려고 한다(『管子』「法禁」). 그러나 누구보다도 인간 내면의 힘의 크기와 깊이를 잘 알았던 사람은 공자였을 것이다.

공자는 주의 문화가 빛난다고 말했다. 빛나는 주의 문화의 기틀을 다진 것은 주공이었고, 공자는 늘 주공의 꿈을 꾸었다고 한다. 그는 주공의 꿈을 꾸지 않을 때는 자신의 기력이 쇠했다고 한탄할 정도로 주의 문화와 주공은 공자의 삶에 원천적인 에네르기와 같은 그 무엇이었던 것으로 생각된다. 천하를 망명 중일 때도, 광(匡)에서 위험을 당할 때도 그를 해치려는 사람들에 대해 "문왕(文王)이 이미 몰(沒)하시니 문(文)이 내게 있지 아니하냐. 하늘이 장차 이 문(文)을 상(喪)하실진댄 후사자(後死者)가 이 문(文)과 더불어 하지 못하려니와 하늘이 이 문(文)을 상(喪)하지 아니하실진댄 광인(匡人)이 나를 어찌하리오!"라고 큰소리쳤던 공자였다.[32] 또 자로가 귀신과 죽음에 대해 묻자 사람을 먼저 섬기고 삶의 의미를 먼저 추구할 것을 충고했다.[33]

---

30 白川靜, 『新訂 字統』, 德.

31 "紂有臣億萬人, 亦有億萬之心, 武王有臣三千而一心."

32 『論語』「子罕」: "子畏於匡. 曰. 文王旣沒. 文不在茲乎. 天之將喪斯文也. 後死者. 不得與於斯文也. 天之未喪斯文也. 匡人其如予何"(선생이 광匡에서 재난을 만나셨다. 그때 말씀하셨다. 문왕의 사후 문화전통은 내 몸에 있지 않은가? 하늘이 이 문화를 멸망시키려고 한다면 나를 이곳에서 죽게 하여 후세인들이 문화가 무엇인지 알지 못하도록 만들어버릴 것이다. 그러나 하늘이 이 문화를 보존하려고 한다면 광인들이 나를 어찌지 못할 것이다). 미야자키 이치사다, 『논어』, 133쪽.

무축의 아들로 태어났지만 공자가 천도를 거의 말하지 않고, 신이나 죽음에 관한 일을 말하지 않으며, 오직 삶과 인간의 현실에 충실할 것을 강조한 것은 너무나 유명하다. 공자가 제시한 최고의 도덕적 가치는 인(仁)이다. 그런데 그것은 놀랍도록 친근하고 소박한 기원을 갖고 있다.

어질 인(仁, rén)

금문1 고문1 전문1

인(仁)은 인(人)과 이(二)를 조합한 회의자이다. 『설문해자』(8上)에 '친하다'라고 두 사람이 서로 친하다는 뜻으로 풀이한다. 옛 자형은 사람의 허리 아래 자그마하게 이(二)의 모양을 더한다. 이(二)는 아마 방석의 모양일 것이다. 인(仁)은 사람이 방석 위에 앉는 모양이고, '따뜻함, 누긋함'의 뜻이 되며, 후에 '사랑하다, 자비를 베풀다'는 뜻이 된 것이다. 방석이 따뜻하다는 뜻의 인(仁)이 유교의 덕목 중 하나로 점점 추상화되어 고도의 관념에 도달하는 것이다.

『설문해자』의 인(仁)에 대한 해석은 통상적이지만 받아들이기에 너무 쉬운 해석이다. 인(仁)을 구성하는 이(二)는 시라카와의 해석에 의하면 뜻밖에도 방석의 모양이다. 인(仁)은 중국사상사에서 공자 이전에는 어떠한 개념으로 나타난 적이 없는 말이다. 공자에 의해 처음으로 어떤 가치관이 담

33 『論語』「先進」: "季路問事鬼神. 子曰. 未能事人. 焉能事鬼. 曰. 敢問死. 曰. 未知生. 焉知死"(계로가 귀신 섬김을 묻자온대 자 가라사대 능히 사람을 섬기지 못하거늘 어찌 능히 귀鬼를 섬기리오. 감히 사死를 묻자옵나이다. 가라사대 생生을 알지 못하거늘 어찌 사死를 알리오. /계로가 조상의 영을 달래려면 어떻게 하면 좋으냐고 여쭈었다. 선생께서 대답하셨다. 산 사람도 잘 섬길 수 없이 어찌 죽은 사람을 섬길 수 있겠느냐? 계로가 다시 여쭈었다. 죽음이란 무엇입니까? 선생께서 말씀하셨다. 삶의 의미를 모르고 어찌 죽음의 의미를 알겠느냐?) 미야자키 이치사다, 『논어』, 164쪽.

긴 말로 처음으로 등장한 것이다. 그 인(仁)은 매우 낯선 말이었던지 『논어』 중 여러 제자들이 묻고 공자는 다양하게 대답한다. 맹자 이후에는 의(義)와 결합해 인의(仁義)가 되어 너무나 평범한 말이 되었다. 중국 역사상 공자가 처음 도덕적 가치로 제시한 인(仁)이, 공자 스스로도 때로는 인(仁)하지 못하다고 말할 정도로 높은 도덕적 경지인 인(仁)이 본래는 이렇게 상대에게 앉을 자리를 권하는 소박한 배려에서 비롯된다는 사실이 오히려 더 충격을 주는 것 같다. 그런데 공자는 이 평범한 인(仁)에 대해 강렬한 수사를 더해 말한다.

> 자 가라사대 백성이 인(仁)에 있어 수화(水火)보다 심(甚)하나니 수화(水火)는 내 밟아서 죽는 자(者)를 보았거니와 인(仁)을 밟아서 죽는 자(者)는 보지 못했노라.[34]

아서 웨일리(Arthur Waley)는 '답화'(踏火)가 정화(淨化, purification)의 의례로서 당시 중국에서 아직 수행되고 있었다고 말한다. 웨일리는 『논형』(論衡) 「명우」(明雩: 기우제를 해명한다)를 근거로 하여 이렇게 말하고 있지만,[35] 공자의 진의는 웨일리가 말하는 주술적인 세계를 넘어서는 새로운 차원의 가치관을 가르치려는 데 있었다고 생각된다.[36] 그것은 인(仁)의 자

34 『論語』「衛靈公」: "子曰. 民之於仁也. 甚於水火. 水火吾見蹈而死者矣. 未見蹈仁而死者也"(선생께서 말씀하셨다. 백성이 인의 도를 갈망하는 것은 일상생활에서 물이나 불을 필요로 하는 것과 같은 것이다. 그런데 물이나 불은 너무 많으면 거기에 빠져 죽을 수가 있다. 그러나 인의 도는 아무리 많이 주어도 거기에 빠져 죽는 사람이 있다는 말은 듣지 못했다). 미야자키 이치사다, 『논어』, 248~49쪽.

35 Arthur Waley, *The Analects of Confucius*, New York: Everyman's Library, 2000, p. 189, note 2. 또한 웨일리의 원문 번역은 다음과 같다. "The Master said, Goodness is more to the people than water and fire. I have seen men lose their lives when 'treading upon' water and fire; but I have never seen anyone lose their life through 'treading upon' Goodness."

36 왕충(王充)의 기우제 해석은 유명한 『논어』 「무우풍영장」(舞雩諷詠章)에 대한 것

형에서 잘 드러난다. 남을 배려하는 마음, 그것은 「애공문」(哀公問)에서 나타난 '이급'(以及)의 마음과도 통할 것이다. 춘추시기까지도 주술적 가치관에서 수화(水火)를 밟는 기우제가 유행했을지도 모르지만, 공자는 이보다 중요한 것으로서 인간 상호간의 배려를 강조하는 인(仁)의 가치관을 강조한 것이다. 그것은 또한 이 시기에 무너져가고 있던 씨족사회의 가치관을 대체할 새로운 인간공동체의 가치관으로 적합한 것이기도 했을 것이다. 은주혁명을 거쳐 탄생한 주문화(斯文)의 계승자를 자처한 공자로서는 주의 도덕과 예의를 존숭했다. 은주혁명과 함께 은대의 제사음주 풍속은 주대의 향음주례(鄉飮酒禮)에 의해 개편되고 절제되어 갔을 것이다. 은대의 조상숭배와 음주 망국, 주대의 천명과 금주를 교훈 삼아 주대에 와서는 음주에도 절제된 예법이 적용되었을 것이다. "비례물동"(非禮勿動)을 가르친 공자의 철저한 예교주의는 무엇보다도 나라를 망국으로 이끈 것을 경계한 주 왕조의 금주예법과 무관하지 않을 것으로 생각된다. 공자는 그 어머니가 무축이었다. 무축의 아들이었지만 주술의 인문화를 제창했다. 그것이 인(仁)의 사상으로 나타난 것이고, 안회에게 대답한 극기복례(克己復禮)의 정신이었다.

공자의 가치관을 한 마디로 표현하는 서(恕)라는 말도[37] 주술의 세속화

인데, 그 해석은 모춘(暮春)은 주력(周曆)으로 음력 2월이며, 계절이 아직 날씨가 쌀쌀해서 기수(沂水)에 목욕하고, 시를 읊으며 바람 쐬기 어렵다는 것을 근거로 삼고 있다. 철저하고 날카로운 고증을 위주로 하는 왕충다운 기발한 의견이지만, 여기서는 받아들이기 어렵다는 의견을 제시하고 싶다. 자로(子路), 공서화(公西華), 염유(冉有) 등의 다른 제자들이 정치적 포부 등을 밝힌 데 비해 증석(曾晳)이 갑자기 기우제 운운이라는 것은 텍스트의 문맥상 맞지 않기 때문이다.

37 『論語』「衛靈公」: "子貢問曰. 有一言而可以終身行之者乎. 子曰. 其恕乎. 己所不欲. 勿施於人"(자공이 묻자와 가로되 일언一言으로 종신토록 행함직한 것이 있나이까? 자 가라사대 그것은 서恕이리라. 자기가 바라지 아니하는 바를 남에게 시施하지 말음이니라. /자공이 여쭈었다. 단 한 마디로 평생 그것을 행할 가치가 있는 것이 있습니까? 선생께서 대답하셨다. 그것은 서恕, 즉 남의 입장이 되는 것이다. 남의 입장이 되어 보면 자신이 하고 싶지 않은 것을 남에게 가하는 것은 있을 수 없

의 표현이라고 할 수 있다. 서(恕)라는 글자에는 본래 무녀의 모습이 그려져 있다. 서(恕)는 여(如)에 심(心)이 붙은 것이다. 서(恕)를 이해하기 위해서는 여(如)의 자형을 우선 이해할 필요가 있다.

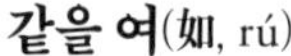

같을 여(如, rú)

갑골1 | 갑골2 | 전문1

여(如)는 여(女)와 구(口)를 조합한 모양의 회의자이다. 여(女)는 신을 섬기는 무녀(巫女). 구(口)는 재(ㅂ)로서 신에게 드리는 기도문인 축문을 넣는 그릇 모양이다. 그래서 여(如)는 축문을 외치는 무녀의 모습이 본래의 뜻이다. 기도하며 신의 뜻을 묻는 무녀에게 신탁(神託: 신의 말씀)이 있어 신의 뜻이 전달되는데, 그 신의 뜻에 따르고 신의 뜻에 맞추도록 하는 것을 '~같이'(如)라고 한다. 그래서 여(如)는 '따르다·같다'라는 뜻이 생기게 된다. 약(若)과 글자의 구조가 비슷하다.

서(恕)는 여(如)에 심(心)을 더한 것으로 신탁의 뜻을 전달하는 무녀가 자신의 내면의 뜻을 더 중시하는 쪽으로 방향이 바뀐 것으로 보인다. 사람 마음의 힘이 작동하는 것이다. 서(恕)는 공자의 가치관을 한 마디로 표현한 말로서 공자는 그것을 다시 "己所不欲勿施於人"이라고 표현했다. 『논어』에 "己所不欲勿施於人"은 두 번 나오는데, 이 서(恕)를 자공에게 다시 풀어 말한 경우와 중궁(仲弓)이 인(仁)을 물었을 때 답해 말한 경우이다.

> 중궁(仲弓)이 인(仁)을 묻자온대 자 가라사대 문을 나섬에 큰 손님을 맞이함과 같이하며 백성을 부리되 큰 제사를 지냄과 같이하며 자기가 바라

는 것이다). 미야자키 이치사다, 『논어』, 242~43쪽.

지 아니하는 바를 남에게 베풀지 아니하며 방(邦)에 있어 원(怨)이 없으며 가(家)에 있어 원(怨)이 없음이니라. 중궁(仲弓)이 가로되 옹(雍)이 비록 불민하나 청컨대 이 말씀을 사(事)하오리다.[38]

결국 인(仁)은 서(恕)와 통하고 그것은 "己所不欲勿施於人"과 동의어라는 말이 된다. 공자는 증자에게도 자신의 도가 하나로 관철되어 있다고 했고, 증자는 그것을 충서(忠恕)라고 말했지만,[39] 무축의 아들인 공자와 같은 사람이 충서를 자신의 일관된 가르침으로 해왔다는 것은 그만큼 공자의 학문이 인간 중심적이라는 것을 의미한다. 공자가 이러한 가치관을 갖게 되기까지에는 깊은 내면적 성찰이 있었을 것이다. 마음의 진화학이 공자에 이르러 표준적인 가치관을 제시할 수 있을 정도로 하나의 정점에 도달한 것이다.[40] 사실 공자에게서는 죽음이나 귀신은 경원시되는 문제였다. 공자

---

38 『論語』「顔淵」: "仲弓問仁. 子曰. 出門如見大賓. 使民如承大祭. 己所不欲. 勿施於人. 在邦無怨. 在家無怨. 仲弓曰. 雍雖不敏. 請事斯語矣"(중궁이 인이란 무엇인가 여쭈었다. 선생께서 대답하셨다. 집 대문을 나서면 언제나 큰 손님을 맞이할 때처럼 마음을 긴장하며, 백성을 부릴 때는 언제나 큰 제사를 지내는 것처럼 태도를 엄숙히 하며 자신이 하고 싶지 않은 일은 남에게 가해서는 안 된다. 일국의 백성에게 원망받지 않고 일가의 사용인에게 원망받을 일을 하지 않는다. 중궁이 말했다. 제가 할 수 있을지는 모르겠습니다만 말씀하신 대로 되도록 노력하겠습니다). 미야자키 이치사다, 『논어』, 176쪽.

39 『論語』「里仁」: "子曰. 參乎. 吾道一以貫之. 曾子曰. 唯. 子出. 門人問曰. 何謂也. 曾子曰. 夫子之道. 忠恕而已矣"(자 가라사대 참參아 내 도는 일이관지一以貫之하였느니라. 증자 가로되 예 하니 자 나가시거늘 문인門人이 묻자와 가로되 무엇을 이르심이니이까? 증자 가로되 선생의 도는 충忠과 서恕일 따름이니라. /선생께서 말씀하셨다. 참아, 내 길은 오직 한 줄기의 길이다. 증자가 말했다. 알겠습니다. 선생이 나가자 문인들이 증자에게 물었다. 무슨 말씀이십니까? 증자가 대답했다. 선생님의 길은 진심眞心이라는 한 가지 길이라는 것이다). 미야자키 이치사다, 『논어』, 70쪽.

40 마음이라고 하면 일체유심을 설하는 불교의 종파들을 우선 떠올리게 되는데, 그 외에도 현대의 심리학은 프로이트의 정신분석학에서 카를 융(Carl Jung)의 무의식의 세계, 그리고 생물학과 연계해서 마음의 진화학까지 발전되어 나올 정도로 마음의 영역에 대한 연구는 계속 심화 확대되고 있다. 인간과 같은 고도한 지적인 동물에게

의 문제는 어디까지나 현실세계에서 가능한 이상적인 사회의 건설, 공자의 말로 하면 사문(斯文), 즉 주나라 문화의 보존이었다. 호학을 자랑했던 공자가 "述而不作"이라고 자신의 학문 방법을 말한 데서도 이러한 태도가 엿보인다. 그리고 그 행동원칙은 이전 은대의 그것처럼 여(如) 자에 보이듯이 여무(女巫)의 신탁에 따라서, 신의 말씀에 따라서 하는 것이 아니라 스스로 자신의 마음으로 생각하고 자신과 같은 타인을 배려해서 행동하는 "己所不欲勿施於人"이라는 소박하지만 불멸의 도덕법칙이라고 할 수 있는 타인을 위한 배려의 마음씨였다.

도덕의 힘은 생각보다 크다. 은주혁명을 계기로 한 도덕주의는 사회의 모든 방면에 큰 영향을 끼치게 된다. 공자는 인(仁)이 물과 불보다 중요하다고 강조하면서 인간에게 도덕의 중요성을 각성시켰고, 이것은 그의 "朝聞道夕死可矣"라는 강렬한 말에도 반영되어 있다. 이러한 인문주의적 각성이 한번 자리를 잡게 되자, 국가안보에도 영향을 끼치게 된다. 예를 들면 『좌전』 「소공 4년」(기원전 538)에 나오는, 진평공이 자국의 지세와 전마를 믿고 초나라의 공격에 자신만만하자 사마후(司馬侯)가 응대했다고 하는 일화가 그렇다. 진평공이 우리는 지세가 험요(險要)하고 전마가 많이 생산된다고 하면서 초나라의 공격을 걱정할 필요가 없다고 하자, 사마후는 이렇게 반대한다.

> "그것이 국가를 굳건히 만드는 요소는 아닙니다. 이는 예로부터 그러했습니다. 그래서 선왕이 덕을 닦아 신령과 사람 사이를 소통시켰다는 얘기는 있어도 험요한 지세와 전마에 의지했다는 얘기는 없습니다."[41]

는 "精神一到何事不成"(마음을 집중하면 이루지 못할 일은 없다)이라는 말대로 마음은 중요한 그 무엇이 되어버렸다. 물론 반대로 "마음을 아무리 집중해도 아무 일도 이루어지지 않는다"라고 회의하는 사람에게는 마음이 무의미할지도 모르지만 말이다.

41 『左傳』 昭公 4年: "恃險與馬, 不可以爲固也, 從古以然, 是以先王務修德音,

이 일화는 국가의 군사력을 결정하는 요소에서도 험준한 지세나 우수한 전마와 같은 지리적 군사적 요소가 아니라 선왕이 덕을 닦아 신령과 사람을 소통시키는 것이 중요하다는 것을 보여준다. 후에 공자가 정치의 본질을 묻는 자공의 물음에 대해 경제력과 군사력보다 백성의 신뢰가 더 중요하다고 답한 것과 비슷한 맥락이라고 할 수 있다. 진평공의 험요한 지세보다 도덕이 중요하다는 것은 「주고」의 관성중덕(觀省中德)의 정신과 상통하는 데가 있다.

앞서 말한 『서경』 「태서」에서 은주혁명을 가능케 한 "무왕에게는 신하가 3천 명이지만 한마음으로 단결되어 있다"고 말한 마음의 일치단결도 그러한 신뢰에서 나왔을 것이다.

"무왕에게는 신하가 3천 명이지만 한마음으로 단결되어" 그 시너지의 효과로 억만 명(고대의 억은 10만)에 승리할 수 있었다는 것은 3천 명이 서로 소통되어 있었기 때문이다. 그렇다면 3천 명을 소통시킬 수 있는 것은 무엇인가? 그것은 바로 서로를 이어주는 믿음이라는 고리일 것이다. 무왕과 그 신하 3천 명 사이에는 무엇인가의 약속이 있었을 것이다. 그것이 깨진다면 그 마음은 은나라 주왕의 신하들처럼 흐트러진 힘없는 마음이 될 수밖에 없다. 공자가 앞서서 강조한 굶어죽더라도 없어서는 안 되는 신(信)이라는 것이 그것이다. 그러나 앞장에서 고찰한 바와 같이 공자가 중시한 신(信)이나 법가가 강조한 법(法)은 모두 주술적 의미를 떨쳐버린 국가를 지탱하는 새로운 가치관을 보여주는 말이 되었지만, 이것들이 민의 동의를 얻어서 어떤 국가적인 제도로까지 실체화되지는 못했다. 그것은 중국 고대문명이 주로 사회지배층을 중심으로 위로부터 추진되는 문명건설이었으며, 다른 4대문명과 비교할 때 유일하게 현존하는 상형문자인 중국의 한자와도 관계가 깊은 것 같다. 한자는 주령시대의 산물이라고 할 수 있지만

以亨神人, 不聞其務險與馬也."

주령시대는 악령과 사령이 도처에 도사리고 있는 공포의 시대였다. 한자에 내포된 제례의식, 특히 주술과 관련된 기이한 정체불명의 동물과 인신공양의 흔적들은 외부의 공포에 대한 인간의 생존본능의 의지가 발현된 결과일 것이다. 그리고 충서(忠恕)의 충(忠)과 서(恕)와 같이 마음 심(心)이 붙은 글자들이 출현한 것은 인간이 스스로의 능력을 자각하기 시작한 것을 보여주는 점에서 주목된다. 이러한 심부(心部)가 붙은 글자들의 출현은 주령시대에서 인간적인 시대로의 전환을 표시하는 지표가 된다고 해도 좋을 것이다. 그중에서 특히 흥미로운 글자로서 내면화 과정의 산물로서 생겨난 글자 하나를 소개하고 싶다. 염(念)이라는 글자인데, 이 글자는 본래 술을 담아두는 그릇인 술통에서 비롯된 글자이다.

생각 염(念, niàn)

성부가 금(今)인 형성자이다. 금(今)은 마개(栓)가 달려 있는 뚜껑의 모양이다. 단지나 병 모양의 하부에 꼭지가 붙어 있는 뚜껑이다. 마실 음(㱃)은 음(飮)의 본래 글자인데, 염(酓)은 술통(酉)을 마개(今)로 닫은 모양이다. 심(心)은 심장의 모양이다. 마개를 해 속의 것을 막아버리듯이 심중에 깊숙이 감추는, 심중에 깊이 생각하는 것을 염(念)이라 해 '생각하다, 생각, 마음'이라는 뜻이 된다.

왜 하필 술통마개가 마음을 상징하는 모양이 된 것일까? 은나라 사람들이 매일 술 마시다가 나라를 잃은 대신 마음을 얻기라도 한 것일까? 술과 생각은 관계가 깊다. 예로부터 시인 묵객들은 술을 마시며 영감을 받아 시를 짓고 글을 쓴다고 하고, 사람들은 술을 마셔야 심중의 생각을 털어놓게 되며, 본성을 발산하는 경향이 있기 때문인지도 모른다. 심한 경우로 술 때문에 나라를 망친 은인들의 예를 들 수가 있다. 그렇다면 염(念)이라는 글자는 술 때문에 나라를 잃은 은나라 사람들이나 나라를 얻은 주나라 사람들이 이 글자를 발명했다고 해도 당연할 것이다. 나는 인간은 어떻게 자기의 내면을 자각하는 그러한 호모 사피엔스가 되었는지 곰곰이 생각해 보면서 이 책을 써 왔다. 그중에서 염(念) 자를 보면서 힌트를 얻은 것 같아 반가웠다. 인간은 술을 마시면서 다소 몽롱하게 술에 취한 상태가 되어 자신의 속내를 이야기하면서 수다를 떨면서 이런저런 이야기를 하는 중에 때로는 후세에 남길 만한 그럴듯한 말도 하는 존재가 아닌가? 플라톤의 『향연』이라는 책의 제목은 그리스어로 '심포지엄'(symposium)인데, 그 말은 '함께 술을 마신다'는 뜻이다. 실제 『향연』 속의 인물들은 밤새 술을 마시면서 고상한 진리를 이야기하고 있다. 술을 마시면서 이런 지상의 철학을 이야기한 문명의 예는 별로 들어본 적이 없다. 「주고」는 관성중덕(觀省中德), 즉 스스로 살펴 덕에 맞게 행동을 하라고 깨우치고 있다. 자신을 흠모하는 미모의 청년 알키비아데스의 유혹에도 넘어가지 않고, 육체적인 에로스의 사랑보다 정신적인 에로스의 사랑을 추구하라고 가르친 소크라테스야말로 바로 그러한 사람이라고 할 것이다. 은주혁명이 지나친 음주와 사치에 절어 있던 은의 지배자들 탓에 일어난 것이라고 한다면, 음주를 하더라도 타인을 배려하고 절제할 수 있는 내면적인 힘을 가진 사람이야말로 '생각하는 사람'이라는 것을 염(念) 자는 깨우쳐 준다.

2. 도덕과 이성

천하 사방이 두려운 공포의 악령으로 뒤덮인 세계는 도덕적 우위가 아닌 미지의 세계로, 주술이라는 원시과학적 도구에 의지해 길을 만들어 가야 하는 세상이었다. 그러나 주술의 세계는 인간이 자연과 끊임없이 교섭하는 과정에서 인지와 기술의 발달로 점차 인간 중심적 세계로 움직여가게 된다. 그리하여 인간 내면의 의지와 노력으로 자연을 움직일 수 있다는 것을 각성하게 된 것이다. 그러한 의미에서 은주혁명은 단순한 왕조혁명이 아니라 사람들의 관념을 변혁하는 전환의 시대였다고 할 수 있다. 물론 문자의 의미에서도 그 변화는 감지된다. 외(畏)는 귀신에 대한 두려움에서 천명의 엄숙함, 천명의 위엄으로 변하고, 간(諫)은 본래 소송 때 속시를 넣는 주머니인 동(東)을 추가한 글자로 본래 맹세라는 뜻인데, 간계(諫戒)의 뜻으로 변하며, 민(敏)은 제사에 분주한 부인이라는 뜻에서 정무에 복무하는 관리로 변한다. 분주(奔走), 숙석(夙夕)도 제사 용어에서 왕사(王事)에 분주하다는 뜻으로 변화한다는 것 등등이다.[42] 이러한 글자들은 대개 제사와 관련된 용어들이 도덕적 의미로 변화하는 것을 보인다. 사람들의 역사관에도 이른바 도적주의 사관이라 할 새로운 역사관의 탄생을 볼 수 있다. 이른바 공자의 춘추필법은 도덕주의적 역사 심판론이라 할 수 있고, 사마천의 『사기』도 공자의 춘추필법을 잇는다고 밝히는 점에서 도덕주의 사관이라고 할 수 있다. 유명한 천도시비(天道是非) 운운이 그것이다.

사마천(司馬遷)은 『사기』를 저술하면서 그 목표를 천인지제(天人之際)를 관통하고, 고금의 도를 통달해 일가의 학을 이루겠다는 데 목표를 두었으나, 그가 『사기』에서 백미라고 불리는 열전의 수권(首卷)인 「백이열전」(伯夷列傳)에서 천도시비를 물은 것은 천인지제의 길이 단절된 것이고, 이는 '주술에서 도덕으로'라는 새로운 가치기준의 패러다임 등장을 의미하는 것이라 할 수 있다. 그러면서 그는 역사학에서 도덕적 판관으로서 자처했던 것이다. 같은 춘추필법의 공양학 전문가인 동중서(董仲舒)에게서 배우기도 했던 사마천이 공자를 이어 공양학적 춘추필법으로 후세에 재심을 기대한 것은 당연한 일이었을 것이다. 왕위를 양보한 내용의 「오태백세가」(吳泰伯世家)를 「사기세가」(史記世家)의 첫 번째에 둔 것이나, 새로운 왕조에 충성을

42 白川靜, 『漢字』, 東京: 岩波書店, 1970, p. 122.

거부하고 비극적인 최후를 거둔 내용의 「백이열전」을 「사기열전」의 첫 번째에 둔 것은 『사기』를 춘추필법의 서라고 할 근거가 될 것이다. 특히 「백이열전」에서 천도시비를 운운하는 사마천의 입장은 이를 잘 대변한다. 『사기』는 풍부한 사료를 기전체라는 전대미문의 체제 속에 정리한 불후의 역사서로 손꼽히지만, 그 속에 담긴 정신은 근대적인 역사학의 수준에서 볼 때는 도덕주의의 한계를 벗어나지 못하는 것이었다. 이러한 『사기』의 체제에 대해 일찍이 베버는 "고도로 발전한 중국의 역사서술에는 투퀴디데스와 같이 실제적인 사건과 자료에 근거하는 경험적 방법론이 결여되어 있었다"[43]고 말한 바 있다. 사건에 대한 합리적인 설명과 인간의 본성을 파고드는 예리한 기술로 이름 높은 『펠로폰네소스 전쟁사』의 저자 투퀴디데스는 자신의 역사서술의 목적을 다음과 같이 말한다.

> 내가 기술하는 역사에는 설화가 없어서 듣기에는 재미가 없을 것이다. 그러나 과거사에 관해, 그리고 인간의 본성에 따라 언젠가는 비슷한 형태로 반복될 미래사에 관해 명확한 진실을 알고 싶어 하는 사람은 내 역사기술을 유용하게 여길 것이며, 나는 그것으로 만족한다.[44]

그러나 2,000년 전에 사마천이 제시한 공양학적 가치관에 입각한 기전체 역사서술은 당대의 입장에서 높은 수준의 것이었다. 이러한 도덕적 역사학은 근대에 들어 전대미문의 세계대전을 경험한 전후의 역사학 세대에

---

43 김덕영, 『프로테스탄티즘의 윤리와 자본주의 정신』, 도서출판 길, 2010, 12쪽: "Der hochentwickelten chinesischen Geschichtsschreibung fehlt das thukydideische Pragma." Max Weber, 1920, *Gesammelte Aufsätze zur Religionssoziologie*, I, Tübingen: Verlag von J.C.B. Mohr, p. 2. 영역은 "The highly developed historical scholarship of China did not have the method of Thucydides." Max Weber, *The Protestant Ethic and the Spirit of Capitalism*, trans. Talcott Parsons, New York: Dover, 2003, p. 14.

44 투퀴디데스, 천병희 옮김, 『펠로폰네소스 전쟁사』, 숲, 2011, 44~45쪽.

와서야 비로소 극복 가능성이 제시될 만한 정도로 높은 수준의 것이라 할 수 있다.[45]

어쨌든 단편적이지만 스토리텔러로서의 사마천의 역량은 탁월한바 있고, 「사기열전」 등이 전하는 이야기의 재미가 『사기』를 지금까지 전해 오게 한 하나의 원동력이라고 하겠는데, 그와 아울러 중국에서는 역사의 심판이 신이 아니라 역사가의 공정한(?) 기록에 의한다는 춘추 이래의 오랜 전통이 있었다는 점을 주목할 필요가 있다. 『설문해자』에 사(史)를 풀이해 중정(中正)을 잡는다라고 한 해석이 그것이다. 그러나 이러한 추상적인 해석은 사실 불가능한 것이고, 그 후 20세기에 이르러 석학 왕국유와 나이토 고난(內藤湖南) 등의 연구에 의해 사(史)를 향사(鄕射)와 투호(投壺)의 의례에 사용하는 화살을 담는 그릇의 모양이라는 해석까지 나왔지만, 보다 정확한 해석은 갑골문자의 수집과 엄밀한 연구를 기다린 이후에 가능하게 된 것이다.[46] 사(史)는 역시 축문그릇의 모양인 축기 재(ㅂ)를 구성으로 하는 글자로서 신에게 드리는 기도와 제사에서 비롯되었다.

제사·글월 사(史, shǐ)

사(史)는 중(中)과 우(又)를 조합한 회의자이다. 중(中)에 두 개의 계통이 있는데, 위아래로 깃발을 붙인 깃대의 형과 목(木)에 축문그릇 재(ㅂ)를 걸친 형이다. 깃대는 중군(본진)의 장수가 올리는 군기의 깃대이다. 사(史)의 경우

45 Marc Bloch, *Historian's Craft*, Manchester: Manchester University Press, 1992, pp. 114~19. 재판관의 일과 역사가를 비교하면서 역사가의 임무는 재판관처럼 판단하는 것이 아니라 이해하는 것이라고 설득력 있게 말한다.

46 사(史)의 해석에 대한 역사 및 자세한 논고는 白川靜, 「釋史」, 『白川靜著作集別卷 甲骨金文學論叢上』, 東京: 平凡社, 2008 참조.

의 중(中)은 목(木)에 축기 재(ㅂ)를 붙인 형태이다. 우(又)는 우수(右手: 오른손)의 모양이다. 사(史)는 재(ㅂ)를 걸친 나무(木)를 손으로 높이 받들고 신에게 기도하며 제사지내는 의미이다. 사(史)는 3천 수백 년쯤 전의 은 왕조에서는 종묘에서 조상의 영을 제사지낼 때, 즉 내제(內祭) 때 조상의 왕을 사(史)하는 제사의 이름으로 쓰였다. 지방에 나가서 산이나 강을 제사지낼 때는 왕의 사자가 재(ㅂ)를 붙인 가지가 큰 나무(木)를 받들고 출행했는데, 그 나무(木)를 가진 사람을 사(使)라고 한다. 사자가 멀리 출행해 산이나 하천 등에서 국가적인 제사를 행할 때는 재(ㅂ)를 걸친 나무에 깃발을 붙여 받들었는데, 그것이 사(事: 제사, 섬기다)이고, 외제(外祭)라 한다. 사(史)는 본래 제사의 의미였는데, 후에 제사지내는 일을 하는 사람을 사(史)라 하고, 또 제사를 기록하는 사람이나 제사의 '기록'(文)도 사(史)라고 해 역사(歷史: 인간사회의 변천의 모습. 또 그 기록)라는 의미로 쓰이게 된다.[47]

사(史)에 비해 서구에서 역사는 'history'이고 영어의 'story'처럼 역사는 곧 이야기를 뜻한다. 그런데 그리스 헤로도토스의 『역사』에는 사건의 조사 탐구라는 의미가 담겨 있다고 한다. 투퀴디데스의 『펠로폰네소스 전쟁사』도 과학적인 비교로 시작한다. 사마천이 제시한 "하늘과 사람의 관계를 구명하고 고금의 변화에 통"하려고 한 목표와는 다르다. 이미 사마천에게는 천하라는 하나의 완결된 닫힌 세계라는 관념이 존재하고, 이와 대립하는 다른 대등한 세계를 인정하려고 하지 않는 것 같다. 여기서 그리스인의 서술과 중국인의 서술은 대조적인 것 같다. 특히 외국을 대하는 태도가 그렇다. 가령 『사기』 「조선열전」(朝鮮列傳)을 보면, 조선 자체에 대한 정보는 거의 없다. 그보다도 조선 등 일국의 외국 문명을 그 행적을 칭양할 만한 위인임이 틀림없지만 백이·숙제 등 일개인의 열전과 동등하게 배치

47 白川靜, 『常用字解』, 史.

해 균형을 잃은 서술이라는 점에서 기전체 사서 『사기』의 맹점을 지적하지 않을 수 없는 것이다. 헤로도토스의 역사나 투퀴디데스의 역사가 각각 대제국 페르시아와의 전쟁기록과 그리스 문명의 패망을 초래한 아테네와 스파르타 동맹 간의 전쟁기록이고, 비교적 객관적으로 기술되어 있음을 고려할 때, 『사기』의 역사서술은 매우 중국 중심의 화이관적 입장에서 서술되어 있다. 「사기세가」의 서두를 장식하는 「오태백세가」도 그러하다. 「오태백세가」의 경위는 다음과 같다.

> (주나라의 중시조 고공단보의 막내 아들) 계력은 현명하였고, 또 덕성과 지혜로 지극히 훌륭한 희창이라는 아들이 있었다. 태왕이 계력을 옹립하고 장차 희창에게 왕위를 전해주려고 하자, 태백과 중옹 두 사람은 형만 지방으로 도망가서 몸에 문신을 하고 머리칼을 잘라 임금이 될 수 없다는 뜻을 표시하여 계력을 피하였다. 계력이 과연 왕위에 오르니 그가 바로 왕계(王季)이고 희창이 바로 문왕이 된다. 태백은 형만으로 도망가서 스스로 왕위에 올라 구오(句吳)라고 칭하였다. 형만 사람들은 그를 앙모하여 그를 따르는 자가 천여 호가 되었으며 그를 오태백에 옹립하였다.[48]

그런데 후에 전국시대의 오왕 부차(夫差)로 유명해지게 될 그 강남의 오나라가 주 왕조와 같은 혈족이라는 이 역사를 사실로 믿기에는 「오태백세가」의 내용이 너무 빈약하다. 형만 사람들이 "왕위를 양보하여 그를 앙모하여 오태백에 옹립했다"는 이러한 이야기 자체가 매우 도덕주의적이라는 것을 알아차릴 수 있을 것이다. 「백이열전」의 주인공 백이·숙제도 고죽국의 왕자로서 왕위를 양보했다고 하거니와 고공단보의 세 아들 중 두 아들인 태백과 중옹이 왕위를 양보하고 강남으로 내려간 것은 같은 구성의 이

48 『史記』 卷31, 「吳泰伯世家」.

야기인데, 『사기』가 이를 세가와 열전의 수편으로 장치한 것은 특별한 의미가 있다고 생각되지만, 역사적으로는 적장자 상속이 아직 확립되지 않았던 것을 반영하는 것으로 추론된다.

『사기』 「은본기」(殷本紀)에 의하면 은은 탕왕(湯王)에서 제신(帝辛)에 이르기까지 30명의 왕 중에서 아우가 계승한 것이 14, 아들이 왕위를 계승할 때도 대부분 형이 아닌 동생의 아들이었다. 「은본기」는 중정(中丁) 이후 9대에 걸쳐 내란이 일어났다고 하는데, 그동안 왕위분쟁이 있었던 것으로 보인다.[49] 은대의 왕위계승이 형제계승의 특징을 보인다고 한다면 주대는 적장자계승이라는 점에서 차이를 보이는데, 이와 함께 종법제도가 같이 작용되는 것이 주대의 특징이다. 즉 주나라는 형제간에 서로 계승하는 경우, 그 아버지의 후계가 되는 것이 아니라 실제로 계승한 형제의 후계자가 되는 것이었다. 춘추시대의 제도로 말하자면 『춘추』 「문공(文公) 2년」(기원전 625) 조에서 "8월 정묘일에 태묘에서 제사를 지냈는데, 희공(僖公)을 민공(閔公)의 위로 올렸다"라고 했는데 『좌전』은 이를 역사(逆祀), 즉 상하의 순서를 거스른 제사라고 표현한다. 『춘추공양전』(春秋公羊傳)에서는 "이는 잘못된 것을 나무라고자 그렇게 기록해 둔 것이다. 무엇을 나무란단 말인가? 제사의 순서가 거꾸로 된 것을 나무란 것이다. 어째서 제사의 순서가 거꾸로 되었단 말인가? 아비를 먼저 하고, 할아비를 뒤에 했기 때문이다"라고 했다.[50] 희공은 본래 민공의 이복형이었지만 『춘추공양전』에서는 민공(기원전 661~660)을 할아버지라 하고 희공(기원전 659~627)을 아버지라고 했는데, 이는 희공이 형이었지만 동생인 민공(기원전 626~609)의 뒤를 이었으니, 곧 민공의 아들이 된 것임을 말한다.

문공은 희공이 민공의 형이어서 민공의 위로 올렸지만, 『춘추』는 희공이 자연법적으로는 민공의 형이지만, 왕의 계보상으로는 민공의 후계로 아

49 왕궈웨이, 「은주제도론」, 173쪽.

50 왕궈웨이, 「은주제도론」, 193쪽.

들이 되므로 종묘신위의 서열이 바뀌어서는 안 된다는 것이다. 이렇게 명분을 강조하는 주나라의 적자상속법은 후세에도 왕위계승을 둘러싸고 명분론자의 주장에 큰 근거가 된다. 예컨대 송대 복의(濮議) 문제를 들 수 있다. 송 제5대 황제 영종(英宗)은 복왕(濮王)의 아들로 인종(仁宗)의 뒤를 이었는데, 황제로서 친부인 복왕(濮王)의 전례 문제를 지시하게 된다. 여기에서 구양수(歐陽脩) 등은 부친(皇考)이라고 불러야 한다고 했으나, 사마광(司馬光) 등은 황제의 계보상으로는 인종이 부친에 해당하므로 친부인 복왕을 백부(皇伯)라고 부를 것을 주장해 탄핵을 받게 되는 일이 벌어진다. 결국 황제의 소망에 따라 조태후(인종의 비)의 인가를 얻어 복안의왕(濮安懿王)을 황고복안의황(皇考濮安懿皇)으로 존칭하게 되나 명확한 황제의 존호는 얻지 못하고, 영종의 사거 이후로 상황은 흐지부지된다. 이 복의(濮議)는 한반도의 역사 전개에도 영향을 끼친다.

조선 현종(顯宗) 때 일어났던 두 차례의 예송논쟁(禮訟論爭)은 송대의 복의(濮議)가 조선정치에서 재현된 것이라고 할 수 있다. 조선에서는 호란이라는 국난을 겪은 후 청에 대한 북벌을 준비하던 효종(孝宗)이 급서하자 그 어머니(계모)인 조대비의 복상 기간을 3년으로 할 것인가 1년으로 할 것인가에 대한 논쟁이 일어났는데, 이를 1차예송인 기해예송(己亥禮訟, 1659)이라 한다. 송시열(宋時烈) 등 서인은 조대비는 효종의 어머니라서 신하가 될 수 없고, 효종은 조대비에게 장남이 아닌 차자이므로 차자로서 기년상(朞年喪)이 당연하다는 주장이었다. 이에 대해 허목(許穆)과 윤휴(尹鑴) 등 남인(南人)은 효종이 비록 둘째아들이지만 왕위를 계승했으므로 장자로 대우해 3년상을 해야 하며, 어머니도 신하가 되어야 한다는 입장에서 3년상을 주장한 것이다. 현종은 논의 끝에 기년상으로 확정했지만, 남인 윤선도(尹善道)가 기년상은 효종을 차자로 경시하는 것이라고 이의를 제기하자 서인(西人)이 윤선도를 탄핵해 유배당하고 이를 계기로 서인이 정권을 독점하게 되었다.

종법상 효종이 장남인가 차남인가의 문제가 예송의 관건이었는데, 이 문제는 15년 후 효종의 비가 죽으면서 또 한 차례의 예송으로 재현한다(갑인예송甲寅禮訟, 1674). 효종의 비가 죽자 조대비가 입을 상복이 문제가 된 것인데, 장자의 며느리로 보면 상복은 1년인데, 차자의 며느리로 보면 대공(大功, 9개월)이다. 서인 쪽에서는 1차예송 때처럼 차자로 보아 대공상(大功喪)을 주장하고, 남인은 장자로 보아 1년상을 주장해 싸운 것이다. 2차예송에서는 국왕 현종이 효종의 종통(宗統)을 부정하는 듯한 서인의 대공상 주장에 분노해 기년상으로 결정하고 서인은 정권을 잃게 된다.

예송은 단순한 성리학적 공리공담의 문제가 아니다. 원칙적으로 누구든지 예(禮)는 같아야 한다는 서인의 주장(天下同禮論)과, 임금의 예는 일반 사람들의 그것과는 달리 변칙적으로 적용될 수도 있다는 남인의 주장(王者禮不同士庶論) 사이의 이념논쟁은 곧 정치적 투쟁이기도 했다.[51] 무엇보다도 군주의 정통성 문제와도 직결되기 때문이다. 효종을 장남으로 볼 것인가 차남으로 볼 것인가, 또는 아들로 볼 것인가 군주로 볼 것인가에 따라 상복을 입는 기간이 3년이냐 1년이냐로 크게 갈리고, 이에 따라 국정이나 사회에도 큰 영향이 미칠 수 있다. 정통성과는 무관하지만 상복의 기간을 두고서는 이미 『논어』에서도 그 실효성을 두고 공자와 그 제자 재아(宰我, 이름은 재여宰予)의 논쟁으로 나타난 바 있다.

> 재아가 여쭈었다. 부모에 대한 3년상은 1년이 지나고도 또 한참 계속됩니다. 위정자가 3년 동안이나 상에 복해 예식을 행하지 않고 있으면 예식은 무너지고 3년 동안이나 음악을 행하지 않고 있으면 음악도 무너져 버리게 될 것입니다. 묵은 곡식이 다할 무렵은 바로 햇곡이 여물게 되는 때입니다. 부싯돌을 뚫어 불을 붙여 헌 불 대신 새 불을 쓰는 것도 1년마다 하는

51 지두환, 「조선후기 예송연구」, 『부대사학』 11, 1987; 방상근, 「17세기 조선의 예(禮) 질서의 재건과 송시열: 현종대(顯宗代) 예송논쟁의 재해석」, 『동양정치사상사』 16(1), 2017.

데 상도 1년으로 끝내는 것이 좋지 않겠습니까?

선생께서 대답하셨다. 너는 부모가 돌아가신 지 1년 지나 맛있는 밥을 먹고 비단옷을 입는 보통의 생활로 돌아가는 것이 마음에 아무렇지도 않느냐? 재아가 대답했다. 별로 그렇지 않습니다. 선생께서 말씀하셨다. 네가 아무렇지도 않게 생각한다면 좋을 대로 하거라. 아, 옛날 사람들은 상을 입고 있을 동안은 맛있는 것을 먹어도 맛있는 줄 모르고 음악을 들어도 즐겁지 않고 편안히 있으려고 해도 제정신이 아니기 때문에 처음부터 그렇게 하지 않는 것이다. 그런데 네가 그렇게 해도 아무렇지 않다면 좋을 대로 하거라. 재아가 물러나갔다. 선생께서 말씀하셨다. 여(予＝재아)는 참으로 불인한 사람이구나. 자식은 태어나 3년이 지나서야 비로소 부모의 품에서 떠난다. 따라서 부모를 위해 3년상을 입는 것은 천하 도처에서 통하는 원칙이다. 여는 그 부모에게 3년의 은혜조차도 갚을 생각이 없다는 말이냐?[52]

3년상에 대한 공자의 주장은 의외로 완강함을 보여준다. 후대의 사람

52 『論語』「陽貨」: "宰我問. 三年之喪. 期已久矣. 君子三年不爲禮. 禮必壞. 三年不爲樂. 惡必崩. 舊穀旣沒. 新穀旣升. 鑽燧改火. 期可已矣. 子曰. 食夫稻. 衣夫錦. 於女安乎. 曰. 安. 女安則爲之. 夫君子之居喪. 食旨不甘. 聞樂不樂. 居處不安. 故不爲也. 今女安. 則爲之. 宰我出. 子曰. 予之不仁也. 子生三年. 然後免於父母之懷. 夫三年之喪. 天下之通喪也. 予也有三年之愛於其父母乎"(재아宰我가 묻자오대 3년의 상喪이 기期가 이미 오래되나이다. 군자가 3년을 예禮를 하지 아니하면 예禮는 반드시 무너지고 3년을 악樂을 하지 아니하면 악樂은 반드시 무너지리니 구곡舊穀이 이미 몰沒하고 신곡新穀이 이미 승升하며 수燧를 찬鑽하여 화火를 개改함도 기期로 가하리이다. 자 가라사대 쌀밥을 먹고 비단옷을 입음이 네게 편안하느냐? 가로되 편안하나이다. 네 편안하거든 하라. 군자는 상喪에 거居함에 단것을 먹어도 달지 아니하며 음악을 들어도 즐겁지 아니하며 거처居處함에 편안하지 아니하는 고로 하지 아니하나니 이제 네 편안하거든 하라. 재아가 출出하거늘 자 가라사대 여予의 불인不仁함이여. 자식은 태어나 3년 연후에 부모의 품을 벗어나나니 3년의 상喪은 천하에 통한 상喪이니라. 여予도 그 부모에게 3년의 사랑을 받았을진저). 미야자키 이치사다, 『논어』, 276~77쪽.

들은 상복에 정치를 끌어들여 살벌한 투쟁을 벌이는데, 공자는 이런 것을 예상했을까? 재아라는 제자의 공자에 대한 답변은 거침없고, 두 사제 간의 논쟁을 객관적으로 평가해 보면 재아의 논리가 더 정연하고 철학적이며, 공자는 감정적이고 관습적이며 구세대의 논리를 대변하는 것처럼 보인다. 그런데 이 재아라는 제자는 낮잠을 자다 공자에게 썩은 흙으로는 담장을 칠할 수 없다고 혼이 나기도 했고, 재아의 행동 때문에 공자가 자신의 행동 방침을 바꾸기로 했다는 심한 말을 듣기도 했던 바로 그 문제아 아닌가? 돌이켜 생각해 보니 공문(孔門)의 중대한 예법인 상례에 대한 거대한 반기를 재아가 스승의 면전에 대고 들이댔으니 공자로서 매우 격노했을 법하다. 그래서 엉뚱하게 스승으로부터 미움을 받았던 것은 아닌가 하는 의심도 슬며시 든다. 물론 자공처럼 재아 못지않게 총명하면서도 스승의 사후 3년상이 아니라 6년상을 모셨던 놀라운 제자도 있었다는 것을 우리는 알고 있다. 공자는 망명 시절에 자신이 사문(斯文)의 담당자라며 천명(天命)이 자기를 보호할 것이라고 선언할 정도로 정치적 위기에 민감하게 반응했다. 그것은 예언가나 정치가로서 드물게 보이는 공자의 면모인데, 여기 3년상 논쟁에 나타나는 공자의 감정적 모습 또한 드물게 보이는 면모라 할 것이다. 호학(好學)을 자부하는 공자와 사문의 수호자를 자처하는 공자의 모습은 어울리지 않는 것으로서 한 사람의 내면이나 성장 과정에서도 갈등을 일으키며 대립하는 요소일 것이다. 호학이 모든 존재하는 기성 제도와 관습의 존재에 의문을 제기하고자 한다면 사문은 기성의 존재에 절대적인 가치를 부여하고 수호하려 하기 때문이다. 사문은 어느 문명권에나 있는 것이겠지만 그 문화가 특히 한자와 같은 표의문자를 통해 전해져 오는 문명권에서는 더욱 보수적이 되는 경향이 있는 것 같다.

은에서 주로의 변화는 왕국유의 은주혁명론이 갈파하듯이 지대한 의미가 있을 것이다. 산업혁명의 여파로 19세기에 중국이 서양열강에 문호를 개방당하고 만국공법의 평등한 외교질서체제에 편제되기 이전까지 3,000년간의 동아시아 세계질서는 주 왕조의 세속적이고 인간주의적인 천명과 화이적 가치관에 의해 유지되어 왔기 때문이다. 천명(天命)과 화이적 가치관의 배후에는 중국이라는 문명세계가 주변 국가들에 비해 도덕적으로 우월하다는 가치관이 깔려 있다. 그리고 이러한 가치관이 성립되는 시기가 바로 은주혁명을 계기로 일어난 주 왕조의 시대였던 것이다. 말하자면 은주혁명을 경계로 주술적 세계에서 도덕적 세계로 이행한 것이므로 그 변화의 의미가 큰 것이다.

앞에서 사(史) 자의 자의를 밝히면서 갑골문의 연구에 의해 비로소 은대 당대인들이 사용했던 동시대적인 의미에서 사(史)의 의미가 밝혀졌다고 말했지만, 그전에 나이토 고난(內藤湖南)이나 왕국유 등의 탁월한 학자들의 연구가 선행해 있었다. 특히 왕국유는 공자와 같은 호학의 정신으로 『설문해자』의 도덕주의적 자의 해석의 전통에 얽매이지 않고 자유로운 해석을 시도했으며, 이러한 호학정신이 은주혁명론과 같은 창의적인 연구를 탄생시켰다고 할 수 있을 것이다. 그럼에도 그는 당대의 운명을 비관해 스스로 이화원(頤和園)에 몸을 던져 생을 마감했다. 호학을 위한 자유와 사문의 수호와의 갈등을 해결할 수 없었던 시대의 비극이라고 생각된다. 어쩌면 중국문명이 낳은 숙명적 문제인 것은 아닐까 생각되기도 한다. 이런 문제와도 무관하지는 않은 것으로서 중국 문자와 문화의 본질을 이야기해 보고 싶다.

제6장

국가와 문자

1. 고대제국과 그 공용성

"창힐이 문자를 발명하자 하늘에서 곡식이 내리고 귀신이 울었다"라는 창힐신화는 문자와 국가의 불가분한 관계를 상징하는 것으로 보인다. 정치인류학자 제임스 스콧은 인력과 곡물의 결합체로서 국가론을 제시한 바 있지만,[1] 진시황제가 천하를 통일하는 과정에서 나타난 문자와 도량형(度量衡) 사상의 통일 등은 스콧이 이전에 제시한 근대국가론을 방불케 한다. 스콧의 근대국가론은 중앙에 의한 지방사회의 자원과 인력의 획일적 파악을 가독성(可讀性, legibility)이라는 개념으로써 이해하고, 아울러 국가가 읽기 어려운 지방사회의 현실적 문제들을 제시해 근대국가가 실패할 수밖에 없는 이유를 제시한 것인데, 중앙정부에 의한 일방적인 근대화에 대한 심각한 반성을 제기하는 점에서 주목된다. 국가의 본질을 기본적으로 곡식

1 제임스 스콧, 『농경의 배신』, 2019.

과 인구를 파악하기 위한 시스템으로 이해하는 스콧은 국가가 지배의 효율성을 위해 인구와 자원을 수량화하고, 계획의 실행을 위해 단순화를 추구하는 경향이 있다고 주장한다. 스콧은 그렇게 해서 국가통치술의 핵심 문제를 가독성으로 간주하는데, 가독성의 의미는 다음과 같은 그의 말에 잘 드러난다.

> 어떻게 국가는 자기 백성과 그들의 환경을 점차적으로 관리하게 되었을까? 성씨의 창제, 도량형의 표준화, 토지조사와 인구등록, 토지 소유제 창안, 언어와 법률적 담론의 표준화, 도시 설계, 그리고 교통의 조직화처럼 전혀 이질적인 과정을 문득 가독성과 단순화를 위한 시도로 이해할 수 있을 듯싶었다. 각각의 경우 국가 관리들은 토지 보유 관습이나 작명 습관같이 너무나 복잡하고 파악하기 어려운 지역적 관행을 빼앗는 대신, 중앙집권적인 차원에서 기록하고 감시할 수 있는 하나의 표준화된 격자를 창조했다.[2]

스콧의 국가론의 요점은 복잡하고 파악하기 어려운 지방적·사회적 자원을 국가가 동원할 수 있도록 사회를 표준적인 격자(格子)로 만들어 국가 관료가 기록하고 감시하고 조종한다는 것이다. 근대국가론의 문제는 국가에 의한 일방적인 지배인 획일적 도량형제도와 같이 통일적 지배의 필연성에서 오는 실용적 편의성에도 불구하고 지방의 현실성을 희생한다는 점에서 실패의 필연성을 안고 있다는 것이었다. 마찬가지로 고대 중국의 황제 중심적 제민지배(齊民支配) 문제도 그 효율적 지배를 위해 지방의 현실과 사정 등을 별로 배려하지 않고 있다는 점을 들 수 있다. 철저한 계수와 계량 위에 세워져 빈틈없어 보이는 고대 중국의 태평성대도 그 실상은 황제 지배의 탐욕과 이를 분식(粉飾)하는 능력 있는 서리(書吏)의 도필(刀筆) 위

---

2 제임스 스콧, 전상인 옮김, 『국가처럼 보기』, 에코리브르, 2010, 20~21쪽.

에 만들어진 허상에 불과한 것임을 고대사학의 걸작은 밝혀주고 있다.[3]

특히 낭야군(琅邪郡) 당읍현(堂邑縣)의 회계장부가 보여주는 방식은 황제 권력에 아부함으로써 가능한 것이었음을 노골적으로 드러낼 정도로 관료 사회의 부패를 보여주는 것 같다. "당읍현은 보통 현이 은폐할 대소 약점을 숨기지 않는 한편, 상식을 초월한 복제(復除)와 감면 및 허증(虛增)을 공공연히 자행했지만 황제의 덕정으로 그 탈루를 포장"[4]했는데, 이것은 당읍현이 세액의 상당 부분을 허위신고로 면제받을 수 있었던 일이 황제의 사적인 재정(小府)에 들어가는 수입을 충실히 납입할 수 있었기 때문이라는 사정을 알아야 이해할 수 있는 일이다. 다시 말해 그들이 면제받을 세금은 대개 노비의 재산세나 농민의 전조(田租) 등 사회적 약자들의 세금을 탈루시키는 대신 탈루해서는 안 되는 사회적 최강자인 황제에게 바칠 세금은 철저히 납부하는 방식인 것이다.

도량형을 통한 칭수적(稱數的)인 지배의 결함이 여기에 드러난다. 철저한 계수에 의한 칭수적 지배의 결과, 인간은 "천수(天數)와 자연에서 소외되어 계수(計數)와 규격의 세계에 매몰된 노동 단위로 전락했으며, 그 노동의 질이나 의미는 점차 무시"[5]되게 된다. 중앙집권적 황제지배는 결국 중앙으로 모이는 숫자의 총합만 맞으면 되는 것이고, 숫자의 질은 묻지 않게 되는 것이다.

이렇게 물화(物化)된 인간을 구제할 하나의 방편이 될 천수적(天數的)인 인간관이 바로 동중서의 천인합일적 인간관인데, 이것은 인간을 칭수적 수치의 대상으로서가 아니라 천수(天數)에 부합하는 구조로 태어난 천의 축소판 또는 소우주로 파악한다. 『사기』 「천관서」(天官書)의 세계관과도 통

---

3 이성규, 『數의 제국 秦漢: 計數와 計量의 支配』, 대한민국학술원, 2019는 더할 나위 없는 세밀한 실증적 연구로 이 문제를 천착하고 있다.

4 이성규, 『數의 제국 秦漢: 計數와 計量의 支配』, 759쪽.

5 이성규, 『數의 제국 秦漢: 計數와 計量의 支配』, 766쪽.

하는 이 천수적 인간관에서는, 인간은 성인의 교화를 통해 타고난 천수(天數)에 근거한 천성(天性)의 완성에 의해 해방된다.[6] 이처럼 칭수적 지배와 그 대안으로서 천수적 지배가 한 제국의 통치를 좌우했다고 하지만 현실적으로는 칭수적 지배가 대세였고, 그 지배(仁政)의 실제는 가렴주구(苛斂誅求)의 행정이 대부분이었지만 "고대 중국에서 이것을 효과적으로 방지할 수 있는 수단이 거의 없었기 때문"[7]이라고 한다.

고대 중국에 관해 경청할 만한 노(老) 사가의 평생에 걸친 학문적 탐구는 결론적으로 제민지배의 실상이 황제권력과 중간관료층의 결탁에 의한 피라미드적인 하층민의 지배였음을 폭로하는 것이라 할 것이다. 제민지배의 파탄은 결국 문자와 숫자로 분식되고 조작된 서리들의 위조문서에 의한 징세행정과 재판행정의 파탄이라고 해도 과언이 아닐 것이다. 앞에서 창힐신화의 해석과 관련해서 문자에 의한 폐해를 미리 알고 하늘은 곡식을 내려주고 귀신은 눈물을 흘린 것이라는 고유(高誘)의 주석을 소개했지만, 이는 한대의 문서행정의 파탄을 지적한 것이라고 할 수도 있다. 어쩌면 모반의 혐의로 최후를 마치게 된 회남왕 유안(劉晏)의 비극도 한대 문서행정의 이면을 비판적으로 바라보는 부정적 시각에서 이미 그 결과가 예견되어 있었는지도 모른다. 대개 도가적 시각은 한대의 '오두미도의 난'이나 '황건적의 난' 등 역대 왕조의 반란과 깊은 관련이 있는 것이다.

고대 중국의 토지 국유를 근거로 한 상앙변법과 이를 바탕으로 건설된 제민지배체제는 진시황제의 제국에서 절정에 달했거니와 스콧의 근대국가론은 고대 중국의 제민지배체제에 잘 들어맞는 것처럼 보인다. 스콧의 국가론에 대해 고고학자는 고대국가와 근대국가의 주요 차이는 단순히 규모의 차이가 아니라고 반론을 펴기도 한다. 노먼 요피는 이집트 제국을 주요한 예외로 하면, 메소포타미아는 대개 도시국가들이 번성했던 지역이었다

6 이성규, 『數의 제국 秦漢: 計數와 計量의 支配』, 782~83쪽.

7 이성규, 『數의 제국 秦漢: 計數와 計量의 支配』, 786쪽.

고 한다. 그리고 이 고대 도시국가들은 그 물질문화의 균질성과 언어·도량형(度量衡)·신념체계의 표준화를 보이는데, 이러한 특징들이 중앙집권적인 정치기구에 의해 강제된 것이 아니라 오랜 선사시대 이래의 교류를 통해 공용성(共用性, commonality)이 발명, 유지되고 재생산된 논리적 결과라고 지적한다.[8]

공용성은 정치체제로 말하자면 전제주의보다 민주적인 체제에서 더 발휘되기 쉬운 것임은 말할 필요가 없을 것이다. 그런 점에서 중국의 도시국가들은 어떠할까? 중국의 도시국가 역시 오랜 선사시대 이래의 교류를 통한 공용성의 산물일 것이지만, 중국문명의 경우 메소포타미아의 국가들에 비해 중앙집권적인 경향이 비교적 강한 것이 아닐까? 물론 중국의 읍(邑)과 이것이 발전한 성(城)을 고대 그리스의 아고라폴리스와 같은 것이라 하여 고대 중국을 도시국가시대라고 부르는 유력한 논의가 없는 것도 아니다.[9] 예컨대 고대 그리스의 시민에 비견할 만한 『좌전』에 보이는 국인(國人)들이 때로 정변이나 전쟁과 관련해 중요한 역할을 한 것도 사실이지만,[10] 이들이 하나의 집단으로서 지배자가 되려고 한 적이 없다는 것은[11] 더욱 주목되는 점이다.[12] 즉 이른바 도시국가시대라고 할 춘추시대의

---

8 Norman Yoffee, "The Evolution of Simplicity", *Current Anthropology* 42, no. 5, 2001.

9 宮崎市定, 「中國上代は封建制か都市國家か」, 『宮崎市定全集 3』, 東京: 岩波書店, 1991(1950).

10 貝塚茂樹, 「中國古代都市における民會の制度」, 『貝塚茂樹著作集 2』, 東京: 中央公論社, 1977.

11 Mark Edward Lewis, "The City-State in Spring-and-Autumn China", in *A Comparative Study of the Thirty City-State Cultures: An Investigation*, ed. Mogens Herman Hansen, Copenhagen: Royal Danish Academy of Sciences and Letters, 2000, p. 372.

12 도시국가론을 주장한 미야자키 이치사다(宮崎市定)도 중국에서 시민권 획득은 유럽에서는 계급투쟁의 형식을 취한 것과 달리 그 경위가 명확하지 않은데 아마도 군주권이 강해 정치가 위에서 주어지는 것이라는 중국적인 특색이 일찍부터 나타났

짧은 수백 년간의 역사는 그 후의 중국 역사에서 거의 영향력을 끼치지 못했고, 세계사적으로 보아 중국에서 유달리 중앙집권적인 관료제가 발달한 것은[13] 전국시대 이후 지금까지의 일관적인 특성이라 할 수 있다.

은이라는 왕조는 씨족공동체를 기본 단위로 구성된 성읍의 피라미드로 중첩된 씨족공동체적 국가라 할 수 있다. 은의 지배 아래 있는 성읍은 약 1천 개쯤 되는 것으로 추산된다.[14] 1천 개의 성읍을 지배하는 은의 영역은 광대한 것인데, 고고학적 발굴의 결과는 은대의 곡물과 상품, 서비스 등 재화의 흐름이 수도를 중심으로 사회 상류층과 주요 도시에 편중되어 있었으며, 부가 사회 상층과 중심에 집중되었음을 보여준다.[15] 또한 수메르 문명과 비교해 경제적 교류의 기록이 현저하게 결여되는 특성을 보인다.[16] 수메르문명은 인류 최초의 문자인 설형문자를 낳은 것으로 유명하지만 그 문자 내용이 물품 목록이라는 점에서 또한 주목된다. 이는 한자의 목적이 주술적 기록, 즉 정치적이었다는 점과 대조된다. 최초의 문자는 우르크 도시문명의 것인데, 기원전 3200년 무렵의 것이다. 한자보다 2,000년을 앞선 것이지만 그 내용 또한 주술적인 내용이 아니라 경제적인 물품 목록이라

기 때문일 것이라고 지적한다. 宮崎市定, 「中國上代は封建制か都市國家か」, p. 132.

13 최근의 비교사적 연구로 다음 업적이 주목된다. David Stasavage, *The Decline and Rise of Democracy: A Global History from Antiquity to Today*, Princeton University Press. Stasavage, 2020가 지적한 대로 전국시대 이래 강력한 관료제는 정치적인 권리의 보상 없이 백성을 전쟁에 동원했는데(p. 153), 이는 로마 제국의 역사와는 대조적이다. 한편 데이비드 스타사베지(David Stasavage)가 제시한 『상서/반경』(尙書/盤庚)의 경우도(pp. 141, 149) 중국 도시국가론자들이 주로 사용하는 사례이겠지만, 국인(國人)이 국정에 참여하는 적극적인 사례로 삼기에는 부족하게 느껴진다. 국인은 수동적으로 왕의 담화를 듣는 대상으로만 그려져 있기 때문이다. 스타사베지를 소개해 준 유광호 박사에게 감사드린다.

14 Kwang-chih Chang, *Shang Civilization*, New Haven/London: Yale University Press, 1980, p. 210.

15 Kwang-chih Chang, *Shang Civilization*, p. 237.

16 Kwang-chih Chang, *Shang Civilization*, p. 235.

는 점에서 놀라운 것이다. 이는 달리 말하면 중국문명이 수직적으로 조직되어 있는 정치적 사회라면 메소포타미아문명이 수평적으로 짜인 경제적 사회라는 사실을 의미한다. 물론 메소포타미아에도 흔히 말하듯 함무라비 왕의 바빌로니아 제국이나 아시리아 제국 등이 있고 수도가 있었지만, 중국처럼 중앙집권적이지는 않았다는 것이다. 이러한 사실은 이 지역이 무엇보다도 이집트문명과 지중해, 메소포타미아를 연결하는 비옥한 초승달 지역으로서 다양한 민족들이 왕래하는 문명 교류의 요충에 위치해 있었고, 또한 그러한 요지에 건설된 수많은 도시국가의 네트워크로 구성되어 있었기 때문에 가능한 것으로 생각된다.

고대 중국도 그리스처럼 도시국가시대였다고도 하지만, 지중해 지역의 도시국가에 비해 그 자립성은 현저히 떨어지는 것처럼 보인다. 중국에서는 왕의 권위가 갑골의 점복에서 나오고, 나아가 은대 후기에는 관료제의 경향조차 보이는 반면에,[17] 메소포타미아에서는 왕권이 신성한 점복이 아니라 오랜 역사를 갖는 지역공동체에 기초해 있다는 점이 주목된다.[18] 메소포타미아가 '동양적 전제주의'로 낙인찍히기도 하지만 사실은 지방의 상인이나 지주 지도자들과 새로이 등장하는 중앙집권적인 국가들 사이에 끊임없는 긴장이 있다는 사실에 주목할 필요가 있다. 이 점에서 메소포타미아에서 국가에 의한 성문법은 질서를 위한 기초가 아니라 전통적 지방 권위를 전복하기 위한 수단이라는 지적은[19] 메소포타미아에서 지방의 권위가 얼마나 뿌리 깊은 것인지 짐작하게 한다. 가령 중국과 메소포타미아의 법률의 차이는 두드러진 예이다. 유명한 「함무라비 법전」은 대왕의 정의로운 지배 아래 있는 모든 도시들이 번성하리라고 선포되었지만, 정복당한 지역

17 Norman Yoffee, *Myths of the Archaic State*, Cambridge: Cambridge University Press, 2005, p. 98.

18 Norman Yoffee, *Myths of the Archaic State*, p. 110.

19 Norman Yoffee, *Myths of the Archaic State*, p. 112.

의 국가들은 처음부터 이에 저항했다는 것이다. 「함무라비 법전」도 셈족의 아카드어 언어로 지어진 것인데, 문자는 피정복지의 문자인 수메르인들의 설형문자를 이용해 쓴 것이라고 한다.[20] 주(州)정부는 제국의 수도를 부유하게 만들기 위해 지역공동체를 체계적으로 우회했다고 한다.[21] 중국의 법 시행에서 정복당한 지역을 법이 우회했다는 예는 별로 들어본 적이 없다. 유명한 『수호지진간』(睡虎地秦簡)도 진군(秦軍)에 정복당한 초(楚) 지역에서의 철저한 사법행정을 독려하고 있다.[22]

기원전 14세기에 건설된 아시리아 제국의 역사는 중국문명을 회고하는데 참고가 될 것이다. 초기 아시리아 왕조의 역사는 기원전 20세기의 메소포타미아 북부에 건설된 도시국가에서 시작되는데, 아시리아는 상인들이 귀족으로 세력을 형성하면서 소아시아와 남부 메소포타미아에 주석과 은 등을 교역하면서 번성하던 상업적 왕조였다. 기원전 18세기에 유프라테스강 유역의 아모리인에 의해 아시리아 왕조가 정복당해 상인들의 활동이 해체되어 큰 타격을 받은 후 수백 년 동안 아시리아는 역사의 기억에서 사라졌다. 아시리아 왕조의 번영은 비교적 자유로운 상업 식민지의 교역에 의존하고 있었는데, 강력한 중앙집권국가가 생산과 교역을 통제하려고 시도를 하게 된다면 교역에 의존하고 있던 정치체제는 위험에 처하게 되는 것을 아시리아의 운명이 보여준다. 기원전 14세기에 아시리아 왕조는 전통적 상업귀족의 권력을 희생시키고, 강력한 군사력을 갖춘 중앙집권적인 국가로 부활했다. 아시리아는 이집트와 레반트, 그리고 남부 메소포타미아를 지배하는 제국으로 성장했지만 그 결말은 급속한 제국의 붕괴였다. 기원전 614년에 이란의 메데스 왕조에 의해 패배하고 다시는 재기하지 못했다. 여기서 고고학자 요피는 아시리아 제국이 왜 다시 재건되지 못했는가에 의

20 한상수, 『「함무라비 법전」: 인류 법문화의 원형』, 인제대학교출판부, 2008, 61쪽.

21 Norman Yoffee, *Myths of the Archaic State*, p. 148.

22 睡虎地秦墓竹簡整理小組, 「語書」, 『睡虎地秦墓竹簡』 참조.

문을 제기하고, 아시리아 제국의 원정군비와 제국의 행정비를 공급하기 위한 아시리아 경제의 기초인 농업이 침식되었다는 사실을 지적한다.[23] 농촌의 인구는 많은 이주민들을 포함했는데 그들은 대개 아시리아인이 아니었고, 전통적인 귀족들도 왕권강화와 군사효율을 위해 오랫동안 제거당했다. 이렇게 아시리아 도시에 남아 있는 대부분의 인구가 아시리아인이 아니고, 대개 강제 이주된 비(非)아시리아인이기 때문에 제국을 재건할 수가 없게 되었다는 것이다. 여기서 특히 주목할 일은 이 아시리아 영토에 거주하는 사람들은 더 이상 메소포타미아 사람들이라고 생각하지 않았다는 것인데, 그것은 그들이 사용하는 언어가 아시리아어와 함께 아람어를 더 많이 썼고, 종국에는 아시리아어를 압도했다는 사실에서 잘 드러난다.[24] 이처럼 아시리아 제국 영토 내에서 제국의 언어보다 이주민들의 언어가 더 널리 쓰였다는 사실은 중국적 환경에서는 생각하기 어려운 일이다.

중국의 경우 이민족의 침입을 부단히 받은 역사가 있지만 중국 내에서 이민족의 언어가 더 많이 쓰였다고 생각하기는 어렵기 때문이다. 남북조시대 때는 정복왕조였던 북위(北魏)의 효문제(孝文帝)가 동족의 반발을 무릅쓰고 중국어를 공용어로 정하는 한화정책(漢化政策)을 택했고, 청조를 건설한 만주족은 한어(漢語)와 만주어의 이중언어정책을 취하기도 했으나 시간이 지나면서 차츰 한어 일변도로 변해 가게 되었다.

메소포타미아문명은 기원전 3200년 세계 최초의 문자라는 설형문자를 만들어낸 역사가 있는데, 당시의 설형문자는 구어를 전사(傳寫)하기 위한 것은 아니었다고 한다. 구어를 표현하기 위한 문자로 전환된 것은 기원전 2500년 무렵이라 하고 그 역할을 한 것은 수메르인으로 알려진다. 잘 알다시피 메소포타미아는 다양한 언어를 쓰는 다양한 민족이 섞여 살던 문명의 교차지대였다. 앞서 말한 아시리아 제국의 형성 과정에서도 많은 이

23 Norman Yoffee, *Myths of the Archaic State*, pp. 150~53.

24 Norman Yoffee, *Myths of the Archaic State*, p. 153.

주민들이 발생하면서 이주민이 본국의 언어를 압도하는 흥미로운 사례를 보았는데, 수메르인이 처음 발명했다고 하는 구어를 전사할 수 있는 설형문자의 창안 과정에도 셈족의 영향이 큰 것으로 알려진다. 설형문자는 본래 물품 목록을 기록하기 위한 경제적 목적으로 창안된 것이었는데 바빌로니아와 시리아 양쪽에 걸쳐 거주하고 있던 셈족이 설형문자에서 의미부분을 제거하고 자신들의 말을 표현하는 데 음표적으로(phonetically) 응용한 것이다. 여기서 설형문자는 말을 표현하는 문자로 변신하게 되는 계기를 맞이한다.[25] 언어가 문자로 전사되면서 메소포타미아의 언어문화 전통이 비약적으로 풍부해진 것은 말할 필요도 없을 것이다. 함무라비 법전도 이러한 메소포타미아적 다양성의 산물이라는 점이 주목된다.

한편 알파벳은 비옥한 초승달 지역의 시리아 팔레스타인 지역에서 탄생한 것으로 추정되는데, 이곳은 지리적으로 교통의 요충지로서 경제와 문물이 고대 인류 역사상 가장 발달할 만한 곳으로, 그 동서남북으로 메소포타미아와 이집트문명과 지중해의 그리스문명 등이 교차하는 곳이기에 다양한 문명이 장점을 주고받으며 새로운 차원의 의사소통 수단인 알파벳이 여기에서 탄생한 것이다.[26] 알파벳은 인류의 공용성(commonality)의 산물 중에서 가장 두드러진 성과로 꼽을 수 있을 것이다. 그것은 제 민족 간의 공용성뿐 아니라 민족 내부에서의 공용성에도 힘입어 발전했을 것이다.

메소포타미아에서 발명된 설형문자가 다른 민족의 개입에 의해 더 개선되어 구어를 전사할 수 있는 문자로 발전된 것은 한자의 운명에 대해서도 생각할 계기를 주는 것 같다. 윌리엄 볼츠가 문자의 발달 단계에서 볼 때 메소포타미아나 이집트 문자가 타민족과의 접촉의 결과로서 상형문자

25 Hans J. Nissen · Peter Heine, *From Mesopotamia to Iraq A Concise History*, Chicago: University of Chicago Press, 2009, pp. 57~58.

26 David Diringer, *The Alphabet A Key to the History of Mankind*, New Delhi: Munshiran Manoharlal Publishers Pvt. Ltd,, 2005. pp. 215, 566.

에서 벗어나 음절문자나 알파벳으로 된 것에 비해 한자는 본질적으로 표의문자, 즉 상형문자로 남았다는 지적은 시사하는 바가 크다.[27] 그렇다면 유명한 『주역』 「계사전」의 공자의 말로 전해오는 "書不盡言, 言不盡意"라는 말도 그 요지가 "언(言), 즉 구두언어는 번쇄한 장황함을 지니고 있어 그대로는 문장언어의 리듬이 될 수 없고, 방언의 분열로 인해 구두언어 용어 가운데에는 그것을 표기할 만한 한자가 없는 경우가 있어 서록(書錄)하려 해도 할 수 없음을 지적한 것"[28]이라면, 공영달(孔穎達)의 『주역정의』(周易正義)가 해석하는 것처럼 언어의 번쇄함을 메우는 문자의 함축성을 표현하는 격언이라기보다는 사실 알파벳이 되지 못한 한자가 사람의 말과 의중을 제대로 다 표현할 수 없는 사정을 변명하는 말에 불과한 것으로 보인다. 즉 오히려 한자가 구어를 전사할 수 있는 문자가 못 되는 표의문자라는 점에서 그만큼 문화의 발달을 제약하는 큰 장애요인으로 보아야 할지도 모른다. 이것은 중국어가 고립어라는 특성에서 그러하다는 언어학적인 측면과 함께[29] 서부진언(書不盡言)이라는, 방언의 뜻을 다 표현할 수 없는 문자의 한계, 다시 말하면 지방의 현실을 다 파악할 수 없는 사회적인 상황을 말하는 것이고 중앙정부에 의한 서동문(書同文)의 기획성에 보이는 가독성의 한계를 토로하는 것이라고도 생각된다. 이 책이 의거하는 갑골학의 권위자인 시라카와 시즈카도 한자에 대해 다음과 같이 말한다.

> 한자만큼 정연한 체계를 가진 것은 없다. 알파벳처럼 의미도 아무것도 없는 단순한 기호보다 한자는 극히 체계적으로 조직되어 있다. 천지 간의 삼라만상을 구체적으로 형태를 주어 표현하고 있기 때문에 그 자체가 하

---

27 William G. Boltz, "Early Chinese Writing", *World Archaeology* 17(3), 1986, pp. 424~26.

28 요시카와 고지로(吉川幸次郎), 조영렬 옮김, 『독서의 학』, 글항아리, 2014, 41쪽.

29 요시카와 고지로, 『독서의 학』, 48쪽.

나의 세계관적인 체계를 갖고 있다.[30]

그런데 바로 이처럼 한자와 달리 알파벳은 아무것도 없는 기호이기 때문에 여기에 자기만의 생각을 담을 수 있는 자유롭고 창조적인 공간이 열려 있는 것은 아닐까도 생각해본다. 한자에는 한자만의 독특한 특성과 장점이 있을 것이다. 140자로 제한되어 있는 국제표준의 트위터 공간에 가장 많은 내용을 전할 수 있는 언어는 중국어라고 한다. 이것은 유엔 결의안을 가장 적은 단어로 담을 수 있는 언어가 중국어라고 할 만큼 중국어가 지닌 장점이라고 할 축약성과 통한다.[31] 그러나 중국어의 축약성과 중국어를 갖고 자유로이 사고하는 것과는 역시 별개의 문제일 것이다. 시라카와도 지적하는 바이지만, 한자는 즉물적이고 구체적이며 말을 모두 문자화한 것이어서 추상적 관념을 결여하고 있다는 문제가 있는 것이다.[32]

문자의 역사를 일별해 보면, 최초의 문자로 알려진 메소포타미아의 설형문자는 기원전 3200년경의 것으로 중국에서 가장 오래된 문자인 갑골문보다 약 2,000년 빠르다. 메소포타미아의 설형문자나 이집트의 신성문자는 약 500년의 시간이 걸려 완전한 문자로 형성되었다고 한다. 알파벳과 같은 표음문자는 한자나 설형문자 등의 표의문자보다 후에 발달한 문자이고, 표음문자는 현존하는 표의문자의 지식 없이는 발달할 수 없었을 것으로 추측되고 있다. 그래서 알파벳이 탄생한 지중해문명권의 경우를 보면 어떤 새로운 문자를 만들 때는 표의문자보다는 표음문자를 쓰는 것이 일반적인 경향이다. 물론 역사는 이러한 일반적 대세를 거스르는 특수한 사례를 많이 보여준다. 예를 들면 고대 이집트의 신성문자는 중왕국 시기에는 약 700개의 기호를 쓰다가 점점 그 숫자를 늘려 쇠망기의 그레코-로마

30 白川靜, 「漢字の思考」, p. 256.

31 쑤수양(蘇叔陽), 심규호 옮김, 『중국책』, 민음사, 2015, 148쪽.

32 白川靜, 「漢字の思考」, p. 261.

시대(기원전 332~기원후 400)에는 5천 개가 넘는 기호를 썼다. 한편 바빌로니아에서도 표음문자로의 일반적 경향에 저항해 기원전 제2천년기와 제1천년기에 점술과 천문 및 기술 등의 기록에서 표의문자를 85퍼센트까지 확충하려는 작업이 이루어졌다. 기원전 7세기와 6세기에 중동에서의 국제어(lingua franca)는 아람어로 대체되었으나 보수적인 사제와 학자들은 바빌로니아 설형문자를 기원후 1세기까지 계속 사용했다고 한다.[33] 그런데 한자의 경우 5천 자의 은대 갑골문에서 후한 『설문해자』의 9,353자, 6세기 『옥편』(玉篇)의 1만 6,917자, 명대 『자휘』(字彙)의 3만 3,179자, 그리고 청대 『강희자전』(康熙字典)의 4만 7,035자까지 늘어났다. 실제로 일상생활에 쓰는 한자는 2~3천 자 정도면 충분하고 수만 자의 한자를 알아야 하는 것은 아니다. 그러나 상용한자 2천 자의 경우라도 이를 공부하는 것과 알파벳의 경우 26자의 자모만 알면 어떠한 말도 자유로이 표현할 수 있는 것을 비교하면 그 실용성은 천양지차라고 할 수밖에 없을 것이다.

최초의 한자라 할 수 있는 갑골문은 바로 완성된 한자로 나타나서 학계의 수수께끼가 되어 있다. 단일기원론에 따르면 한자는 선진문자인 근동 문자의 영향을 받았던 것이고, 그래서 메소포타미아어나 이집트어에서처럼 굴절이나 전치사 등의 복잡한 문법 없이 쉬운 형태로 출현할 수 있었던 것이라고 한다.[34] 만약 이러한 문화전파론에 따른다면 한자가 알파벳이 되지 않고 상형문자에 머무른 것도 오히려 이해될 수 있다. 그렇다면 상형문자에서 알파벳으로 가기 위한 오랜 시간을 거치기 전에 메소포타미아와 이집트 선진문화의 갑작스러운 근대화 충격으로 갑골문의, 그러나 지금의

33 Bruce G. Trigger, "Writing Systems: A Case Study in Cultural Evolution", in *The First Writing*, Stephen Houston, ed., Cambridge: Cambridge University Press, 2004, pp. 63~64.

34 Robert W. Bagley, "Anyang Writing and the Origin of Chinese Writing", in *The First Writing*, ed. Stephen D. Houston, Cambridge: Cambridge University Press, 2004, p. 233.

한자와 문법적으로 거의 같은 형태가 되었다는 가설이 성립된다.

이렇게 해서 메소포타미아의 설형문자나 이집트의 신성문자가 언어 내적인 음성학적인 원인이나 유사한 언어 간의 교류에 의해 표어문자(logographic script)에서 음절문자(syllabographic)로 바뀌고 더 나아가서 알파벳으로 되었던 것과는 달리 갑골문의 한자는 다의(polysemy)와 다성(polyphony)을 이용한 문자 조합을 통해 완숙한 문자에 도달했지만 본질적으로는 표의문자에 머물러 있었다.[35]

한자의 발달이 메소포타미아문명의 설형문자와 이집트의 신성문자와 같이 보편적인 문자의 발달 단계를 거치면서도 알파벳과 달리 표의문자에 머물게 된 것에 대해 볼츠는 다음과 같이 설명한다. "문자 형성 과정에서 성부(聲符, phonetic determinatives)의 사용은 쇠퇴해 그 흔적조차 찾기 힘든 반면에,[36] 의부(意符, semantic determinatives)는 쉽게 인식될 수 있고, 미적으로도 중요하다고 간주되어 호스트 문자에 마치 본래 하나의 글자인 것처럼 철저히 접합될 정도로 발달했다."[37] 볼츠의 설명을 빌리면 문자는 말을 기호화한 것, 말은 소리의 연결(sequence)이므로 문자는 소리를 연결해서 기호화한 것이 된다. 처음에 상형문자/표어(標語)문자가 있어 형(形)·음(音)·의(意)의 3요소를 갖추게 된다. 문자는 표어문자에서 출발해서 다가적(多價的, multivalent) 단계로 되고, 한정부호(determinative)가 필요한 단계가 되며, 이를 넘어서 음절문자가 된다. 설형문자와 신성문자는 이 단계에 도달한 문자이다. 한정부호는 소수의 문자로 많은 사물을 표시하기 위해

35 William G. Boltz, "Early Chinese Writing", pp. 424~26.

36 『설문해자』에도 허신이 생성(省聲)의 방법을 써서 어렵게 발음을 복원하려고 하고 있는데, 이 경우 허신의 충실한 주석자인 단옥재조차 그 발음이 대개 의심스러운 경우가 많다고 비판할 정도이다. 이 책 곡(哭) 자 설명 참조.

37 William G. Boltz, "Language and Writing", in Michael Loewe·Edward L. Shaughnessy eds., *The Cambridge History of Ancient China*, Cambridge University Press, 1999. pp. 122~23.

동음이의어 현상으로 생긴 많은 문자를 구별하기 위해 생긴 표음부호와 표의부호를 가리킨다. 알파벳이 표음부호의 극대화 현상이 발전한 산물이라면 중국의 부수는 표의부호가 극대화한 경우라고 할 수 있을 것이다. 이미 갑골문 단계에서부터 현재의 부수와 비슷한 요소가 출현하고 있어 시마 구니오(島邦男)는 이미 발굴된 갑골문자를 모두 164개의 부수로 분류해서 정리하고 있고,[38] 『설문해자』는 540개의 부수로 한자를 체계적으로 설명하려고 했다. 부수의 발생은 결국 단음절어인 중국어가 동음이의어의 문제를 처리하기 위해 선택한 자기 발전의 산물이다.

부수를 이용한 체계적인 사용보다 동음이의적 문자 사용을 선호한다는 것은 소리를 내세우는 것이 문자의 의미를 전달하는 것보다 우선권을 갖는다는 것을 의미한다.[39] 그러나 볼츠는 진정한 음절화가 결정화되기 전에 문자의 불안정성과 너무 자유로운 다양성이 선행되었던 것 같다고 말한다.[40] 볼츠는 전국시대의 출토 문물인 마왕퇴백서(馬王堆帛書)의 한자 서체를 검토한 결과 한대 이전의 한자에 비해 의미를 지시하는 부수가 보다 자유롭고 다양하게 나타남과 함께 동음이의어적인 다성어 현상이 나타났다고 한다. 예를 들면 조(趙)와 씨(氏)가 각각 작(勺)과 시(是)로 표기되는 현상이 나타나는데, 그래서 '조씨'(趙氏)는 마왕퇴백서가 출토된 초(楚) 지방에서는 '작시'(勺是)로 표기될 수가 있고, 이러한 다성어적 현상이 완전히 전개되었다고 하면 그것은 음절문자로 발전될 수 있었으리라는 것이다.[41]

---

38 島邦男, 『殷墟卜辭綜類』, 東京: 汲古書院, 1971.

39 William G. Boltz, *The Origin and Early Development of the Chinese Writing System*. American Oriental Series, vol. 78. New Haven, Conn.: American Oriental Society, 1994. p. 169.

40 William G. Boltz, *The Origin and Early Development of the Chinese Writing System*, p. 170.

41 William G. Boltz, *The Origin and Early Development of the Chinese Writing System*, p. 168.

그러나 그런 일은 일어나지 않았다. 그러한 일이 일어나기 전에 중국은 전국시대를 마감하고 황제가 지배하는 전제주의적인 제국으로 통일되었기 때문이다. 기원전 3세기 진시황의 천하통일과 함께 문자통일의 명령이 떨어졌을 때 문자통일의 단순화는 마왕퇴백서에서 보였던 동음이의어적인 다성어 현상의 방향이 중국인의 윤리적 세계관을 위협하는 현상이었기 때문에 본래의 형(形)·음(音)·의(意) 삼위일체적인 관계를 복고하고 강화하는 방향으로 추진되었다. 문자의 탈의미화(desemanticization)는 이렇게 해서 저지되고 비(非)의미적 표음문자의 출현은 배제되어 중국어는 음절문자나 알파벳을 결코 발달시키지 못했다. 『설문해자』는 그 충실한 산물이다.[42]

문자가 본질적으로 소리의 기호화라는 관점에서 생각할 때 표의부호의 극대화로서의 한자는 생각을 자유롭게 하는 것을 가로막는 경향이 있다. 한자는 상형문자로서 기본적으로 상형이라는 회화적 요소를 가지고 있기 때문이다. 적어도 동음이의어의 한자를 타이핑할 때 드는 속도에서 알파벳에 미치지 못한다. 표의부호가 극대화한 산물인 한자에는 모든 삼라만상에 의미가 담겨 있다고 하는 의미론적 관계에서 사물을 생각하려고 하는 중국인의 가치관이 담겨 있는 것 같다. 이러한 것은 문자가 최초에 주술적인 의미를 담으려고 하는 데 그 목표가 있었다고 하는 주술적 사상과도 깊이 연관될 것이다. 주술적 세계에서는 모든 존재가 의미를 갖고 서로 연계되어 있는 것이었다고 한다면, 『설문해자』 부수 540개는 숫자 자체에 6과 9로 조합된 음양의 조화를 반영하고 있고, 자신에게 속하는 글자들을 이끄는 부수는 일(一)에서 해(亥)까지 『주역』과 음양오행에 따라 순환하는 거대한 하나의 체계 속에 배열되어 있다. 이것은 알파벳의 무의미하고 직선적인 세계와는 전혀 다른 세계이다. 한자는 주술적인 신성문자에서 출발해서 키르허의 말대로 세속화된 것처럼 보이긴 했지만 『설문해자』에 나

42 William G. Boltz, *The Origin and Early Development of the Chinese Writing System*, p. 177.

타나는 한자는 또 하나의 신적인 법칙에 따라 질서정연하게 배열되려는 모습을 보여준다. 그것은 일(一)에서 시작하여 다시 일(一)로 돌아오는 순환적인 세계관으로 전국시기에 형성된 역과 음양오행의 철학을 바탕으로 왕을 중심으로 재편된 인간 중심적인 문명관이었다. 그래서 『설문해자』를 사마천의 『사기』처럼 "하늘과 사람의 관계를 구명하고 고금의 변화에 통해 일가의 말을 이룬 저술"이라는 관점에서 파악해야 올바로 파악할 수 있다고도 한다.[43]

은주혁명 이후 진한 제국에 이르기까지의 주술의 세속화 과정에서 한자가 겪은 세속화 과정의 관념은 『설문해자』에 정리되어 순환적 세계관으로 마무리되었다. 이것은 천지인의 삼재(三才)를 인간 중심으로 매개하면서 천명과 수덕(修德)으로 순환하는 완벽한 도덕정치론의 세계관이라 할 수 있다. 천(天)은 존재하되 인간의 수덕에 의해 좌우되는 신인병행(神人竝行)의 정치론이다. 한자가 한자로서, 즉 표의문자로서 그 명을 지속할 수 있었던 것은 여기에 그 원인이 있었던 것이 아닐까?

문자는 본래 소수 사제계급의 문자로 창제되어 민중적인 알파벳으로 발전해 간다. 이집트 신성문자는 상형문자(hieroglyphic)-신관문자(hieratic)-민중문자(demotic)의 3단계 발달을 거친 것에 비해, 한자는 'hieroglyphic'이나 'hieratic'의 단계에 머물렀고 'demotic'의 단계에 도달해 있지는 않다.[44] 갑골문은 흔히 은대 사제들의 점복의 기록이라고 생각되기도 하지만, 점복을 기록한 복사(卜辭)의 형식과 내용에 비추어 볼 때 복사는 점복을 하는 행위와 불가분의 관계에 있고, 점복행위 자체가 일종의 축도적(祝禱

43 아쓰지 데쓰지, 『한자학: 『설문해자』의 세계』, 39쪽. 이 말은 胡厚宣, 『五十年甲骨學發現的總結』, 上海: 商務印書館, 1951, p. 2를 인용한 것인데, 호후선(胡厚宣)의 의도는 갑골학의 연구결과 『설문해자』가 비과학적인 점이 많다는 것이 드러났다는 취지에서 쓴 것인데, 약간 오해를 일으킬 수 있게 인용되어 있다. 사마천의 말은 임안(任安)에게 보낸 편지 「보임소경서」(報任少卿書)에 나오는 말이다.

44 白川靜, 「載書關係字說」, pp. 432~33. 한대의 예서체는 데모틱이라고 할 수 있다.

的: 주술적)인 행위로서 그 목적이 왕을 수불축도(修祓祝禱), 즉 성화(聖化)하는 데 있다는 사실을 인식하는 것은 점복의 기록 이상으로 중요한 의미를 갖는 것 같다.[45] 아마 이러한 복사의 주술적 성격이 한자로 하여금 그 문자가 'demotic'의 단계로 발전하지 못하게 했던 것이 아닐까? 대체로 이집트 신성문자도 음절문자로의 발전까지 문자의 일반적인 단계를 보여준 것으로 알려지고, 메소포타미아의 설형문자도 역시 그러한데, 한자만 음절문자의 단계까지 가지 못하고 기본적으로 상형문자의 원시적인 단계에 머물러 있다는 것은 공용성(共用性)이 부족하기 때문인 것은 아닐까? 문자는 도시생활 전체의 의사소통(communication)의 수단인데, 중국의 경우 문자는 갑골문 단계의 문자에 그대로 머물고 있다고 해도 과언은 아니다. 갑골문은 본래 왕의 성화를 위한 문자로 출발했고, 전국시대에 음절문자로 발전할 계기가 있었지만 진시황의 천하통일과 함께 문자의 통일이 이루어진 탓으로 그러한 계기가 사라졌다. 상대적으로 알파벳에 비해 문자의 원시적 단계에 있던 한자는 공용성이 부족했을 것이다.

중국과 메소포타미아, 설형문자와 한자의 운명의 차이는 두 문명이 발생한 지역 거주자들의 어떤 정신적 우열에 의한 것은 아닐 것이다. 말하자면 그것은 생태학적인 것이고 지리적인 것으로 소급된다고 할 것이다.

중국과 메소포타미아는 대륙과 지중해 해양이라는 다른 생태를 배경으로 하고 있다. 메소포타미아는 두 개의 강 티그리스와 유프라테스 사이라는 뜻이고 이 강은 남쪽으로는 페르시아만으로, 북쪽으로는 지중해 동안 소아시아로 연결되며, 여기서 다시 이집트의 아프리카 대륙으로까지 연결된다. 알파벳의 고장 그리스는 지중해를 통해 가장 오랜 문명이라는 메소포타미아와 연결되어 있고, 메소포타미아와 교류를 통해 가장 중요한 문명의 품목이라 할 알파벳을 손에 넣었다. 이 지역이 그야말로 사통팔달로 민

45 白川靜, 「卜辭の本質」, 『白川靜著作集 4』.

족과 문명 교류의 요충지로 개방된 곳이라면, 중국은 대조적으로 폐쇄적 인상을 준다. 중국의 황하문명의 지형은 황하를 하나의 간선으로 해 오르도스의 초원지대를 남북으로 한 번 크게 꺾으면서 동서로 발해만으로 흘러가는 비교적 단조로운 형태이다. 지형의 단조로움은 역사의 단조로움에도 반영되는 것처럼 보이는데, 중국사의 단조로움은 신화의 경전화 현상에 전형적으로 나타난다. 은대 이전의 역사가 마치 하나의 민족의 역사인 것처럼 기록되어 있는 것이다. 비교적 단조로운 역사는 중국사에서 다수의 민족 간의 교류에도 불구하고 고대 메소포타미아만큼 제 민족의 교류가 활성화되어 있지 못하다는 반증으로 보인다. 『사기』는 거대한 스케일에도 불구하고 '오제본기'와 '세가', '열전', 그리고 '표'와 '서' 등의 구성은 잘 짜인 질서를 추구하는 듯한 인상을 준다.

2. 한자와 알파벳

이렇게 주술적인 세계의 해체 후에도 주령시대를 표현했던 매체인 문자의 존속과 함께 중국문명의 기저에는 여전히 주술적인 의식이 중국문명의 일부분을 지배했던 것은 아닌가 생각해 본다. 그런데 한자가 이렇게 알파벳과 달리 표의문자의 길을 걷게 된 것은 표음부호, 즉 입에서 나오는 대로 하는 말, 다시 말해 구어의 세계를 금기시하는 결과를 낳은 것이 아닌가 하는 생각이 든다. 이것은 중국문학사에서 구어를 철저히 배제하고, 격식 있는 문어로 글을 짓게 한 전통과도 관련될 것이다. 중국문학가 요시카와 고지로가 한문이라는 문언(文言)은 성립 당초부터 구어(口語)와 거리를 둔 언어였다고 하거니와,[46] 역사인류학자 잭 구디가 중국문

46 吉川幸次郎, 『漢文の話』, 東京: 筑摩書房, 2006, p. 271.

화에 대중적 문학의 발달이 빈약하다고 한 지적도[47] 이와 같은 의미라 할 수 있다.

잭 구디는 지중해 세계에서 알파벳은 메소포타미아나 이집트 주류문명의 표의문자 세계 외부에서 비로소 탄생이 가능했다고 하고, 유럽의 단순성·후진성이야말로 유럽의 기적을 만들어낸 요인이라고 말하지만,[48] 사실은 지중해라는 해양을 두고 근동과 부단히 교류해 얻은 산물로 보아야 할 것이다. 한편 알파벳 효과에 대해 구디는 알파벳이 회의적 사고와 회의적 전통의 발달에 기여했다는 의미심장한 말을 하기도 한다.[49] 단순한 문자가 오히려 회의적 사고를 불러일으켰다는 것은, 앞서 말한 한문과 비교해 아무 체계도 없는 단순한 기호의 나열에 불과한 알파벳이기 때문에 가능한 것이라는 생각이 든다. 알파벳이야말로 표의문자에서 발달해 진화된 문자라고 한다면, 설형문자로부터 오랜 진화 과정을 거쳐 민중이 보편적으로 쓸 수 있게 된 알파벳 언어의 선진성이야말로 유럽의 기적을 만든 요인일 것이다. 따라서 구디가 강조하는 알파벳에서 보이는 유럽문화의 단순성·후진성은 말 그대로 받아들일 수는 없는 것 같다. 알파벳이야말로 복잡하기 이를 데 없는 고대문자의 난해한 장벽을 깨고 많은 사람들이 배울 수 있는 단순한 문자로 결정된 표본이기 때문이다. 이것은 가장 선진적인 문화의 산물이지 그 반대는 아닐 것이다. 예를 들어 우리 한글이 당시 가장 선진적인 알파벳 문자였던 것과 같은 것이다. 문제는 한반도에서는 선진적인 알파벳이 사회를 주도하는 문자로 성장하지 못했다는 데 있다. 이에 비해 유럽의 경우는 라틴어에서 파생한 지방어가 사회를 주도하는 문자가 된 것은 그 지방어를 바탕으로 일종의 문화혁명이 일어났기 때문이다. 종

47 Jack Goody, *The Interface Between the Written and the Oral*, Cambridge: Cambridge University Press, 1987, p. 64.

48 Jack Goody, *The Eurasian Miracle*. Cambridge: Polity Press, 2010, p. 126.

49 Jack Goody, *The Eurasian Miracle*, p. 126.

교혁명이 그렇고 민족주의가 그렇다.

마르틴 루터의 종교개혁에 인쇄술의 영향이 결정적이었다고 하는 것은 대중의 문해력이 이미 사회적으로 상당한 수준에 달한 것을 전제로 한다.[50] 이처럼 문해력(literacy)에 바탕한 종교개혁이 대중의 문화혁명이라고 한다면, 이 점에서 잭 구디의 르네상스론을 재고해 볼 필요가 있다. 구디는 세계 보편적 르네상스론을 전개하면서 유라시아 보편적 세계사론을 전개했는데, 이는 베버나 카를 마르크스조차 비켜가지 못한 오리엔탈리즘(orientalism)을 비판할 목적으로 그렇게 했던 것으로 보인다. 그러나 과연 그의 시도가 성공적인지는 의문이다. 문자를 가진 문명사회는 보편적으로 르네상스를 경험한다는 구디의 르네상스론은[51] 반드시 종교개혁과 과학혁명, 그리고 산업혁명으로 귀결되는 것은 아니기 때문이다. 유럽 문명권에서의 르네상스만이 특이하게 종교개혁과 과학혁명, 그리고 산업혁명으로 이어졌는데, 그것은 유럽의 르네상스가 단지 과거를 복고하는 차원이 아니라 과거를 전복하고 극복하는 르네상스였기 때문이다.[52] 유럽의 르네상스에는 귀족적 르네상스와 민중적 르네상스의 두 가지가 있었는데, 전자가 보수적인 데 비해 후자는 전복적인 르네상스였고, 이것이 종교개혁으로 연결되어 새로운 역사를 전개하는 계기가 되었다.

이에 비해 당송변혁이라고 불리는 중국의 르네상스는 현저히 귀족적인 것이고, 결국 농촌경제에 토대를 둔 것이라고 할 수 있다. 말하자면 중국의

---

50 이와 관련해 언어역사학적인 관점에서 한자를 쓰는 중국문화권과 라틴어를 쓰는 유럽문화권을 비교하면 중국에서는 단일한 관화(官話)와 단일한 문자인 한자가 있었던 것에 비해 로마 제국에서는 수많은 지방어와 문자가 살아 있었던 점이 주목된다. 고대사가 발터 샤이델이 그리스어와 라틴어의 동서분열은 물론이고 로마 제국의 분열이 거의 정확하게 이 언어의 단층선을 따라 분열한 것이 우연이 아니라고 말한 것은 의미심장한 바가 있다. Walter Scheidel, *Escape from Rome*, Princeton: Princeton University Press, 2019, p. 311.

51 Jack Goody, *Renaissances*, Cambridge: Cambridge University Press, 2010.

52 제리 브로턴, 윤은주 옮김, 『르네상스』, 교유서가, 2018.

르네상스는 중국적 르네상스에 머물 뿐 전복적 르네상스의 차원은 내포하지 않는 것 같다. 한유(韓愈)·유종원(柳宗元)·구양수·소식(蘇軾)·왕안석(王安石)·증공(曾鞏)으로 대표되는 당송팔대가의 고문운동은 중국문학사상 고문의 부활을 가져오기는 했지만, 그 영향은 대중적 구어(지방어) 운동을 유발하지는 못했다. 이들은 사대부 관료들로서 구양수를 비롯한 소동파(蘇東坡) 등은 정책적으로는 왕안석의 신법(新法)에 반대하는 편에 섰다. 특히 당송팔대가의 고문운동의 선두에 선 한유는 불교를 배척하고 고대로의 복귀를 주창한 대표적인 중국의 르네상스인이라고 할 수 있지만 「원도」(原道)에서 주장하듯이 철저하게 공자의 도를 계승하려고 한 것이지 공자를 넘어서려고 한 것이 아니었다. 즉 그의 도(道)라는 것은 어디까지나 "文以載道"(문장을 통해 이치를 담는다)라는 고문으로써 도(道)를 구현하려고 한 철저히 복고적인 문인의 태도였다는 점이 주목된다. 요·순·우·탕·문·무·주공·공자·맹자에서 자신에게로 이어질 것으로 기대한 도라는 것은 문 위주의 도이고, 문(文) 외의 도는 아니라는 점이다. 가령 공자는 제자에게서 농사짓는 법과 채소 재배하는 법을 질문 받았을 때 그에 대한 답변을 거부했다. 그것은 공자 자신이 추구하는 도가 아니라고 생각했기 때문이다. 박학다식하고 호학을 누구보다 자부했던 공자로서도 직접 노동을 하고 몸을 써야 하는 기술적인 일에 대해서는 외면했던 것이다.

『논어』에도 공자 자신부터 스스로 경작하며 생활하는 도가 계열의 사람들에게서 외면당하는 장면이 보이기도 한다. 이러한 장면이 『논어』에 실려 있다는 자체가 당시의 학문은 아직 유가 일존(一尊)의 학문적 편향에서 자유로웠던 것을 말해주는 것일 수도 있다.

공자를 사숙했음을 고백한 맹자(孟子) 또한 노력자와 노심자를 구별해서 전자는 후자에게 지배를 당한다는 것이 역사에서 불변의 법칙임(天下之通義)을 강조하고 있다. 맹자의 민본주의는 그전의 노예적 시대의 가치관에서 진일보한 것이 틀림없지만, 민본주의와 민주주의는 전혀 다른 별개의 것임을 또한 잊어서는 안 됨을 맹자 스스로 알려주고 있는 셈이다. 그러한 점에서 맹자의 민본주의는 20세기에 와서 민주주의 사회의 큰 문제점으로 논의되고 있는 능력주의 사회의 선구적 고찰이라고 할 수도 있다. 그러나 맹자는 활쟁이와 갑옷쟁이를 비교해 직업의 기능적 차이를 논하면서 "里仁爲美"(인에 사는 것이 좋다)라고 논리적 비약을 하면서 결국 좋은 직업을 선택하는 것이 중요하다고 가르칠 뿐이다.[53] 그리고 이것은 순전히 개인의 능력과 책임일 뿐이라고 말하고 있는 점에서 맹자는 철저한 능력주의자라고 할 수 있다. 한유는 맹자의 계승자로 자부했고, '문이재도'(文以載道)는 그 충실한 표현이라고 할 수 있다. 다만 사문(斯文)의 계승을 천(天)에게서 명받았다고 생각한 공자의 사문의 문화 관념은 제한적이었고, 그를 계승한 맹자와 한유 등 송유의 문화 관념 역시 제한적이었을 것이며, 다분히 문(文) 외적인 문화 관념은 배제되었을 것이다. 여기에 유럽과 대조적인 송대 르네상스의 복고주의 면모가 여실해 보인다. 송대의 르네상스는 과거를 복고하는 수준에 머무르고 과거를 전복하고 종교를 개혁하는 단계로까지 이르는 힘을 내포하는 것은 아니었다고 보인다.

문학사적인 관점에서 중국문학의 정통은 서양처럼 소설과 희곡에 있는 것이 아니라 시와 산문에 있다는 전목(錢穆)의 갈파는 바로 이러한 점에서 일맥상통하는 지적이다.[54] 소설과 희곡은 대중을 위한 것이라고 한다면 시와 산문의 독자는 소수 엘리트 문인층을 위한 것이기 때문이다. 무엇보다 중요한 것은 소설과 희곡이 서양의 역사에서 르네상스 이후 국어 형성기에 국어, 즉 대중의 구어로 쓰여 왔다는 것이다. 이에 비해 중국의 위대한 문학적 업적이라 불리는 시문은 한문당시송사원곡(漢文唐詩宋詞元曲)의 시대적 분류에 보이듯이 송대 이전, 즉 근세 이전의 업적에 제한된다. 서양에서는 시라고 하더라도 중국의 『시경』이나 『초사』와 달리 호메로스의 『일리

53 이을호, 「공손추 상」, 『한글맹자』(『이을호전서 6』), 2000, 392쪽.

54 전목(錢穆), 유병례·윤현숙 옮김, 『중국문학사』, 뿌리와이파리, 2018.

아드』『오디세이』와 같이 개인적인 감정이 아니라 서사시, 즉 전쟁 같은 국가적 규모의 일을 노래한 것이 주종을 이룬다. 전목의 『중국문학사』는 시문을 중국의 정통문학이라 평가하고 소설과 희곡을 서양의 아류에 속하는 것으로 폄하한다. 즉 대표적인 중국의 소설로 꼽히는 『홍루몽』(紅樓夢)에 대해서도 아녀자의 누각에 빠진 사람들이 홍학(紅學)으로 세상을 구제할 수 있느냐고 신랄한 비판을 던지기도 한다.[55] 이러한 비판은 문장이 어떤 의미에서는 경국의 대업이라는 위문제 조비(曹丕)의 말과 취지를 같이할지도 모르지만, 시대가 바뀌면 이러한 입장은 홍학에 도취한 사람들로부터는 오히려 비판받아 마땅할 봉건적인 가치관이 되어 버릴 수도 있다. 왜냐하면 근대 국민국가적인 관점에서 교육을 통한 입국을 위해서는 문자를 아는 국민이야말로 가장 절실하고 기본적인 문제일 수 있기 때문이다.

그런데 사실 문장은 경국의 대업이라는 위문제의 오랜 명언은 고리타분한 고전이 아니라 오늘날 SNS를 통해 트윗을 날리는 남녀노소 다중사회의 시대에 와서는 그야말로 모든 사람에게 그대로 매일매일 일어나는 현실의 일이 아닌가? 오늘날의 사회는 너도나도 경국하는(politicking) 세상이 된 것이 아닌가? 미국 트럼프 대통령의 트위터 팔로워는 8천만이 넘는다고 한다. 한반도의 전체 인구를 넘는 숫자이다. 이런 사회가 된 것은 근대사회 이후 산업혁명 이후의 역사이고, 그 뿌리를 찾아보면 16세기 종교개혁, 문화혁명 및 민족주의의 출현 등으로 소급할 수 있을 것이다. 이러한 근대적 역사 현상은 모두 인간의식의 확대라는 점에서 공통적이며, 그 가장 밑바탕이 되는 것은 사람들의 의사소통의 매체로서 언어공동체의 활성화라는 점이다. 이때 언어는 더 이상 구시대의 문언이 아니라 대중의 토착어, 곧 근대국어가 되는 그 언어이다.

그런데 중국에서 국어의 탄생은 아편전쟁 혹은 신해혁명을 계기로 성립

55 전목, 『중국문학사』, 462쪽.

된 중화민국 이전으로 소급될 수는 없을 것이다. 그전에는 중국 민족주의나 국민국가의 성립이라 할 만한 현상을 찾아보기 어렵기 때문이다. 전통적 제국의 붕괴 이후 출현한 근대적 역사 현상인 민족주의의 출현은 민족어의 동반을 주요한 지표로 삼고 있는데, 베네딕트 앤더슨은 민족주의의 출현의 배경에 기존의 종교공동체처럼 메시아적 시간 개념을 공유하던 경험 대신 신문과 소설의 출현에서 보이는 것과 같은 언어와 시간을 동시적으로 공유하는 개념의 출현을 지적한다. 그러한 시간과 언어를 같이 공유하는 사람들로 구성된 공동체로서 역사적으로 존재하게 된, 허구가 아닌 상상된 공동체가 근대적 민족국가이다.[56]

앤더슨은 유럽에서 민족의식의 기원과 관련해서 공용어인 라틴어의 퇴조와 종교개혁, 그리고 지방어화현상(vernacularization)을 든다. 라틴어의 퇴조와 관련해서는 종교개혁이 중요한 계기인데, 종교개혁은 다시 인쇄자본주의(print-capitalism)와 연계되지 않고서는 불가능한 현상이었을 것이다. 종교개혁은 문해력(literacy)의 문제라고 중국사가 황인우(黃仁宇, Ray Huang)는 단언한 바 있거니와,[57] 이것은 깊이 음미할 만한 견해라고 생각된다. 중국의 경우 종교개혁은 일어나지 않았고, 인쇄자본주의도 아마 발생하지 않았던 것이다. 활자와 인쇄술을 발명한 중국에서는 송대부터 인쇄가 발달하긴 했지만 인쇄자본주의를 일으키지는 않았다. 가령 사대부의 양면성을 보여주는 「태항산우화」(太行山寓話) 일화를 보자.

> "말은 상등마를 타고, 소는 중등우를 부리고, 사람은 하등인을 부려라" 라는 속담이 중국에 있다. 어떤 사인(士人)이 하인을 동반해 말을 타고 고

56 베네딕트 앤더슨, 서지원 옮김, 『상상된 공동체』, 도서출판 길, 2018, 31~67, 73~81쪽.

57 Ray Huang, "The History of the Ming Dynasty and Today's World", *Chinese Studies in History* 19(4), 1986, pp. 3~36.

개를 넘어갈 때 태항산(太行山)이라 쓴 석비(石碑)를 보고 아 태항산인가! 라고 중얼거렸다. 그러자 하인이 웃으며 틀렸습니다. 이것은 대항산(大行山)입니다. 사인과 하인이 입씨름했지만 하인이 고집이 세서 지지 않는다. 그래서 1관문(貫文)의 내기를 하게 되었고, 산을 내려오는 길에 서당이 있어서 서당선생을 찾아서 판결을 부탁했다. 서당선생은 이상하게 하인의 편을 들어 대항산이 맞다고 판결했다. 사인은 하인에게 1관문을 내어주었다. 하인은 기뻐하며 한잔 하러 술집으로 달려갔다. 그 후 사인이 너무하지 않느냐고 서당선생에게 따지자, 선생이 말하기를, "하인에게 문자를 가르치는 것이 아닙니다. 무학인 채로 놓아두는 쪽이 부리기 좋습니다. 이런 교훈에 1관문은 싼 것 아닙니까?"[58]

「태항산우화」는 노비와 같은 사회하층 서민에게도 교육의 기회가 개방되었음을 보여줌과 동시에 사대부와 서민 간에 교육의 기회를 둘러싼 불평등이 존재함을 보여주고, 사대부에 의한 교육기회의 독점적 경향을 보여준다. 과거제란 귀족제 사회보다 진보된 단계의 사회이지만, 충분히 개방되지는 않은 점에서 아직 덜 근대적인, 그래서 근세적인(early modern) 제도라고 할 수 있을 것이다. "서당개 3년에 풍월을 읊는다"고 하듯이 하층민도 어느 정도 문자를 이해하게는 되었지만, 사대부 관료는 자신들의 사회적 지위와 권력을 독점하기 위해 하층민을 무지한 채로 놓아두려 하고 있는 상태를 「태항산우화」는 보여준다.

「태항산우화」에서 문자의 소통을 놓고 사대부와 서민 간에 보이는 불일치적인 심성은 바로 왕안석의 신법을 놓고, 신법당과 구법당 간의 정치인식의 차이를 반영하는 것으로 보인다. 신종과 구법당 계열의 문언박(文彦博)의 대화를 들어보자.

58 宮崎市定, 「太行山」, 『宮崎市定全集 23』, 東京: 岩波書店, 1993에서 인용.

신종: "경은 신법을 시행하여 백성이 편하면 좋은 것이라고 생각지 않소?"

문언박: "폐하, 정치는 사대부와 함께하는 것이지, 백성과 함께하는 것이 아닙니다."

신법당과 구법당의 오랜 당쟁 끝에 신법은 결국 시행되지 못했는데, 중국사상 인쇄술, 화약, 나침반의 발명 등 문화수준이 높아서 중국의 르네상스라 불리기도 하는 송대만 하더라도 사대부와 서민의 건널 수 없는 장벽, 즉 관민격벽(官民隔壁) 요샛말로 정부 관료가 일반시민을 개돼지라고 취급하는 그런 의식이 있었음을 볼 수 있다. 과거의 이념이나 내용은 중국의 귀족제를 견제하고 황제권을 강화하기 위한 중국 고유의 역사적 발전에서 온 것으로 이 경우 서민의 성장이 그 배경에 있다고 볼 수도 있다. 그러나 이 새로운 계층은 과거를 통해 사대부라는 이름의 새로운 귀족으로서 탄생하면서 문맹의 서민과는 새로운 신분의 벽을 쌓게 된다.

송대의 「태항산우화」는 사대부 계층의 폐쇄적인 이기주의를 상징하는 일화인데, 이러한 이기주의는 한자가 갖고 있는 난해성과 마주치면 잘 어울릴 것이다. 한자는 민주적인 문자가 아니다. 본래 사제 계층의 갑골문자에서 출발한 지배를 위한 문자로서 글자의 배열을 위한 질서가 대중적 커뮤니케이션을 거쳐 도출된 것이 아니다. 그것은 허신이 고안한 부수라는 특별한 장치를 통해 비로소 질서가 부여된 것이다. 만약 부수의 고안이 없었다면 한자는 오늘날과 같은 표의문자로서의 체재를 갖추지 못했을 것이라는 점에서[59] 부수의 발명은 한자의 유지에 큰 의미가 있다. 다만 현행 사전에서 배열은 소획에서 다획순이라는 것 외에는 그다지 의미가 없다.

송대의 「태항산우화」에 보이는 문자를 독점하려는 생각은 권력을 독점하려는 의도인데, 이러한 점에서 가장 이른 생각은 인류가 만든 가장 이

59 염정삼, 「머리말」, 『설문해자주 부수자역해』, 서울대학교출판부, 2007.

른 문자인 수메르인들의 설형문자의 예에서 나타난다는 것은 주목할 만하다.[60] 문자를 독점하려고 하는 수메르 서기의 문화적 보수성은 당시 지배층의 전제주의와 상응하는 것으로서 이는 문자를 독점하려는 송대 사대부의 서민층에 대한 폐쇄적인 태도나 한글 창제 당시의 집현전 부제학 최만리(崔萬理)를 비롯한 당대 학자들의 보수적인 가치관과도 비슷하다. 유라시아 대륙의 근동에서 극동까지 수메르 서기와 송대 사대부, 조선의 양반(兩班)이 공유하는 문자권력에 대한 공통성을 생각해 볼 때 상형문자와 알파벳의 대조적인 차이를 생각할 수 있을 것이다.

여기서 생각해 볼 것이 한자가 상형문자가 아니라 한글과 같은 알파벳 문자였다면 「태항산우화」와 같은 사대부의 조작이 가능했겠는가 하는 의문이다. 소리로 전달되는 알파벳의 경우, 문자를 통한 간접적 과정이 생략되기 때문이다. 고대 그리스나 로마의 선거정치에서 대중은 피선거자의 연설을 직접 듣고, 그들을 선택하는 민주정치를 실현할 수 있었다.[61] 직접 말하고 보고 듣고 하는 공공의 광장에서 다중을 기만하는 것은 어려운 일이었다. 많은 사람을 오랫동안 속이기란 어려운 것이다. 이에 비해 문서를 통한 정치란 보이지 않는 권력을 통한 정치이기도 하다. 한자라는 매체가 권

60 Jack Goody, *The Interface Between the Written and the Oral*, p. 34.

61 그리스 민주주의의 예로, 도편추방법이나 소크라테스의 처형을 가결한 민회의 다수결 재판제도가 있고, 로마의 최고 행정권자인 집정관은 임기 2년의 선출직 공무원이었다. 퀸투스 툴리우스 키케로의 『선거에서 이기는 법』(이혜경 옮김, 매일경제신문사, 2020)은 현대의 선거전을 방불케 하는 책략을 구사하고 있다. 기원전 64년의 집정관 선거에서 마르쿠스 키케로는 압도적인 표차로 선거에서 이겼는데, 그의 동생 퀸투스 키케로가 일러준 위의 선거전략에는 다음과 같은 대목도 나온다. "우리의 도시 로마는 인간쓰레기들의 소굴이자 속임수와 음모가 난무하는 장소이며 상상할 수 있는 온갖 악행이 벌어지는 곳입니다. 눈을 돌릴 때마다 오만과 고집, 악의, 교만, 증오와 마주칠 것입니다. 이러한 악의 소용돌이 속에서 발목잡기나 험담, 배신을 피하려면, 로마는 견실한 판단력과 뛰어난 자질을 가진 인물을 뽑아야 합니다"(161쪽). 이렇게 악의 소굴 로마를 배경으로 자신을 뽑아달라는 연설을 하는 전략을 구사한다는 것은 그만큼 선악을 분별할 줄 아는 공화정과 로마 시민에 대한 강한 신뢰가 넘쳐흐르는 것 같다.

력을 보이지 않게 만드는 특성을 강화한다고 할 수도 있다. 한자는 상형문자여서 구어화하기 이전 단계의 문자이기 때문이다. 한자가 기독교문화권의 공용어인 라틴어와 크게 다른 점이다.

한자는 오래된 문자였다. 진시황의 천하는 통일(기원전 221) 후 15년 만에 무너졌지만 다시 한 제국으로 계승되었고, 이후 2,000년간 그 관료주의 행정은 마지막 청 제국까지 이어졌다. 한자의 모습은 청 제국까지 큰 변화가 없었는데, 기본적으로 그림문자였기 때문이다. 이 문자를 이해하고 문장을 짓고 의사소통을 하는 것은 청대의 경우 남성의 문해율이 30~45퍼센트라는 통계도 있을 정도로 높은 편이다.[62] 18세기 연행사(燕行使)를 따라 중국 사행길을 갔던 박지원(朴趾源)의 「열하일기」(熱河日記)에도 연행사절의 길을 안내하던 중국 짐꾼들이 『수호지』의 한 구절을 흥얼거리면서 길을 안내하는 것을 박지원이 흥미롭게 기록하고 있는 것을 보면, 중국 민간의 독서율과 식자능력은 상당했던 것 같다.[63]

그렇지만 중국의 셰익스피어는 누구인가, 중국의 국민문학은 언제 탄생했는가라고 묻는다면 대답은 간단하지 않을 것이다. 이와 관련해 유럽의 16세기 문화혁명은 르네상스 종교개혁의 성과를 과학혁명과 연결해주는 중요한 연결고리라고 생각된다.[64] 종교개혁은 결국 리터러시로 연결된다고

---

62 Evelyn S. Rawsk, *Education and Popular Literacy in Ch'ing China*, Ann Arbor: University of Michigan Pressi, 1979, p. 23.

63 그러나 1935년의 조사에 의하면 청조 말년의 시점에서 문해율은 1퍼센트에 불과하다는 통계도 있다. 大木康, 『馮夢龍と明末俗文學』, 東京: 汲古書院, 2018, p. 369 참조. 참고로 저장성(浙江省) 위야오현(餘姚縣) 출신으로 '현대의 루쉰'이라 불리기도 하는 위치우위(余秋雨, 1946~)는 자신의 고향 마을 주변의 반경 수십 리가 99.9퍼센트 문맹이었다고 회고한다. 이곳은 유명한 왕양명(王陽明)과 황종희(黃宗羲)의 고향이기도 했다. 위치우위, 심규호·유소영 옮김, 『중화를 찾아서』, 미래인, 2010, 489쪽.

한다면,[65] 종교개혁도 16세기 문화혁명의 연장선상에 있다. 농민들이 성서를 읽고 토론할 수 있다는 바로 그 사실에 성직자들은 분개했다고 한다. 인구의 대다수에게 성직자들이 기대한 것은 문맹과 맹목적인 복종이었기 때문이다.[66] 그러나 서양에서는 르네상스와 종교개혁이 인쇄술이라는 문화혁명을 거쳐 세계사적인 영향을 끼치는 르네상스가 일어날 수 있었던 것이다. 동양의 근세역사에서는 르네상스와 종교개혁이 없어서 사마천 이래의 천인지제(天人之際)의 신비를 타파하는 서구의 과학적 합리주의를 동양세계는 아직도 획득하지 못하고 있는 것이 아닌가?

송대 「태항산우화」에서 보이는 사대부의 행동이 대중을 기만하는 것이었다면, 16세기의 강남의 상업발달 및 이와 연결된 출판문화는 괄목상대할 만한 발전이 있었다. 예컨대 명말 생원 출신으로 『유세명언』(喩世名言) 등 삼언소설(三言小說)과 희곡작가로 명성을 떨친 풍몽룡(馮夢龍)은 사랑하던 기생을 위해 시를 쓰기도 하던 자유분방한 인물이기도 했는데, 후혜경(侯惠卿)이라는 기생이 돈 많은 상인에게 팔려갔을 때 쓴 시를 보면 지식인의 비애 같은 것을 느끼게도 한다. 그런데 그 지식인의 비애란 실상은 사대부 출신의 성공한 출판인이 부유한 상인을 부로써 압도하지 못한 것을 말하는데, 그것은 최대로 성공한 출판인조차 인쇄자본주의의 귀감적인 인물이 되기에 부족하다는 것을 입증할 정도로 중국에서 인쇄자본주의의 성장은 요원해 보인다.

명말 중국 최대의 상업발달 지역이었던 양자강 하류의 절강(浙江)과 강소(江蘇) 지역에서는 상업적 출판이 일어난 것으로 이야기된다. 명말에 와서 책의 수량과 내용에서 획기적인 변화가 있었다고 한다. 즉 송대부터 명말에 이르기까지 약 700년간 간행된 서적 3,094종 중 65퍼센트인

64 야마모토 요시타카(山本義隆), 남윤호 옮김, 『16세기 문화혁명』, 동아시아, 2010 참조.
65 Ray Huang, "The History of the Ming Dynasty and Today's World", pp. 3~36.
66 윌리엄 번스타인, 김현구 옮김, 『부의 탄생』, 시아출판사, 2005, 61쪽.

2,019종이 명말 100년 사이에 경제적 호황을 배경으로 간행된 책들이며, 내용상으로도 종래처럼 고전 위주가 아니라 가치가 없다고 생각되던 『삼국지연의』 『수호지』 『서유기』 『금병매』 등 통속소설이 이 시기에 간행되었고, 뉴스나 문학·사상에서 정치활동의 선전·비방·중상 등 다양한 정보가 다양한 인쇄매체를 통해 광범위하게 전해지던 '초기대중전달사회'라고 부를 수 있을 정도라고 한다.[67] 명말 문인이자 출판인으로 유명한 풍몽룡이 간행한 서적의 종류는 과거시험 참고서, 일용유서(日用類書), 소설 등으로 실용적인 생활서적들을 포함하고 있다. 그런데 풍몽룡의 출판서적 중에서는 종교에 관련한 서적은 눈에 띄지 않는다. 풍몽룡 자신이 늦게나마 현령이라는 지방관을 지낸 관인으로서 반사회적인 출판을 하기는 어려웠을 것이다. 풍몽룡은 이단적 지식인 이탁오(李卓吾)에 심취하기도 했지만, 그가 교우한 진계유(陳繼儒), 이어(李漁) 등은 모두 사인(士人)으로서 출판업에 종사하고 있었다. 이들은 생계를 위함이었으나 대개 출판업은 영세성을 면치 못했던 것 같다. 특히 이어는 산인(山人)이라 불리는 은둔한 사인의 모습으로 출판에 종사하면서 판권(板木)을 주장하고 있어 흥미롭다. 이 점과 관련해서 중국 출판업의 주체를 묻지 않을 수 없는데, 오오키 야스시는 중국의 출판물들이 유럽과 일본에 비해 서지사항이 불규칙하다고 한다.[68] 이는 중국에는 유럽이나 일본과 달리 출판업자의 조합이라는 존재가 없어서 규제를 받고 있지 않기 때문이라는 것인데, 그 배경을 파고 들어가면 역시 전근대적 사회구조의 문제가 드러난다. 즉 유럽과 일본의 근대적 출판은 인쇄소와 서적상이 출판의 주체라는 사실이 전제되는데, 중국의 경우는 궁극적으로 가족·종족과 맞닥뜨리게 된다는 것이다. 중국의 출판물은 관각(官刻), 방각(坊刻), 가각(家刻)으로 나뉜다. 활자의 조판은 한

67 오오키 야스시(大木康), 노경희 옮김, 『명말 강남의 출판문화』, 소명출판, 2007, 276~77쪽.

68 오오키 야스시, 『명말 강남의 출판문화』, 278쪽.

자의 특성상 막대한 비용이 들어가기 때문에 대규모의 출판은 관각이 담당하게 되는데, 결국 시장을 목적으로 하는 방각은 가각으로 수렴된다. 그런데 출판물의 무규제를 낳은 원인이 관에서 가각판의 배후에 있는 종족을 기피하기 때문이라는 오오키의 추정은 매우 흥미롭다.[69]

중국의 인쇄와 출판을 요약하면 결국 송대 이래 인쇄와 출판의 발달이 있었지만 전문직업으로서 출판업과 출판인이 있었던 것 같지는 않다는 인상을 받는다. 그 원인으로서 무엇보다도 알파벳과 다른 한자의 어려운 활용도 때문에 활자인쇄가 아닌 목판인쇄나 필사본이 유행한 점(여기에는 값싼 임금도 큰 작용을 했다), 상업용 출판으로 나온 방각본은 가각본과 다름없고, 그 배후에는 종족이 있다는 점을 들 수가 있다. 요컨대 기술은 있었지만 비용 문제와 인구, 종족의 사회구조 등이 상업출판이 인쇄자본주의로 발전할 수 있는 길을 가로막고 있었다고 할 수 있을 것이다. 유럽의 경우 구텐베르크 성서의 출판과 15세기 말 40년 사이에 최소 3만 5천여 종의 출판물이 나타났고, 최소한 2천만 권 이상의 인쇄물이 출판되었으며,[70] 1500년부터 1600년 사이에 인쇄본의 수가 1억 5천만 부에서 2억 부 사이에 이르는[71] 것과 대조적이다.

잭 구디가 말한 대로 중국은 인쇄술은 있었지만 인쇄술을 받아들일 언론은 없었다고[72] 해도 과언이 아닐 것이다. 1480년에 서유럽 각지의 110여

69 오오키 야스시, 『명말 강남의 출판문화』, 280~82쪽.

70 뤼시앵 페브르·앙리 장 마르탱, 강주헌·배영란 옮김, 『책의 탄생』, 돌베개, 2014, 321쪽.

71 뤼시앵 페브르·앙리 장 마르탱, 『책의 탄생』, 444쪽.

72 Jack Goody, *The Eurasian Miracle*, p. 126. 이것은 이미 막스 베버가 통찰한 말로 베버의 『종교사회학 논집』 서문에 나온다: "인쇄술의 산물은 중국에도 있었다. 그러나 인쇄된 저작물, 그리고 오직 인쇄만을 계산에 두고, 또한 오직 인쇄를 통해서만 유지될 수 있었던 저작물, 무엇보다도 신문과 잡지는 서구에서만 출현했다." Max Weber, *Gesammelte Aufsätze zur Religionssoziologie* I, Tübingen: Verlag von J. C. B. Mohr, 1920, p. 3.

곳 이상에서 인쇄소가 운영된 것과 대조된다.[73] 그렇게 된 사회적 배경으로서 종교(개혁)의 부재, 정치적 안정과 관료제의 지속성, 덧붙여 구어문학(소설)을 경시하는 사회적 분위기와 인쇄술의 매체인 문자 자체가 갖는 복잡성, 즉 상형문자인 한자의 활자로서의 어려운 활용도를 들 수 있을 것이다.

앤더슨이 말한 대로 민족주의는 경제 변동과 지리상의 '발견', 과학혁명, 그리고 커뮤니케이션의 발달 등의 영향으로 서유럽에서 먼저 일어나고, 그 후 다른 곳에서도 일어났다고 하는 것을 부정할 수가 없듯이 중국의 민족주의는 잘 아는 대로 19세기 아편전쟁 이전에는 찾아보기 어렵다. 아편전쟁이 중국사에서 고금의 분수령이 되는 획기적 사건인 것도 민족주의의 세례 때문이라고 해도 과언이 아닐 것이다. 17세기에 니콜라스 트리고(1577~1628)와 왕징(王徵)에 의한 한자의 알파벳 음사작업(『서유이목자』西儒耳目資)은 민족주의적 자각에 의한 것은 아니었다. 아편전쟁과 청일전쟁의 패전에 의한 충격은 한자문명 그 자체에 대해서도 깊은 회의를 낳게 만들었고, 한자의 알파벳화를 주장하는 극단적인 움직임조차 일어나게 되고 호적(胡適) 등의 구어체 문학혁명을 이끌게 했다.

동아시아문명은 중국을 중심으로 하고 있고 달리 한자문화권이라고 불리기도 하는데, 지중해문명과는 달리 표의문자라는 점에서 현저한 차이를 보인다. 돌이켜보면 일본이 8~9세기에 가나라는 한자와 표음문자를 혼합해서 만든 문자를 쓰고, 한국이 15세기에 한글이라는 표음문자를 창안했지만 한자가 국제어로 쓰인 것은 기원전 6~7세기 근동에서 바빌로니아 설형문자가 표음문자로 대체되는 상황과 대조적이다. 동아시아에는 중국의 한자에 도전할 만한 다른 문자체계가 아편전쟁까지는 나타나지 않았던 것이다. 갑골문을 쓰던 은 왕조에서 은주혁명을 거쳐 진한 통일 제국의 수립

73 뤼시앵 페브르·앙리 장 마르탱, 『책의 탄생』, 318쪽.

에서 마지막 청 제국에 이르기까지 중국문명은 한자라는 표의문자로 일관해 왔지만, 아편전쟁에 이르러 역사상 처음으로 표음문자문명권으로부터 심각한 도전에 부딪친 것이다.

한자가 왜 표의문자에서 음절문자로의 발전을 보이면서도 결국 표의문자에 머물렀는가에 대한 물음도 거꾸로 여기서 하나의 역사적 힌트를 얻을 수 있을 것이라고 생각한다.

볼츠는 『논어』의 한 구절 "고(觚)가 고(觚)하지 않으면 고(觚)인가, 고(觚)인가?"(『論語』「雍也」: "觚不觚. 觚哉觚哉")를 예로 들어 사물이 고유의 적절한 역할을 하지 못할 때 이름과 사물과 기능 사이에서 유지되는 윤리적으로 적절한 질서가 무너진다는 중국인의 질서관을 지적한다.[74] 볼츠는 공자의 말을 패러디해 "문자가 의미를 전달하지 못하면 문자인가, 문자인가?"라고 하는데, 볼츠의 이 말은 알파벳과 한자의 차이, 즉 표음문자와 표의문자의 차이를 음미하게 하는 것 같다. 다시 말해 무의미한 기호의 나열에 불과할 것 같은 알파벳에서는 어떻게 의미를 전달받고 공유하는 것인가라는 의문을 갖게 되는데, 이는 문자와 사회의 공용성과 관련되는 중요한 문제이기도 하다. 간략히 나의 의견을 피력해 보기로 한다.

한자는 완벽한 문자라고 한다. 한자의 경우 문자가 가진 형(形)·음(音)·의(意) 3요소가 모두 갖추어져 있기 때문이다. 그러나 완벽하다는 것은 그만큼 태곳적이라는 의미도 된다. 알파벳은 형(形)·음(音)·의(意) 중에서 다 떨쳐버리고, 음 하나만 남아 있다. 한자와 같은 표의문자는 그 자체로 형(形)·음(音)·의(意) 3요소를 포함해 의미를 담고 있다. 그러나 그 의미는 문자이기 때문에 배우지 않으면 알기 어렵고, 고대사회일수록 문해율은 높

74 William G. Boltz, *The Origin and Early Development of the Chinese Writing System*, p. 177.

지 않은 편이다. 그러나 알파벳은 표음문자로서 한자와 달리 형(形)·의(意)가 없고 음(音)을 표시하는 기호만 남아 있다. 우리가 그 뜻을 아는 것은 공용성을 위한 기억을 통해서이다. 그래서 그 뜻은 사람들이 일깨워주지 않으면 알 수 없다. 그러나 한자의 경우, 형태 속에 뜻이 남아 있기 때문에 스스로 뜻을 깨칠 수도 있는 것이다. 그래서 역으로 공용성이 필요한 것은 알파벳이 된다. 또 알파벳은 구어에 훨씬 가깝고, 한자와 같은 상형문자보다 훨씬 용이하게 이해할 수 있는 문자이다. 가령 신약성경이 그리스어 알파벳으로 전사되었다는 것은 그리스 문자의 공용성이 탁월한 덕분일 것이다. 한자의 경우, 누군가 형태를 잘못 해석하면 역시 해석을 망칠 수 있다. 형(形)·음(音)·의(意)의 한자도 알파벳으로 발달될 수 있었는데 그렇지 못한 것은 윤리적 질서의 세계관 때문이라 한다.[75] 만약 전국시대의 분열이 더 오래 지속되었더라면 중국에서도 유럽처럼 각 지역마다 다른 방언과 문자를 가진 나라들이 성립되었을지도 모른다. 윤리적 질서의 세계관에서는 중앙과 지방의 차이가 강하고, 위계적 질서가 강한 문화를 만들게 마련이다.

볼츠가 말하는, 음절문자로의 발전을 저지했다고 하는 윤리적 질서를 선호하는 중국적 세계관은 이미 은대 점복을 치던 사제의 세계관의 전통이었다고 키틀리는 말한다.[76] 고대 동방언어의 전문가인 밀러 역시 중국인의 세계관을, "천지의 모든 존재에는 임의적인 것은 없으며, 존재하는 이유가 있어서 존재한다. 그 이유는 우주적 질서의 반영이다. 중국인의 언어의 각 요소에는 우주의 그런 윤리적 질서의 요소가 잠재되어 있고, 정부의

75 William G. Boltz, *The Origin and Early Development of the Chinese Writing System*, pp. 173~77.

76 David Keightley, "Late Shang Divination: The Magico-religious Legacy", in *Explorations in Early Chinese Cosmology*, ed. Henry Rosemont, Jr., *Journal of the American Academy of Religion Studies* 50(2), Chico, California: Scholars Press, 1984, p. 24: "세계의 패턴과 관계 및 의미 있고 도덕적인 병행을 강조하는 유기적이고 공시적인 주대(周代)와 한대(漢代)의 세계관은 상대(商代)의 점복 논리에서 영감을 얻은 것이고, 또 동일한 것이었다."

기능은 우주적 질서를 사회적·정치적 차원에서 확인하고 시행하고 조절하는 것이었다"[77]라고 논하고 있는데, 이런 제가들의 논지의 공통점은 천지우주의 질서를 한자가 언어적으로 반영하고 있다는 것이다. 우주적 질서를 언어에 반영한다고 할 때 아무래도 무의미해 보이는 추상적인 알파벳보다는 현상을 그대로 재현한 생기 있는 한자가 적절할 것이다. 이것은 단음절어인 한자의 특성과도 관련된 것으로 더욱 깊은 논의가 필요할 것이다.

의사소통은 영어로 'communication'이라 하는데, 이것은 라틴어의 'communicare'에서 온 말이다. 'communicare'는 공동체(common)의 것으로 만든다는 뜻이다. 의사소통은 인간사회가 공동체로 존립하기 위한 가장 기본적인 조건이다. 언어가 공동체의 공용성(commonality)의 가장 기본적인 표현 방식이라고 한다면 표음문자와 표의문자의 표현 방식은 그것이 소수가 쓰는 것인가 다수가 쓰는 것인가, 결국 민주적인가 왕정적인가의 정치체제의 결정에도 영향을 끼친다고 아니할 수 없을 것이다.

바벨탑신화에서 언어가 다양하게 분열되었다는 신화와는 달리 귀신이 울고 곡식비가 내렸다는 창힐신화에서 강조되는 문자 창제가 의미하는 바는, 문자가 인민으로 하여금 국가에 소속감을 느끼게 하고,[78] 복종심을 유발케 하는[79] 관료제의 강력한 도구로 등장하게 되었다는 것과 그 관료국가가 내포하는 부정적인 의미도 아울러 비판하는 것이라고 생각된다. 요컨대 바벨탑신화와 창힐신화에 보이는 표음문자와 표의문자 문명의 두 신화 사

77 Roy A. Miller, "The Far East", in *Current Trends in Linguistics*, vol. 13, pt. 2, "Historiography of Linguistics", ed. Thomas Sebeok, The Hague: Mouton, 1975, p. 1217.

78 Wang Haicheng, *Writing and the Ancient State*, Cambridge: Cambridge University Press, 2014, pp. 3~4.

79 Mark Lewis, *Writing and Authority in Early China*, Albany: State University of New York Press, 1999, p. 3. 여기서 저자는 문자의 의미는 소수에게만 알려지며, 문자의 지배자는 레비스트로스의 『슬픈 열대』의 족장처럼 문맹자들에게 마술사로 보일 수 있음을 말한다.

이에 기층문화의 공용성을 놓고 다소의 차이가 반영되는 것이라고 보인다.

앞에서 한자가 왜 표의문자에서 음절문자로의 발전을 보이면서도 결국 표의문자에 머물렀는가에 대해 힌트를 얻었다고 말했지만, 나의 답은 바로 이런 것이다. 요컨대 표의문자보다 표음문자가 공용성의 산물이라는 가정이 성립한다면 한자는 위로부터의 명령에 의한 법가주의적 제국의 성격에 적합한 문자일 것이고, 그래서 한자는 공용성이 아닌 일방성 때문에 표의문자에서 표음문자로 발전하지 못하고 표의문자에 머물러 있게 된 것이다.

한자의 기원은 아직 밝혀지지 않았다. 은대의 갑골문에 한자는 이미 완성된 형태로 나타나 있어서 그 기원을 추적하는 학자들을 당혹하게 하는데, 어쨌든 이후 한자라는 강력한 의사소통의 매체를 갖게 된 왕조국가들이 왕조의 멸망을 반복하면서도 한자를 강력한 국가권력의 실행수단으로 이용한 것은 중국문명의 특징이다. 이것은 주 왕조와 본래 혈연과 문화를 달리하면서 주 왕조를 절멸하고 천하를 통일한 진(秦)도 마찬가지인데, 가령 『수호지진간』(睡虎地秦簡)의 「법률답문」(法律答問) 중에 보이는 다음 두 조항을 주목해 보자.

> "신방(臣邦)의 사람이 자신의 우두머리(主長)에 불안하여 하(夏)를 떠나려고 해도 허락하지 않는다"고 한다. 무엇을 '하를 떠난다'(去夏)라 하는가? 진(秦)의 속방(屬邦)에서 떠나는 것을 '하를 떠난다'라고 한다.

> "진신방(眞臣邦)의 군공(君公)이 죄를 지은 경우, 그 죄가 내형(耐刑) 이상에 이르더라도 속죄하게 한다고 한다." 무엇을 진(眞)이라 하는가? 신방(臣邦)의 부모가 낳은 자식 및 다른 나라에서 낳은 경우를 진(眞)이라 한다. 무엇을 하자(夏子)라 하는가? 신방(臣邦)의 부와 진(秦)의 모 사이에서 낳은 자식을 말한다.[80]

---

80 睡虎地秦墓竹簡整理小組, 『睡虎地秦墓竹簡』, 北京: 文物出版社, 1990,

하(夏)는 화하(華夏), 『서경』「순전」(舜典)에 나오는 중국, 중원을 의미하며, 진(秦)은 원래 중원에서 지리적으로 떨어지고 문화도 다른 이민족으로 취급받던 종족이었는데, 『수호지진간』의 연대인 기원전 2세기에는 중원의 우월한 문화민족으로 당당히 자신을 내세우고 있는 것이다.

국가를 구성하는 가장 중요한 요소인 인력과 토지에 대한 진의 행정능력은 그 철저한 시행능력에서 메소포타미아문명과 이집트문명 및 마야문명 등 다른 고대 제국들과 비교할 수 없을 정도로 철저함을 자랑하는 것 같다.[81] 이러한 행정을 수행하는 과정에서 본래 중원(中原)의 변방이었던 진국이 제국으로 변신하는 데 한자를 통한 문서행정이 큰 역할을 했으리라는 것은 말할 필요가 없다. 그런데 이러한 문서행정을 통해 사람들이 기록되고 기억됨으로써 국가에 소속된다고[82] 생각해서 그것으로 앤더슨이 말한 국민국가(nation state)처럼 고대 중국에도 '상상된 공동체' 같은 국가가 성립된다고 말할 수 있을지는 의문이다.[83] 앞에 인용한 『수호지진간』에 보듯이 진은 거대한 제국을 형성하고 있고, 제국 안에는 신방(臣邦)이 있으며, 또 그 아래에는 진신방(眞臣邦)도 있고, 그 안에는 하자(夏子)도 있으며, 진자(眞子)도 있을 것이어서 '상상된 공동체'가 진정한 공동체인지 의문스럽기 때문이다. 앞서 이성규(李成珪) 선생의 폭로에서 본 바대로 이러한 제국의 문서행정 자체가 조작되고 날조된 것임을 상기한다면 제국의 치밀한 문서행정 자체가 치밀할수록 신뢰하기 어렵다는 진실을 깨닫게 된다. 상상된 공동체의 허약성은 무엇보다도 실제로 일어난 진 제국의 급격한 붕괴

p. 135. 해석에 A. F. P. Hulsewé, *Remnants of Ch'in Law*, Leiden: E. J. Brill. 1985, p. 170 참조.

81 Wang Haicheng, *Writing and the Ancient State*, p. 305.

82 Wang Haicheng, *Writing and the Ancient State*, p. 305.

83 Wang Haicheng, *Writing and the Ancient State*, p. 12.

가 이를 증명해 줄 것이다.

사실 앞에서 "書不盡言, 言不盡意"가 방언의 뜻을 다 표현할 수 없는 문자의 한계, 다시 말하면 지방의 현실을 다 파악할 수 없는 사회적인 상황을 말하는 것이라고 언급했지만, 언어의 번쇄함을 문자로써 통일하려는 『주역』「계사전」의 의도는 '차동궤서동문'(車同軌書同文)과 함께 도량형(度量衡)을 통일하려는 진시황의 의도와도 닮아 있다고 할 것이다. 중국역사상 중앙집권적 질서를 추종하는 경향은 지방의 현실과 자유를 희생하면서 이루어지는 측면이 있다는 것을 유념하지 않으면 안 될 것이다. 진시황 당대에도 도량형기의 문자에 대한 고의적인 변조나 파손이 증세를 목적으로 한 관리에 의해서건 반진세력에 의해서건 감행되고 있는 것은[84] 제국의 행정에 대한 목숨을 건 심각한 반발이라 할 것이며, 견고해 보이는 고대 제국이 안팎으로 의외로 느슨한 구조를 가지고 있었던 것과 함께 제국에 대한 당시 사람들의 감정이 어떠한 것인지 잘 보여주는 흥미로운 증거이다.

이 글을 쓰고 있는 중에 당시(唐詩) 「분서갱」(焚書坑)이 언론에서 화제가 되고 있는 것(2021년 5월 11일자)을 접했다. 중국 최대의 배달 앱 창업자인 '메이퇀뎬핑'(美團點評)의 최고경영자인 왕흥(王興)이 소셜 미디어에 당나라 시인 장갈(章碣)의 이 시를 올렸는데, 시진핑(習近平) 중국 국가주석을 진시황에 비교한 것으로 보여서 논란이 일고 있다는 것이다. 이 글의 주제와도 관련 있는 시의 내용은 이러하다.

> 책 태우는 연기 사라지듯 제왕의 대업도 허망하고
> 함곡관과 황하만 덧없이 황궁을 지키고 있네
> 구덩이 재가 아직 식기도 전에 산동에서 난리인데

84 이성규, 『數의 제국 秦漢: 計數와 計量의 支配』, 160~63쪽 참조.

유방과 항우도 원래 책 읽지 않았다오[85]

읽으면 읽을수록 묘한 느낌을 주는 시이다. 처음에는 통쾌한 느낌을 주다가 다음에는 쓸쓸하고, 그다음에는 씁쓸한 여운이 감도는 묘한 기풍이 감도는 시이다. 진시황은 천하통일의 대업을 달성한 역대 최고의 업무량을 자랑하는 군주로 손꼽힌다. 『사기』는 진시황을 전제적이고 잔인한 성품의 이미지로 묘사하고 있지만, 한편으로는 매일 읽어야 할 문서량을 정해놓고 그것을 달성하고 나서 늦게야 잠을 자는 근면한 군주로도 묘사하고 있다. 그런 진시황이 분서갱유(焚書坑儒)를 저지른 것은 일종의 자기모순처럼 보인다. 시의 전반부는 분서갱유 후에 진시황제 주변에 글을 아는 인재가 사라진 것을 말하는 것으로 보인다. 시의 후반부는 진시황제 사후에 급속히 반란이 일어난 것을 묘사하는데, 반란의 리더들인 유방(劉邦)과 항우(項羽)도 글을 모르는 사람들이었다는 것이다. 그래서 이 시는 문서로 일으킨 제국이 사실은 사상누각의 제국이었다는 것을 풍자하는 시처럼 읽히는 것이다.

「분서갱」을 음미하면서 문서란 한자를 습득하고 글을 쓸 줄 아는 사관(史官)을 포함한 서리(書吏)의 손에 의한 것임을 기억할 필요가 있다고 생각한다. 문서로 만든 '상상된 공동체'는 본래 현실과 비현실의 이원적인 구조를 갖고 있게 마련일 터이다. 그 이원적 구조는 현실과 비현실의 긴장구조를 갖고 있는데, 언젠가 문서가 현실의 구조를 더 이상 덮을 수 없을 때는 「분서갱」이 노래하듯이 반란이라는 거대한 분노로 폭발할 수도 있다. 그래서 상상된 공동체라는 고대 제국에서 문자를 모르는 무지한 평민도 그 공동체에 소속감을 갖고 있었는지는 의문인데, 마크 루이스가 문자로 기록되는 것은 복종을 의미한다고 지적한 것도 이러한 문제의 일단을 시

85 『全唐詩』卷669: "竹帛煙銷帝業虛, 關河空鎖祖龍居, 坑灰未冷山東亂, 劉項元來不讀書."

사하겠지만,[86] 국가가 평민을 기록하는 것은 귀족의 이름이 청동기의 금문에 기록되는 것과 달리 세금과 요역을 부과하기 위해서라는 것을 생각하면, 그리고 중국이나 메소포타미아나 사람들이 세리(稅吏)를 끔찍이도 두려워한 것을 상기한다면,[87] 단순히 기록을 떠나 스콧이 처음 제기한 문제의식에 따라 국가가 아니라 피기록자의 입장에 서서 그들이 어떻게 소속감을 느꼈는지 생각해 볼 필요가 있을 것이다. 그렇다면 진의 급격한 붕괴와 한 제국의 지속은 어떻게 설명되어야 할까? 진의 붕괴 후 일어난 초한쟁패기에 사면초가(四面楚歌)의 고사는 여기에 약간의 힌트를 주는 것 같다.

사면초가는 진시황의 제국이 붕괴한 후 초나라 왕 항우가 한나라 왕 유방과 싸우다가 사면을 둘러싼 한나라 군사 쪽에서 들려오는 초나라의 노랫소리를 듣고 초나라 군사가 이미 항복한 줄 알고 놀랐다는 데서 유래해 고립무원의 지경에 빠진 형편을 비유하는 말이 되었다. 나의 대학 시절에 『사기』「항우본기」(項羽本紀)를 읽을 때 사면초가라는 말을 읽고 얼핏 이해가 되지 않아 당황스러웠던 기억이 난다. 초패왕 항우의 주변 사방에 초나라 노래가 들리는데, 그것이 어떻게 초나라 군사의 패세를 의미하는 말이 된다는 것인지? 한나라가 우세하다면 사면초가가 아니라 '사면한가'(四面漢歌)가 되어야 옳은 것이 아닌가? 주석의 설명을 보고서야 이미 한나라에 투항한 초나라 군대를 이용한 심리전술이라는 것을 깨달았다. 요새로 말하자면 20세기의 분단국가 한반도에서 삼팔선을 마주하고 상호 비방을 해대던 심리전술과 유사한 효과를 노린 것과 같을 것이다. 그러나 유방답게 그는 한나라 노래가 아니라 초나라 노래를 부르게 했으니 상대를 읽을 줄 아는 훨씬 고단수의 전술이었던 것이다. 그때 불렀던 사면초가의 노래가 무엇이었는지는 알 수 없으나 아마도 "고향으로 돌아가자~, 집으로 돌

86 Mark Lewis, *Writing and Authority in Early China*, p. 3.

87 Wang Haicheng, *Writing and the Ancient State*, p. 305.

아가자~ 어서 어서 돌아가 부모처자 만나지고~" 하는 내용의 전의를 상실케 하는 노래가 아니었을까? 만약 유방이 한나라 노래를 부르게 했다면 사면초가가 아닌 '사면한가'가 되었을 것이지만, 그랬다면 혹은 한나라 측의 승리를 보장하지 못했을지도 모른다. 초나라 측의 전의를 불태워서 전세가 역전되었을지도 알 수 없기 때문이니 말이다. 그리고 '사면한가'의 노래를 부르게 했더라면 그 노래의 내용은 어떠한 것이었을까? 애절한 어조의 노래보다는 호전적인 노래가 되었을 것이다. 그랬다면 그런 노래를 들었을 때 초나라 군사의 반응은 오히려 역효과를 낼지도 모른다. 그래서 '사면한가'의 전술을 유방이 채택하지 않은 이유는 아마도 위험하다고 판단했기 때문일지도 모른다. 그러나 그보다 더 중요한 이유가 있다. 그러한 위험성보다도 무의미하다는 생각에서이다. 즉 의사소통(communication)의 문제인데, '사면한가'를 부르게 했을 경우 과연 초나라 군사들이 한나라의 노래를 알아들을 수 있었을 것인가 하는 문제이다. 결국 사면초가 작전은 무력을 쓰지 않고 언어의 힘을 빌려 같은 초나라 사람들을 같은 초나라 노래의 힘으로 설득해 한나라에 투항하도록 한 전술인 셈이다. 진시황이 천하를 통일한 후 문자의 통일을 시도한 것은 각국마다 다른 한자의 글자체를 소전체(小篆體)로 통일한다는 의미가 있었다. 그러나 한나라의 노래와 초나라의 노래는 말이 달라 서로 의사소통에 문제가 없지 않았을 것이다. '사면한가'가 아니라 사면초가의 노래가 들리게 한 것처럼 초나라 병사들이 한나라 노래를 이해할 수 없었던 언어불통의 상황은 전국시대 이래 청 제국까지 계속되었다고 해도 과언은 아닐 것이다. 이를 잘 보여주는 것이 옹정제(雍正帝, 1723~35) 연간에 시행되었던 정음운동(正音運動)이다. 독재군주로 유명한 황제는 재위 6년째(1738) 각 성에서 올라온 관리들을 인견하던 중 복건성과 광동성의 두 관리들의 말이 향음(鄕音)이어서 알아들을 수 없다고 말했다. 이어서 관민 상하 간 언어가 불통하면 상하의 정이 통달하지 못해 심히 불편할 것이라고 하면서 정음(正音)을 교육하도록 명했다.[88] 그러나 이 운동은 실패로 끝났다. 수백 개의 서원과 사학(社學)이

건립되었지만, 막대한 교육비용의 조달과 강경한 방언의 교정 문제 등으로 처음 8년을 기한으로 정한 학습기한을 넘겨버렸고, 옹정제 사후 건륭제(乾隆帝)의 소극적인 정책 등으로 제대로 정음(官話)을 터득한 학생은 배출되지 않은 채 끝나고 말았다.[89] 이와 관련해서 복건성에서 14년을 거주했던 시홍보(施鴻保, ?~1871)의 다음과 같은 말은 내가 앞서 사면초가 이래 청나라까지 언어불통의 상황은 계속되었을 것이라는 예측을 증명하는 것 같다.

> 『설문해자』에서 말하기를, 복건 사람은 짐승소리 새소리를 한다고 말한 지 지금 2천 년이 지나려고 한다. 그동안 명유들이 계속 나오고 문화가 융성해도, 향음(鄉音)은 도무지 서로 익혀 고쳐지지 않는다. 참으로 성유를 준수하여 서원을 폐지하지 않았다면 교화와 훈도가 점점 스며들어 모든 사람이 다 고치지는 않더라도 교육의 고장이 어찌 새소리가 사라질 뿐이었겠는가? 그런데 이 땅에 태어나는 자들은 구속에 물들고, 이 땅에 부임하는 관리들은 구문(具文)으로만 여겨서 성천자의 백성을 사람으로 만들려는 후의를 져버렸으니 참으로 애석하다![90]

중국은 대국이다. 언어와 풍습을 달리하는 수많은 민족들이 하나의 국가로 뭉친 통일적 다민족국가이다. 지금 공식적으로 55개의 소수민족과 1개의 한족으로 구성되어 있지만 그 이상의 수많은 종족이 역사상에 명멸했을 것이다. 주무왕 때 1,000여 개의 제후국이 있었다고 『사기』는 말

88 『清世宗實錄』 卷72, 雍正 6年 8月 甲申.

89 鄧洪波, 「正音書院與清代的官話運動」, 『華東師範大學學報』, 1994年 3期; 張昇霄, 「雍乾時期閩粵地區的正音運動與大一統」, 『東北師大學報』(哲學社會科學版), 2016年 1期 참조.

90 施鴻保, 『閩小記·閩雜記』, 福州: 福建人民出版社, 1985, p. 42; 金銀珍, 「清初福建正音書院品論」, 『新鄉學院學報』(社會科學版), 2011年 2月에서 인용.

한다.[91] 이들이 대립한 끝에 춘추오패와 전국칠웅으로 통합되고 결국 진시황대에 천하가 통일되었다. 그리고 다시 분열되고 초한의 쟁패가 되어 사면초가가 불리고 한나라의 천하가 된다. 한(漢) 이후에 다시 삼국으로 분열되고, 『삼국지연의』(三國志演義) 첫머리에 "천하대세는 분열된 지 오래되면 반드시 합쳐지고 합쳐진 지 오래되면 반드시 분열된다"는 말처럼 다시 진(晉)이 통일하고, 이후 통일과 분열의 역사가 현재의 중화인민공화국까지 반복된다. 그러나 유럽에 맞먹는 거대한 대륙이 근대 이전에 국민국가로 통일된 적은 없었다. 요컨대 국민의 합의체로서 국가의 대표자가 국민의 자유로운 선거로 선출되는 적이 없었다는 것이다. 중국에서 근대 이전에 구어문학이 국민문학으로 등장하는 일이 없었던 것도 이런 사정을 반영한다. 호적(胡適)의 『문학개량추의』(文學改良芻議)가 20세기 초반에 발표되어 백화운동을 추진하면서 구어체의 문학이 발굴되게 되는데, 그중 명말 삼언(三言)의 작가로 유명한 풍몽룡이 편집한 강소 지방의 민요집인 『산가』(山歌)에 "오인(吳人)이 오가(吳歌)를 노래 부르는 것은 비유해서 말하자면 기왓장 던지기나 동전 던지기 같은 한 지방의 놀이이고, 반드시 천자가 발포하는 문장법령처럼 천하에 두루 행할 필요는 없는 것"이라는 풍몽룡의 주석이 보인다.[92] 이것은 소극적이지만 방언의 가치를 주장하는 것[93]으로 주목된다. 이것은 앞에 인용한 정음운동의 실패를 한탄한 시홍보의 발언과 대조적이다. 시홍보는 역시 복건인이 아닌 외지인의 관점에서 상황을 관찰했기 때문에 그럴 수 있었을 것이라 생각된다. 오어(吳語)와 민어(閩語)

91 『史記』「陳杞世家」. 왕충은 『서경』「요전」(堯典)의 만국(萬國)이 과장되었다고 3천 국 이하라고 비판하면서 주나라 때 제후국은 1,793국이라고 한다. 『論衡』 卷27, 「藝增」 참조.

92 馮夢龍 編, 『挂枝儿·山歌·夾竹桃』 卷1, 北京聯合出版公司, 2018, p. 112, 私情四句, 笑.

93 『山歌』 卷1, 笑. 大木康, 『馮夢龍山歌の研究: 中國明代の通俗歌謠』(東京大學東洋文化研究所報告), 東京: 勁草書房, 2003, pp. 25~26.

와 함께 최대의 방언으로 꼽히는 광동어(粵語)는 신해혁명이 일어나고 중화민국이 탄생해 공화정이 역사상 처음으로 시작되었을 때 국어를 선정하기 위한 중화민국 국회 투표에서 가장 유력한 후보로서 북경어를 능가했다고 한다. 이런 상황에서 만일 손문(孫文)의 설득으로 겨우 북경어가 중국의 국어로 채택되지 않았더라면 광동어가 국어로 될 뻔했다는 것이다.[94] 광동의 객가인들에게는 "조상으로부터 받은 논밭은 팔지언정 조상으로부터 받은 말은 버리지 마라"는 속담이 있다고 한다.[95] 말은 논밭보다 소중한 그들의 영혼인 것이다. 광동성의 정음운동이 실패한 원인의 한 가지는 여기에 있는 것이 아닐까라는 생각이 들기도 한다.

다시 사면초가로 돌아가 생각해보면, 초한의 쟁패에서 유방이 승리를 거둔 것은 유방이 초민(楚民)의 입장을 배려한 전술을 폈다는 점, 그리고 초민은 문자가 아니라 초나라 노래로 자신의 아이덴티티를 확인한 점 등을 들 수 있다. 요컨대 평민의 레벨에서는 문자보다는 오히려 노래가 공동체 의식에 더 강렬한 효과를 줄 수 있다는 점을 확인할 수 있다. 그러나 초한의 언어불통을 상정한다면 제국의 통치를 위해서는 문서행정을 통한 방법을 시행하지 않을 수 없는 사정이 있다. 상앙과 같은 법가의 경우는 지방의 방언적 현실과 같은 것에 전혀 귀를 기울이지 않은 것이 사실이다. 이 점을 잘 보여주는 것으로 『상군서』(商君書) 「정분」(定分)의 논리를 검토해 보기로 하자.

> 명분이 미정일 때는 요·순·우·탕 같은 성인이라는 사람들도 모두 급히(토끼를 쫓듯이 권력을 좇아) 경쟁했지만, 명분이 정해지면 도둑은 취하려고 하지 않는다. 지금 법령이 불명하고 명목이 부정하여 천하사람이 모두

94 叶曙明, 「廣東人爲何要死守着自己的方言」, 『報刊集萃』, 2005年 11月.

95 叶曙明, 「廣東人爲何要死守着自己的方言」.

논의할 수 있고 그 논의는 사람마다 달라 정설이 없다. 군주가 위에서 법을 제정하면 백성은 밑에서 의론하여 이리하여 법령이 정해지지 않으니 아래가 위로 바뀐다. 이것을 명분의 부정(不定)이라고 한다. 명분이 정해지지 않으면 요순과 같은 성인이라도 길을 바꿔 악한 짓을 할 수 있으니 하물며 보통사람들은 어떻겠는가? 이렇게 되면 간악한 일들이 일어나고 군주의 권위는 빼앗기니 국가와 사직이 멸망하게 된다.[96]

『상군서』「정분」에서 말하는 명분 혹은 소유권을 확정하는 논리는 법가의 법의식을 잘 보여주고 있다. 법의 목적은 사물의 귀속을 확정하는 데 있고, 사람들이 귀속을 확정하는 판정근거인 법령을 인지하면, 사물의 쟁탈을 벌일 일이 없고 세상은 절로 잘 다스려질 것이라는 논리이다. 상군은 예를 들어 토끼사냥을 갖고 비유한다. 토끼 한 마리를 1백 명이 쫓는 것은 토끼를 1백으로 나눌 수 있기 때문이어서가 아니라 명분이 미정이기 때문이고, 토끼를 파는 상인이 시장에 널려 있어도 도둑이 감히 훔치려고 하지 않는 것은 명분(소유권, legal title[97])이 이미 정해져 있기 때문이라는 비유로 법령이란 것이 치국(治國)에서 얼마나 근본적인 것인가를 이야기한다.

상군은 두 개의 장면을 대조시킨다. 산야에 뛰어다니는 야생의 산토끼(권력에 비유) 한 마리는 요·순·우·탕 같은 당당한 성인들도 정신없이 권력의 사냥몰이를 하게 되는데, 시장에 널려 있는 1백 마리 토끼에 대해서 배고픈 도둑들도 감히 훔칠 생각을 하지 못하는 것은 토끼의 소유주가 있기 때문이라는 것이다. 그런데 도둑의 본질은 남의 소유물을 훔치는 데 있는 것이 아닌가? 그리고 산토끼 한 마리와 시장에 이미 사냥당한 1백 마리

96 『商君書』「定分」.

97 명분(名分)에 대한 영역 'legal title'에 대해서는 J. J. L. Duyvendak, *The Book of Lord Shang A Classic of the Chinese School of Law*, The Lawbook Exchange, Ltd., 2011, p. 332 참조.

토끼와의 비유는 공평하지 않다. 시장에 널린 토끼들도 다 사냥당해 온 것이기 때문이다. 그리고 요·순·우·탕이 쫓던 토끼 한 마리가 시장에 나와 있다면 시장은 또 많은 구매자들의 경매로 시끄럽게 될 것이다. 문제는 수요공급의 관계에 있다. 시장은 수요법칙에 따라서 분산되고 개방적으로 움직이는데, 이와 반대로 정치권력은 집중되고 폐쇄적으로 움직이는 것이다. 상군의 논의는 전혀 다른 두 개의 성질을 같은 논리로 논하려 하기 때문에 잘못된 것이다. 토끼는 한 마리만 있는 것이 아니다. 실제 시장에 널린 1백 마리 토끼도 산야에 뛰어다니는 토끼 1백 마리를 사냥해서 잡아온 것이다. 따라서 산토끼를 사냥꾼이 각각 자신의 영역에서 사냥할 때 굳이 한 마리 산토끼 때문에 정신없이 사냥몰이 하듯이 할 필요는 없는 것이다.

물론 상군은 정치와 시장은 다른 세계라고 이야기하고 싶었을 것이다. 그러나 나는 정치세계도 따져보면 꼭 그렇게 달라야 하는 것인지 다시 한 번 묻고 싶다. 만약 정치권력이 집중되지 않고 시장처럼 개방적이라면 어떻게 될까? 적어도 전제주의가 아니라 민주주의적 정부가 도시국가의 정치체제라면 상황은 그만큼 달라질 것이다. 상군은 정치의 논리와 시장의 논리를 분리해서 이야기하는데, 정치세계의 경쟁이나 시장세계의 경쟁이 시끄러운 것은 마찬가지 아닌가? 시장과 정치는 성격이 다른 세계라 하더라도 시장경제의 발전에 따라서 시민이 도시의 주요 구성원이 된다면, 수요와 공급의 법칙에서 양자는 본질적으로 상통한다고 생각된다. 예를 들어 고대 그리스 도시국가에서 시민의 추첨에 의한 공직의 선발과 투표에 의한 공직자의 추방은 사냥몰이가 아닌 다수결에 의한 민주정의 방법이다. 여기서는 도시를 구성하는 자유시민 간의 자유로운 토론이 도시국가를 지탱하는 토대였다. 소크라테스가 청년들을 타락시켰다고 고발당해 501명의 배심원 재판에서 유죄판결로 처형당할 정도로 아테네 시민들은 토론문화에 심취되어 있었다. 이에 비해 상군의 법은 토론이 망국의 길이라고 금기시한다. 기본적으로 정치적 자유의 부재, 즉 그리스적 의미에서 시민의 부재라고 해야 할 것이다.

도둑은 명분(소유권)이 정해진 후에야 생기는 것이고 소유권 분쟁의 소송도 그래서 생기는 것인데, 법가에서는 애초에 논쟁을 통한 소송을 허락하려 하지 않는다. 「상군열전」에서 법령시행의 사례에서 보듯이 어떠한 가타부타의 논의를 법가는 허용하지 않는 것이다. 그리하여 군주의 지배를 위해 필요한 모든 인력과 자원을 수치화하고 표준화해 지배하는 것이 필요하다. 고대 중국의 계수와 계량에 의한 지배는 이러한 이념에서 나온 것이라고 할 수 있다. 그러나 계수와 계량이 철저했다 하더라도 실제 현실 사회가 그렇게 철저하게 지배된 것은 아니다. 그리고 진대의 법령에 보이는 소를 관리하는 데 보이는 철저한 계수적 관리라든가, 도둑을 잡는 데 들이는 철저한 계량적 관리는 현대인들도 놀라게 할 정도이지만, 그러한 계수와 계량이 무엇을 근거로 어떻게 측량된 것인지, 계리(計吏)만의 자의적 전제(專制)에 의한 것인지, 계측 대상인 인민의 동의나 배려는 있었는지에 대해서는 진(秦)의 법령에서 어떠한 단서도 찾을 수 없는 것 같다. 『사기』 「상군열전」에 보이는 전혀 일방적인 법령 선포와 마찬가지로 기층 사회에 대해 어떠한 의견 조회도 없었던 것은 아닌지 의문시되는 것이다. 메소포타미아문명의 기초를 이루는 도시국가의 장로나 상인들의 집회와 이들의 의견을 참조하는 도시공동체의 공용성(commonality)이 잘 보이지 않는 것이다.

『관자』(管子)나 『한비자』(韓非子) 등의 법가에서 보이듯이 법의 권위가 오로지 왕에 있다는 관념이나 「상군열전」에서 보이는 법의 폐쇄적 운용, 즉 상앙(商鞅)이 법제를 실행할 때 일절 백성과의 의견 교류 없이 일방적으로 법을 선포하고 단행한 것이 그 전형적인 예이다. 위에서 살펴본 『상군서』 「정분」에서 법의 토론을 극히 억제한 경우도 마찬가지이다. 『상군서』 「정분」의 논리는 단순한 논리가 아니라 「상군열전」의 법령 시행 과정에서 보았듯이 실제 사실로 시행되었다는 점에서 놀라운 일이다. 공용성 위에 덧씌워진 공실(公室: 왕, 관, 공실고公室告)의 압력이 강한 탓에 평범한 시민들 간의 커뮤니케이션은 성장할 여지가 없었다. 천하통일 후에 제국의 승상

이사(李斯)에 의해 자행된 분서갱유라는 유명한 언론압박도 그러하다.

상상된 공동체는 왕의 계보와 이데올로기를 보존함으로써 구축되는데, 이를 관리하는 자들은 바로 권력집단이다. 그런데 권력집단 외부의 농민들에게 그것은 무슨 의미를 갖는가? 상상된 공동체로서 국가를 형성케 하는 방법으로서 건축과 전시가 있지만 문자도 그 하나이다. 문자도 인민이 자신을 국가의 일부로 동일시하는 계기가 되게 만들었다고 한다.[98] 그러나 그 정도로 서민이 국가와 자신을 동일시하게 할 계기가 되는 것인지는 의문이다. 앞의 「분서갱」도 항우와 유방이 본래 문자를 멀리했다고 하지 않는가? 항우는 귀족임에도 불구하고 책을 멀리 했고, 유방 또한 존귀해진 후에야 예의의 중요함을 알았다고 하는 것은 유명한 이야기이다.

민족주의의 기원에 대한 성찰적인 저서인 앤더슨의 『상상된 공동체』는 민족주의의 역사적 배경으로 신성한 종교공동체의 변화, 유럽에서 14세기 이후 외부세계와의 교류로 인한 문화적 지평의 변화, 신성한 언어 자체의 점진적인 격하, 그리고 전통적인 시간관념의 변화를 들고 있다. 이러한 개념들이 퇴조하고 새로이 민족주의라는 개념이 등장하는 데 중요한 기여를 한 것으로 저자는 인쇄자본주의를 지목한다.[99] 예를 들면 1501년 파리에서 출판된 88권의 책 중 8권을 제외한 나머지 책들이 라틴어로 씌었는데, 1575년 이후에는 대다수의 책들이 프랑스어로 씌었다.[100] 종교개혁은 루터의 성공에서 보듯이 언어 방면에서 지방어의 대두와 라틴어의 몰락이라고 볼 수 있는데, 라틴어의 몰락은 옛 신성한 언어에 의해 통합된 신성한 공동체들이 점차 분해되고, 복수화(複數化)되고 영토화되는 보다 거시적 과정을 예시해 주고 있다. 그런데 중국의 유교공동체는 어떠한가? 앤더슨

98 Wang Haicheng, *Writing and the Ancient State*, p. 301.

99 베네딕트 앤더슨, 『상상된 공동체』, 67쪽.

100 베네딕트 앤더슨, 『상상된 공동체』, 43쪽.

의 설명에 따라 유교공동체를 설명하면 이렇게 될 것이다. 천도를 믿는 천자를 중심으로 하는 유교공동체로서의 중국이 있고, 문자를 모르는 천하 백성을 천자와 매개해주는 지식인 관료들이 있다. 그런데 중국은 각 성으로 지역이 나누어져 있고 2천 년 이래 중앙정부에 의해 파견되어 다스려온 군현제의 역사가 있을 뿐, 각 지역에 따른 고유한 언어공동체 등은 중국 역사에서는 거의 이야기되지 않는 주제들이다. "普天之下 莫非王土"(하늘 아래 왕토가 아닌 데가 없다)의 역사가 적어도 주 왕조 이래 계속되어 온 것이다. 요컨대 일반 인민들이 생각하는 진한시대의 문자에 대한 이미지는 스스로 그 구성원의 일부가 되는 공동체로서의 국가에 대한 소속감이라기보다는 종교적 권위를 가진 제왕에 대한 막연한 숭배를 동반한 종교적 귀속감을 느끼게 하는 것이 아닐까?

돌이켜보면 중국 역사는 황제를 중심으로 한 편호제민(編戶濟民)으로 구성된 통일 제국인 것 같지만, 실제로는 지배자라고 할 수 있는, 성곽으로 둘러싸인 황제와 관료들의 도시와, 도시를 지탱하는 성곽 주변의 농촌으로 구분된 두 개의 중국으로 나뉘어 갈등해 왔다고 볼 수 있을 것이다. 남북이 긴 모양으로 계획된 사각의 중국 성벽도시는 은대 이리강(二里崗) 시기부터 확인되고 있다. 은 또는 상 왕조는 천읍상(天邑商)으로 불리면서 주변에 많은 성읍을 거느린 형태인데, 주변의 성읍들은 독립적인 자치권력을 가진 도시국가는 아니었던 것으로 보인다. 그런 개념이 갑골문 등에서 발견되지 않기 때문이다. 주나라 봉건의 경우에도 봉건이란 봉토와 봉토를 경작할 예속민을 사여하지만, 그것은 한편으로는 왕의 분령(分靈)의례를 수반하는 왕으로부터 정신적 독립이 불가한 왕의 분신으로서 왕국을 수호하는 역할을 하는 것이었다. 예를 들면 앞서 말한 책봉의례의 대우정(大盂鼎)에는 우(盂)가 봉토를 세습하면서 조부가 받았던 깃발(旂)·슬갑(市·玉) 등을 왕에게 반납했다가 습봉(襲封)할 때는 다시 그 물품을 하사받는 일이 기록되어 있는데, 이것은 왕으로부터 받았던 이 물품들이 단순한 증

여가 아니라 책명에 수반해서 왕의 분령을 포함한다는 관념이 있었음을 의미한다.[101]

진에 의한 편호제민적 천하통일은 법치주의에 의한 일원적 통일로 봉건제의 종말을 가져온 것이었는데, 법치주의는 개인의 자유를 바탕으로 한 것이 아니라 국가로부터의 일방적인 법령에 의한 전제적인 법치라는 점에서 근대의 법치주의와 구별된다. 그 일방적인 법치에 대한 항의로 반란이 일어나서 천하대란의 결과로 한 제국은 법삼장(法三章)을 약속하고 제국을 수립했으나 다시 진의 번쇄한 법률로 돌아갔다. 그러나 유가적 정신을 가미한 온정적인 법률로 말이다. 이후 청 제국까지 법률의 이념과 체계는 기본적으로 한 제국의 법률을 계승하는 것으로 보아도 과언이 아니다. 앞서 언급한 대로 고대 중국의 제민지배의 실체는 황제를 정점으로 중앙정부에서 지방의 현-향-리로 명령이 전달되는 누층적인 구조이지만, 그 세역의 집계가 일정 부분 포기되는 지배체제였음이 밝혀지고 있다.[102] 그럼에도 불구하고 인민이 한자를 국가의 일부로 동일시하는 계기가 되게 했다고 해도 그것은 결코 능동적인 것이라고 말하기는 어려울 것이다. 앤더슨이 말한 '상상된 공동체'에서 가장 주요한 계기가 인쇄자본주의라고 한다면 여기에는 개인의 소유 및 영업권과 출판언론의 자유가 전제되지 않으면 안 된다. 앤더슨이 묘사한 '상상된 공동체'의 역사적 실체는 본래 도시시민의 자유에서 출발한 것이다. 후술하듯이 자유개념은 일찍이 메소포타미아에서 유래되어 인류 최초의 자유라는 말은 기원전 2300년에 수메르인들의 점토판에 나타났고, 메소포타미아 고대도시 라가시에서 갖은 명목을 만들어 세금을 거두어가는 세리(稅吏)들로부터의 해방이 자유와 거의 동의어로 쓰이는 것처럼 보인다.[103] 그러나 고대 중국에서 자유개념은 들어

101 白川靜, 『金文通釋 1下』, 東京: 平凡社, 2004, pp. 668~69.

102 이성규, 『數의 제국 秦漢: 計數와 計量의 支配』, 745쪽.

보기 어렵다. 중요한 것은 공동체 구성원으로부터 동의 여부의 문제일 것이다. 이 점에서 앞서 살펴본 법가의 『상군서』 「정분」은 공동체 구성원의 동의 이전에 논의 자체를 부정적으로 보고 있으니 시민의 자유와는 참으로 거리가 먼 내용이라고 할 수 있겠다. 이하 지금까지 논의한 것들과 불가분의 관계에 있는 국가와 행복의 문제에 대해 이야기해 보기로 하자.

103 새뮤얼 노아 크레이머, 박성식 옮김, 『역사는 수메르에서 시작되었다』, 가람기획, 2018, 79~81쪽.

국가와 행복

고대 제국의 황제들은 종종 성인(聖人)들로 비유되면서 그가 다스리는 국가의 백성에게 안녕과 행복을 가져다주는 존재로 여겨졌던 것 같다. 동중서의 천인상관(天人相關)적 세계관이나 『사기』「천관서」(天官書)의 세계관도 그러한 것으로서 천도와 인도가 서로 감응하고 있다는 것을 기반으로 하고 있다. 그러한 의미에서 그 기원은 주령시대로 소급될 수도 있다. 성인(聖人)은 큰 귀를 갖고 천지의 소리를 들을 수 있는 특이한 능력을 가진 사람을 말한다.

성인 성(**聖**, shèng)

갑골1	갑골2	금문1	금문2	전문1

글자는 이(耳)와 구(口)와 평평할 정(壬, tǐng)을 조합한 모양으로 회의이다. 정(壬)은 발돋움하고 선 사람을 옆에서 본 모양이다. 구(口)는 축기 재(ㅂ)이고 신에의 기도문인 축문을 넣는 그릇의 모양이다. 정(壬)의 위에 큰 귀의 모

양을 그려 듣는다는 귀의 기능을 강조한 모양이다. 고대인은 귀에는 희미한 소리로 표시되는 신의 소리를 듣는 기능이 있다고 생각했던 것이다. 축문을 외치고, 발돋움해서 신에게 기도하며, 신의 소리와 신의 계시(말씀)를 들을 수 있는 사람을 성(聖)이라고 해 성직자라는 뜻이 된다. 신의 소리를 총명하게 이해하는 것을 귀밝을 총(聰)이라고 하고, 신의 소리를 듣고 마음으로 깨닫는 것을 들을 청(聽)이라고 한다. 본래 성직자의 의미였던 성(聖)은 유교에 의해 최고의 인격이 되고, 성인(聖人: 지식·덕망이 가장 뛰어난 사람)의 뜻이 된다. 또 '총명하다'는 의미나 천자의 의미, 천자에 관해 존경을 더하는 말로 쓴다.

성(聖)의 본래 뜻은 '신의 계시를 듣는다'는 뜻이다. 『좌전』「양공(襄公) 18년」, 진(晉)과 초(楚)가 싸울 때 진(晉)의 사광(師曠)은 바람소리로 그 승패를 점쳐 초나라의 패배를 예언했다고 한다. 사광은 장님 악사(樂師)로 신고(神瞽)라고 불린 사람이었다. 성(聖)은 본래 성직자를 뜻하는 말인데, 춘추전국시대에는 『시경』에도 "모두 나를 성(聖)이라고 말해도 새의 암수컷을 누가 알리오"(「小雅/正月」)라고 할 정도로 이미 많은 사람들에게 쓰인 것을 알 수 있듯이[1] 신의 계시를 듣는 성(聖)의 초월적 능력은 세속화되어 점점 사라졌다고 봐야 할 것이다. 진시황제나 한고조 및 광무제처럼 황제가 된 사람들은 비록 성인(聖人)이라는 말을 듣게 되었다고 해도 그들에게서 신의 계시를 듣는 능력을 기대할 수는 없는 것이다. 비록 수많은 초자연적 전설들이 그들의 주변을 장식하고 있다 하더라도 말이다. 『설문해자』(12上)가 성(聖)을 무리하게 '통'(通=通達)이라고[2] 설명한 것은 황제와 백성

1 白川靜, 『新訂 字統』, 聖.

2 "通也, 從耳, 呈聲." 단주(段注)가 『설문해자』의 해석을 '이순'(耳順)이라고 설명한 것은 역시 유가적 해석이다. 오히려 단주가 인용한 『풍속통』(風俗通)의 해석이 성(聖)의 원의에 가까운 것 같다. "聖者聲也, 言聞聲知情"(성聖은 성聲이다. 소리를 듣고 사정을 안다는 것을 말한다). 段玉裁, 『說文解字注』, p. 1028 참조.

간의 의사소통을 소망해서일까? 단주(段注)도 『주례』(周禮)의 육덕, 즉 지인성의충화(智仁聖義忠和)로 만민을 가르친다고, 위로부터의 일방적인 교육을 언급할 뿐 소리를 듣는 글자 본래의 해석에서는 벗어나 있다.[3] 『설문해자』의 무리한 설명이 상징적으로 보여주듯이 황제와 백성 간의 거리는 제국의 규모가 광대해질수록 중간 관료층의 규모와 개입도 커지는 만큼 그 거리는 커질 수밖에 없을 것이다. 이렇게 해서 성인(聖人)이란 신의 소리를 듣는 사람이라는 본래 의미에서 점점 멀어지게 되고 "天高皇帝遠"(하늘은 높고 황제는 멀다)는 민중의 지혜가 담긴 말도 생겨난 것 같다. 한자 행복(幸福)의 행(幸)도 뜻밖의 사실을 알려준다.

다행 행(幸, xìng)

자형으로 보면 행(幸)은 뜻밖에도 형벌 도구인 수갑의 모양이다. 이것을 양손에 채운 모양이 잡을 집(執), 보복형으로서 수갑을 채우는 것이 갚을 보(報)이다. 보(報)는 양손에 쇠고랑을 채우고 무릎을 꿇은 사람을 손(又)으로 뒤에서 억누르는 모양이다. 행(幸)은 아마 요행 행(倖)의 의미일 것이다. 쇠고랑만의 형벌로 끝나는 것은 요행(僥倖), 즉 '뜻밖에 얻는 행복'이고 무거운 형벌을 면한다는 뜻에서 행(幸)이라고 했을 것이다. 그래서 행(幸)에 '다행'의 뜻이 있다.[4]

행(幸)의 원래 뜻이 형벌 도구인 수갑이고, 여기에서 벗어나는 것이 행복의 기원이라는 것은 충격적이다. 행복은 가능한 한 국가권력으로부터 먼

---

3 段玉裁, 『說文解字注』, p. 1028.

4 白川靜, 『常用字解』, 幸.

데 있는 곳을 지향하는 것 같고, 이 세상에는 존재하지 않는 것을 의미하는 것 같기 때문이다.

『설문해자』(10下)에 또 놀랠 녑(㚔, niè) 부가 있는데 이것은 『한석경』(漢石經)에서는 행(幸)이라 쓰고 『옥편』(玉篇)에서도 행(幸)의 이체자라고 한다. 단주(段注)는 이를 별개의 글자로 보고 있지만,[5] 역시 행(幸) 자로 보는 것이 좋을 것 같다. 이 부(部)에 속하는 글자에 역(睪)·집(執)·어(圉)·주(盩)·보(報) 등이 있는데, 역(睪)은 죽은 짐승을 해체하는 모양이고, 그 외는 모두 감옥이나 수갑에 따르는 글자라는 점을 고려하면[6] 이 글자가 본래 행(幸) 자임을 부인하기 어려울 것이다. 역시 녑(㚔)에 대해 『설문해자』가 "사람을 놀라게 하는 도구"라고 한 것은 행(幸)이 본래 수갑이었다는 점을 생각한다면 놀라운 일이 아니다. 다만 "대(大)와 임(羊)"에 따른다고 회의자로 보는 설명은 수정되어야 할 것이다. 한편 『설문해자』에 인용된 "도둑이 멈추지 않는 것을 행(幸)이라고 한다"(一曰俗語目盜不止爲㚔)는 말은 또는 국가를 조롱하는 도가적 입장의 발언으로 해석되는데(도둑 잡는 것이 국가의 일이므로), 역시 범죄나 형벌 등 행복이나 행운이 세속적 권력과 밀접한 관련이 있다는 점에서 주목된다. 그래서 행(幸)에는 군주의 권력을 중심으로 생성된 말들이 많다.

『순자』(荀子) 「왕제」(王制)에 왕자(王者)의 논리로서 유덕하고 유능한 자를 등용하고, 공죄에 따라 상벌을 적용해야 조정에 행위(幸位) 없고, 민간에 행생(幸生)이 없을 것이라고 말하는데, 행생(幸生)이란 게으르게 놀고 먹는 것(惰游而食謂之幸生也)이라는 주석이 있다. 특히 『순자』 「부국」(富國)에는 국가경영의 자세한 계획이 나온다. 농지를 구획해서 개간을 시키는데, 인력을 철저히 계산해서 일을 배당해 일을 시키고, 일을 잘 처리해 반드시 이득을 산출하며, 이득으로 의식에 충당하고, 잉여는 저장해 부강한 국가

5 段玉裁, 『說文解字注』, p. 866.

6 白川靜, 『字通』, p. 639, 幸.

를 위해 봉사하는 백성의 모습이 보인다. 철저히 국가 중심의 계획주의 관리체제이다. 이렇게 되기 위해서는 조정에는 요행을 바라는(놀고먹는) 관리가 없고 민간에는 요행을 바라는(놀고먹는) 백성이 없어야 한다는 것이 관자나 상앙, 그리고 순자(荀子) 등 법가의 논리였다.

『좌전』「선공(宣公) 16년」(기원전 593)에 "선인(善人)이 집정하면 나라에 행민(幸民)이 없다. 속담에 말하기를 행민이 많으면 국가의 불행이다"라고 할 때의 행민이라는 것은 바로 행생(幸生), 즉 요행의 삶을 바라는 백성이다. 그 요행이라는 것은 국가의 형벌을 요행히 면하거나 군주의 총애를 요행히 얻거나 하는 것을 말한다. 행위(幸位), 행민(幸民), 행신(幸臣), 행행(行幸), 영행(佞倖) 등은 이렇게 해서 생긴 말들일 것이다. 특히 영행은 『사기』 이래로 정사에 「영행전」(佞倖傳)이 갖추어져 있는 경우가 많은데 군주를 비롯한 권력자의 주변에 기생하려는 아첨꾼들의 전기이다. 한편 공자에게도 "인간은 정직을 타고난 것이다. 이를 무시하고 비뚤은 생활을 하는 사람이 무사히 지낸다면 그것은 요행이다"[7]라고 요행(僥倖: 뜻밖에 얻는 행복)이라는 소극적인 행복관이 엿보인다. 안회(顔回)의 죽음을 말하는 다음 대화도 마찬가지이다.

> 애공이 물었다. 제자 중에 누가 학문을 좋아하나이까? 선생께서 대답하셨다. 안회라는 제자가 있어 학문을 좋아했습니다. 자신의 불쾌함을 남에게 느끼게 하지 않고 같은 잘못을 두 번 반복하지 않았습니다. 불행히도 단명하여 죽었습니다. 그뿐입니다. 이후 학문을 좋아하는 사람은 여태까지 한 번도 만나지 못했습니다.[8]

---

7 『論語』「雍也」: "子曰. 人之生也直. 罔之生也幸而免"(자 가라사대 사람의 생生은 직直한 것이니 이를 없이하고 사는 것은 요행으로 면免하는 것이니라). 미야자키 이치사다, 『논어』, 97쪽.

8 『論語』「雍也」. 미야자키 이치사다, 『논어』, 90쪽.

애제자 안회의 죽음에 대해 깊은 슬픔이 배어나지만 "불행히도 단명하여 죽었습니다"(不幸短命死矣)라는 짧은 문장에 신이나 운명 등의 개입을 적극적으로 말하지는 않는다.

헤로도토스가 전하는 행복의 이야기를 들어보면 엄청난 부와 권력을 소유했던 리디아의 왕 크로이소스는 아테네의 현자 솔론에게 이 세상에서 가장 행복한 사람이 누구인지 묻는다. 크로이소스는 내심 가장 행복한 사람이 바로 자신이라고 생각하고 있었다. 그러나 솔론의 대답은 왕을 분노하게 만들었다. 솔론은 이 세상에서 가장 행복한 사람이 한창나이에 전장에서 전사한 아테네의 평범한 가장인 텔로스라고 답했기 때문이다.[9]

헤로도토스가 전하는 행복의 이야기는, 그 누구도 살아 있는 동안에는 행복한 자가 아니라고 솔론이 말했듯이 문명의 여명기에 행복은 인간이 통제할 수 없는 신의 영역에 속한 것임을 의미한다.[10] 가령 셰익스피어의 비극 「오델로」의 여주인공의 이름 데스데모나(Desdemona)도 이러한 행복을 좌우하는 신(demon)의 존재와 관련 있는 이름이다. 'Desdemona'는 그리스어 'desdemonia'에서 온 것으로 행복을 뜻하는 유다이모니아(eudaimonia)의 반대어가 되는 말이다. 'eudaimonia'는 그리스어로 'eu'(good)와 'daimonia'(demon)의 합성어이고, 'desdemonia'는 'des'(bad)와 'daimonia'의 합성어이다.[11] 「오델로」는 주인공의 이름에서 이미 비극적 결말을 암시하고 있는 비극인 것이다. 'eudaimonia' 외에 행복으로 번역되는 'happy', 'luck' 등의 말도 국가나 국가의 형벌과는 거리가 멀다. 옥스퍼드 영어사전에 의하면 'happy'는 기원이 고대 노르웨이어에서 온 말

9 헤로도토스, 『역사』, 29~86쪽 참조.

10 Darrin McMahon, *The Pursuit of Happiness*, London: Penguin Books, 2006, p. 19.

11 Darrin McMahon, *The Pursuit of Happiness*, pp. 3~4.

로 고대영어와도 관련 있는 말인데, '적절한, 편안한, 정돈된' 등의 뜻으로 풀이되고 있다. 'happy'에는 '좋건 나쁘건 개인의 몫으로 떨어지는 운명(fortune)'이라는 뜻이 있다. 'fortune'은 라틴어 'fortuna'에서 온 말인데, "신의 힘으로 작용하는 우연한 기회, 즉 행운"(chance as a divinity, luck)으로 풀이되어 있다. 요컨대 인도유럽어 계보에서는 행복은 기회라는 토양에 깊이 뿌리를 두고 있다.[12]

서양에서 행복의 기원이 신이 주재하는 영역에 속하는 것에 비해 중국에서 행복의 기원은 세속군주의 권력에 가까운 것이어서 대조를 이루는 것 같다. 이것은 신의 개념이 희박한 동양에서는 국가가 국민의 행복을 좌우할 정도로 가공할 권력기구가 된 것과 관련 있는 것은 아닐까? 이처럼 국가가 시행하는 가혹한 형벌을 요행히 면하거나 군주의 권력에 기생하는 데서 행복이 비롯된다는 것은 동양에 있어서 행복의 서글픈 기원이라 아니할 수 없다. 가만히 생각해본다. 행복이란 무엇인가? 맹자는 인정의 실현에서 음식남녀(飮食男女)를 말했고, 맹자의 뜻을 계승한 황종희(黃宗羲)와 그 후에 대진(戴震, 1724~77)은 또한 음식남녀야말로 천리(天理)가 존재하는 곳이라고 말했다. 음식남녀의 범주 속에 음주를 빼놓을 수는 없다고 보면 음주는 가장 기본적인 삶의 행복조건 속에 들어가는 한 요소일 것이다. 그런데 한 제국에서는 3명 이상이 이유 없이 술을 마시는 것을 금지했다고 한다.[13] 그런데 이유 없이 술 마시는 사람도 있을 수 있을까? 이유 없이 이런 법을 내거는 정부가 없는 것과 마찬가지로 이유 없이 술 마시는

---

12 Darrin McMahon, *The Pursuit of Happiness*, p. 11.

13 『漢書』 卷4, 「文帝紀」. "朕初卽位, 其赦天下, 賜民爵一級, 女子百戶牛酒, 酺五日"에 대한 문영(文穎)의 주(注)에 나오는 다음 구절이다. 文穎曰, "音步, 漢律, 三人以上無故羣飮酒, 罰金四兩, 今詔橫賜得令會聚飮食五日也"(보酺는 보步로 읽는다. 한의 법률에는 3인 이상이 이유 없이 음주하면 벌금 4냥으로 되어 있는데, 지금 조詔하여 특별히 하사하여 5일간 모여서 마시고 먹도록 한 것이다). 특별히 하사했다(橫賜)는 문영의 주석에 주목하고 싶다.

사람도 있을 수 없는 것이다.

은대사회는 늘 제사를 지내는 풍습이어서 1년을 하루같이 술을 마시는 그런 사회였다고 했는데, 음주로 망국을 간접적으로 경험한 탓인지 주나라에서는 향음주례(鄕飮酒禮)로 술을 예의로 통제하려고 했던 것 같다. 나아가 진한 제국은 법률로써 술에 대한 강력한 통제를 시행한 것 같다. 우선 진(秦)의 법령을 살펴보자.

진(秦)의 법령에서는 전사(田舍)에 머무르며 농사를 짓는 백성이 술을 구매하는 경우, 그 감독을 책임진 전색부(田嗇夫)와 전좌(田佐)까지 처벌했고,[14] 재관(材官) 등의 특수 병과에 속한 병사들이 막사(幕舍)로 술과 고기를 사 들고 들어오는 경우, 그 상관인 사리(士吏)에서 현승(縣丞)과 현위(縣尉)까지 모두 연좌 처벌하고,[15] 심지어 관리들이 후에 입관한 자에게 돈을 내서 술과 고기를 사게 했다면, 입관 후에 함께 마신 자 및 돈을 낸 자 모두 2갑의 벌금을 부과하는[16] 등의 통제가 있었다. 진(秦)의 법령은 농촌의 농민과 하급 병사, 하급 관리 및 그들을 감독하는 상급 관리까지 연좌책임을 물어 철저히 음주를 단속했던 것을 보여준다.

이상의 법률들은 고대 중국에서 국가권력이 피지배층의 음주를 얼마나 강력히 통제하려고 했는지 잘 보여주는 것으로서 고대 중국에서 술을 자유로이 마시는 것은 국가제사 때나 가능한 일이라는 연구가 있을 정도이다.[17] 그러나 이런 납일(臘日)에도 과연 얼마나 풍성한 축제를 즐겼는지는

---

14 睡虎地秦墓竹簡整理小組, 「秦律十八種」, 『睡虎地秦墓竹簡』, "田律", 12簡: "百姓居田舍者毋敢醯(酤)酉(酒), 田嗇夫·部佐謹禁御之, 有不從令者有罪."

15 陳松長 主編, 「廷內史郡二千石官共令」, 『嶽麓書院藏秦簡』 肆, 上海: 上海辭書出版社, 381~82簡, 2015, p. 221: "材官·趨發·發弩·善士敢有相責(債)入舍錢酉(酒)肉及予者, 捕者盡如此令, 士吏坐之, 如鄉嗇夫. 貲丞·令史·尉·尉史各一甲."

16 陳松長 主編, 「廷內史郡二千石官共令」, 『嶽麓書院藏秦簡』 肆, 382簡, p. 221: "吏敢令後入官者出錢財酒肉, 入時共分歙(飮)食及出者, 皆(貲)二甲, 責費."

의문이다.

후한 장제(章帝) 시기 하창(何敞)이 두태후 일가의 전횡으로 공경왕후(公卿王侯)에서 낭관(郎官)까지 과도한 납일 사여(賜與)로 인해 국가의 물자가 손실되었다고 고발했고, 제오륜(第五倫)이 두태후의 일가인 월기교위(越騎校尉) 두광(竇光)이 납일에 양 300마리, 미(米) 400곡(斛), 고기 5천 근을 사용한 것을 '경의'(經義)에 어긋났다고 비난한 것을 참고하면, 매년 상당한 양의 술과 고기가 지배층을 중심으로는 사여되고 있었던 것으로 보인다.[18] 이런 납일의 축제는 한대 서북 변경의 장성을 지키는 사졸 사이에서도 시행되고 있었다.

> 갑거후군(甲渠候君)에게 1,000전을 수령, 250전을 지출하여 양(羊) 1을 매입, 180전을 지출하여 닭 5마리를 매입, 72전을 지출하여 낙4우(駱4于)를 매입, 168전을 지출하여 미(米) 7두(斗)를 매입, 130전을 지출하여 주(酒) 1석 3두를 매입, 총 806전 지출, 현재 여전(餘錢) 200.[19]

17 김용찬, 「秦·漢 帝國의 國家祭祀 硏究」, 서울대학교 박사학위논문, 2018, 149~70쪽. 그런데 "3명 이상의 군음주(群飮酒)에 대해 벌금(罰金)을 물린 이 규정은 5명 이상을 군도(群盜)로 본 전한 초 도율(盜律, 「二年律令」)의 규정 '盜五人以上相與功(攻)盜, 爲羣盜'보다 강력하다"(p. 152, 註96)라고 하는 주장에 대해서는 이견이 있다. 도율에 의하면 군도인 줄 알면서 같이 마시고 음식을 주었다면 동죄로 취급하는데, 모르고 마셨다면 경위성단용(黥爲城旦舂)에 처벌한다는 규정이 있다. 3인 이상이 단순 음주로 한 경우는 벌금 4냥인데, 이것은 도율의 처벌 규정 중에서는 벌금 1냥 다음 가는 경벌에 해당한다. 경위성단용은 군도가 아닌 도율의 처벌 규정 중 최고 중벌에 해당한다. 물론 군도가 사람을 상해하거나 재물을 갈취하는 경우는 책형(磔刑)에 처벌하는 최고 중벌에 해당한다. 彭浩·陳偉·工藤元男 主編, 「二年律令」, 『二年律令與奏讞書 — 張家山二四七號漢墓出土法律文獻釋讀 —』, 上海: 上海古籍出版社, "盜律", 63簡, 2007. p. 115: "智(知)人爲羣盜而通歙(飮)食餽遺之, 與同罪. 弗智(知)黥爲城旦舂."

18 김용찬, 「秦·漢 帝國의 國家祭祀 硏究」, 166~67쪽.

19 『居延新簡』, p. 191, E. P. T. 51: 223. 지출 총액은 800전인데 806전이라 기록된 것은 어디에 잘못이 있는 것인가?

이것은 갑거후관 소속의 후장급(候長級)의 융(戎)이 12월 24일 후장(候長)과 수장(燧長) 등 10명을 초청해 모인 연말 납제(臘祭)와 관련한 회식으로 추정되는데,[20] 즉 1인당 양 0.5두(頭), 닭 0.5두, 낙(駱) 0.4우(于), 미(米) 0.7두(斗), 주(酒) 1.3두(1두=2리터)의 그다지 풍성하지는 않은 주연이 될 것이다.[21] 그 외에 "사(祠)를 위해 닭 1마리, 서미(黍米) 2두, 직미(稷米) 1두, 주(酒) 2두, 소금 소승반(小升半)을 갖추다",[22] "파 40묶음, 한 묶음 4전에 매입해서 사(社)에 주다"[23] 등의 간독(簡牘)은 사제(社祭)의 제수품과 관련된 것으로 보인다. 제사에 쓰는 비용은 사졸들이 받는 봉급에서 공제되어 준비될 텐데, 이들 후장과 수장 등 하급 군리(軍吏)에게 지급되는 비용은 후장은 납육(臘肉) 1석 2두, 그 아래의 수장은 납전(臘錢)으로 120전, 80전, 30전 등을 각각 그 지위에 따라 수령하고 있었다.[24] 이렇게 제사비용이 공제되는 것은 『한서』 「식화지」(殖貨志)에 수록된 이회(李悝)의 '진지력지교'(盡地力之敎)에서 책정한 소농민의 1년 세수 150석 중 춘추 2회의 사제(社祭)비용이 산정되는 방식과 비슷한데, 제사비용으로 산정된 춘추 10석, 즉 1회 5석의 비용은 앞의 연말의 납일의 축제 때 1인당 비용과 거의 비슷하다는 치밀한 연구도 나와 있다.[25] 요컨대 한 번의 사제에 호당 5석을 지출한 소농민은 앞서 말한 한대 하급 군리가 가졌던 것과 비슷한 정도의 그다지 풍성하지 못한 회식을 즐길 수 있었다는 셈이다.

최근 출토된 이야진간(里耶秦簡)이나 수호지(睡虎地) 77호 한묘(漢墓)에서 이사(里社)의 사제(社祭)의 제물을 위해 충당할 목적으로 향민에게 사육시

---

20 이성규, 「전국시대 국가와 소농민 생활」, 서울대학교 동양사연구실 편, 『고대 중국의 이해』, 지식산업사, 1994, 137쪽.

21 이성규, 「전국시대 국가와 소농민 생활」, 137쪽.

22 『居延漢簡釋文合校』, 10·39.

23 『居延漢簡釋文合校』, 32·16.

24 『居延新簡』, p. 491. E. P. F. 22: 204~18.

25 이성규, 「전국시대 국가와 소농민 생활」, 133~38쪽.

킨 가축의 현황이 밝혀지고 있지만, 그 내용은 암퇘지 1마리, 수퇘지 1마리, 불깐 돼지 1마리, 암캐 1마리, 수캐 1마리, 암탉 5마리, 수탉 1마리 등인 것이 주목된다.[26] 결론적으로 한대의 간독 사료는 납일의 축제가 국가 권력의 체계적인 통제를 받고 있었고, 그 축제는 그다지 풍성하지 못했던 것으로 보인다.

한편 납일과 같은 국가적 제사 외에 한대에는 민작(民爵)의 사여(賜與) 때에도 국가는 전국적으로 100호 1리당 소 한 마리와 술 10석을 사여한다고 명시하고 있지만, 그 방대한 양의 사여가 실제로 실시된 것 같지는 않다. 전국적으로 배급될 양을 계산하면 소 12만 마리와 술 2만 4천킬로리터(1석=20리터)가 전국의 12만 개의 이(里)로 배급될 것인데, 현실로는 이것이 불가능할 것이고, 가능하다 하더라도 현금으로 지급되었을 가능성이 높다. 결국 실제 지급된 양은 문서로 조작된 "장부상의 향연"에 불과한 것 같다.[27]

더구나 작위의 사여라는 특별히 축하할 만한 일이 있을 때에도 마음껏 음주를 해서는 안 되는 일이었던 것은 다음과 같은 법령의 존재가 일깨워준다.

> 이인(里人)이 군인으로 출세해 작을 얻고 사여를 받은 자에게 돈과 술과 고기를 내서 (마셨다면) 먹고 마시게 만든 자 및 돈과 술과 고기를 낸 자(즉 수작자受爵者) 모두 각각 1년간 수자리 서는 값에 해당하는 벌금을 과한다. 자수한 경우는 이전(里典)과 삼로(三老)는 각 1갑(甲)의 벌금을 부과한다. 몰랐다면 1순(盾)의 벌금을 부과한다. 불법이 있었는데도 현승(縣丞)·현령(縣令)·영사(令史)가 발각하지 못한 경우는 각 1순(盾)을 부과한다.[28]

26 이성규, 『數의 제국 秦漢: 計數와 計量의 支配』, 308~09쪽 참조.

27 이성규, 『數의 제국 秦漢: 計數와 計量의 支配』, 752쪽.

민의 생활공동체인 이(里)에서 축하할 만한 일이 생겨 한턱을 내라고 할 만한 경우에도 음주를 벌이는 일은 크게 금기해야 할 일이었던 것이다. 앞서 말했듯이 『한서』 「문제기」(文帝紀)에 금주에 관해 유명한 "3인 이상이 이유 없이 음주하면 벌금 4냥"이라는 법률을 전하고 있지만, 이 법률은 문제의 5대손에 해당하는 선제(宣帝) 당시에도 유지되었을 것이다. 오봉(五鳳) 2년(기원전 56) 선제는 다음과 같은 조칙을 발포하고 있다.

> 혼인의 예는 인륜의 큰일이다. 술과 음식을 함께하는 것은 예악을 행하기 위함이다. 지금 군국(郡國)의 2천 석 관리들이 혹 마음대로 가혹하게 금지하여, 백성이 혼례를 하면서도 술과 음식을 갖춰 서로 축하하지 못하게 한다. 이 때문에 향당의 예가 폐기되고 백성은 즐길 바를 잃게 되었으니 이는 백성을 이끄는 방법이 아니다. 『시경』에도 이르지 않던가? "(술도 없이) 변변찮은 음식으로 인심을 잃게 된다"(民之失德, 乾餱以愆)고. 그러니 가혹한 행정을 하지 않도록 하라.[29]

선제의 조서에 인용된 시는 「소아/벌목」(小雅/伐木)이라는 시이다. 이 시는 향연을 주제로 하는 시이고, 당연히 주식(酒食)을 즐기는 내용이 노래되고 있다. 인용된 시의 원문에 나오는 건후(乾餱)는 '말린 밥'으로 보잘것없는 음식이란 뜻으로 쓰인다.

그런데 선제의 이 조서는 '무고군음주'(無故羣飮酒)의 법률과 관련해서

28 陳松長 主編, 「廷內史郡二千石官共令」, 『嶽麓書院藏秦簡』 肆, 379~80簡, pp. 220~21: "里人令軍人得爵受賜者出錢酒肉歙(飮)食之, 及予錢酒肉者, 皆貲戍各一歲. 其先自告, 貲典·老各一甲, 弗智(知), 貲各一盾, 有不從令者而丞·令·令史弗得, 貲各一盾, 以爲恒."

29 『漢書』 卷8, 「宣帝紀」: "夫婚姻之禮, 人倫之大者也 酒食之會, 所以行禮樂也. 今郡國二千石或擅為苛禁, 禁民嫁娶不得具酒食相賀召. 由是廢鄉黨之禮, 令民亡所樂, 非所以導民也. 詩不云乎, 民之失德, 乾餱以愆. 勿行苛政."

나온 것이라 생각되는데, 선제의 조서가 3인 이상 '무고군음주'의 한율(漢律)을 폐기한 흔적은 없고, 실제 조법(祖法)을 변경하는 것도 제국의 관례상 쉽지 않은 일이었을 것이다. 후한대에 와서 '무고군음주'의 법률이 형해화되었다고 해도[30] 후한 환제(桓帝) 때도 군국(郡國)에서 술의 판매를 금지하고 있었는데, 제사에서 쓰는 것을 허용했다고 하는 것은[31] 후한에서도 '무고군음주'의 법률이 조법으로서 법률상으로는 계속 유효했다는 것을 암시한다고 생각된다. 이와 관련해서 술의 민간판매는 일반적으로 금지되고 있었던 것이라고 생각된다. 즉 선제도 환제도 '무고군음주'의 율 자체를 폐기한 것이 아니라 제사나 혼인 등으로 술을 마실 이유가 있다면 특별히 허가한다는 의미로 '무고'(無故)에 대해 해석의 재량권을 확대하는 의미에서 조서를 발포했다고 이해해야 할 것이다.

요컨대 결론적으로 진한시대의 고대 중국에서 일상적으로 술을 즐길 수 있는 사람은 지배층으로 한정되었고,[32] 하급 관리나 백성은 그 소비가 엄격히 통제되었던[33] 것으로 보인다. 모처럼 읍리(邑里)의 사제(社祭)와 같은 음주의 기회가 있다 해도 음주는 향당의 서열, 즉 향음주례의 예법에 따른 것이었고,[34] 또 그 먹는 내용도 그다지 풍성했던 것 같지 않다. 이처럼 고대 중국에 음주의 자유가 없는 것은 무엇을 의미할까? 국가를 구성하는 피지배층의 권리에 비해 지나친 국가질서, 국가권력의 비대를 말하는 것은 아닐까? 로마사가도 말하듯이 지배층은 하층민들이 모이는 곳이면 어디든 걱정하는 경향이 있다고 하지만,[35] 로마의 경우 음주를 단속하

30 李守德, 「漢代의 酒: 律文과 정책을 중심으로」, 『중국사연구』 26, 2003.

31 『後漢書』 卷7, 「孝桓帝紀」, 永興 2年(154) 9月: "詔曰 … 其禁郡國不得賣酒, 祠祀裁足."

32 李守德, 「漢代 酒의 實像: 술의 이용과 양조」, 『中國史研究』 34, 2005.

33 김용찬, 「秦·漢 帝國의 國家祭祀 研究」, 152쪽.

34 西嶋定生, 『中國古代帝國の形成と構造』, 東京: 東京大學出版會, 1961, pp. 415~19.

는 법률은 없었던 것 같다. 「함무라비 법전」에도 "만일 술집에서 폭도들이 모임을 가지고 있는데도 주모가 이들을 체포해 왕궁에 넘기지 않으면, 주모를 사형에 처한다"(109조)든가, "만일 수도원에 살지 않는 여사제가 술집을 열거나 술을 마시기 위해 술집에 들어간 경우 그녀가 자유인이면, 그녀를 화형에 처한다"(110조)라는 규정이 있지만,[36] 이것은 국가가 폭도나 여사제가 술을 마실 경우 큰 혼란을 일으킬 수 있다고 국가가 판단한 경우라고 생각되고, 3인음주라는 단순한 음주와는 거리가 멀다. 니시지마 사다오(西嶋定生)의 민작사여(民爵賜與)에 대한 연구는 전제주의에 대한 비판적 의식으로 쓴 역작이지만, 한율에서 이유 없는 군음주(群飮酒)를 금지하여 금주령의 결과 극단적으로 혼인주식의 금지에까지 이른 것을 선제가 방지하지 않으면 안 되었다고 말하는 것은 문제라고 생각된다.[37] 왜냐하면 이것은 한율의 입장, 즉 국가의 입장에서 문제를 보고 있기 때문이다. 한율은 이유 없는 군음주를 금한다고 하지만, 세상에 이유 없는 음주는 없지 않겠는가? 한율은 국가가 금하는 것 외의 음주를 이유 없는 음주라고 결정한 것이고, 여기에는 백성의 동의가 없기 때문에 일방적인 국가의 의지가 작용한 것이라고 해야 할 것이다. 문제는 음주와 같은 지극히 일상적인 행위에 국가가 음주를 행례(行禮)를 할 경우로 제한한다는 것이다.[38] 이런 법령의 입법정신은 매우 권위적인 것이다. 진한 제국과 동시기의 고대 로마 제국의 상황과 비교해 이 문제를 좀더 살펴보기로 하자.

로마 제국의 서북 변경 브리타니아 속주 하드리아누스 장성의 빈돌란다(Vindolanda) 요새에서 1970년대에 파피루스가 아닌 진귀한 목간이 2천 점 이상 발견되었는데, 여기에는 로마 사병들의 음식문화에도 중요한 자

35 메리 비어드, 김지혜 옮김, 『로마는 왜 위대해졌는가』, 다른, 2020, 558쪽.

36 한상수, 『「함무라비 법전」: 인류 법문화의 원형』, 285쪽.

37 西嶋定生, 『中國古代帝國の形成と構造』, p. 418.

38 西嶋定生, 『中國古代帝國の形成と構造』, p. 419.

료가 다수 포함되어 있다. 로마 병사들의 주식이 밀과 함께 육식의 비중이 높은 것은 로마 병사들의 주둔지를 발굴한 고고학적 자료에 의해 입증되고 있었지만,[39] 특히 로마 제국 최북방의 하드리아누스 장성의 빈돌란다 요새에서 발굴된 목간에 명기된 음식 목록은 로마 병사들이 다양한 육식과 술을 포함한 풍요로운 식사문화를 즐겼던 것을 보여주는 자료로 매우 흥미롭다.[40] 빈돌란다 목간에서 발견되는 음식 이름을 명기하면 다음과 같다.

> 신맛 나는 와인, 마늘, 마늘 페이스트, 으깬 곡물, 작은 물고기, 사료, 돼지고기 지방, 시리얼, 버터, 돼지고기 껍질, 노루, 맥주, 사슴고기, 향신료, 피클링 술, 콩, 와인 앙금, 밀, 세몰리나(파스타나 푸딩의 원료로 쓰이는 알갱이가 단단한 밀), 염소고기, 보리, 라드, 렌틸콩, 로바지(미나리과 식물), 사과, 꿀, 물숨(mulsum, 꿀의 풍미가 나는 와인), 생선소스, 돈까스, 오일, 올리브, 굴, 계란, 빵, 햄, 후추, 새끼 돼지고기, 플럼, 치킨, 래디시, 소금, 곡물, 꽈배기 빵, 와인, 족발.[41]

빈돌란다 목간과 거연한간(居延漢簡)을 비교하면 고대 중국의 병사들에 금기로 되어 있던 술이 로마 병사들에게는 자유로이 음용되고 있었던 것으로 보인다. 그 종류도 다양해서 신맛 나는 와인, 맥주, 피클링 술, 와인 앙금, 물숨, 와인 등 여섯 가지나 된다. 이들이 술을 일상적으로 만들며 마시고 있었던 증거로는 양조병(brewer)의 이름이 적힌 목간이 발견된 것을 들 수 있는데,[42] 병사들은 저렴한 가격으로 다량의 맥주를 소비하고 있었

39 R. W. Davies, The Roman Military Diet, *Britannia*, vol. 2, 1971.

40 Alan K. Bowman, Roman Military Records from Vindolanda, *Britannia*, vol. 5, 1974.

41 Alan K. Bowman, *Life and Letters on the Roman Frontier: Vindolanda and its People*, New York: Routledge, 1998, pp. 69~70.

다고 하며,[43] 빈돌란다 영내에 수비대 소유의 양조장이 있었을 것으로 추정되고 있다.[44]

특히 술 중에는 꿀과 와인을 섞어 만든 술(mulsum)도 보이는데, 만취를 언급하는 단편의 목간 중에 나타나는 이 술은 이곳 병사들이 인생의 쾌락을 중시했음을 보여주는 증거라고 할 수 있다.[45] 그들의 안락한 생활을 보여주는 가장 놀라운 것 중의 하나는 장교 부부들 사이에서 자매(sister)라는 친근한 호칭으로 보낸 생일파티 초청장이다.[46] 로마 제국의 변방을 지키는 장교와 사병들의 생활수준은 높았던 것 같고, 이들은 이렇게 생일파티도 열면서 가족과 함께 즐거운 생활을 보내는 인상을 준다. 동시대의 한 제국 변경에서는 찾아보기 어려운 모습이다.

빈돌란다 목간의 식품 목록을 분석한 연구는 로마 수비병들이 균형 있는 식사를 잘 하고 있었음을 확신할 수 있다고 말한다.[47] 빈돌란다에 비해 거연한간에 나타난 식품 목록을 제시하면, 소, 양, 돼지, 닭고기와, 육포, 엿(飴), 무(菁), 계피(桂), 부추, 생강, 파, 냉이, 고추, 콩, 소금 등의 식물류가 영세하게 표시되며, 한편 술은 주(酒)로 표시되는 한 가지 종류로 이를 주조하는 원료인 누룩(麴)과 함께 표시되는데, 전반적으로 빈약한 느낌이다.[48] 이러한 음식 목록과 양에서 우리는 장성의 수졸(戍卒)들의 음식이 어떻다

42 Anthony Birley, *Garrison Life at Vindolanda: A Band of Brothers*, Gloucestershire: The History Press, 2011, p. 48.

43 Anthony Birley, *Garrison Life at Vindolanda*, pp. 94, 103.

44 Robin Birley, *Vindolanda A Roman Frontier Fort in Hadrian's Wall*, Gloucestershire: Amberely, 2009, p. 82; Anthony Birley, *Garrison Life at Vindolanda*, p. 94.

45 Alan K. Bowman, *Life and Letters on the Roman Frontier*, p. 70.

46 Alan K. Bowman, *Life and Letters on the Roman Frontier*, p. 74.

47 Alan K. Bowman, *Life and Letters on the Roman Frontier*, p. 77.

48 勞榦, 『居延漢簡考釋·釋文之部』 卷3, 35a~37b, 北京圖書館出版社, 2007(1944), pp. 417~22, 酒食類 참조.

고 평가해야 할 것인가? 한대 간독(簡牘)을 면밀히 연구한 전문가는 스파르타식의 거친 것이었다고 그의 인상적인 역사소설풍의 작품에서 회고적으로 서술하고 있다.[49]

1990년 돈황군(敦煌郡) 현천치(懸泉置)에서 발굴된 원강오년정월(元康五年正月)의 「과장라후비용부」(過張羅候費用簿)에는 중국 장교들도 사병들에 비해서는 잘 먹었음을 보여주는 비교적 풍부한 식품 메뉴가 보인다.[50]

현(縣)의 속리 연년(延年)이 지급하다.

양 다섯 마리 수입, 그중 두 마리는 새끼 양(羔), 세 마리는 큰 양, 이것으로 장라후군장사(長羅侯軍長史)를 접대하도록 하다.

누룩 3석 수입, 현에서 받다.

된장(豉) 3두.

닭 10마리 지출, 장라후군장사 2인, 군후승(軍候丞) 8인, 사마승(司馬丞) 2인, 총 12인을 접대하다. 그중 9인은 두 번 먹고, 3인은 한 번 먹었다.

소고기 180근 지출, 장라후군장사 20인, 척후(斥候) 50인, 총 72인을 접대하다.[51]

생선 10마리 지출, 장라후군장사를 접대하도록 하다.

속(粟) 4두 지출, 도전좌(都田佐) 선(宣)에게 주어 죽을 쑤도록 하다.

술 2석 수입, 현에서 받다.

술 18석 지출, 군리(軍吏) 20인, 척후 50인(五) 총 70인을 접대하다.

술 총 20석, 그 2석은 현에서 받은 것이고, 18석은 현천치에서 스스로

---

49 Michael Loewe, *Bing: From farmer's son to Magistrate in Han China*, Indianapolis: Hackett, 2011, p. 137.

50 胡平生·張德芳 編, 『敦煌懸泉漢簡釋粹』, 上海古籍出版社, 2001, pp. 148~49. 「과장라후비용부」에 대해서는 이성규 선생의 교시를 받았다. 이에 특히 감사를 드린다.

51 착오가 있다. 장라후군장사 20인이나 척후 50인 쪽에 2인이 더 있어야 할 것이다.

만든 술이다.[52]

지출한 술은 총 20석이다.

미(米) 28석 8두를 내어서 정장(亭長) 봉덕(奉德)과 도전좌(徒田佐) 선(宣)에게 주어 시형사(施刑士) 300인에게 밥을 먹이도록 하다.

지출한 미(米)는 총 48석이다.[53]

돈황군의 현천치는 한 제국이 서역 경영을 위해 설치한 역참의 하나로 이곳을 왕래하는 사람과 거마(車馬)에 양식과 물자를 제공하는 중요한 기지라고 할 수 있다. 「과장라후비용부」는 그 문서의 명칭에서 내용까지 논란이 많은 자료이다.[54] 즉 그 내용이 한선제 때 흉노를 공격하기 위한 전략에서 오손(烏孫)과 화친을 맺으러 공주와 오손 왕자의 혼인을 위해 파견된 장라후(張羅候) 상혜(常惠)의 접대비용 문서라는 주장과,[55] 이에 대해 혼인이 아니라 장라후 상혜가 선제의 명을 받고 흉노에게 타격을 주고 서역과 둔전 역량을 강화하기 위해 파견되었을 때 접대비용 문서라는 주장[56] 등이 대립한다.

논쟁의 내용과 상관없이 그것이 제국 중앙에서 사명을 받고 파견된 최고위급 엘리트 일행을 대우하는 음식이라는 점에는 변함이 없을 것이다. 「과장라후비용부」에는 양, 닭, 소, 생선, 된장, 속(粟), 미(米)와 술 등의 다양한 음식이 보인다. 거연한간의 주식류(酒食類)에 비해 이렇게 다양한 음식이 보이는 것은 이곳이 교통상의 요충이고 무엇보다 접대하는 대상이 고

52 앞서 현에서 받았다고 한 누룩 3석으로 만들었을 것이다.

53 계산이 맞지 않는다.

54 王子今, 「長羅侯費用簿應爲過長羅侯費用簿」, 『文物』 2001-6, 2001 참조. 논쟁을 거쳐 이 문서는 「과장라후비용부」로 정착되어 쓰이는 것으로 보이는데, 앞에 붙은 '과'(過)의 뜻은 경과(經過)의 의미가 아니라 '접대하다, 공급하다'의 뜻이다.

55 張德芳, 「長羅侯費用簿及長羅侯與烏孫關係考略」, 『文物』 2000-9, 2000.

56 袁延勝, 「也談過長羅侯費用簿的史實」, 『敦煌研究』 2003-1, 2003.

위 관리이기 때문일 것이다. 그러나 장라후(張羅侯) 본인은 이 접대 문건의 대상에 포함되어 있지 않은 것 같지만 그런 점을 감안하더라도 로마 제국의 변경 빈돌란다의 음식 메뉴와 비교해서는 오히려 손색이 있음을 인정하지 않을 수 없다. 내용 중에 닭고기를 접대했는데, 그중 "9인은 두 번 먹고, 3인은 한 번 먹었다"는 기록은 지나치게 꼼꼼하다. 이러한 것은 물자의 부족을 반증하는 것이라고 생각된다. 어쨌든 장라후의 수종들이 대접받은 음식은 일반 사졸들이 먹는 일상적인 음식보다는 풍성한 것이라고 생각되지만, 제국의 최고 엘리트를 대우하는 주식임을 감안하면 빈돌란다의 메뉴와는 차이가 나는 것이다. 총괄적으로 한 제국군의 식사는 로마 제국군의 식사에 비해 병영생활을 행복하게 생각할 만큼은 아니었을 것이다. 그러기에 새옹지마 같은 고사나 "인재는 군인으로 쓰지 않는다"는 속담도 생겨난 것이리라.

로마와 한 제국 군대의 차이는 우선 식생활의 풍요와 빈곤의 대조에서 명약하게 드러나는 것처럼 보인다. 서양 속담에 "군대는 먹어야 전진한다"(An army marches on its stomach)는 말이 있다고 하는데, 로마 제국은 이 속담을 잘 실천한 것으로 평가되는 것 같다. 로마 병사들의 식사에 대해서는 병사가 시민보다 더 잘 먹었다고 이야기된다. 고고학적 발굴의 결과를 토대로 로마 제국의 많은 지역에 주둔하는 병사들의 식사가 주둔지의 민간인들의 식사보다 우월했다는 평가가 있다. 로마 제국의 병사가 훌륭한 식사를 공급받기 위해서는 군수와 조직의 효율성도 뒷받침되어야 하는데, 이 또한 인상적일 정도로 잘 운영되었다고 한다. 원수정 시대의 로마 군대에 대한 최고의 찬사는 전시나 평시를 막론하고, 로마군의 식사에 대해서는 어떤 불평도 기록된 바가 없다는 점이라고 군사사가는 말한다.[57]

57 R. W. Davies, "The Roman Military Diet", *Britannia*, vol. 2, 1971.

군대생활은 보통 인간들에게 즐거운 생활이라고 하기는 어렵겠지만, 로마 병사들에 비해 한 제국 병사들의 복무가 상대적으로 훨씬 더 괴로웠다면, 로마 병사에 비해 자원병제가 아니라 징집병제이고, 군대생활에 따른 사회경제적 지위나 보수의 빈약함 때문일 것이다.

그리스의 작가 아리스티데스(Aristides, 117~81)는 로마군의 조직과 충원체계의 완벽함을 말하면서 지상에서 이 불멸의 로마군을 능가할 수 있는 조직이 있을 것인가라고 물었고,[58] 20세기의 브리태니커 백과사전은 로마군을 역사상 가장 효율적이고 지속적이었던 군사조직이라고 정의하고 있다.[59] 고대 제국 최강의 전쟁기계로 평가되는 로마 제국의 군단은 어떻게 건설된 것인가? 그것은 결국 자유민의 가치로 수립된 것이기에 그만큼 강한 효과를 거둘 수 있었던 것이라 생각된다. 로마의 군사사(軍事史)는 왕정에서 공화정, 그리고 제정기에 걸친 긴 역사를 갖고 있는데, 그 핵심에는 로마의 병역은 재산권이 있는 자유민만 의무를 질 수 있었다는 데 시작하는 것 같다. 그래서 병역은 특권으로 생각되는 가치였고, 이러한 가치는 공화정에서 제정시대까지 이어지는 본질적 가치로 생각되는 것이다. 공화정 시기에는 이러한 관념이 철저하게 관철되는 것으로 보이는데, 로마가 지중해의 패권을 놓고 이탈리아 외부로 전쟁을 거치는 동안 병역 자원이 소모되면서 재산권에 대한 제한은 점점 완화되어 간다. 특히 포에니전쟁을 거치면서 기원전 107년 집정관 마리우스의 개혁으로 재산이 없는 자원자들도 병사들로 충원되면서 고전적인 시민전사 개념은 수정된다.[60] 전쟁의 확대와 제국의 형성이 기존의 시민전사 개념을 변화시킨 것이다. 그래서 제정

58 R. W. Davies, "Joining the Roman Army", *Bonner Jahrbücher* 169, 1969, p. 232에서 인용.

59 *Encyclopædia Britannica*, Eleventh Edition (1911), The Roman Army: "the most effective and long-lived military institution known to history."

60 Simon Hornblower·Antony Spawforth eds., *The Oxford Classical Dictionary* 3rd ed., London: Oxford University Press, 1996, Roman armies 참조.

초기에 와서 신병으로 충원되는 병사는 대부분 자원병들이었다고 한다.[61]

자원병이 입대하기 위해서는 엄격한 절차를 거쳤고, 충원된 후에는 병사로서 고된 훈련을 겪어야 했으며, 이후 25년간의 직업적인 복무를 마치면 로마 시민권을 획득했다고 한다. 로마 군사사가는 그렇게 많은 로마 시민이 로마 병사를 자원한 이유는 군복무가 매력적이었기 때문이라고 말한다.[62] 달리 말하면 군인이 되면 여러 가지 특권이 그들에게 주어졌기 때문이다. 그중에는 일상적인 것으로서 일반시민들 못지않게 잘 먹고 마시고, 의료 등 복지도 누릴 수 있는 혜택이 포함되며, 법적인 것으로서 가장권의 적용을 받지 않고, 부친 생존 시에 병사가 자기 재산을 증여할 수 있는 유언을 할 수 있는 권리라든가, 어떤 처벌도 받지 않고 시민을 때릴 수 있는 권리라든가, 신속하게 재판을 받을 수 있는 권리와 큰돈을 벌 수 있는 기회 등이 포함되었다.[63] 돈을 벌 수 있는 기회란 일정한 봉급, 그리고 제대 후의 안락한 생활을 보장하는 연금제도를 말한다. 로마 병사는 25년을 복무하는 직업병사로서 군대에 충실하게 복무하면 비교적 안락한 노후가 기다리고 있었다.[64] 이에 비해 한 제국의 병사는 2년간의 징집에 원칙적으로 무료로 복무해야 하는 생활이었던 것이다. 한대 간독자료에 의하면 최하급 장교들인 후장(候長, 10~20명 배속)-수장(燧長, 2~4명 배속)에게 봉급(俸錢)이 지급되는 반면, 일반 수졸(戍卒)들에게는 지급된 흔적이 없다.[65]

---

61 Adrian Goldsworth, *The Complete Roman Army*, London: Thames & Hudson, 2007, p. 76.

62 R. W. Davies, "Joining the Roman Army", p. 232.

63 같은 곳. 이보다 덜 긍정적이긴 하지만, 피터 허츠(Peter Herz)는 군대를 지원하게 한 이유는 적어도 군대 밖의 삶이 군대 안보다 좋지 않았을 것이라고 간명하게 답하고 있다. Peter Herz, "Finance and Costs of the Roman Army", in Paul Erdkamp ed., *A Companion the Roman Army*, Oxford: Blackwell, 2007, p. 307.

64 로마 병사들의 편지를 분석한 것으로는 R. W. Davies, "In the service of Rome", *History Today*, 22-8, 1972 참조.

65 이(吏)의 봉전(俸錢)에 대해 졸(卒)의 각전(閣錢)이라는 용어가 있으나 그 내용은

한 제국과 로마 제국의 군대는 우선 충원방법에서 차이가 있다. '불멸의 로마군'과 비교해 한 제국에서 병사의 충원은 한대 변경수비군의 경우에서 보듯이 자원병과 죄수와 징집병으로 구성되는데, 대부분은 징집에 의한 것이다.[66] 징집병은 23세 혹은 20세에서 56세 사이에 2년간의 군역을 마침으로써 그 임무를 완수하게 된다. 한 제국이 적극적으로 흉노족과 전쟁을 벌인 무제 때 동원된 병력은 죄수나 망명자들로 충원되는 경우가 많았다. 『한서』 「무제기」(武帝紀)에 조선을 칠 때 천하의 사형수나 죄인을 모아 조선을 쳤다든가, 지방에서 일어난 반란에 대처하기 위해 경사의 망명자들을 종군시킨 기사가 보인다. 또 「소제기」(少帝紀)에 삼보와 군국의 불량배(惡少年) 중에서 관리의 고발을 피해 도망친 자들을 징발해 요동에 주둔케 했다든가 하는 기록이 그러한 예이다. 죄를 지어 변방에 수자리를 서는 병사라는 의미의 적수(謫戍)라는 말도 있다. 후한 명제 영평(永平) 16년의 조서에도 "사형수는 사죄를 일등 감해 태형을 집행하지 말고 삭방(朔方)과 돈황(敦煌)의 둔졸(屯卒)이 되게 하라. 그들의 처자 가족으로 함께 가고 싶은 자는 따라가도 좋다"[67]라고 하듯이 사형의 죄를 속죄 받는 대신 북변의 수비병으로 가는 일이 있었다. 이런 수졸은 종신 수비병이 되어야 하는 것인데, 이렇게 변경 수비의 역에 복역하는 것은 비극이었고, 그 가족이 되면 향리에서 동행했든 현지에서 결혼했든 더 큰 비극의 주인공이 되지 않으면 안 되었던 일인 것이다.[68]

이처럼 한 제국의 군대가 죄수나 병역으로서 의무병을 파견한 것이라

불명하다.

66 Michael Loewe, *Records of Han administration*, vol. 1, Cambridge University Press, 1967, pp. 77~78, 91.

67 『後漢書』 卷2, 「明帝紀」: "九月丁卯, 詔令郡國中都官死罪繫囚減死罪一等, 勿笞, 詣軍營, 屯朔方, 敦煌, 妻子自隨, 父母同產欲求從者, 恣聽之, 女子嫁為人妻, 勿與俱, 謀反大逆無道不用此書."

68 藤枝晃, 「長城のまもり」, 『ユーラシア学会研究報告』 2, 1955, p. 284.

면, 이에 비해 로마군의 경우는 자유민을 파견한 것이고, 따라서 직업화하는 병사들이 많았다. 25년간의 군복무를 마치면 로마 시민권을 부여받는 제도로 인해 로마에는 전쟁에 전문가인 병사들의 경험이 누적된다. 요컨대 로마 제국의 군대가 자유민 중심이라면 한 제국 군대는 죄수 중심의 군대이고, 그 식사에도 차이가 날 수밖에 없을 것이며, 그 행동에도 차이가 날 수밖에 없을 것이다. 죄수가 아닌 병역 의무를 다하기 위해 간 것이라 해도 그것은 일종의 의무이고 부담이며, 자유민의 권리라고 할 수는 없다.

물론 로마군이라고 해서 군대 기피가 없었던 것은 아니었다. 빈돌란다에도 탈영병은 있었고,[69] 원수정 초기인 아우구스투스 황제 때도 징집을 회피하기 위해 아들의 손가락을 절단한 기사의 계급을 박탈한 사례가 있었으며,[70] 4세기 후기 로마 제국에도 징집을 회피하려고 손가락을 절단하는 사람들이 있었다고 보고되고 있다. 제국은 탈영병을 추적하는 체계적인 노력을 기울이는 한편, 전투에 필요한 병사들을 징집하기 위해 키를 3인치 정도 낮추는 등 징집요건을 완화하기도 했다.[71] 그러나 이러한 징집 기피는 제정기에 와서 산발적으로 나타나는 현상이고 로마적인 현상은 아닌 것 같다. 로마는 무력으로 세계를 정복한 제국이었던 것이다. 베버는 로마의 강력한 군사력의 비밀은 전쟁에서 공을 얻어 토지를 획득해 완전한 시민권을 획득하고자 하는 농촌 출신 병사의 열망에 있었다고 말한다.[72] 로마 공화정은 제정기에 들어와서 퇴색했다고는 하나 공화정의 정신은 적어도 황제와 병사들 사이에서는 계속 유지되었던 것처럼 보이는 면이 있다. 예를 들면 황제는 로마군 수장의 지위를 겸했는데, 연설을 할 때 로마군

69 Alan K. Bowman, *Life and Letters on the Roman Frontier*, p. 79.

70 Adrian Goldsworth, *The Complete Roman Army*, p. 76.

71 A. D. Lee, "The army", in Averil Cameron · Peter Garnsey eds., *Cambridge Ancient History*, vol. XIII, 1998, pp. 221~22.

72 Max Weber, *The Agrarian Sociology of Ancient Civilizations*, London: Verso, 1998, pp. 394~95.

의 동의를 얻는 방식으로 연설을 했다고 한다. 이러한 연설의 형식은 황제와 병사들이 동료(comradeship) 관계로 맺어져 있는 증거로 제시되기도 한다.[73] 아우구스투스는 내전 후에 더 이상 동료병사들(fellow-soldiers)이라는 말을 쓰지 않고 그냥 병사들(soldiers)이라는 말을 썼다고 하는데,[74] 제정시기에 들어와서도 황제는 2세기 동안은 원로원의 권위와 병사들의 동의에 의해 선출되었다고 기번은 말한다.[75] 여기에는 그 근저에 공화정의 정신이 작용하고 있다고 생각되는 것이다. 황제와 병사의 친밀감은 어쩌면 로마가 자랑하는 목욕탕 문화에서 가장 잘 나타날지도 모른다. 하드리아누스 황제에 얽힌 다음 일화를 보자.

> 마침 하드리아누스 황제는 목욕탕에서 잘 아는 참전용사를 발견했다. 그 용사는 대리석 벽에 몸을 문지르고 있었다. 황제가 지금 뭘 하는 건지 묻자 자신을 마사지해주고 가려운 곳을 긁어줄 노예를 살 수가 없어서 그렇다고 대답했다. 황제는 그에게 노예와 돈을 선물했다. 그 일이 있은 다음 날 수많은 남성들이 벽에 몸을 문지르며 황제의 주의를 끌기 위해 노력했다. 황제는 그 남성들을 모두 불러 모아 말했다. "두 명씩 짝지어라!"[76]

우리는 이 유머러스한 하드리아누스 황제가 자기와 같이 참전했던 용사를 벌거벗은 목욕탕에서 만났다는 사실에 주목해야 할 것이다. 하드리아누스 황제는 저 하드리아누스 장성의 빈돌란다 요새 근처도 방문한 것으로 알려지고 있거니와, 로마 제국의 황제들은 하드리아누스나 그 전임 트

73 A. D. Lee, "The army", p. 224.

74 Edward Gibbon, ed. by J. B. Bury, *The Decline and Fall of the Roman Empire*, New York: The Heritage Press, vol. 1, 1946, p. 56, note 19.

75 Edward Gibbon, *The Decline and Fall of the Roman Empire*, p. 57.

76 필립 마티작, 이정민 옮김, 『로마에서 24시간 살아보기』, 매일경제신문사, 2017, 212쪽.

라야누스, 또 그 후의 『명상록』의 저자로도 유명한 철학 황제인 마르쿠스 아우렐리우스 같은 황제들도 직접 바다나 사막이나 눈 덮인 들판을 가리지 않고 병사들과 함께 전선에 출전한 군인들이었다. 특히 트라야누스 황제와 하드리아누스는 몸소 신병들을 가르치고 병사들을 포상했고, 때로는 병사들과 어울려 힘과 기량을 겨루기도 했으며, 로마 제국의 힘이 남아 있는 동안은 그들의 군사교육이 로마군 규율의 가장 완벽한 모델로 존중받았다고 한다.[77] 구중궁궐에 은밀히 파묻힌 채 만기를 일람하는 중국 천자의 존엄한 모습과는 대조적이다. 중국의 황제가 같이 참전하는 경우란 거의 없거니와 목욕탕에서 같이 벌거벗고 목욕할 일은 더구나 없을 것이기 때문이다. 말이 나온 김에 말하자면 목욕탕은 로마 공화정 문화를 상징하는 건축이라 할 만하다. 로마군은 가는 곳마다 목욕탕을 건축한 것으로 유명하거니와 빈돌란다 요새에도 목욕탕이 있었음은 그 유지의 발굴로 밝혀지고 있다. 이와 관련해서 목욕탕 당번병(balniator, bathsman)의 목간도 나와서 눈에 띈다.[78] 앞서 말한 양조병(brewer)과 함께 목욕탕 당번병의 존재는 이 로마 수비병들이 전쟁이라는 긴장된 생활과 병행해서 술과 목욕이라는 사적인 영역에도 상당히 주의를 기울이면서 로마군다운 삶의 행복을 추구한 흔적이라고 생각된다. 말하자면 공적인 로마군으로서의 영역과 함께 사적인 시민으로서의 영역이 공존했던 것이다. 그런 점은 빈돌란다 목간의 존재 방식에서도 드러난다고도 생각되는데, 바로 빈돌란다 목간 중에 쇼핑에 관한 것이라든가 사병들의 편지나 생일파티 초청 등의 사문서가 공문서보다 오히려 많다는 점이다.[79] 이것은 빈돌란다 목간과 거연한간의 큰 차이라고 생각된다.

---

77 Edward Gibbon, *The Decline and Fall of the Roman Empire*, p. 9.

78 Anthony Birley, *Garrison Life at Vindolanda*, p. 48.

79 A. K. Bowman·J. D. Thomas, "The Vindolanda Writing Tablets and Their Significance: An Interim Report", *Historia* 24-3, 1975.

대개 잔간(殘簡)에 불과한 것을 모아놓은 것이지만, 내가 살펴본 1만여 건의 거연한간 자료 중에서 사적인 상거래 문서나 편지는 별로 보이지 않는다. 간독을 읽으면 위로부터의 명령과 아래로부터의 보고만 있고, 아래로부터 의사결정은 보이지 않는다. 아마 간독에서 가장 많이 반복되는 문구 중 하나는 '여율령'(如律令: 율령대로 할 것)일 것이다. 그런 의미에서 간독은 율령의 집행을 위한 기록의 집성이라고 해도 무방하다. 그 내용은 병사의 명부(名籍), 이(吏)의 명부(吏名籍)와 이들에게 지출된 곡물의 출납부(卒廩名籍), 봉전의 출납부(吏奉賦名籍), 수졸들이 하는 순찰을 계산해서 공적을 기입한 장부(日迹簿), 말꼴의 채집, 재판 관련 문서(爰書), 인사이동, 관문 출입을 기록한 장부(出入簿) 등 공적인 문서들이 대부분이다. 이렇게 기록을 하는 것은 물론 상부에 보고하기 위한 것이다. 보고를 할 때도 "敢言之 … 叩頭叩頭, 死罪死罪 … 敢言之" 등의 정형적인 문구가 수반된다. 의식적으로도 문서는 사람을 권위적으로 중앙에 복종하게 만든다.

이러한 문서들은 "상식을 넘을 정도로 꼼꼼하고 번잡하게 작성되어 있으며 놀랄 정도의 형식주의에 빠진 감조차 주기도 하는"[80] 것이고, 사적인 편지나 개인 간의 감정을 알 수 있는 부분은 소수에 불과하다. 이러한 문서의 작성과 정비는 도필리(刀筆吏)의 일로서 후장과 수장 등 무관도 관여하지만 주로 후사(候史), 영사(令史), 위사(尉史), 좌사(佐史) 등 문관계의 하급관리가 하는 일로서 철저한 형식주의를 보여준다. 후지에다 아키라(藤枝晃)는 비운의 장군 이광(李廣)과 대조적인 전술을 보인 정불식(程不識) 장군 휘하의 군리가 보여준 군부(軍簿)의 정리 방식이 바로 거연한간의 목간과 동류의 형식주의라고 하며, 한 제국이 200년간을 유지할 수 있었던 법치주의의 정신은 이러한 형식주의에 의해 지탱될 수 있었음을 지적한다.[81] 중앙의 통치자는 하부의 철저한 법치주의적 장부조직을 통해 기와 한 장

80 藤枝晃, 「長城のまもり」, 『ユーラシア学会研究報告』 2, 1955, p. 339.

81 藤枝晃, 「長城のまもり」, p. 340.

까지 빠짐없이 파악해 수만 리 변방의 자원을 통제할 수 있었다는 것이다. 그러나 그 법치주의는 로마의 법치주의와는 같은 유의 것이라고 말하기 어려운 것 같다. 빈돌란다 목간에서 보이듯이 로마 변경 요새에는 자유로운 음주와 사적인 문서의 왕래에서 보듯이 사적인 영역에서 상당한 자유가 보이기 때문이다. 역사상 최강의 군사조직이라고 일컬어지기도 하거니와 그 조직 원리는 한 제국의 조직 원리와는 또한 다른 면이 있는 것처럼 생각되기 때문이다.

예를 들면 거연한간에서는 사적으로 물건을 사고파는 행위도 관에 보고되어야 했던 것으로 보인다. 병사들의 의류 등 재물의 세매(貰賣: 외상매매) 같은 행위가 그렇다. 비교적 다수의 세매에 관련한 간독이 발견되는 원인은 사졸의 빈곤이 그 원인으로 추정된다.[82] 세매간독 중에는 의복을 사고파는 내용이 많은데, 세매를 금하는 명령이 나오는 것을 보면[83] 세매는 많은 문제를 일으킬 소지가 있었기 때문일 것이다. '수졸세매의재물원서'(戍卒貰賣衣財物爰書)의 문건은[84] 세매로 인한 소송안건의 발생일 것이며, 세매를 하지 않는 불세매(不貰賣) 병졸에 관한 간독[85]은 이러한 소송의 빈도가 많았기에 사전에 방지를 위한 조처였을 것이다. 변경을 지키는 병졸이 "바야흐로 가을이 되어 날씨는 쌀쌀한데, 수졸은 대개 사의(私衣)가 없어서……"[86] 추위에 떠는 궁상을 보이는 모습은 병졸의 빈곤 또는 국가 재정의 빈곤을 반영하는 것이다.

---

82 林甘泉, 「漢簡所見西北邊塞的商品交換和買賣契約」, 『文物』, 1989-9, 1989. 간독의 실례로는 謝桂華·李均明·朱國炤, 『居延漢簡釋文合校』, 北京: 文物出版社, 1987, 4·1 참조.

83 『居延漢簡釋文合校』, 213·15, 239·115.

84 『居延漢簡釋文合校』, 10·34A.

85 『居延漢簡釋文合校』, 52·58, 564·25. 564·26. 특히 564·25는 정졸(亭卒) 집단의 불세매명적(不貰買名籍)이다.

86 藤枝晃, 「長城のまもり」, p. 279.

거연한간 중에는 사졸(士卒)들이 외상매매 외에 상업행위에 종사하는 경우도 적지 않게 보이는데, 그중 가장 유명한 것이 건무(建武) 3년(기원후 27)의 「후속군소책구은사」(候粟君所責寇恩事)라는 책서에 나온다. 여기에는 갑거후관(甲渠候官)이라는 변경수비대의 고위급 장교인 후관(候官, 질600석)인 속군(粟君)의 처가 거연현(居延縣)에서 1천여 리 떨어진 역득현(觻得縣)까지 왕래하는 모습이 비치고 있어 흥미롭다. 그 내용은 속군이 에티나강에서 어획한 물고기 5천 마리를 민간인인 구은(寇恩)을 고용해 처음 40만 전에 팔기로 계약했는데, 구은이 지불한 가격은 32만 전에 불과해 이에 속군이 고발해 소송이 벌어지게 된 것이다. 사건의 내용을 좀더 자세히 살펴보자.[87]

갑거후관 속군은 처음에 영사(令史) 화상(華商)과 위사(尉史) 주육(周育)을 장액군(張掖郡)의 치소 역득현성(觻得縣城)에 보내 어(魚) 5천 매를 판매시키려 했으나 그들은 갈 수 없었기 때문에 영사 화상은 소 한 마리와 곡(穀) 15석, 위사 주육은 소 한 마리와 곡 40석을 후관에게 바치고, 다른 사람을 고용하도록 했다. 그래서 속군은 그중 소 한 마리와 곡 27석으로 객민(客民) 구은을 고용하고, 어(魚) 5천 마리의 판매대금 40만 전을 가져오도록 합의했다. 구은은 역득현에 가서 어(魚)를 팔았으나 40만 전에 미치지 못했고, 속군에게서 운임으로 받은 소까지 팔아 32만 전을 만들어 속군의 처 업(業)에게 일단 지불했다. (남은 8만 전에 대해 구은은 어魚 5천 마리의 어로작업에 대해 자신의 아들 흠欽이 에티나강에서 100일간 물고기를 어획하고 받지 못한 노임으로 1일 곡 2두로 계산해서 20석의 대금, 즉 8만 전으로 충당한다는 생각이 있었던 것 같다.) 그리고 거연으로 돌아오는 귀로에 차의 차축이나 양가죽 부대와 대맥(大麥)과 고기 등을 사서 업(業)의 차에 싣고 돌아왔는데, 그 값이 2만 4,600전에 해당한다. 그리하여 구은의 입

87 「候粟君所責寇恩事」의 원문은 甘肅省文物考古研究所·甘肅省博物館 編, 『居延新簡』, 北京: 文物出版社, 1990, pp. 475~78, E. P. F. 22: 136 참조.

장에서는 약속한 40만 전을 지불한 셈이 되었음에도 불구하고, 속군은 구은에게 이 값을 지불하기는커녕 오히려 구은이 약속한 40만 전의 판매대금에서 32만 전밖에 지불하지 않고, 또 구은에게 운임으로 지불한 소도 빌려간 것을 빌려간 것이라고 하면서 반환하지 않는다고 고소한 것이다.[88]

결국 이 소송은 구은 측에 보상의 책임이 없다는 것으로 판결이 내려진다. 거연현령이 같은 질급(질600석)의 고위급 장교에게 이처럼 패소의 판결을 내린다는 것은 그만큼 이 사안이 지나치게 불공평하게 진행되었기 때문이 아니었을까 생각하게 하는데, 구은과 그 가족은 당시 양한 교체기에 제민지배체제의 붕괴로 널리 발생하고 있던 원적지를 떠나 타향살이를 하는 객민 출신으로 타인에 고용되어 물자를 운송하는 고용노동에 종사하는 경우였다고 한다.[89] 「후속군소책구은사」(候粟君所責寇恩事)에서 구은은 돌아오는 귀로의 운임도 받지 못했다고 말했지만, 다음과 같은 공술에서는 구은과 같은 객민의 일상생활의 고단함이 느껴진다. “차의 차축과 양가죽부대 등 여러 가지 기물을 사서 동행한 속군 처의 차에 싣고, 또 귀로에서 속군의 처를 위해 고기와 대맥(大麥)을 샀으며, 이렇게 해서 3석 상당의 식량과 1만 5,600전 상당의 기물(器物)이 속군의 처에게 남아 있어서 그것을 가지러 갔더니 속군이 ‘빚이 있는 주제에 기물을 가지러 왔는가!’ 해서 그냥 돌아왔습니다.”[90]

질600석의 현령과 동급인 갑거후관과 타향에서 온 객민 간의 이 소송은 일종의 관민소송으로 그 소송이 군장교 측의 패배로 끝난 것은 이례적

---

88 이성규, 「兩漢交替期 河西생활의 일단: 신발견 粟君訴訟文書의 해석을 중심으로」, 韓㳓劤박사정년기념사학논총간행준비위원회, 『韓㳓劤박사정년기념사학논총』, 지식산업사, 1981 참조.

89 李周炫, 「中國 古代 帝國의 人力 資源편제와 운용」, 서울대학교 박사학위논문, 2020, 128쪽.

90 籾山明, 『漢帝國と邊境社會』, 東京: 中央公論社, 1999, pp. 166~67.

이라고 할 수 있을지도 모른다. 「후속군소책구은사」 문서만으로는 속군의 최종 처벌 결과를 알 수 없지만, "반드시 정사가 올바르지 못한 자의 법으로써 신속히 보고하라. 율령대로 하라"[91]라는 거연현령의 판결문은 사안의 심중함을 반영하고 있다. 역시 속군은 판결이 있었던 5개월 후에 갑거새위(甲渠塞尉)가 그 일을 대행하는 것으로 보아 면직처벌을 받은 것으로 보인다.[92] 속군의 어(魚) 5천 마리에 대한 이득 40만 전=100석을 얻기 위한 사업에 영사와 후사가 100석 가까운 금액을 헌납한 것은 구은에 대한 노임을 지급하지 않는 것과 마찬가지의 수탈적인 행위로 보아야 할 것이다. 상급자가 하급자를 수탈하는 경우는 속군만이 아니라 다른 경우에도 보이지만,[93] 이는 『한서』 「식화지」에 왕망(王莽) 말기의 무모한 정책으로 인한 사회제도의 붕괴로 "위로 공후(公侯)에서 아래로 소리(小吏)에까지 모두 봉록을 받지 못해 사사로이 세금을 걷고 뇌물을 주고 옥송이 판결이 나지 못했다"고 기록된 상황과 흡사하다.[94] 그러나 객민이 우월한 지위의 군장교를 상대로 거둔 이 승소 판결은 변경에까지 편호제민에 대해 위령을 세우려는 제국 초기(건무 3년)의 의지를 보여주는 귀한 사례로 읽힌다.

전반적으로 변경지대의 경제생활은 상품경제의 발전을 보여주는 양상이 아니고, 빈곤한 사졸들과 객민 및 이들 위에 무력으로 군림하는 군리들의 수탈적인 경제생활을 보여주는 면이 강한 것으로 보인다.

---

91 大庭脩, 「須以政不直者法亟報如律令」, 『秦漢法制史の研究』, 東京: 創文社, 1982, p. 656에 의해 보(報)를 보충한다.

92 兪偉超, 「略釋漢代獄辭文例」, 『文物』, 1978-1, 1978 참조. 張建國, 「粟君債寇恩簡冊新探」, 『考古與文物』, 2000-1, 2000은 속군이 영사와 위사로부터 받은 수탈적인 운임비용이 경제(景帝) 때 관리의 '뇌물수수에 관한 법'에 저촉될 가능성을 제시한다.

93 『居延新簡』, E. P. T. 59: 548A.

94 이성규, 「兩漢交替期 河西생활의 일단: 신발견 粟君訴訟文書의 해석을 중심으로」, 711~12쪽 참조.

거연한간 중에는 가족을 동원한 하급관리들이 상행위에 종사하는 모습이 종종 보이는데, 이러한 상행위는 서북 변경지역에서는 보편적 현상이라고 추정되고 있으나,[95] 장성의 수비를 담당하는 군리와 그 가족이 일상적으로 상거래에 종사하는 것은 본래 정상적인 상황은 아니다. 이것은 그들의 생활의 곤궁함에 기인하는 것으로 생각된다. 불과 293전의 소액 때문에 석군일(石君佚)이라는 여성에게 소송을 당한 후장(질200석)도 그러한 궁상의 한 경우일 것이다.[96] 그런데 군리들의 빈곤은 후한 말기 왕망시대의 상황만은 아니었고, 선제(宣帝) 이래 역대의 황제들이 조칙에서 언급할 정도로 심각한 문제였던 것 같다. 선제의 다음과 같은 조서를 보자.

> 관리가 청렴하고 공평하지 않으면 세상을 다스리기 쉽지 않다. 지금 소리(小吏)는 모두 근면히 일하면서도 봉록은 각박하므로 그들이 백성을 침탈하지 않게 하려고 해도 어려울 것이다. 그러므로 백석 이하의 소리들의 봉록을 5할 인상하도록 하라.[97]

선제는 이렇게 명령을 내리고 있었지만, 그러한 박봉마저도 몇 개월씩 연체 지급되는 일이 비일비재했던 것을 한간(漢簡) 자료는 말하고 있다. 한간 자료 중에는 수장이 빈곤 때문에 면직된 사례가 많으며,[98] 또한 후장과 수장 등을 포함해 허다한 관리가 빚에 쫓겨 채무자가 된 사례가 많이 발

95 김경호, 「漢代 서북변경 吏卒의 일상」, 『중국사연구』 74, 2011.

96 籾山明, 『漢帝國と邊境社會』, pp. 169~70.

97 『漢書』 卷8, 「宣帝紀」. 애제(哀帝) 때에도 "3백 석 이하의 봉록을 높여주라"는 명령이 발포되고 있다. 『漢書』 卷11, 「哀帝紀」, 綏和 2年 6月. 광무제도 건무(建武) 26년 "600석 이하는 이전보다 높여주라"는 조서를 발표한다. 『後漢書』 卷1, 「光武帝紀」.

98 孟志成, 「漢簡所見候長和燧長的待遇」, 『西北成人教育學報』, 2002-1, 2002; 施偉青, 「漢代居延戍邊官吏的俸錢及相關的一些問題」, 『中國社會經濟史研究』, 1996-2, 1996.

견된다. 이것은 거연의 수비 관리들, 특히 대다수의 기층 소리들이 일상의 수요를 만족시키기 부족한 빈곤상황에서 비롯된 것이다.[99]

「후속군소책구은사」의 고소인 후관은 질600석의 비교적 고위관리이지만, 그 속관인 후장과 수장의 봉록은 각각 200석, 100석 미만으로 최하급의 대우였다. 「후속군소책구은사」에 보이는 후관의 '물고기 판매사업'에 참여한 영사(令史)와 위사(尉史)도 이러한 박봉의 소리이다. 그러한 박봉의 소리들이 후관의 '물고기 판매사업'에 그들의 1년 봉록에 해당하는 자금을 상관인 후관에게 제공한 것은 이해하기 어려운 일인데, 그들은 필시 봉록 외에 물고기 채취 같은 과외의 수입이 있었을 것이고, 이를 이용해 후관의 사업에 헌납 혹은 투자했을 것이다. 봉록만으로 생활하기 어려운 이들이 생활을 위해 선택한 것이 수탈적인 성격을 띤 여러 가지의 상업 활동이다. 『염철론』(鹽鐵論)에 보이는 현량(賢良)의 북방론도 이러한 문제를 잘 보여주고 있다.

> 원래 한 제국이 북방 변경을 방어하는 목적은 흉노족과 같은 유목민을 대적하기 위한 것인데, 흉노의 근거지는 광활한 초원이고 융마의 발이 빠르며 그 세력이 소란하다. 유리하면 호랑이처럼 잡아채고 불리하면 새처럼 돌아선다. 우리의 예봉을 피해서 피곤할 때를 기다려 공격해 오는 것이 흉노의 전술이다. (이런 흉노를 대적하기 위해) 병졸을 적게 징발하면 임무를 교대하기(更適)에 부족하고, 많이 징발하면 군역을 감당하기 어렵다. 역이 많으면 백성의 힘이 들고, 쓸 곳이 많으면 재물이 부족해진다. 역(役)과 용(用)이 끊임없으면 백성의 원망이 생기게 되니 이는 진나라가 민심을 잃고 사직을 망치게 된 원인이다. …… 지금 산동의 병사로 멀리 몸이 변방에 있는 자의 부모처자는 그 남편과 자식의 굶주림과 추위를 생각하며 눈물을 흘리고 있다. …… 그러므로 천자가 이를 연민하여 봄에는 사자를 보

99 施偉青, 「漢代居延戍邊官吏的俸錢及相關的一些問題」.

내 하사하고 실직자를 거두는 것은 원민을 애달파 하며 노모를 위무하기 위함이다. 천자의 은덕이 심후하므로 관리는 봉직할 자격이 없어도 조칙을 받들어 위문하지만, 그중에는 사졸을 속여서 거래하여 함께 장사를 하고 합작한 다음, 그것을 부당하게 처리하여 사졸이 실직하여 노모와 처자가 원망하는 일이 있다.[100]

흉노라는 강적의 대응에 맞선 병력의 충원에 고민하는 한 제국의 모습이 잘 드러나지만, 병졸의 입장에서 본다면 전선에 충원되어 흉노와 대전하기 전에 군리의 침탈을 받아 몰락하는 이중의 고초를 겪는 모습이 그려지고 있다. 거연한간 중에 보이는 빈한해 파면되는 수장은 혹은 『염철론』에서 주장한 현량의 말처럼 군리의 침탈에 의한 사례라고도 생각되는데,[101] 「후속군소책구은사」의 속군과 그 속관인 영사, 후사와의 관계도 이와 유사한 경우에 속할 것이다. 한 제국은 속군처럼 속관들을 사적인 상업행위에 사역시키는 것을 금지하고 있었지만, 이런 일들은 만연했던 것 같다.[102]

---

100 『鹽鐵論』(四部叢刊本) 卷7, 「備胡」: "賢良曰: 匈奴之地廣大, 而戎馬之足輕利, 其勢易騷動也. 利則虎曳, 病則鳥折, 辟鋒銳而取罷極; 少發則不足以更適, 多發則民不堪其役. 役煩則力罷, 用多則財乏. 二者不息, 則民遺怨. 此秦之所以失民心, 隕社稷也. 古者, 天子封畿千里, 繇役五百里, 勝聲相聞, 疾病相恤. 無過時之師, 無踰時之役. 內節於民心, 而事適其力. 是以行者勸務, 而止者安業. 今山東之戎馬甲士戍邊郡者, 絕殊遼遠, 身在胡, 越, 心懷老母. 老母垂泣, 室婦悲恨, 推其饑渴, 念其寒苦. 詩云: 昔我往矣, 楊柳依依. 今我來思, 雨雪霏霏. 行道遲遲, 載渴載饑. 我心傷悲, 莫之我哀. 故聖人憐其如此, 閔其久去父母妻子, 暴露中野, 居寒苦之地, 故春使使者勞賜, 舉失職者, 所以哀遠民而慰撫老母也. 德惠甚厚, 而吏未稱奉職承詔以存恤, 或侵侮士卒, 與之為市, 並力兼作, 使之不以理. 故士卒失職, 而老母妻子感恨也."

101 『居延新簡』, p. 496, E. P. T. 22: 296~302: "第十燧長田宏, 貧寒罷休, 當還九月十五日食. 第十一燧長張岑, 貧寒罷休, 當還九月十五日食. 乘第十二卅井燧長 貧寒罷休, 當還九月十五日食. 乘第廿卅井燧長張翕, 貧寒罷休, 當還九月十五日食. 第廿桼燧長薛隆, 貧寒罷休, 當還九月十五日食."

102 李振宏, 『居延漢簡與漢代社會』, 北京: 中華書局, 2003, pp. 71~79.

빈돌란다 목간에는 거연한간에 보이는 바와 같은 병사들 간의 외상매매나 군리에 의한 수탈적 상업행위는 별로 보이지 않는 것 같다. 직업병으로서 로마 병사들의 경제적 안정 및 로마 시민권자로서 상호의식 등이 그 배경에 있는 것은 아닐까 추측해 본다. 한 제국과 로마 제국의 군대에서 음식문화를 비롯한 일상생활 면에서 서로 다른 모습을 살펴보았지만, 요컨대 동과 서의 두 제국에서 나타나는 개인의 상이한 삶과 행복은 궁극적으로 국가의 체제와 상관되는 문제일 것이다. 로마는 제정시대에도 공화정의 정신을 유지하는 바가 있었는데, 212년 카라칼라 황제 때 제국의 주민에게 시민권을 부여하는 것이 그러한 일례이다. 앞서 말한 바와 같이 황제는 연설을 할 때 로마군의 동의를 얻는 형식으로 할 정도로 군과 동료의식을 강조했고, 하드리아누스 황제처럼 같이 전쟁도 하고 참전군사와 함께 목욕을 같이할 정도의 동지애를 발휘하는 황제도 있었다. 로마의 병사들은 왕정 이후 SPQR(Senatus Populusque Romanus), 즉 '로마의 원로원과 인민'이라는 공화정의 국호가 표시하는 대로 귀족과 인민의 공동체라는 성격을 명확히 표시하는 것으로 보인다. 로마군의 충원은 한 제국과 대조적으로 징집제가 아니라 재산권을 가진 자유시민의 지원제를 기초로 하고 있었고, 제정시대에 와서 지원제에서 징집병제로 변화를 보이지만, 로마 제국은 시민만 로마군의 주력부대인 군단(legion)에 입대할 수 있다는 원칙을 관철하려는 특색을 보인다.

로마 제국의 전성기라고 할 기원 1세기 전후에 빈돌란다 요새를 수비하던 로마 군인들과 한 제국의 변경을 수비하는 중국 병사들의 삶을 비교하면 적어도 음식문제, 특히 음주에 관해서 중국 병사들은 선택의 여지가 없어 보인다. 앞서 보았지만 작위를 받고 파티를 열어 축하해야 할 순간에도 진의 법률은 음주파티를 허용하지 않았다. 보통 사람들이 일생에서 그런 순간을 축하받지 못한다면 자신의 삶은 누구를 위해 존재하는 것일지 제국의 병사는 생각해 보게 되지 않았을까? 212년에 로마 제국의 카라칼라 황제는 모든 제국의 시민에게 시민권을 선포했다. 한 제국은 민작(民爵)을 사여하면서 황제에서 서민까지 모두 하나의 작제에 포섭된 질서, 말하자면 같은 예적 질서에 포섭되는 어떤 예적 공동체를 꿈꾸었던 것 같다.[103] 그러나 그것은 술 한 잔 마음 놓고 마실 수 있는 공동체 같은 세계는 아닐 것이다. 로마 제국의 시민권 선포는 로마 공화정 정신의 발로라고 할 것으로 자유의 정신 위에 선 공화정의 확대실현이다. 한 제국의 납일의 축제와 비슷하다고 생각되는 로마의 사투르날리아(Saturnalia) 축제는 그 기원이 파종의 신, 곡물의 신을 기념하는 것으로 알려졌고 12월 17일에 거행되어 1주일이나 5일간 계속되는데, 자유의 정신이 넘쳐난 탓인지 노예와 주인이 위치를 바꾸어 노예가 주인에게 시중을 받는 축제의 날이었다고 한다.[104] 한 제국의 예적 질서에서는 아마 이러한 축제는 꿈도 꿀 수 없는 망상에 불과할 것이다.

한 제국과 로마 제국의 음주 비교로 행복을 측량하는 것은 무리한 이야기일지도 모른다. 어쨌든 로마가 공화정체제를 지향하는 반면, 중국에서는 고래로 염철의 전매를 비롯해 모든 생산활동을 국가가 통제하는 경향이 많았다. 거연한간에서 개인적인 사문서라든가 사적인 영역에서의 모습이 거의 보이지 않는 것도 이 때문일 것이다. 빈돌란다에서는 수비대가 상당한 자유재량을 갖고 재정을 독자적으로 처리한 것 같고, 그들의 음식메뉴가 그렇게 풍부한 다양성을 보인 것도 기본적으로 여기에 그 이유가 있었던 것으로 보인다.[105] 빈돌란다 수비대는 본래 게르만족의 일파인 바타비아족 출신으로 일찍이 로마화된 부족인데, 그들 자신은 로마 변경

103 西嶋定生, 『中國古代帝國の形成と構造』, pp. 395~429.

104 Alan K. Bowman, *Life and Letters on the Roman Frontier*, p. 74; Simon Hornblower·Antony Spawforth eds., *The Oxford Classical Dictionary*, Saturnus 참조.

105 Alan K. Bowman, *Life and Letters on the Roman Frontier*, p. 48.

인 브리타니아에서 와서 토착인인 브리튼인들을 약간 경멸조로 '브리툰쿨리'(Brittunculi)로 불렀다고 한다.[106] 후에는 브리튼인들도 로마화되어 같은 로마 제국의 시민이 될 것이었다. 212년에는 카라칼라 황제의 시민권 선포에 의해 법적으로 그들은 평등한 로마 시민이 되었다. 로마가 이들 주변민족들을 같은 시민공동체로 연대하는 데는 라틴어라는 언어와 문자도 중요한 역할을 하지 않았을까? 이 점과 관련해 빈돌란다 목간의 다양한 필체는 중요한 사실을 암시하는 것 같다. 빈돌란다 목간은 파피루스가 아닌 목간 형태로 출토된 것으로서는 로마 제국 최초의 것인데, 이 목간에서 특히 주목되는 것은 수십, 수백 종의 다른 필체로 쓰인 목간들이 출토되고 있다는 점이다.[107]

서로 다른 필체의 목간은 자신만의 문자능력을 갖고 자유로이 생각을 표현하는 문해력의 확산을 반영하는 것으로서 하층의 병사들도 상당한 정도의 문해력을 갖춘 것으로 평가된다.[108] 이것은 로마군의 국제화 현상의 수월성을 상징하는 중요한 지표라고 생각된다. 제국시대의 로마군은 다국적 군대조직이었다. 후술할 로마 제국의 동단인 시리아 출신의 바라테스라는 남성도 로마군의 일원인 것으로 생각되는데, 2세기에 시리아에서 하드리아누스 장성 부근까지 6,500킬로미터를 가로질러 와서 일했으며, 브리튼 출신 여성으로 해방노예인 레지나와 결혼해서 행복하게 살다 간 흔적도 남기고 있다. 그의 비석은 로마 제국의 특징이라 할 민족이동과 문화융합의 기념물이라 할 수 있을 것이다. 이와 함께 라틴어의 토착화 현상(vulgarization)이 일어나는 것도 주목된다. 예를 들면 브리기오누스(Brigionus)라는 이름처럼 켈트족 기원의 이름에 라틴어 접미사가 붙는 현상이 그 하나의 사례일 것이다.[109]

106 Alan K. Bowman, *Life and Letters on the Roman Frontier*, p. 97.

107 Alan K. Bowman, *Life and Letters on the Roman Frontier*, p. 88.

108 Alan K. Bowman, *Life and Letters on the Roman Frontier*, p. 96.

이상 간단히 변경수비대의 음식문화에서 보는 한, 로마 제국이 한 제국에 비해 자유롭고 풍요하다는 인상을 갖게 되는데, 로마 제국의 풍요는 단적으로 말하면, 지중해문명의 지리적 특성과 정치적 제도의 결과라 할 수 있을 것이다. 로마가 지중해 세계를 지배하면서 이집트와 북아프리카로부터 값싼 곡물이 풍부하게 이탈리아에 공급되어 이탈리아의 지주들은 포도와 올리브의 생산에 집중할 수 있게 된다. 그리고 이렇게 생산된 와인과 올리브 오일은 다시 해외시장으로 수출되어 간다. 특히 지중해 세계의 해양 루트를 통한 곡물과 와인과 올리브 오일 등의 유통은 빈돌란다의 수비대들이 한 제국의 장성수비대보다 더 풍요한 삶을 누리게 할 수 있었을 것이다. 물자의 유통에는 기후조건도 중요한 작용을 하는데, 한 제국이 지형적으로 남북으로 퍼진 제국임에 비해 로마 제국이 동서로 넓게 퍼진 제국인 것은 식품보존을 비롯한 물자유통에서 로마 제국에 더 유리하게 작용했을 것이다. 그리고 무엇보다도 정치적으로 음주를 금하는 진한 제국의 전제정에 비해 시민의 정치 참여를 용인하는 로마 공화정의 관대한 체제가 개인의 삶의 풍요에 끼치는 영향을 간과할 수 없을 것이다. 일찍이 로마법학자 루돌프 폰 예링은 로마가 세계를 세 번 정복했다고 다음과 같이 말했다.

> 로마는 세 번 세계를 명령했고 민족들을 통일했다. 첫 번째는 로마의 국력이 충만했을 때 국가의 통일로써, 두 번째는 로마의 국력이 하강한 후 교회의 통일로써, 세 번째는 중세에 로마법의 계수를 통한 법의 통일로써이다. 첫 번째는 무력이라는 외적인 강제를 통한 것인데, 다른 두 가지는 정신력을 통한 것이다. 로마의 세계사적 의미와 의무는 한 마디로 말하자면

109 Alan K. Bowman, *Life and Letters on the Roman Frontier*, p. 60. 한자문화권에서는 한자가 상형문자이기 때문에 한자의 수용은 전폭적인 성격을 갖는다. 따라서 한자의 토착화 현상과 같은 것은 생각하기 어려운 것이다. 예를 들어 일본어의 경우를 보면 그것은 한자의 토착화가 아니다. 한자에 가나를 또는 가나에 한자를 접목한 이중언어로서 오랜 건축공학적인 노력의 산물이라고 할 수 있다.

보편주의 사고를 통한 민족주의 원리의 극복이다.[110]

예링이 말한 대로 로마는 무력으로 세계를 정복했고, 기원후 100년 전후의 빈돌란다 수비대를 지키고 있던 갈리아 출신의 로마군들은, 한때 카이사르에 의해 정복당한 자신들의 선조의 역사를 잊은 채 로마화되어 도버 해협을 건너와 피정복자인 브리튼 섬사람들을 '브리툰쿨리'라고 경멸적으로 부르고 로마문명을 누리면서 행복을 구가하는 모습을 보여준다. 그들이 이렇게 로마문명을 누리면서 브리튼섬에 자랑스레 군림한 것은 로마법에 따라 로마 시민의 권리를 누리는 것에 기인하는 바가 클 것이다. 로마는 무력을 통해 세계를 정복했는데, 그 무력의 근간은 공화정을 유지해 온 소농 출신의 시민들이라고 해도 좋을 것이다.

가령 앞서 빈돌란다 목간의 식재료에 나온 값비싼 후추까지 머나먼 장성수비대에 공급된 것, 그래서 빈돌란다 수비대의 식사가 제국의 수도 로마에서 보통 시민들이 먹던 식사와 별 차이가 없거나 그 이상의 품질을 유지한 것은 음식문화에 있어서 로마 공화정의 정신의 한 표현이라고 할 만하다. 예를 들어 기원후 79년에 베수비오 화산 폭발로 매몰된 도시 폼페이에서 출토된 기록은 당시 서민 가정의 식단을 생생히 보여준다. 빵, 거친 빵, 노예들에게 줄 빵, 기름, 포도주, 소시지, 치즈 양파, 리크, 뱅어, 소고기, 돼지고기, 양배추, 비트. 겨자, 박하, 소금 등이다.[111] 폼페이 서민의 식생활은 유명한 로마인들의 호화로운 식사와는 거리가 먼 소박한 것으로 평가되는데,[112] 빈돌란다의 로마군의 식사와도 큰 차이가 있다. 예링은 로마

110 Rudolf von Jhering, *Geist des römischen Rechts auf den verschiedenen Stufen seiner Entwicklung*, Erster Theil, Leipzig: Druck und Verlag von Breitkopf und Härtel, 1866, p. 1.

111 메리 비어드, 강혜정 옮김, 『폼페이, 사라진 로마 도시의 화려한 일상』, 글항아리, 2016, 398~400쪽.

112 메리 비어드, 『폼페이, 사라진 로마 도시의 화려한 일상』, 400쪽.

법을 원리의 체계라고 하면서 그것과 규정의 체계와의 차이는 알파벳과 한자 같은 표의문자의 차이와 비슷하다고 말한 바 있다.[113] 원리의 체계인 로마법은 부단히 실용성을 지향하면서 원리를 구축해 온 것이 특징이라고 한다. 이에 비해 중국법은 구체적인 규정의 체계라고 할 수 있을 것이다. 예링의 말을 이해하기 위해 로마법의 대표적인 유산으로 손꼽히는 『다이제스트』(*Digest*, 학설휘찬學說彙纂)의 머리 부분을 읽어보기로 하자. 『다이제스트』의 첫 권은 「정의와 법」이라는 항목으로 시작한다.

> 법을 배우는 학도는 우선 법(jus)이라는 말의 유래를 알아야 할 것이다. 그것은 정의(justitia)에서 유래한다. 켈수스의 고전적인 정의에 따르면 법은 좋음과 공정함의 기술이다. 1. 우리 법률가들은 마땅히 그 기술의 사제라고 불릴 자격이 있다. 왜냐하면 우리는 정의의 덕을 배양하고 무엇이 좋고 공평한지 알기를 요구하기 때문이다. 우리는 이 일을 공평과 불공평을 구별하고, 합법과 불법을 구별하여 신상필벌을 통해 사람들을 선하게 만들기를 의도하면서, 또한 가짜가 아닌 진정한 철학에 영향을 주도록 한다. 법학에는 두 종류가 있는데 공법과 사법이다. 공법은 로마 연방의 확립을 존중하며, 사법은 개인의 이익을 존중하는데, 어떤 것은 공적인 것에 관한 것이고 어떤 것은 사적인 이익에 관한 것이다. 공법은 …… 사법은 자연법, 만민법, 민법의 원리에서 유래되는 3부로 구성된다. 3. 자연법은 자연이 모든 동물에게 가르치는 것이다 ……. 4. 만민법(Jus gentium)은 모든 인류가 지키는 것이다. 만민법이 자연법과 동일선상에 있지 않다는 것은 쉽게 이해된다. 왜냐하면 자연법이 모든 동물에 공통적인 것인 데 비해 만민법은 인류에게만 공통되기 때문이다.[114]

113 Barry Nicholas, *An Introduction to Roman Law*, London: Oxford University Press, 1962, p. 1.

114 Alan Watson, trans., *The Digest of Justinian*, vol. 1, Philadelphia: University

지금 읽어보아도 1,500년 전의 정의와 덕에 관한 로마 법률가들의 논의는 신선하고 현재에 적용할 수 있는 내용이라고 할 것이다. 『다이제스트』에 비견될 만한 중국의 법률서는 찾기 어렵다. 굳이 찾자면 『당률소의』(唐律疏議) 정도일 텐데, 30권, 총 502조로 구성된 이 책에서 법과 정의에 대한 기원이나 근원적 성찰은 거의 찾아보기 어렵고, 로마법처럼 공법과 사법, 자연법과 만민법의 원리적 설명도 중시되지 않는다. 『당률소의』는 태장도유사(笞杖徒流死)라는 다섯 가지의 형벌의 설명에서 시작한다. 그리고 나머지 위금(衛禁), 직제(職制), 호혼(戶婚), 구고(廏庫), 천흥(擅興), 적도(賊盜), 투송(鬪訟), 사위(詐僞), 잡률(雜律), 포망(捕亡), 단옥(斷獄) 등 각각의 율(律)은 그 위반사항에 대해 태장도유사 중 어느 형벌이 적용되는지 규정된 매우 간단한 형식으로 구성된다. 가장 사법적인 부문이라고 할 호혼의 경우에도 태장도유사의 규정은 철저히 관철된다. 예를 들면 "출가시키기로 혼서에 답례를 하고 사적으로 계약을 한 후 파혼을 하는 경우 장(杖) 60대에 처벌한다. 남자 집에서 파혼하는 경우는 죄를 묻지 않고 빙재(聘財)는 돌려받지 않는다"[115]는 규정이 그러하다. 국가가 개인의 혼인에까지 형벌로 간여하고 있는 것이다. 또 노비와 양인과의 결혼은 금지되어 이를 위배하면 도(徒) 1년 반의 형벌과 함께 이혼에 처해졌다.[116] 또 당률에 의하면 본래 양민이었던 여자가 천민에게 시집가는 것은 불법이었는데,[117] 이는 자

of Pennsylvania Press, 1985, p. 1.

115 『唐律疏議』 卷13, 175條, 許嫁女輒悔, 北京: 中華書局, p. 253.

116 『唐律疏議』 卷14, 191條, 奴聚良人爲妻, p. 269.

117 『唐律疏議』 卷12, 160條, 諸放部曲爲良, pp. 239~40: "諸放部曲爲良, 已給放書, 而壓爲賤者, 徒二年, 若壓爲部曲, 及放奴婢爲良 而壓爲賤者, 又各減一等, 卽壓爲部曲, 及放爲部曲而壓爲賤者, 又各減一等. 各還正之 … 問曰, 放客女及婢爲良, 却留爲妾者, 合得何罪. 答曰, 妾者, 娶良人爲之. 據戶令自贖免賤, 本主不留爲部曲者, 任其所樂. 況放客女及婢, 本主留爲妾者, 依律無罪, 準自贖免賤者例, 得留爲妾. 問曰, 部曲娶良人女爲妻, 夫死服滿之後, 卽合任情去住. 其有欲去不放, 或因壓留爲妾及更抑配與部曲及奴, 各合得何罪. 答曰, 服滿不放, 律無正文, 當不應爲重, 仍卽任去. 若元取當色爲婦, 未是良人, 留充本色, 準法無罪. 若是良人女壓留爲妾, 卽是有所威逼, 從不應得爲重科. 或抑配與餘部曲, 同放奴婢爲良却壓爲部曲, 合徒一年. 如配與奴, 同與奴娶良人女, 合徒一年半. 上籍爲婢者, 流三千里. 此等轉嫁爲妻及妾, 兩和情願者, 竝不合得罪. 唯本是良者, 不得願嫁賤人."

이 조항은 노비나 부곡 등의 비양인 신분을 해방했다가 다시 본래의 신분으로 귀속시킨 경우에 도형(徒刑) 1년에서 2년에 해당하는 중벌을 가하는 규정을 논하고 있다. 관련해서 나오는 두 가지 문답 중에 흥미로운 법해석이 보인다. 첫째, (양인) 남성이 객녀나 노비를 양인으로 방면해 첩으로 삼은 경우 어떤 죄가 되느냐는 질문이다. 이에 대한 답은 첩은 양인을 취하는 것이 원칙인데, "스스로 속전(贖錢)을 내어 면천하고, 본래의 주인(主人)이 억류해 부곡(部曲)으로 삼지 않을 경우에는 그 원하는 바에 맡긴다"는 호령(戶令)에 비추어 당연히 첩으로 삼을 수 있다는 것이다. 이 조항의 취지는 주인이 천민에서 양인 신분으로 해방한 여성을 첩으로 삼은 경우는 무죄라는 사실을, 즉 천민 여성 스스로 속전을 내어 해방된 경우(自贖免賤者例)를 인용해 주장하려는 것이다. 이러한 예는 호령에 보이는 것인데, 이 규정은 주인이 억류해 부곡으로 삼지 않을 때라는 단서를 달고 있다(仁井田陞, 『唐令拾遺』, 戶令43). 따라서 호령의 '自贖免賤者例'는 본래 주인의 의사가 중요한 작용을 하고 있고, 천민 여성의 해방은 그만큼 본래 주인에 구속되고 있다는 점이 고려되어야 할 것이다. 요컨대, 이 법률의 주안점은 어디까지나 해방된 양인 여성보다 남성 주인에 놓여 있는 것이다.

둘째, 양인 여성은 천인(노비)과 결혼할 수 없도록 규정한 경우이다. 부곡이 양인(良人) 여자와 결혼해 처로 삼아 살다가, 부곡 남편이 죽어 복상(服喪) 기간이 지난 이후에는 곧 처의 뜻에 따라 떠나가거나 머물 수 있다. 그런데 떠나가고자 하는데 (부곡의 주인이) 놓아주지 않거나, 혹은 강제로 억류해 첩으로 삼거나 다시 억지로 다른 부곡이나 노(奴)에게 짝지어 주었다면 어떤 죄가 되는가? 복상 기간이 지났는데도 놓아주지 않은 경우에는 율(律)에 정문(正文)은 없으나 "해서는 안 되는데 행한 경우의 무거운 쪽"에 해당되므로 역시 마음대로 떠나가도록 해야 한다. 만약 원래 같은 신분과 혼인해 부인으로 삼았다면 본래 양인이 아니므로 억류해 본래의 신분으로 하는 것은 법에 따라 죄가 없다. 만약 양인 여자를 강제로 억류해 첩으로 삼았다면 위협한 바가 있는 것이므로 "해서는 안 되는데 행한 경우의 무거운 쪽"에 따라 처벌한다. 혹은 억지로 다른 부곡과 짝지어 주었다면 "노비를 방면해 양인으로 했는데 도리어 강제로 부곡으로 삼은 것"과 같이 도형 1년에 처해야 한다. 만약 노(奴)와 짝지어 주었다면 "노(奴)를 양인 여자와 혼인하게 한 것"과 같으므로 도형 1년 반에 처해야 한다. 호적에 올려 비(婢)로 삼은 자는 유형(流刑) 3천 리에 처한다. 이들이 재가(轉嫁)해 처나 첩이 된 것이 서로 합의하고 원한 경우라면 모두 처벌해서는 안 된다. 다만 본래 양인인 자는 천인에게 시집가기를 바랄 수는 없다.

마지막 "다만 본래 양인인 자는 원한다고 하더라도 천인에게 시집갈 수 없다"의 조항은 두 번째 질문과 관련된 관건사항이다. 천인인 부곡 남편이 사망해 복상을 마유인으로서의 의지를 법률이 인정하지 않는 것으로,[118] 로마법에서 인정하는 자유민과 해방노예와의 결혼과는 대조적인 것이다.[119] 중국에서는 천민신분에서 해방된 여성의 신분도 법적으로 확실히 보장되지 않는 것임을 160조 '제방부곡위량'(諸放部曲爲良)의 문답이 잘 보여준다.

로마법에서 결혼은 남자와 여자의 결합이며 인간의 법뿐만 아니라 신의 법도 포괄하는 일생동안의 파트너십으로 해석되었다.[120] 이와 관련해 특히 중요한 것은 결혼이 당사자 및 보호자의 동의 없이는 성립되지 않는다고 해석되는 점이다.[121] 중국법은 형벌 중심의 체계를 갖추면서 가족과 계급

친 후에도 자유의 몸이 될 수 없는 것이 이 부곡의 양인 처의 경우이다. 이 부곡 처의 경우 본래 양인이라면 천인에게 시집갈 수 없었으므로 천인에서 해방된 양인 여성이 부곡에게 시집간 경우로 보아야 한다. 당률, 192조, 잡호관호여양인위혼(雜戶官戶與良人爲婚)에 나오는 "공호(工戶)·악호(樂戶)·잡호(雜戶)·관호(官戶)는 '신분에 맞추어 혼인한다'(當色爲婚)는 호령(戶令)에 따른다"고 하는 규정과 모순되는 것처럼 보일 것이지만, 사실 이 부곡의 양인 처는 본래부터 양인이 아니라, 노비가 해방되어 양인이 된 경우는 첩이 될 수 있다고 한 경우의 양인을 가리킬 것이다. 이 160조에서도 해방노비 출신의 양인이 아니라 본래 양인이라면 남성 부곡의 처첩이 될 수 없다고 구별했을 것이다. 그런데 이제 과부가 된 여성이 다시 천인신분으로 억압하려고 할 때 여러 가지 경우를 상정해 대응하고 있는 것이다. 이처럼 복잡한 해결책이 나오는 것 자체가 해방양인 신분의 불안정, 법의 불안정을 말해 준다고 할 것이다. 어쨌든 이러한 규정보다 더 중요한 것은 문답에 비치는 당률의 정신인데, "(양인) 남성이 객녀나 노비를 양인으로 방면해 첩으로 삼은 경우 어떤 죄가 되느냐는 질문"이나, 부곡 남편이 사망한 후 "그런데 떠나가고자 하는데 (부곡의 주인이) 놓아주지 않거나, 혹은 강제로 억류해 첩으로 삼거나 다시 억지로 다른 부곡이나 노(奴)에게 짝지어 주었다면 어떤 죄가 되는가"를 묻는 물음 자체가 남녀 양인(자유민) 신분 모두가 결혼의 자유를 충분히 누리지 못하는 느낌을 준다는 점이다. 특히 여성 천인의 경우 해방이 되어도 여전히 첩의 신분으로 억류되는 것이 그 해방 후의 귀착점(劉俊文, 『唐律疏議箋解』, 北京: 中華書局, 1996, p. 954)으로 보인다는 점에 주목할 필요가 있다.

118 취퉁쭈(瞿同祖), 김여진 외 옮김, 『법으로 읽는 중국 고대사회』, 글항아리, 2020, 251쪽.

119 Alan Watson tr., *The Digest of Justinian*, vol. 2, Book 23, Formation of marriage, pp. 202~06, 23조, 27조, 31조, 49조, 50조 등 참조.

120 Alan Watson tr., *The Digest of Justinian*, vol. 2, Book 23, Formation of marriage, p. 199, 1조.

을 중시하는 것으로 특징지어지는데,[122] 그러한 특징은 로마법에서 자유민과 해방노예와의 결혼을 허용하거나 결혼에서 결혼 당사자의 동의를 중시하는 점을 비교하면 특히 잘 드러난다고 생각된다.

로마법과 비교해 중국법에서 형벌의 중요성은 자연의 이치와도 같은 높은 지위를 갖는 것이다. 『당률소의』에 말하듯이 덕례(德禮)는 정교(政教)의 근본이고, 형벌은 정교의 응용인데, 그것은 아침저녁과 봄가을이 서로 합쳐 하루와 1년을 이루듯이 상보적인 관계에 있다고 설명한다.[123] 이것은 본래 춘추시대에 법의 성문화를 반대했던 공자나 숙향(叔向)의 주장과는 사실 대조를 이루는 것이다. 『좌전』에 의하면 소공(昭公) 6년(기원전 536) 정의 자산이 형서(刑書)를 주조하자 진(晉)의 숙향이 자산에게 다음과 같은 서신을 보냈다고 한다.

> 옛날 선왕들은 일의 경중을 따져 죄를 다스렸을 뿐 형법을 정하지 않았소. 이는 백성이 쟁심(爭心)을 일으킬까 두려워했기 때문이오. 그럼에도 범죄를 완전히 방지하지 못했소. …… 백성이 법(辟)이 있다는 사실을 알게 되면 윗사람을 공경히 대하지 않고, 모두 쟁심을 일으켜 형법조문을 끌어대 요행히 법망을 피해 자기 뜻을 이루고자 할 것이니 결국 그들을 다스릴 수 없게 되오. 하나라는 난정(亂政)이 있자 우형(禹刑)을 만들었고, 은나라는 탕형(湯刑)을 만들었으며, 주나라는 구형(九刑)을 만들었소. 이 세 나라의 법은 모두 도의가 쇠미해진 말기에 나온 것이오. …… 백성이 쟁단(爭端)을 알게 되면 장차 예를 버리고 형서를 끌어들일 것이오. 그리되면 송곳

121 Alan Watson tr., *The Digest of Justinian*, p. 199, 2조.

122 취퉁쭈, 『법으로 읽는 중국 고대사회』. 가족은 장유와 친소에 따른 예법이 법의 시행에서도 반영되는 것을 말하고, 계급은 귀족과 관리의 존비에 따른 형의 감면을 말한다. 한마디로 중국법의 유교화 경향이라 할 수 있다.

123 長孫無忌·劉俊文, 「名例疏議」, 『唐律疏議』 卷1, p. 3: "德禮爲政教之本, 刑罰爲政教之用, 猶昏曉陽秋相須而成者也."

끝 같은 작은 일조차 모두 싸우려 들 것이오. 결국 쟁송이 극심해지고 회뢰(賄賂)가 성행해 그대가 살아 있는 동안 정나라는 쇠미해질 것이오. 내가 듣건대 나라가 망하려 할 때는 법제가 많아진다고 하던데, 지금의 정나라를 두고 한 말일 것이오.[124]

소공 29년(기원전 513)에는 진(晉)나라에서 범선자(范宣子)가 형정(刑鼎)을 주조하자 공자는 다음과 같이 말했다고 한다.

진나라는 망하고 말 것이다. 그들은 국가의 법도를 잃어가고 있다. 진나라는 응당 당숙(唐叔)이 전한 법도를 잘 지켜 백성을 다스리는 대강으로 삼고, 경대부들 또한 자신의 위치에서 이를 잘 준수해야 한다. 이에 백성은 능히 귀인을 존중할 수 있고, 귀인은 능히 가업을 지킬 수 있으며, 귀천의 차서에도 잘못이 없게 된다. 이것이 소위 법도인 것이다. …… 이제 진나라가 이 같은 법령을 버리고 형정(刑鼎)을 만들었으니 백성은 모두 형정의 조문만 찾을 것이다. 그리 되면 무엇으로 귀인을 존중하고, 귀인은 어떻게 가업을 지켜나갈 것인가. 귀천에 차서가 없게 되면 무엇으로 나라를 다스릴 것인가.[125]

공자는 법으로 다스리는 것을 좋아하지 않았다. 공자가 형정(刑鼎)의 주조를 반대한 것은 유명한 "刑不上大夫, 禮不下庶人"(『禮記』「曲禮」)이라는 주의 예법을 진(晉)이 개혁해 형정을 신분을 가리지 않고 후대 상앙의 법가적 방식으로 실시하려는 것에 대한 비판인 것일까? 이러한 사정은 공자가 말한 저 유명한 법령을 기피하고, 도덕과 예의를 권유한 정치 방식에도 보인다. 공자는 철저히 주의 예법을 따르는 귀족적인 군자의 교양을 지키는 사람이었다. 그가 지향하는 바는 유명한 『논어』의 다음 말에도 잘 나타난다.

---

124 신동준 옮김, 「소공 6년」, 『좌전』, 한길사, 2017, pp. 95~96 참조.

125 신동준 옮김, 「소공 29년」, 『좌전』, pp. 331~33 참조.

선생께서 말씀하셨다. 백성을 움직이는 데 정치권력을 사용하고 백성을 다스리는 데 형벌을 쓴다면, 백성은 벗어날 길만 생각하게 되고 죄의식을 갖지 않게 된다. 백성을 움직이는 데 정의로써 하고 백성을 다스리는 데 예의로써 하면, 백성은 염치를 알고 마음으로부터 바르게 될 것이다(『論語』「爲政」).[126]

그러나 공자가 말한 이 덕과 예의 방식은 공자가 활동한 춘추시대 당시의 주류적 방식으로 받아들여지지 않았다. 그의 제자로 유명한 자하(子夏)의 문하에서도 위나라에서 변법의 실시로 이름을 떨친 이회(李悝)와 오기(吳起)가 출현한 것은 당시의 시세를 보여준다. 춘추전국시대로부터 진한 제국에서는 법가적 법치주의가 위세를 부린 시대이며, 삼국 이후 유교화되었다고는 하나 법가적 형벌 위주의 법치주의는 중국 법률의 주류를 구성한다. 유가와 법가는 모두 사회질서의 유지를 목적으로 하는데, 사회질서에 대한 관점과 방법에 차이가 있을 뿐이지만,[127] 결국 사회구조의 복잡함은 예(禮)만으로 사회질서를 유지할 수 없게 되면서 예에서 실례되는 행위도 형벌로 처벌하는, 그러나 기존의 팔의(八議)나 관당(官當), 즉 귀족 간의 사적인 친소와 관료계급의 존비에 따라 처벌을 가감하는 방식에 의해 시행되었다. 그것은 고대의 "刑不上大夫, 禮不下庶人"의 방식의 변용이라고 할 것이다. 어쨌든 법가식 법치주의는 그 방식을 관철한 것이다. 여기에 중국 형법의 오랜 역사적 전통을 감지할 수 있다. 그리고 유가의 시조 공자는 법에 대해 예를 강조했지만, 법과 예는 "刑不上大夫, 禮不下庶人"이라는

126 "子曰. 道之以政. 齊之以刑. 民免而無恥. 道之以德. 齊之以禮. 有恥且格"(자 가라사대, 백성을 이끌기를 정치로써 하고 백성을 다스리기를 형벌로써 하면 벗어나면 수치심이 없으리라. 백성을 이끌기를 덕으로써 하고 백성을 다스리기를 예로써 하면 수치심이 있고 또한 바르게 되리라). 미야자키 이치사다, 『논어』, 34쪽.

127 취퉁쭈, 『법으로 읽는 중국 고대사회』, 364쪽.

말에서 유추해보면 동전의 표리와 같은 것이고, 『당률소의』가 법과 예를 하루의 아침과 저녁이나 1년의 봄과 가을처럼 상보적인 관계로 파악하게 된 것도 이 때문일 것이다. "예는 사전에 막을 수 있고 법은 사후에 금하는 것이다"[128]라고 하는 법언(法諺) 같은 말도 마찬가지이다. 개인의 관점에서 볼 때는 형과 예는 사회질서의 유지라는 점에서 동전의 앞뒷면처럼 동일한 하나의 사물이라고 할 수 있고, 함께 개인의 자유를 견제하는 사회제도로 작용한다고 해도 좋을 것이다.

다시 이 글의 주제인 행복으로 돌아가면, 『다이제스트』에서 로마법의 해설가들이 법의 어원을 묻고 정의란 무엇인가를 생각하라고 법학도들에게 제시한 것을 생각하면, 『당률소의』의 찬자들에게는 그런 의식이 별로 없다는 것을 떠올리지 않을 수 없다. 하루가 시작되고 지나가듯이, 봄가을이 지나가듯이 자연의 일부로서 인간도 그런 존재의 일부로서 무의미하게 살아가는 것으로밖에 여겨지지 않는 것이다. 행복이라는 개념은 이러한 세계관에서는 아마 발생하기 어려울 것이다. 행복은 인간이 자연과 인간과의 관계에서 자각하면서 생기는 감정에서 비롯될 터이기 때문이다. 중국법은 앞서 말했듯이 철저하게 가족, 특히 황제의 가족과 관료계급의 질서를 보존하기 위한 형벌 위주의 체계이다. 로마법도 모든 세계의 법이 그렇듯이 사회질서를 보존하기 위한 것이겠지만, 그 질서는 중국에 비해 매우 유동적인 것 같다. 가령 노예해방의 관대함과 시민권의 관대함이다. 로마법은 형벌 위주가 아니라 개인들 간의 소유관계를 다루는 사법을 위주로 한다. 형벌로 질서를 보존하는 것이 아니라 개인들 간의 동의, 서약, 원칙의 준수 및 그 위반에 대한 보상의 방법이 질서를 보존한다. 로마는 공화정이고 시민의 사법을 위주로 하는 법을 갖고 있으므로 로마법은 중국법보다는 시민에게 훨씬 가깝게 느껴졌을 것이다. 그래서 행복은 국가체제와 상관되는

128 『大戴禮記』「禮察」: "禮者, 禁於將然之前, 而法者, 禁於已然之後."; 취퉁쭈, 『법으로 읽는 중국 고대사회』, 382쪽 참조.

문제이고, 또한 국가의 법과도 깊이 관련된다. 앞에서 행복의 행(幸)이 죄인에게 채우는 수갑에서 비롯된 형벌의 일종이라는 유래에 비춰 동양의 행복은 어두운 기미를 준다고 예상되었는데, 법(法) 역시 그 기원을 생각하면 마찬가지로 불길한 의미를 줄 것처럼 예상된다. 이제 법(法)의 기원에 대해 생각해 보기로 보자.

법 법(法, fǎ)

본래의 글자는 법(灋)으로 쓰고, 수(水)와 해태 치(廌)와 거(去)를 조합한 회의자이다. 고대의 재판은 축문을 부르고 거짓이 있으면 벌을 받겠다고 신에게 맹세하고 행하는 신판(神判)의 형식으로 진행되었다. 치(廌)는 해치(解廌, 해태)라고 불리는 양(羊)과 비슷한 신성한 동물인데, 이것이 원고·피고 쌍방에서 제출되어 재판이 진행되었다. 거(去)는 대(大: 손발을 벌리고 선 사람을 정면에서 본 모양)와 거(凵)를 조합한 모양인데, 거(凵)는 재(𠙵)의 덮개를 벗겨서 축문이 거짓이었다고 해 무효라는 것을 표시한다. 재판에 패배한 자(大)가 해치와 거(凵: 덮개를 벗긴 축문 그릇)와 함께 물에 떠내려가는 것을 법(灋)이라 하고, 버릴 폐(廢)의 의미가 된다. 금문에서는 '짐의 명령을 법(灋, 廢)하지 말라'고 하는 용례가 있다. 후에 법(灋) 중의 치(廌)를 생략한 법(法)의 자형이 되어 '법(법령·규칙), 본받다(법에 따르다), 방법'의 의미로 쓴다.

법이라는 글자에서 본래의 재판절차 등은 망각되고 국가가 정하는 법규나 처벌의 의미만 남아 기억되고 있다. 앞서 「상군열전」을 소개했지만, 상앙과 진효공의 문답이 보여주는 바와 같이 패권을 추구한 군주들이 선호한 것은 법가식의 방식이었다. 상앙은 법가의 대표적 사상가이자 실천가로 유명하지만, 그는 유가의 방식도 잘 알고 있었다. 그러나 결국 군주가 선호한 법가적 방식에 맞추어 국가개조가 시작되었고, 그것은 신상필벌의 법가주의 원칙에 따라 전민농경 전민개병이라는 농업과 국방에 치중하는 일종의 전제주의적 병농국가였다. 이 법가주의적 국가는 앞서 살펴본 「상군열전」에서 드러난 바와 같이 국법을 비방하는 자는 물론 칭양(稱揚)하는 자 또한 가차없이 처벌해 일체의 언론자유를 허용하지 않았다.

이러한 유구무언의 대중을 이끌고 진나라는 천하를 통일할 때까지 전쟁을 했던 것이다. 백성 대중의 불만은 진시황의 사후에 폭발해 '진승의 난'으로 시작된 천하대란으로 진의 천하는 불과 15년 만에 붕괴되고 말았다. 그러나 여기서도 주의할 점이 있는데, 진 제국이 붕괴되었다고 해서 제국이 남긴 법체계도 함께 사라진 것은 아니라는 점이다. 사실 고조 유방은 수도 함양에 입성해 약법삼장(約法三章)을 약속했다고 하지만, 중국과 같은 대제국을 삼장의 법으로 다스리기는 무리한 것이고, 한고조의 공신 소하(蕭何)는 곧 9장의 율령을 만들었다 하고, 한고조의 사후에 그 황후이자 실질적인 황제인 여후(呂后)의 재위 2년에 제정된 「이년율령」이 지하에서 출토되었다. 최근의 「이년율령」 연구결과는 진 제국의 율령을 약간의 문구만 변용해 거의 그대로 계승한 것임을 밝히고 있다.[129]

사마천이 상군 개인을 혐오함에도 불구하고 『사기』에서 「상군열전」을 편찬한 이유도 여기에 있을 것이다. 이처럼 중국의 법률은 한고조의 약법삼장에도 불구하고 진의 법령을 계승해 전승되었고, 그 후 『당률』로 집성되어 이는 한반도를 비롯한 일본 및 동아시아의 법률과 법제에 큰 영향을 끼치게 되었다.

중국사상사의 연원은 제자백가(諸子百家)이다. 제자백가에서 개인의 행복은 그다지 논의되지 않는다. 관견에 의하면 우리 헌법 10조에서 "모든

---

129 Anthony J. Barbieri-Low · Robin D. S. Yates, *Law, State, and Society in Early Imperial China*, pp. 219~42.

국민은 인간으로서의 존엄과 가치를 가지며, 행복을 추구할 권리를 가진다. 국가는 개인이 가지는 불가침의 기본적 인권을 확인하고 이를 보장할 의무를 진다"라고 개인의 존엄 및 국가에 의한 행복추구권을 보장한 것은 고대 그리스와 로마의 자유사상의 역사적 전개의 결정체로 보인다. 제자백가 사상에서 적극적인 행복론의 부재는 곧 자유의 부재와도 통하며, 이는 개인의 부재, 비극의 부재와 상통하는 현상일 것이다.

중국의 제가들은 대개 국가 그 자체에 대해 당연한 것으로 보고 치밀한 논리를 제기하지는 않았다. 앞서 말한 것처럼 고대 그리스인들은 행복은 신과 함께하는 것이라는 관념을 갖고 있었던 것 같다. 헤로도토스의 역사가 전하는 현자 솔론의 입을 통해서 전해지는 이야기에서 아테네인이 최고로 행복하다고 생각한 것은 부유하거나 권력이 많은 시민이 아니라 신 앞에서 개인의 명예를 빛내는 경주를 수행하는 평범한 시민의 모습이었다. 비극 「안티고네」는 국가의 법률과 가족의 정서가 충돌함으로써 생기는 것이었다. 동시대 중국의 연극 중 비극은 찾아보기 어렵다. 『사기』 「골계열전」(滑稽列傳)에 제왕의 무한한 권력을 풍자하는 순우곤(淳于髡) 등의 열전이 있어 제왕의 권력을 잠시 정지하는 역할을 하지만, 제왕의 권력과 충돌하는 것은 아니다. 「자객열전」(刺客列傳)과 「유협열전」(遊俠列傳)도 제국의 질서에 긴장감을 줄 정도의 위협이 되지는 않는 일회성의 사건에 그치고 만다. 제국의 독주는 제국의 이데올로기인 법가의 법치주의 정신에 잘 드러난다. 이 법치주의는 근대의 법치주의와는 대조적인 개념이다. 그것은 요컨대 법에서 소외된 백성을 대상으로 하는 법치주의이다. '법에 의해 법제되는'(法於法) 법치주의인 왕법주의(王法主義)이다. 그리하여 진을 교체한 한 제국이 유교를 국교로 채택하고 공자를 국가적으로 숭배한다고 하더라도 국가의 법령정신은 여전히 진의 법가주의를 근본으로 하고 있다고 해도 과언은 아니다. 요컨대 진의 인민이나 그 후대의 한대 이후의 인민들은 모두 법으로부터, 즉 국가로부터 소외되어 있기 때문이다. 『관자』 「임법」(任法)에 보이는 "立法者君也, 守法者臣也. 法於法者民也"(법을 만드는 입법자는 군주이고, 법을 집행하는 수법자는 신하이며, 법에 의해 법제되는 '피법자'被法者는 백성이다)라는 말은 그러한 정신을 잘 요약하고 있다. 요컨대 왕법주의이다.[130] "法於法"이라는 기묘한 수사가 표현하는 대로 법은 인민주권의 표현이 아니라 국가권력의 표현으로서 인민에게 강제되는 형벌과 동의어이다. 법을 당하는 민으로서는 가능한 한 법으로부터의 도피, 즉 형벌로부터의 도피가 가장 바람직스러운 일이며, 법은 가능한 한 멀리 할수록 좋은 것이 되어버렸다. 법가 및 진 제국의 왕법주의의 특색은 법으로써 개인의 자유를 없애버렸다는 점에 있다. 법가는 강력한 신상필벌을 적용해 국가를 형성했고, 도가는 이로부터 벗어나기를 원했으며, 유가는 이를 분식(粉飾)하려고 했다. 자유에 해당하는 한자어는 있는가? 당률에도 자유라는 말은 찾을 수 있지만 근대적인 의미의 자유와는 거리가 있는 것 같다. 예컨대 『당률소의』 300조, "賊盜律, 公取竊取皆爲盜"의 주석에서 '자유'(自由)라는 단어를 찾을 수 있다. 그 본문은 다음과 같다.

> 무릇 도둑질이란 강도·절도가 모두 도둑질이 된다. 기물 종류는 반드시 이동해야 하고, 우리에 가두었거나 묶어둔 종류는 반드시 늘 있던 곳에서 이탈해야 하고, 풀어놓으면 날아다니거나 뛰어 다니는 종류는 반드시 전제(專制)되어야만 이에 도죄(盜罪)가 성립한다(須專制, 乃成盜). 만약 축산(畜産)을 도둑질했는데 함께 있던 무리가 따라왔다면 합쳐 계산하지 않는다. 만약 (따라온 무리를) 이미 자기의 소유로 삼았거나, 그 어미를 훔쳤는데 그 새끼가 따라온 경우에는 모두 합쳐 계산한다.

이에 대한 주석은 다음과 같다.

130 왕법주의에 대해서는 박영철, 「宋代 法書의 禁書와 粉壁의 條法: 宋代 王法主義의 一考察」, 『中國史硏究』 68, 2010 참조.

…… 목석(木石)이나 무거운 기물로 사람의 힘으로 감당할 수 없어 반드시 거마(車馬)에 실어야 할 경우에는 비록 본래 있던 곳에서 옮겼다 할지라도 아직 거마에 싣지 않은 동안에는 도죄(盜罪)가 성립하지 않는다. 다만 물건에는 크고 작음이 있어 상세히 갖추어 논하기 어려우므로 대략 강목(綱目)을 들어 각각 그때의 상황에 따라 판단한다. "우리에 가두었거나 묶어둔 종류는 반드시 늘 있던 곳에서 이탈해야 한다"는 것은 말·소·낙타·노새와 같은 종류는 반드시 우리에서 나오거나, 묶어둔 곳에서 이탈해야 하는 것을 말한다. "풀어놓으면 날아다니거나 뛰어 다니는 종류"라는 것은 매·개와 같은 것을 말하며, 반드시 자기의 전제(專制)에 두어 자유롭지 못하도록 해야만 이에 도죄가 성립한다(須專制在己, 不得自由, 乃成爲盜). "만약 축산을 도둑질했는데 함께 있던 무리가 따라왔다"는 것은 가령 말 한 필을 훔쳤는데 별도로 따라온 말이 있다는 것으로, 합해 도죄로 계산해서는 안 된다. 만약 따라왔는데 마침내 자신의 소유로 했거나, 그 어미를 훔쳤는데 그 새끼가 따라온 경우에는 모두 합해 도죄로 계산한다.

말 못하는 동물을 제어해서 자유롭지 못하도록 한 경우에야 절도죄가 성립한다는 것인데, 이 경우에 이것을 자유 개념의 증거로 보는 적극적인 경우가 되지는 않을 것이다. 이것은 행동상 결박되어 단순히 물리적으로 몸을 자유롭게 놀릴 수 없는 경우를 가리키는 것에 불과하고, 로마법에서 노예와 대비되는 참정권이 있는 시민의 특성으로서의 자유(freedom, liberty)로 발전되어 있지는 않다. 『다이제스트』(학설휘찬)에는 '자유'라는 말이 수없이 보이지만, 당률에는 겨우 이 정도, 동물의 결박된 상태라는 부정적인 경우에 비유해서 보일 뿐이라는 것은 주목할 일이다. 잘 알다시피 장자나 사마천은 "竊鉤者誅, 竊國者侯"(바늘같이 작은 물건을 훔치면 처벌을 받지만 나라를 훔치는 자는 제후가 된다)는 주옥같은 명언을 남겼지만, 국가의 주인이 누구인가라는 소유권적인 물음에는 무관심했던 것 같고, 그러한 영향이 전제지배의 하수인으로서 법을 해석하고 충실히 집행할 뿐인 『당률소의』에 보이는 바와 같은 철저한 법기술주의적 주석에도 반영되고 있는 것 같다. 요컨대 『당률소의』의 자유는 현대적인 헌법, 공화, 자유 개념과는 거리가 있는 개념이라는 점을 지적해 두고 싶다.

인류 최초의 자유라는 말은 기원전 2300년에 수메르인들의 점토판에 나타났다고 한다.[131] 자유라는 개념은 중국어에서는 낯선 용어이고,[132] 중국인들의 행복추구에서 자유 개념은 대개 은둔적인 도가적 개념에서 희미하게나마 찾아볼 수 있을 정도이다.[133] 일찍이 석학 미야자키 이치사다(宮崎市定)는 인(仁)을 도시국가의 자유 개념이라고 해석하기도 했지만,[134] 법제적으로 성립된 것이 아닌 추상적인 것이어서 역시 납득하기 어렵다. 사마천은 그 유명한 「백이열전」에서 공자가 백이·숙제에 대해 "인을 구해 인을 얻었으니 무엇을 원망하랴!"라고 평한 말을 반박하면서 백이·숙제가 과연 원망을 품지 않았을까 하고 회의를 품으면서 열전을 시작하고 있다. 중요한 것은 "인이 그렇게 어려운가 내가 원하면 인이 이렇게 가까운데!"라는 공자의 자신에 넘친 말에서도 알 수 있듯이 인은 내면적인 수양에 머물러 있을 뿐으로 어떤 법적인 권리로서 사회적·제도적으로 보장되어야

131 Liberty Fund Books 2021 Catalog. p. 2: "The cuneiform inscription that serves as Liberty Fund's logo and as a design element in our books is the earliest-known written appearance of the word 'freedom'(amagi), or 'liberty'. It is taken from a clay document written about 2300 B.C. in the Sumerian city-state of Lagash."

132 Max Weber, *The Religion of China*, New York: Free Press, 1964, p. 147.

133 Wolfgang Bauer, *China and the Search for Happiness-Recurring Themes in Four Thousand Years of Chinese Cultural History-*, New York: The Seabury Press, 1976, pp. 140~43; "China and the Irrelevance of Freedom", a lecture by W. J. F. Jenner, Professor in the Faculty of Asian Studies at the Australian National University, Revised 19 September 1996. https://openresearch-repository.anu.edu.au/bitstream/1885/42046/2/irelfred.html.

134 宮崎市定,『史記を語る』, 東京: 岩波書店, 1996, pp. 156~57.

하는 법적·제도적 개념으로 드러나지 않는다는 점이다. 그러한 법적·제도적 개념으로서 자유는 실현된 적이 없는 것 같다.

중국인들이 추구하는 행복한 사회의 이상적 상태를 가리키는 말로 대동(大同)이 있다. 『예기』 「예운」(禮運)에 나오는 것으로 내용은 다음과 같다.

> 대도가 실행되면 천하는 공평해진다. 현인과 능력자를 뽑아서 신의와 화목을 가르치도록 한다. 그러므로 사람들은 자신의 어버이만 어버이로 여기지 않고, 자기 자식만 자식으로 여기지 않는다. 노인에게는 여생을 편안히 보내게 할 것이고, 젊은이에게는 쓸 자리가 있을 것이며, 어린이에게는 돌봐줄 사람이 있을 것이고, 홀아비·과부·고아와 자식 없는 늙은이, 병든 사람도 모두 부양받을 것이다. 남자는 직분이 있으며, 여자는 남편이 있다. 재화(財貨)가 땅에 버려지는 것을 싫어하지만 반드시 사사로이 저장할 필요가 없으며, 스스로 노동하는 것을 싫어하지 않지만 반드시 자기만을 위해서 일할 필요도 없다. 그러므로 음모가 생기지도 않고 절도나 폭력도 일어나지 않는다. 그러므로 문을 열어둔 채 닫을 필요가 없으니 이를 대동이라고 한다.

대동(大同)이라는 개념 자체에서 느껴지듯이 모두가 평등하게 같아지는 것을 추구하는 것으로, 여기서 개인의 자유라는 개념은 찾아보기 어려운 것 같다. 도가의 소국과민(小國寡民)을 상세하게 복원한 모습같이 보인다.

무술변법(戊戌變法)의 주역이었던 강유위(康有爲, 1858~1927)는 『대동서』(大同書)를 저술해 새로운 유토피아를 꿈꾸었는데, 이것은 플라톤의 이상국가론에서 큰 영향을 받았음이 역력하다. 무술변법의 실패 후 25년간의 망명생활을 한 강유위는 스스로가 인도·그리스·페르시아·로마 및 근세의 영국·프랑스·독일·미국 등 선철(先哲)들의 사상 정수를 섭취하고, 그것을 영혼과 꿈속에서까지 통했다고 말한다.[135] 『대동서』는 인간이 세상에서 느끼는 모든 괴로움을 열거하고, 행복의 실현을 위해 국경 없는 하나의 세계, 계급 없는 하나의 민족, 인종차별 없는 하나의 인류, 남녀차별 없는 평등의 보장, 가족의 해체와 공민화(公民化), 농·공·상업의 대동화 등 국가, 계급, 인종, 경제에 걸쳐 각각의 경계를 허물고 대동의 실현을 역설하는데, 심지어 인간과 짐승의 차별까지 없애 모든 생명체를 사랑하자는 생명체의 대동까지 주장하고 있다. 전통적인 유가로서 과거 급제자였던 강유위의 저술인 『대동서』에서 가장 충격적인 점은 가족의 해체를 주장한다는 사실이다. 자신의 가족이 직접 겪었던 비극을 토양으로 삼았을 것으로 생각되지만, 여성이 정조를 위해 일생을 희생하는 위선적인 유교윤리에 환멸을 느꼈을 강유위는 서구세계의 압도적인 문명을 목격하고 플라톤의 화려한 문장에 매혹되어 중화 제국의 근간인 유교의 가족윤리까지 해체하는 전혀 새로운 대동세계를 주창하기에 이르렀을 것이다.

중국은 유교의 나라이고 유교는 효를 근간으로 한다는 통념에 대해 강유위는 "중국의 풍속과 공자의 가르침이 효도를 중시한다고 하지만, 중국에서 효를 이야기한다고 하는 것 역시 말뿐이다"[136]고 중국인의 효를 관념적이라고 넘겨버린다. 이것은 중국인이 가난한 탓이라고 말하면서 한편 부자인 경우에도 효성을 다해 봉양하는 일은 드물며, 또한 고부간의 갈등도 모든 사람이 겪는 것으로서 이를 면할 수 있는 사람은 거의 없다고 말한다. 9대 동거로 유명해 『구당서』(舊唐書)에도 입전된 장공예(張公藝)의 일가도 원망과 분노를 마음속에 두고 인내하며 살아온 것에 불과하기에 중국은 사대부가에서 서민의 가(家)에 이르기까지 문밖에서 보면 화기애애하지만 실제로는 원망의 기운이 가득 넘치니 모든 가정이 벗어날 수 없다고 한다. 겉으로 효성과 우정으로 이름난 집안일수록 집안의 원망은 더욱 심하다. 이름은 형제자매이지만 적국보다 더 사이가 나쁘고, 이름은 며느리와 시어머니이고 시동생과 형수이지만 타인보다 원한이 더 깊다. 현명한 사람

135 강유위(康有爲), 이성애 옮김, 『대동서』, 을유문화사, 2006, 25쪽, 1919년 서문.

136 강유위, 『대동서』, 429쪽.

은 마음이 괴로워도 서로가 골육간인지라 힘써 참고 말을 하지 않으므로 다른 사람들이 속사정을 모르고 훌륭한 집안이라고 한다.[137] 이렇게 중국의 가(家)에 대해 비참한 실상을 폭로하면서 강유위는 다음과 같이 격분에 찬 말을 남기고 있다.

> 중국의 4억 인구와 만 리나 되는 땅에는 가족 간에 벌어지는 이러한 참상이 도처에 가득하고 원망하는 마음이 하늘을 찌른다. 몇 안 되는 식구의 집안과 부엌의 자녀들 이야기를 대강 책으로 쓴다고 해도 한 국가의 역사 정도만큼이나 될 것이다. 만일 세밀한 일까지 기록하면 사고(四庫)를 채울 수 있을 것이다. 사마천의 붓도 그 사람들의 깊은 원한과 분노를 형용할 수 없을 것이고, 오도자(吳道子)의 그림이라 해도 그 형상을 그려낼 수 없을 것이다. 성인과 철인들의 경서와 제자백가의 전적·어록·격언으로 이 원한과 분노를 구할 방법이 없다. 또한 천당과 지옥의 행복과 참상으로도 이 세상의 원한과 분노를 변화시킬 수 없다. …… 선대의 성인들이 남기신 격언은 모두 빈말뿐이었고, 이렇게 살아가는 그들을 구제할 방도는 어디에도 없었다.[138]

요컨대 동서의 가족제도를 비교해 본 결과 강유위가 내린 결론은 "가족을 없애야만 태평한 대동세(大同世)가 이루어진다"[139]는 것이었다. 그것은 과격한 주장일 수도 있으나 이와 관련해서 보다 구체적으로 가족 내의 남녀평등을 주장하는 부분은 상당히 현실적이라 할 수 있다. 여성문제와 관련해서 강유위는 여성이 벼슬을 못하고, 과거에 응시를 못하고, 자립을 못하고, 자유를 못 누리고, 노예나 노리갯감 취급을 받는다는 등 13개 항목

137 강유위, 『대동서』, 435~37쪽.
138 강유위, 『대동서』, 437~39쪽.
139 강유위, 『대동서』, 450쪽.

에 걸쳐 상세히 여성의 불행한 상황을 논한다.[140] 강유위의 남녀평등에 관한 주장은 대개 자신의 고향인 광동성 남해현에서의 경험을 바탕으로 나온 것으로 생각된다. "나의 큰누이가 평생을 과부로 지냈다"[141]든가, "나는 내 누이들의 (전족의) 고통을 목격하고 마음속으로 남몰래 슬퍼하며 2억 여자들의 고통을 구하기로 맹세했다"[142]든가 하는 것이 그 증거이다. 전족과 관련해서 전족의 고통은 다섯 살부터 열다섯 살까지 10년 동안 매일 한 번씩 고통이 찾아온다고 하는 것도 누이들을 통해서 직접 목격했던 것을 알 수 있다.

당시로서는 보기 드문 견식과 경험을 가진 강유위만큼 철저하게 남녀평등을 주장한 페미니스트도 드물다 하겠는데, 특히 『한어대사전』에도 나오지 않는 '대청'(代淸)이라는 말에 대한 설명을 들어보자.

> 우리 고향에는 또 대청(代淸)이라는 말이 있다. 이는 평생 시집을 못 간 여자가, 어떤 사람이 죽었다는 말을 듣고는 알지도 못하는 그 죽은 사람을 남편으로 삼아 평생 수절하고, 그의 부모를 시부모로 섬기는 것을 말한다. 이 얼마나 의를 등지고 도에 어긋나는 일인가.[143]

대청이란 풀이하자면 수절할 기회가 없는 여성은 마치 죄를 대속(代贖)이라도 하는 것처럼 억지로 수절을 사서 하는 뜻으로 짐작된다. 젊어서 고생은 사서도 한다는 속담은 있지만, 수절이 무슨 벼슬이라고 죽은 사람을 남편 삼아 수절의 이력을 몸에 새겨야 한다는 것인지 강유위의 통분이 짐

140 강유위, 『대동서』, 303~50쪽.

141 강유위, 『대동서』, 331쪽.

142 강유위, 『대동서』, 338쪽.

143 강유위, 『대동서』, 332쪽.

작되는 바이다. 『대동서』가 그리는 유토피아 세계에서는 여성이 더 이상 수절할 남편도 없고 특정한 가족도 없다. 다만 생물학적인 존재로서 여성은 아이를 낳아 기르지 않으면 안 되는데, 이때 여성은 공인으로서 공적인 마음으로써 아이를 길러야 된다고 강유위는 주장한다.

> 대동의 궁극적 목적이 삶을 즐겁게 해주는 데 있다고 하더라도 사람은 인간이 낳아 사적으로 기르는 존재가 아니고, 하늘이 낳아 공적으로 기르는 것이므로 부녀자는 다만 하늘을 대신해서 아이를 낳는 것이다. 여자가 아이를 가지면 이미 공인(公人)이 되므로 공적인 마음으로 아기를 길러야 된다.[144]

강유위의 대동사상에서 가장 충격적인 내용은 충효를 기본으로 하는 중국의 2,000년 유교의 근본이 되는 가(家) 그 차제를 해체하는 데 있다고 할 것이다. 당시 『대동서』를 읽은 유학자들에게는 상전벽해의 엄청난 충격이었을 것인데, 문제는 그 실천의 방도가 없다는 데 있을 것이다. 수천 년 이어온 가(家)를 해체하는 데는 지금까지 이를 지탱해 온 국가권력보다 더 큰 권력이 필요할 것이기 때문이다. 어쨌든 『대동서』는 지식층 내부에서 개인을 억압해 온 가(家)와 국가권력의 심대함, 그리고 그 문제의 깊이를 드러내 보여준다는 점에서 의미가 있다고 할 것이다.

한편 강유위의 새로운 대동사상은 근대 서구문명의 영향을 받았음이 분명하다는 점과 아울러 그가 주장하는 대동세의 이념도 중국의 고전에 전혀 없지는 않았다는 점을 지적하고 싶다. 가령 『예기』 「애공문」에 나오는 '이급'(以及)의 사랑이 그러할 것이다. 공자가 애공에게 했다는 '이급'의 사랑은 예수의 말처럼 "네 이웃을 네 몸과 같이 사랑하라", "원수를 사랑하

144 강유위, 『대동서』, 466쪽.

라"처럼 갑자기 벼락처럼 내려치는 말씀이 아니다. "내 아내를 대하는 마음으로 남의 아내도 존중하고, 내 자식을 대하는 마음으로 남의 자식도 사랑하고, 내 몸을 대하는 마음으로 남의 몸도 아끼고"(妃以及妃, 子以及子, 身以及身)처럼 나에게서 타인에게로 차근차근히 조용히 연못의 파문처럼 확산되어 나간다. 나의 마음으로 나의 사랑을 타인에게 확대해 가는 '이급'의 사랑은 『예기』에 나오는 대동의 유토피아적 이상과 상통한다고 할 수 있다. '이급'의 태도는 수평적이고 평등하며 종교적인 공동체를 지향하는 태도와 연결되기 쉽다. 그러나 진·한 제국처럼 국가질서를 지향하는 강력한 제국이 존재하는 곳에서는 이러한 종교 지향적인 유토피아적 사랑은 성장하기 어려운 가르침이었을 것이다. 실제 이것이 공자의 말로 수록되어 있는 것조차 의문스러울 정도이다. 혹시 만년의 공자가 원융(圓融)의 경지에 들어서서 묵가나 도가의 사상을 흡수해 이러한 '이급'의 표현을 했는지, 혹은 타 학파의 찬입(竄入)인지도 알 수 없다. 『대학』에서 말하는 '혈구(絜矩)의 도(道)'도 그러한 여운이겠지만, 결국 중국에서는 자기로부터 확산되는 '이급'의 사랑이나 행복주의는 희박해진 것 같고, 행복의 실현도 전제주의 중국에서는 청대에 나온 대표적인 행정 참고서인 『복혜전서』(福惠全書, *A Complete Book Concerning Happiness and Benevolence*)라는 서명이 보여주듯이 국가의 시혜인 것처럼 여겨지는 경향이 강한 것 같다.

강희(康熙) 38년(1699)에 출간된 이 책의 서문(강희 33)에서 저자는 책의 목적이 인(仁)의 마음으로 인(仁)의 정치를 해 지방에 복을 만들어 백성에게 은혜를 베푸는 것이라고 말한다.[145] 지방행정의 지침서인 이 책은 황제의 대리인인 목민관이 황제의 애민지심을 실행하기 위한 것으로 전근대의 법정신을 구현한 것이라고 해도 과언은 아닐 것이다. 『복혜전서』의 서명은 얼핏 대한민국 헌법 제10조가 규정하고 있는 국민의 행복추구권을 국가

145 黃六鴻, 『福惠全書』(『官箴書集成』 三冊), 合肥: 黃山書社, 1997, p. 211, 自序.

가 보장한다는 것과 비슷해 보이기도 한다. 그러나 헌법 제10조는『복혜전서』와 분명히 다르다. 대한민국 헌법 제10조는 행복추구권을 다음과 같이 규정하고 있다. "모든 국민은 인간으로서의 존엄과 가치를 가지며, 행복을 추구할 권리를 가진다. 국가는 개인이 가지는 불가침의 기본적 인권을 확인하고 이를 보장할 의무를 진다." 이것은 미국 역사상 가장 유명한 문서 중 하나인 미국「독립선언서」의 내용으로부터 기원하는 것이다.

> 우리는 다음과 같은 사실들을 자명한 것으로 생각한다. 모든 사람은 평등하게 태어났다는 것, 모든 사람은 조물주로부터 양도할 수 없는 권리를 부여받았다는 것, 이 양도할 수 없는 권리란 생명, 자유와 행복추구권이다.[146]

대한민국 헌법에서 행복을 추구할 권리를 국가가 보장하겠다고 한 것은 불과 수십 년 전의 일이다. 단군 이래 처음 있는 일인 것이다.「독립선언서」에서 행복추구에 대한 부분은 본래 재산추구인데, 토머스 제퍼슨이 제임스 매디슨으로부터 받은 초고를 변형한 것이라고 한다. 재산이라는 용어는 너무 노골적으로 가진 자의 의도를 드러낸다는 우려가 있었던 것 같다.[147] 헌법을 기초하는 과정에서 재산과 행복의 용어 선택에서 갈등의 역사는 우리 헌법의 기원 및 전통 율령과의 괴리를 되돌아보게 해준다.『복혜전서』에도 국민의 행복을 보장하겠다는 뜻은 인정할 수 있다고 해도 국민이나 인권이나 인간으로서의 존엄과 가치 등의 개념은 찾아보기 어렵다. 무엇보다도 "모든 국민이 행복을 추구할 권리를 가진다"는 개념이야말로 전근대의 한자문화권에서는 찾아보기 어려운 것이다.

---

146 Darrin McMahon, *The Pursuit of Happiness*, p. 314.

147 Darrin McMahon, *The Pursuit of Happiness*, pp. 318~19.

동양에서 행복은 국가권력으로부터 도피하거나 반대로 국가권력의 중심존재인 군주를 중심으로 생겨난, 매우 권력에 민감한 용어라고 할 수 있다. 그런 점에서 신의 유무와 관련된 개념인 서구의 'happiness'의 번역어로서 행복을 택한 것은 적절하지는 않지만, 불가피한 문명 대(對) 문명의 번역어로서 어쩔 수 없는 오역일 것이다. 이와 관련해 근대에 와서 국민의 행복추구권을 보장한다고 명시한 '헌법'(憲法)이라는 용어는 'constitution'의 번역어로 채택된 말인데, 역시 오역의 혐의가 크다는 점을 지적하고 싶다. 우선 헌(憲)의 자형부터 설명해보기로 하자.

법 헌(憲, xiàn)

금문1 금문2 전문1

형성. 성부는 헌(害). 헌(害)의 상부는 해(害)의 상부와 같이 손잡이가 달린 큰 침의 모양이다. 이 침으로 눈 위에 형벌로 입묵(入墨)을 가한 글자가 헌(害)이고, 형벌이라는 뜻이 된다. 약 3천 년 전의 주 왕조 초기의 청동기 명문에 헌(害)이라는 인명이 보이는데, 아마 형벌의 집행을 직무로 맡은 사람이었을 것이다. 헌(害)이 헌(憲)의 본래 글자이고, 헌(憲)은 형벌에 의해 일을 바로잡는 '규칙, 법'이라는 뜻이 되고, 또 '법칙, 본보기, 모범'의 뜻이 되었다. 『시경』「소아/유월」에 "만방(萬邦), 헌(憲)으로 삼다"(세상의 모범이 되었다)라는 말이 있다.

법이 형벌에서 기원했듯이 헌(憲) 역시 형벌에서 온 말이라는 것을 알 수 있다. 헌법(憲法)은 "국가 통치체제의 기초에 관한 각종 근본 법규의 총체/모든 국가의 법체계적 기초로서 국가의 조직, 구성 및 작용에 관한 근본법이며, 다른 법률이나 명령으로써 변경할 수 없는 한 국가의 최고 법규"(『표준국어대사전』)라고 정의할 수 있지만, 이것은 근대에 들어와서 영어의 'constitution'의 번역어로서 생긴 것에 불과하다.[148] 헌법은 본래 한비자나 관자에서 말하는 헌령(憲令)과 같은 의미, 즉 형벌과 동의어이다. "법이란 헌령이 관부에 명시되고 형벌은 반드시 민심에 새겨져서 상은 법을 삼간 자에게 주어지며, 벌은 법을 어긴 자에게 시행되는 것이라 하니, 이것은 신이 바라는 바입니다."[149] 일본어의 어원사전인 『대언해』(大言海)는 헌법의 어원을 쇼토쿠 태자의 헌법 17조에서 설명하면서 그 기원을 춘추시대의 『국어』(國語) 「진어(晉語) 9」에서 찾고 있다. 그래서 "선을 상주고 간을 벌하는 것이 나라의 헌법이다"(賞善罰姦, 國之憲法也)라는 데서 헌법이 유래되는데, 이는 앞서 말한 헌령과 뜻이 같다. 『대언해』는 또 헌법을 "영어 'constitution'의 번역어, 일국 정부의 시정의 길을 제정하는 대법(大法), 메이지(明治) 22년에 흠정(欽定) 발포되었다"고 설명한다. 요컨대 우리말의 헌법은 원래 근대 일본에서 만들어진 번역어로서 법을 감찰하는, 즉 법 위에 군림하는 법이라는 생각에서 온 것이다. 말하자면 역대 동양의 백성 위에 군림하는 법의식의 연장선상에서 나온 위로부터의 발상이다. 최근에 헌병(憲兵)이라는 말이 일본 제국의 냄새가 난다고 개정이 고려되고 있다는 언론보도가 있었다. 헌병은 군인을 감찰하는 기관이다. 근대 동양의 번역어는 대개 일본의 산물인데, 일본의 근대화가 메이지유신 이래 위로부터의 근대화이기 때문에 이는 필연적이다. 그 나라의 말을 배우지 않고 그 나라의 문명을 배울 수 없듯이 말이다. 지금의 영어를 배우는 부유층들은 선행학습을 위해 라틴어까지도 선행학습을 한다고 하지 않는가? 그러나 우리보다 근대화가 앞선 일본도 천황제 신도주의라는 뿌리 깊은 전통이 있기 때문에 함께 나라를 건설한 헌정주의의 전통은 없는 것

148 大槻文彦, 『新編大言海』, 東京: 富山房, 1982, p. 661, 憲法.

149 『韓非子』「定法」: "法者, 憲令著於官府, 刑罰必於民心, 賞存乎慎法, 而罰加乎姦令者也, 此臣之所師也." 『管子』「八觀」: "禁罰威嚴, 則簡慢之人整齊.憲令著明, 則蠻夷之人不敢犯. 賞慶信必, 則有功者勸.教訓習俗者衆, 則君民化變而不自知也."

이다.

근대민주주의 문헌의 원천으로 손꼽히는 「마그나 카르타」(Magna Carta)의 번역어인 '대헌장'(大憲章)의 헌(憲)에서는 형벌의 냄새가 이미 느껴지지 않는데, 이 역시 문화적 오역이라고 해야 할지도 모른다. 왜냐하면 헌정의 번역어인 'constitution'은 본래 'establish, make rule or state together'라는 뜻으로 공화정과 궤를 같이하는 단어이기 때문이다. 동양에는 공화정의 전통이 없었고 왕정의 역사뿐이었다. 『사기』에는 서주 후기 여왕(厲王)에 이르러 '국인의 난'으로 왕이 수도를 버리고 도망하는 일이 일어나 대신인 소공과 주공이 집정해 이를 공화(共和)라고 했다는 기록이 있다.[150] 그래서 마치 공화정 같은 것이 시행된 듯한 인상을 주는데, 「12제후연표」(12諸侯年表)에 "대신들이 공화행정을 했는데, 공화 14년에 (여왕이 죽고) 선왕이 즉위하자 공화가 끝났다"는 기사는 더욱 공화정이 있었던 것으로 오해를 불러일으킬 수 있는 기사이다.[151] 『사기』에 기년(紀年)의 서술이 처음 시작되는 것으로도 유명한 이 공화 연호(기원전 841~828)의 시작은 결론적으로 말하면 공화정(Republic)과는 무관하다. 여왕(厲王) 시기의 동시대 자료인 금문사료를 면밀히 조사한 결과에 의하면 여왕(厲王) 당시에 정치적 내분으로 왕이 망명하는 비상한 사태가 발생했고, 당시에 정국을 주도했던 것은 '백화보'(伯龢父), '사화보'(師龢父), '모공'(毛公) 등의 귀족들이었다. 특히 『고본죽서기년』(古本竹書紀年)에 의하면 "공백화(共伯和)가 왕위를 침범했다"(共伯和干王位)고도 하는데, 이 공백화는 공백(共伯)이라는 귀족으로 이름이 화(和)라는 인물이다. 금문 자료에 의하면 '백화보', '사화보'는 왕의 권력을 참칭하는 참주적 호족의 모습을 보이고 있는데, 『죽서기년』(竹書紀年)의 공백화 운운은 왕 부재기에 권력을 장악한 강력한 호족의 존재를 보

150 『史記』「周本紀」: "召公周公二相行政, 號曰共和."

151 『史記』「十二諸侯年表」: "共和元年厲王子居召公宮, 是爲宣王, 王少, 大臣共和行政, 十四宣王即位, 共和罷."

여주기는 하지만, 금문에서 제후들의 공화정을 보여주는 사료를 찾을 수는 없을 것이다.[152] 결론적으로 겨우 14년에 달하는 공화시기의 불확실한 이야기를 가지고 로마 공화정과 같은 공화정의 모습을 중국에서 찾는 것은 전혀 무리한 이야기라고 하지 않을 수 없다.

'republic'의 번역어로서 공화를 쓴 것은 일본에서 1845년 난서(蘭書)를 번역하면서 미합중국을 '공화정치주'(共和政治州)라고 한 것을 최초의 예로 들 수 있는데, 여기에서 공화는 『사기』의 '공화'(共和)에서 온 것이다.[153] 요컨대 공화는 공화정이 아니라 오히려 당시의 실권자 공백화의 독재를 말하는데, 로마 공화정의 귀족들의 공동정치처럼 오인되어 왔다. 한자의 동음이의로 인한 미묘한 오해의 한 사례라고 할 수 있다. 결국 'constitution'의 번역어인 헌정(憲政)과 마찬가지로 문화적 오역이라 할 것이다. 공화정과 궤를 같이하는 헌법이라는 개념은 인민을 참정권자로 생각하는 로마 공화정에서 나올 수 있는 개념이기 때문이다. 본래 동양의 인민은 법으로부터 소외된 인민이었다.

하버드 대학의 중국사학자 필립 큔은 18세기에서 중국 현대국가의 기원을 찾기도 했지만,[154] 그가 쇼토쿠 태자의 헌법이 「마그나 카르타」와 같은 것인가를 묻는다면 이는 좀 시대착오적인 물음에 불과할 것이다. 만약 현행 일본 헌법이 「마그나 카르타」와 같은 것이라면 오히려 덜 시대착오적이라 할 것이다. 왜냐하면 현행 일본 헌법은 미국이 부과한 비일본적 문화요소를 포함한 새로운 헌법이기 때문이다.[155] 율령시대의 일본 헌법과 로마법

---

152 공백화와 금문 자료에 관한 것은 白川靜, 『金文の世界』, 東京: 平凡社, 1971, pp. 209~29; 白川靜, 『白川靜著作集別卷 金文通釋 6』, 東京: 平凡社, 2005, pp. 155~66 참조.

153 大槻文彦, 『新編大言海』, p. 542, 共和政治.

154 필립 큔, 윤성주 옮김, 『중국현대국가의 기원』, 동북아역사재단, 2009, 13쪽, 해제.

155 Jack Goldstone, *Revolution and Rebellion in the Early Modern World: Population Change and State Breakdown in England, France, Turkey, and*

의 영향을 받은 13세기의 대헌장에 같은 '헌'(憲)이 있다고 양자가 동질일 것이라는 믿음은 'law'의 번역어로서 '법률'이 주는 착각과도 비슷하다.[156] 이는 앞서 말한 두 개의 법치주의를 혼동하는 것과 같은 것이다. 쿤은 풍계분(馮桂芬, 1809~74)이 제안한 대의제와 관련해 미국의 헌법을 기초한 제헌의회의원이자 연방론자인 제임스 매디슨의 현인관료와 유사한 점을 지적하지만 다른 점은 간과한다. 즉 연방론자의 대의제 원리는 모든 사람들이 시민적 품성을 균등하게 갖추고 있다는 전제에 근거하고 있다는 점이다.[157] 반면 풍계분을 비판한 관료들이 생각하듯이 시민적 품성이 그토록 불균등하게 배분되어 있다면, 군자의 정부가 있어야 백성을 교화할 수 있을 것이다. 매디슨은 미국인이 지금껏 함양한 기풍은 전제나 반역모의를 할 가능성이 많은 대의기구를 선출할 만큼 어리석지 않다고 믿었다. 물론 쿤은 중국의 보통사람들이 절대 시민적 품성이 없다고 생각하지 않는다.[158] 그러나 쿤이 인용한 양계초(梁啓超)가 주장한 천부인권과 대조적인 천부노예론에서 관자가 일찍이 말한 2,000년 전의 '법어법'의 왕법주의가 발견된다고 한다면,[159] 풍계분이 제안한 대의제가 중국에서 발원한 것이라고 주장하기는 어려울 것이다.

번역어의 혼란은 특히 동서문화의 충돌에서 빚어지는 근대적 현상인데, 이러한 현상은 요컨대 현재 동서양의 국호를 대조해보아도 잘 드러날 것이다. 중국은 아편전쟁을 기점으로 해서 고금으로 시대구분을 하는 것이 보통인데, 중화 제국을 중심으로 한 조공질서체제가 붕괴되고 만국공법의

China, 1600~1850, University of California Press, 1991, pp. 455~56.

156 박영철, 「나라카(Naraka)에서 地獄으로: 불교의 번역과 중국문명」.

157 Philip A. Kuhn, *Origins of the Modern Chinese State*, Stanford, Calif.: Stanford University Press, 2002, p. 76.

158 Philip A. Kuhn, *Origins of the Modern Chinese State*, p. 77.

159 필립 쿤, 『중국현대국가의 기원』, 204쪽; 梁啓超, 『飮冰室合集 6』, 北京: 中華書局, 1989, p. 54, 「新民說」.

근대국가체제가 수립되면서 국호도 중화민국이 된다. 민국은 'republic'의 번역어이고, 이것은 로마 공화정에 기원한다. 로마의 정식 국호는 'SPQR'이었다. 로마 시청사에는 지금도 SPQR을 붙여놓고 있어서 그 유서 깊은 역사를 자랑하고 있는데, 서로마 제국 붕괴 후 1,500년이 지나서 극동의 한반도에 이르기까지 거의 전 세계를 뒤덮고 있는 국호가 된 것이다. 여기서 중화민국 이전의 중국 역대왕조 은(殷, 商)·주(周)·진(秦)·한(漢)·육조(六朝)·수(隋)·당(唐)·오대(五代)·송(宋)·원(元)·명(明)·청(淸)·민국(民國)의 명칭을 살펴보기로 하자.

성할 은(殷, yīn)

은(殷)의 금문자형 중에 면(宀)+은(殷)이 있다. 이것은 묘(廟) 중에서 은(殷)의 의례(주술적 의례)가 행해지는 것을 표시하는 글자이다. 그것은 진혼(振魂)의 의미로 행해졌을 것인데, 금문(金文)에는 임산부를 때리는 은의 주의(呪儀)를 보이는 글자가 있다. 그것은 군행에 임하여 행해진 것인데, 은은 본래 그러한 주술적 의례를 의미하는 글자였다.[160]

은(殷)은 본래 무슨 뜻이었는가 하면, 임신부의 불룩한 배를 나뭇가지로 때리는 모양에서 임신부가 지닌 특별한 힘을 발휘해 다산과 풍요를 기리는 주술적 의미로 이해되는데, 피가 흐르는 경우에는 만리주은(萬里朱殷: 만 리에 검붉은 피가 덮였다)이라는 뜻이 있을 정도로 격한 의미를 가진 글자이다.[161] 풍요를 기원하는 원시인의 의례에서 임신부와 의례 사이의 공감주

160 白川靜, 『新訂 字統』, 殷.

161 시라카와 시즈카·우메하라 다카시, 『주술의 사상』, 157쪽.

술적 관계는 프레이저가 다수 수집하고 있다. 수마트라에서는 쌀 창고가 건축되면 축제가 열리는데, 이때 임신부가 반드시 참여한다고 한다. 임신한 그녀가 참여하면 공감주술적으로 곡식이 풍성하게 열릴 것이라고 기대되는 것이다. 줄루족(Zulu)의 경우에는 임신부가 곡물을 갈아서 반쯤 자란 경작물에 뿌려 풍성을 기대한다고 한다. 시리아에서는 과실이 열리지 않을 때 임신부를 데려와 가지에 돌덩이를 매달게 하면 과실이 열리게 된다는 풍습이 있다고 하는데, 그러나 이때 그 임신부는 그 때문에 자신이 유산할지도 모른다는 생각을 했다고 한다. 과일나무에 돌을 매다는 관습은 시칠리아에서도 발견되고 있고, 이와 비슷하게 바바리아와 오스트리아의 농부들은 임신부에게 과실나무의 첫 과일을 먹게 하면 그 나무는 다음해에 풍성한 수확을 맺는다고 믿었다고 한다. 스위스에서도 같은 관습이 발견되는데, 비슷한 이치에서 마케도니아에서는 첫 번째 딴 과일을 불임여성에게 먹게 해서는 안 된다는 관습이 있었다고 한다.[162] 은대 임신부를 피가 흐를 정도로 때리게 했다는 것도 곡식의 풍요와 관계있다고 한다면 그것은 임신부의 피로 대지를 비옥하게 한다는 것일지도 모른다. 이때 임신부는 주술능력이 뛰어난 무녀일 수도 있을 텐데, 은대 탕왕이 가뭄 때 자신의 몸을 분신하려 했다는 전설을 생각하게 한다. 역시 프레이저는 그리스 로마시대에 대지를 비옥하게 하여 곡물에 이삭이 나게 하기 위해서 임신부를 곡물과 대지의 여신에게 희생하는 의례가 있었다는 것을 언급하고 있는데,[163] 이것은 은대 임신부의 가학적인 의례와 가장 유사한 사례가 아닌가 한다.

은(殷)은 주 왕조가 상(商)을 멸한 다음 경멸하는 의미로 부른 멸칭이다. 주 왕조가 은을 경멸한 동기는 은(殷)의 명칭이 기원하는바 임산부를 구타하는 주술에서 나온 것일지도 모른다. 그런데 은의 본래 명칭은 상(商)으

162 James Frazer, *Golden Bough*, vol. 1, pp. 140~41.

163 James Frazer, *Golden Bough*, vol. 1, p. 141.

로 은인(殷人)들은 자신들의 왕조를 대읍상(大邑商)이라고 불렀다. 이 역시 주술에서 기원하는 것은 마찬가지이다.

헤아릴 상(商, shāng)

상(商)은 신(辛)과 '冂'과 구(口)를 조합한 회의자이다. 신(辛)은 손잡이가 달린 큰 바늘인데, 죄인에게 형벌로 입묵할 때 사용하는 침이다. '冂'은 바늘을 세워놓는 대좌(臺座)의 모양이다. 구(口)는 축문그릇 재(𠙵)로, 신에게 드리는 기도문인 축문을 넣는 그릇 모양이다. 바늘은 그 형벌권을 표시하기 위한 상징적인 큰 바늘이고, 이것을 대좌에 세워 축문의 그릇을 앞에 두고 기도하는 것을 표시해 신의 뜻을 묻는다는 의미가 되는데, 신의 뜻을 '헤아리다'는 것이 본래의 뜻이다. 또 상(商)은 은 왕조의 정식 국호인데, 그 수도를 갑골문에 대읍상(大邑商)이라고 한다. '장사하다, 상업'이라는 뜻은 본래 상을 받는 것, 보상하는 것과 관계있고, 대상(代償)으로서 상을 준다는 행위와 관계있다. 상으로 주어진 것에서, 아마 갚음으로서의 보상(報賞)이라는 행위가 후에 거래와 같은 관계로 이해되면서 상행위의 뜻으로 사용되었을 것이다.

은(殷)과 상(商)은 이처럼 신성왕조 은 왕조의 이미지를 잘 함축한 글자이다.

한편 은을 타도하고 주(周) 왕조를 세운 주족(周族) 역시 주술을 존중하는 종족이었다.

두루 주(周, zhōu)

갑골1 갑골2 금문1 금문2 전문1

주(周)는 네모 모양의 방패와 구(口)를 조합한 모양으로, 방패의 표면을 십자 모양으로 구분하고 그 안에 각각 문양을 조각한 것인데, 이 문양이 주족(周族)의 문장이었을 것이다. 주(周)의 구(口)는 축문그릇 재(ㅂ)이고 신에게 드리는 기도문인 축문을 넣은 그릇 모양이다. 주족은 그들의 문장을 조각한 방패에 축문을 외우며 전승을 기도했을 것이고, 기원전 1046년 무렵 은 왕조를 대신한 주 왕조의 이름으로 쓰였을 것이다.[164]

주(周)는 군사권을 상징하는 방패와 구(口, 축문그릇 재ㅂ)의 합성에서 보듯이 제정일치의 유산을 보여준다. 다시 말해 천명을 선포한 주 왕조에 어울리는 제정일치의 유산을 보이고 있는 것이다.

진(秦)은 절구공이와 화(禾)의 합성으로 농업을 중시하는 세속적인 진 제국의 모습을 형상한다.

한(漢)은 기우제의 모습을 담은 글자로 농업을 중시하는 세속적인 한 제국의 모습을 형상하며, 이 글자에서도 진을 계승하는 모습이 보이는 것 같다.

당(唐)은 탈곡과 제사의 모습을 담은 글자로 농경과 제사를 중시하는 농업왕조 당의 모습이 엿보인다.

송(宋)은 승사(勝祀) 상(商)의 묘(廟)의 형상으로 망국 상(商)의 후예인 송(宋)을 국호로 삼은 이유가 무엇인지 알 수 없지만, 역대 왕조 중에서 가

164 '두루'라고 읽는 주(䑼)라는 글자가 있는데, 주(䑼)는 배로 두루 돌아보는 것을 나타낸다. 주(周)는 주(䑼)와 음이 같아서 일찍부터 통용했기 때문에 주(周)는 '두루, 돌다, 둘레'라는 뜻으로도 쓴다.

장 과학기술 문명이 뛰어났다고 평가되는 송(宋) 왕조가 제정일치 시대인 상(商)의 후예라는 점이 아이러니하게 느껴진다.

원(元)은 본래 사람의 머리로서 원수(元首)라는 말이 있지만, 세계제국 원(元)의 이름은 『주역』(周易)의 괘사 원형이정(元亨利貞)에서 온 이름이다.[165] 세계제국 원(元)에 와서 약간 성리학이 유행하면서 철학적인 왕조의 이름을 취한 것은 그럴듯하다.

명(明)은 창을 통해 들어오는 달빛의 형상으로 신명(神明)의 뜻인데, 혹은 불교의 미륵 신앙에서 왔다는 설도 있다.

청(淸)은 원래 단청을 뜻하며, 주술에 쓰는 안료로 불변을 의미한다. 그러나 만주족의 청조는 원래 후금(後金)을 왕조명으로 했는데, 금(金)이나 청(淸)은 광물성으로 역시 다소 주술적인 의미가 있는 것 같다. 만주족의 문수보살 신앙과의 관련성도 생각해 볼 수 있다.

은(殷, 商)·주(周)·진(秦)·한(漢)·육조(六朝)·수(隋)·당(唐)·오대(五代)·송(宋)·원(元)·명(明)·청(淸)·민국(民國)에서 민국 이전까지 중국 역대 왕조의 명칭은 왕조의 주어, 즉 소유관계가 분명하지 않다. 로마의 국호 SPQR처럼 '원로원과 인민'의 나라라는 공화국의 개념이 중국사에는 없었던 것이다. 로마법은 사물의 소유를 구분하고, 이를 가지고 이루어지는 소유주 개인 간의 관계, 즉 계약으로써 이루어지는 소유권 개념인 사법 중심의 법률체계이다. 이에 비해 중국법은 '신판(神判)에 패배한 자를 물에 떠내려 보내는 추방형'을 기원으로 형성된 형벌 중심의 법률체계이다. 사법 중심의 법률체계에서는 공화정의 정치체제가 자리 잡는 반면에 형벌 중심의 법률체

165 원형이정은 건괘(乾卦)의 사덕(四德)인데, 이에 대해서는 여러 가지 설이 있다. 『六臣註文選』, 四部叢刊本, 卷20: "王弼曰不爲乾元, 何能通物之始, 不性其情, 何能久行其正, 是故始而亨者, 必乾元也, 利而貞者, 必性情也"(왕필王弼은, 원元은 사물의 시원始元이라고 풀이하고, 정貞은 사물의 성정에 맞게(正) 행하는 것으로, 그래서 이롭게 되는 것으로 풀이하는 것 같다). 송(宋)의 정이(程頤)는 원형이정을 각각 "萬物之始, 萬物之長, 萬物之遂, 萬物之成"(『程氏易傳』, 卷1)으로 설명한다.

계에서는 공화정의 전통이 자리 잡기 어렵다. 맹자가 제선왕과의 대화에서 인정의 실시방안으로 제시한 '여민동락'(與民同樂)이라는 개념은 실체가 없는 허무한 것이었다. 제선왕이 재물을 좋아한다고 하자 맹자는 백성과 같이하면 된다고 하고, 여색을 좋아한다고 하자 백성과 같이하면 된다고 말했는데, 실제 이를 구현하는 것은 현실세계에서는 불가능한 것이고, 플라톤의 이상국가에서도 지배자 계층 내에서의 허무한 공산주의적 유토피아 세계에서만 가능할 것이다. 공자가 이상적으로 생각했다는 주나라의 문화 예제를 담은 『주례』에도 군주는 1후(后)·3부인(夫人)·9빈(嬪)·27세부(世婦)·81어처(御妻), 공식적으로 121명의 여인을 둔다고 되어 있다. 중국의 루소라고 불린 황종희(黃宗羲)는 다음과 같은 한대 유학의 대가 정현의 주석을 인용하면서 『주례』는 음란함을 가르치는 책이라고 하면서 은근히 주공을 비판한다.

> 천자를 모시는 여어 81인이 9일 밤을 맡고, 후궁의 여관(女官)인 세부 27인이 3일 밤을 맡고, 9빈(九嬪) 9인이 1일 밤을 맡고, 세 부인이 1일 밤을 맡으며, 후(后)가 1일 밤을 맡으니 (역시 15일 만에 두루 돈다. 보름 후에 다시 반복한다는 것은 이를 말한다).[166]

황종희는 군주가 세 부인 이외에는 모두 폐지하는 것이 마땅하다고 주장하면서 그 근거로 전설적인 요순(堯舜)이 했다는 선양의 전설을 내세운다. 요순은 자손이 있어도 타인에게 왕위를 전했는데, 자손이 없을까 걱정해 수많은 왕비를 거느릴 필요가 있겠는가 하고 말이다. 그러면서 송의 휘종은 아들이 많이 있었지만 금나라 족속들에 의해 죽임을 당해 소금에 절

166 十三經注疏整理本, 『周禮註疏』, 北京: 北京大出版部, 2000, p. 227; 『周禮』 「天官」, 九嬪: "凡羣妃御見之法, 月與后妃其象也, 卑者宜先, 尊者宜後. 女御八十一人當九夕, 世婦二十七人當三夕, 九嬪九人當一夕, 三夫人當一夕, 後當一夕, 亦十五日而徧. 云自望後反之."

인 고기재료가 되었을 뿐이라고 독설을 퍼부었다.[167] 정현의 주석까지 인용한 참으로 통렬한 비판이 아닐 수 없다.

손이양(孫詒讓, 1848~1908)은 『예기』 「내칙」(內則)의 부부의 예를 들어 정현의 당석(當夕)에 관한 해석이 반드시 잠자리를 동반하는 것은 아닐 것이라고 보수적인(?) 태도를 취하는데,[168] 이는 고증학자(考證學者)답지 않게 오히려 대진(戴震)의 해석보다 후퇴한 것으로 보인다.

황종희의 학문을 이은 청대의 대표적인 고증학자 중 한 사람인 대진은 송대 성리학의 인정과 천도의 논의가 너무 사변적이고, 공허한 것에 치우친 것을 비판하며, 맹자 본연의 논의로 돌아가기를 주장하기 위해 『맹자자의소증』(孟子字義疏證)을 썼는데, 특히 성리학적 폐해의 심각함을 법에 의한 죽임과 비교해서 다음과 같이 말한다.

> 성인이 천하를 다스리는데 백성의 정(情)을 체득하고 백성의 욕(欲)을 이루게 한다면 왕도는 갖추어진다. (백성의 사정과 욕망, 즉 백성이 처한 현실 상황의 어려움과 그들이 바라는 삶의 욕망은 정치를 하는 가장 기본적인 것인데도 불구하고) 송유(宋儒)들은 공허하게 이(理)와 욕(欲)을 분리해서 말하고 모두 이를 잘도 말한다. 그리하여 지금 정치하는 사람들은 옛 성인들이 백성의 정(情)을 체득하고, 백성의 욕(欲)을 이루게 한 것이 대부분 (『예기』에서 말한 음식남녀飮食男女와 같은) 하찮고 시시한 데서 나온 것이라고 보는 것도 당연한 일이다. 그런데 이(理)로 무엇을 책망하는 데 있어서는 세상에 드문 높은 절개를 들어 의(義)에 부쳐 논죄하는 것을 어렵지 않게 볼 수 있다. 존자(尊者)가 비자(卑者)를, 장자(長者)가 유자(幼者)를, 귀자(貴

167 黃宗羲, 강판권 옮김, 『명이대방록』, 계명대학교출판부, 2010, 126~27쪽 참조.
168 孫詒讓, 『周禮正義』, 北京: 中華書局, 1987, p. 554.

者)가 천자(賤者)를 이(理)로 책망하면 틀리더라도 맞다고 하고, 반대로 비자, 유자, 천자가 이(理)로 다투면 옳더라도 그르다고 한다. 그러므로 아래에 있는 사람이 천하가 같이하는 정(情)과 천하가 같이하는 욕(欲)을 위로 상달할 수가 없다. 윗사람은 이(理)로써 아랫사람을 책망하니 아래에 있는 사람의 죄는 사람들마다 이루 다 헤아릴 수가 없다. 어떤 사람이 법에 의해 죽임을 당하면 그나마 그를 가련히 여기는 사람이 있겠지만, 어떤 사람이 이(理)에 의해 죽임을 당한다면 누가 가련히 여기겠는가? 아아, 노자와 석가의 말을 섞어 말을 하니 그 화가 신불해(申不害)와 한비자(韓非子)보다 심하구나. 육경과 공맹의 서적이 어찌 이(理)라는 것이 마치 사람의 본성 밖에 무슨 물건이 있어서 정욕이 되어 강제하는 것이겠는가? (이와 욕은 분리되는 것이 아니다.)[169]

이어서 맹자가 제선왕에게 말한 재물과 여색도 백성과 함께 즐기면 인정(仁政)을 실현할 수 있다고 한 유명한 이야기가 인용되고 있는데, 대진(戴震)이 보기에는 민의 정(情)과 민의 욕(欲)이 위로 상달하지 못하고 아래로 억울한 사람의 죄가 이루 말할 수 없이 누적된 원인은, 송유(宋儒)들이 주장하는 바와 같은 이(理)로 인한 것이다. 즉 사람들의 일상생활을 충족하는 음식남녀 등 자연적인 정(情)과 욕(欲)에서 괴리된 추상적인 이(理)의 논리로써 아랫사람을 책망하고 논죄하기 때문이었다. 법으로 죽임을 당했으면 가련하기라도 하겠지만 이(理)로써 죽임을 당하는 것은 동정조차도 받을 수 없으니 신불해와 한비자 등의 법치주의의 폐해보다 그 해가 심하다고 말한다. 이(理)는 천리이고 완전무결할 터이기 때문이다. 여기에 대진은

169 戴震,『孟子字義疏證』, 北京: 中華書局, 1982, p. 10: "尊者以理責卑, 長者以理責幼, 貴者以理責賤, 雖失謂之順, 卑者幼者賤者以理爭之, 雖得謂之逆. 於是, 下之人不能以天下之同情, 天下所同, 欲達之於上, 上以理責其下, 而在下之罪, 人人不勝指數. 人死於法, 猶有憐之者, 死於理, 其誰憐之. 嗚呼, 雜乎老釋之言以爲言, 其禍甚於申韓如是也."

이의를 제기하고 나선 것이다.

이 말은 성문법보다도 그 법의 정신적 토대가 되는 중국의 가부장적인 가족제도의 윤리를 대표하는 이(理)를 비판하는 말이다. 가령 친족 간의 다툼에서 윗사람이 사망한 경우, 윗사람의 죽음이 아랫사람과 관계된 것이면 핍박으로 죽음에 이르렀다는 죄명이 성립되지만, 그 역의 관계는 성립되지 않는다. 즉 아랫사람은 본래 윗사람의 권위 아래서 자신을 굽히고 참아야 하기 때문에 핍박이라 할 수 없다는 것이다.[170] 이러한 것은 관청의 소송에서도 당연히 적용된다. 윗사람이 아랫사람과 소송할 때는 상하의 신분윤리로서 이(理)가 작용하게 된다. 그러므로 주자의 다음과 같은 말도 재판에 있어서 법보다 법 외적인 신분의 원리를 우선시하라고 가르치고 있다.

> 무릇 옥송(獄訟)은 반드시 먼저 존비(尊卑), 상하(上下), 장유(長幼), 친소(親疎)의 분(分)을 따져야 한다. 그런 후에 재판을 해야 할 것이다. 무릇 아랫사람이 윗사람을 범하거나 낮은 사람이 높은 사람을 범한다면 비록 옳다고 하더라도 그 편을 들어서는 안 되며, 옳지 않은 경우에는 보통보다 가중처벌 해야 한다.[171]

송유들은 주자처럼 재판의 시비에서 이처럼 사실의 시비보다 신분의 상하를 우위에 두고 있었는데,[172] 명말 진사 출신으로 『신음어』(呻吟語)의 저자이며 형부시랑과 지방관을 역임하기도 했던 여곤(呂坤)이 남긴 다음과 같은 말도 수백 년 전 주자가 한 말을 방불케 한다.

170 취퉁쭈, 『법으로 읽는 중국 고대사회』, 75쪽.

171 『朱文公文集』 卷14, 「戊申延和奏箚一」.

172 이 문제에 대해서는 박영철, 「송대의 법과 송사의 향방」, 『동양사학연구』 107, 2009 참조.

> 아랫사람이 윗사람을 고소하면 관청에서는 윗사람은 아무리 잘못했다 하더라도 용서해야 하고, 아랫사람에게는 명교와 도의를 거스른 책임을 묻게 된다.[173]

대진은 『설문해자주』의 저자 단옥재의 스승이 되는 인물이다. 대진의 『맹자자의소증』을 소개한 것은 그 책이 19세기에 청대 건가학파(乾嘉學派)의 대표적 고증학자가 쓴 철학서로서 소박한 현실의 사회개혁을 위한 기본적인 의식개혁을 담고 있기 때문이다. 그 주장은 한마디로 "맹자로 돌아가자"로 요약할 수 있을 것이다. 그렇다면 대진의 이 책은 춘추전국시대의 사상가 맹자로부터 2천여 년이 지나도록 현실의 정치사상은 한 걸음도 더 나아가지 못한 모습을 보여준다고도 할 수 있을 것이다.

대진은 맹자가 제선왕에게 한 말을 빌려 인정과 왕도의 실현이란 것은 음식남녀(飮食男女), 즉 식(食)과 색(色)의 문제를 해결하는 것으로 충분하다고 말한다. 그러나 음식남녀만으로 문제가 해결되는 것은 사실이 아닐 것이다. 음식남녀를 어떻게 해결할 것인가, 즉 분배의 문제가 논의되지 않으면 안 되는데, 대진 자신도, 또 자신이 돌아가자고 한 맹자도 여기서 더 깊이 문제를 추구하려 하지 않는다. 왕도를 실천하기를 권하는 맹자에 대해, 재물을 좋아하고 여색을 좋아해서 곤란하다는 제선왕의 대답에 대해 맹자는 "백성과 같이하시면 왕도를 실현하는 데 무슨 어려움이 있겠습니까?"라고 맹자는 자신 있게 말했지만, 음식남녀를 같이하는 문제야말로 동서고금의 역사상 난제 중 난제로 참으로 쉬운 문제가 아니었고, 지금도 인류는 그 문제로 고심하는 중이라고 해도 과언이 아닐 것인바 맹자가 제나라를 떠나게 된 것도 너무 자신만만한 대답에 오히려 제선왕이 맹자를

173 취퉁쭈, 『법으로 읽는 중국 고대사회』, 76쪽.

신뢰할 수 없었기 때문이 아닌가 할 정도로 맹자의 말은 낙관적이다. 사실 대진의 학문적 계보로 그 스승에 해당하는 황종희는 이미 주례의 군주가 거느렸던 121처첩제도 음란하다고 비판했지만, 대진의 음식남녀에 대한 진솔한 입장에서 성리학에 대한 비판도 스승 황종희의 계보를 계승한 측면이 있는 것 같다.

건륭제(乾隆帝)는 수많은 일급학자들을 동원해 황제의 권위를 빛내는 문화사업으로 『사고전서』(四庫全書)를 편찬하는 국가적 프로젝트를 전개했지만, 건륭제의 치세가 진정한 왕도정치의 실현과는 얼마나 거리가 먼 것인지를 『맹자자의소증』(孟子字義疏證)은 맹렬히 비판하는 것 같다. 진한 제국 이래의 제민지배체제가 사실상 허구에 불과한 것이었음은 앞에서 말했지만, 그 후 당송 이래 과거제의 실시로 개방적인 능력주의가 도입되어 근대적인 공무원 관료제와 유사한 근대 관료제가 확립된 것처럼 보이는 중국 사회는[174] 그 실상이 대진에 의하면 비관적인 것이었다. 성리학적 세계에서는 천리(天理)와 인욕(人欲)의 대립적 관계에서 수양을 하는 주체적 능력이 있는 사(士)가 피지배자인 민을 지도하는 우월적 지위에 서서 현실의 법질서조차 압도하는 권위를 얻게 되었기 때문이다. 이는 평등한 시민 간의 동의와 계약에 의해 이루어지는 근대사회와는 다른 것이다. 근대사회는 시민의 재산권과 그 권리의 상호관계를 보호하는 시민법을 토대로 이루어진 사회이며, 그 질서는 존비와 장유, 귀천의 신분윤리로 이루어지는 성리학적 질서와는 다른 것이다.

대진은 앞서 인용한 글에서 보듯이 성리학과 달리 (천)리와 (인)욕을 구

174 이러한 관점에서 쓰인 주목할 논저로 알렉산더 우드사이드의 저서 『잃어버린 근대성들: 중국, 베트남, 한국 그리고 세계사의 위험성』(민병희 옮김, 너머북스, 2012)과, 또 이를 비판적으로 고찰한 박영철, 「동아시아관료제의 근대성 논의에 대해: 알렉산더 우드사이드, 『잃어버린 근대성들: 중국, 베트남, 한국 그리고 세계사의 위험성』을 읽고」, 『東洋史學硏究』 125, 2013 참조.

분하지 않고, 또한 성리학의 주장처럼 욕을 멸절해야 할 부정적인 것으로 보는 것이 아니라 오히려 욕(欲)이야말로 이(理)의 토대라고 주장한다. 이것이 대진의 주장의 핵심이지만, 그러면서 "성현의 도(道)는 사사로움을 없애는 것이지 욕을 없애는 것이 아니다. 노자·장자·석가는 욕을 없애는 것이지 사사로움을 없애는 것은 아니었다. 이들은 무욕(無欲)으로써 자신들의 사사로움(自私)을 이루는 자이고, 성현은 무사(無私)로써 천하의 정(情)에 통하며, 천하의 욕(欲)을 이루는 자이다"[175]라고 주장하는 데서 대진의 모순이자 한계도 보이는 것 같다. 욕, 즉 개개인의 사사로운 음식남녀의 욕구는 결국 실제로 충족되지 않는다면 성현의 도도 무의미하기 때문이다. 현실적으로 개인을 통해서 밖에는 실현될 수 없는 욕(欲)은 본래 사사로울 수밖에 없는 것인데, 사사로움을 인정하지 않는 것처럼 보인다. 물론 이 사사로움은 공공질서를 해치는 부정적인 의미에서의 사사로움이 아니라 원래 사사롭게 태어나 사사롭게 존재할 수밖에 없는, 그러나 다른 사사로운 존재와 공적인 관계를 맺고 살아가는 사사로운 존재로서의 인간적 상황을 가리킨다. 이것은 시장경제에서의 상품에 비유해 모든 개인은 똑같은 가치를 갖는다고 말하는 것이고, 모든 개인이 사회 안에서 사용가치와 교환가치의 양면성을 갖고 있는 것과 같다고 할 수 있다. 시장에서 통용되는 화폐에 교환가치는 물론 그 사용가치에 무슨 사사로운 부정적인 가치가 있을 수 없듯이 모든 인간은 평등한 가치를 갖고 자유롭게 활보할 수 있는 것이다. 사회를 구성하는 개개인 모두에게 공평한 사사로움을 인정한다면 비로소 부정한 사사로움이 제거될 수 있을 것이다. 문제는 이러한 기회의 준비이고, 기회를 만들기 위한 성숙한 사회의 건설이다. 이러한 점에서 말하자면 대진의 논리는 대표적인 고증학자의 정열에도 불구하고 비판의 대상인 성리학만큼이나 관념적이고, 한편 그가 비판한 노장사상과 유사한

---

175 戴震, 『孟子字義疏證』, p. 54: "聖賢之道, 無私而非無欲. 老莊釋氏無欲而非無私, 彼以無欲成其自私者也, 此以無私通天下之情, 遂天下之欲者也."

면이 느껴지기도 한다.

이는 청대 사회가 동시대 서구사회에 비해 시민혁명 또는 종교혁명이나 문화혁명을 이루지 못해 자유로운 토론문화가 배양되지 못한 영향이라고 생각된다. 청대에는 '문자옥'(文字獄)이라고 불리는 대규모 언론탄압이 있었는데, 대진이 활동했던 건륭 연간에는 특히 많아 130여 건이 발생했다. 그것은 청대 전체 문자옥의 80퍼센트를 차지하며, 그중 47건의 당사자가 사형에 처해졌다.[176] 이런 분위기에서 자유롭게 글을 쓰는 것은 쉽지 않았을 것이다. 대진은 많은 저술을 남겼지만 겨우 3권 분량의 『맹자자의소증』을 자신의 평생 저술 중 최대의 저술로 생각했다고 한다. 그것이 적어도 10년 이상을 걸려 죽기 1년 전인 1776년에 완성되었지만 생전에는 공간(公刊)되지 않고, 일부 지식인들 사이에서 은밀하게 읽혔다고 한다.[177] 이렇게 오랜 시간이 걸려 완성되고, 또 은밀하게 읽혔던 이유는 무엇일까? 짐작컨대 단옥재에게 보낸 편지 내용 중 "오늘날 사람들은 옳고 그름에 관계없이 멋대로 의견으로 잘못 이름하여 이(理)라고 하는데, 백성에게 화를 입히기 때문에 『소증』(疏證)을 짓지 않을 수 없었다"[178]고 말한 대목에서 그 답을 찾을 수 있을 것 같다. 요컨대 언론자유의 부재가 아닐까? 대진은 앞서 말한 대로 음식남녀의 문제야말로 정치의 본질이고 천리 현상이라고 생각했던 것이며, 여기에 백성을 위한 인정(仁政)의 왕도라는 길이 있다고 생각한 것이지만, 당시 이러한 과격한 사상은 위험한 것이었다. 『소증』은 그에게 유서와도 같은 책이라고 할 수 있지 않을까? 결국 그의 바람은 이루어지지 않았다. 적어도 당대에는 말이다.

목마른 사람이 우물을 판다는 말이 있듯이 대진이 절실하게 말한 민의 욕이자 천리에 음식남녀의 문제를 절실하게 해결하려는 실천은 다름 아

---

176 戴震, 박영진 옮김, 『한글 맹자자의소증』, 학고방, 2020, 14쪽.

177 戴震, 『한글 맹자자의소증』, 46쪽.

178 戴震, 『한글 맹자자의소증』, 17쪽.

닌 민 자신에게서 제기되었다. 그것은 또 하나의 민란인 '태평천국의 난'이라는 폭력적인 형태로 발현되었다. 민란의 영수였던 홍수전(洪秀全)의 족제 간왕(干王) 홍인간(洪仁玕, 1822~64)에 의해 편찬된 『자정신편』(資政新篇)은 서구 자유주의 사상을 도입한 가장 초기의 저술로 평가되기도 하지만,[179] 그러나 우편국(서신관書信館)과 신문사(신문관新聞館)의 도입을 『자정신편』이 민정상달을 위한 방편으로서 설치하기를 주장하는 것은 스스로 전제주의 관료의 입장을 보이는 것 같아서[180] 전통적 민란의 한계를 보이고 있다.

행복이 무엇인지 정의를 내리기는 어려워도 행복은 무엇인가 좋은 것이고 즐거운 것이라는 것은 누구나 공감할 것이다. 인간의 삶에는 여러 가지 영향을 주는 요소가 많겠지만, 인간이 사회적 존재라면 사회의 성격에 따라 개개인이 느끼는 행복의 질감도 달라질 것이다. 결국 개인이 속하는 국가의 권력과 재화의 배분 방식이 문제가 된다. 배분 방식에는 구성원의 참여 방식에 따라 왕정과 귀족정, 민주정으로 크게 나뉘게 된다.

공화국과 왕국은 소유 개념으로 따지면 모두가 공유하는 나라와 1인이 독점하는 나라의 차이이다. 국민 모두가 자기의 지분을 갖고 사는 나라와 왕가 일가가 독점하는 나라 중 어느 나라의 국가가 행복할 것인지는 비교할 필요도 없이 분명한 일이다. 요컨대 공화국적인 체제가 왕국적인 체제보다 많은 사람들의 동의를 얻는 것은 자연스러운 일일 것이다. 그만큼 행복을 위한 제도적 기반도 보다 쉽게 준비될 수 있을 것이다. 앞에서 한 제

179 "China and the Irrelevance of Freedom", a lecture by W. J. F. Jenner. https://openresearch-repository.anu.edu.au/bitstream/1885/42046/2/irelfred.html.

180 『資政新篇』(民國37年 刊本) 葉恭綽 撰, 『太平天國官書十種』, 臺北: 華文書局, pp. 269~71.

국과 로마 제국의 변경수비대의 일상생활을 잠깐 살펴본 것은 이 때문인데, 여기서 로마는 왜 강대국이 되었는가라는 물음을 다시 한 번 살펴볼 필요가 있을 것이다.

앞서 말했듯이 로마 법학자 예링은 로마가 세계를 세 번 지배했다고 하면서 처음에는 무력이요, 두 번째는 종교요, 세 번째는 법이라고 할 것인데, 그런데 지금 생각하면 네 번째가 있는 것 같다. 즉 로마의 정체인 공화정이다. 공화정에 로마의 부강한 비밀이 있다는 생각이 드는 것이다. 현존하는 지구상의 거의 대부분 국가의 국호는 로마의 국호인 'SPQR'(로마의 원로원과 인민), 즉 로마 공화정에 기원한다. 공화국의 원리는 무엇인가? 간단히 말하면 국민이 국가를 함께하는 것이다. 맹자식으로 표현하면 '여민동락'(與民同樂)이다. 여민동락에는 우리의 세종대왕도 그 뜻을 함께해서 「여민락」(與民樂)이라는 곡도 작곡한 것으로 알려져 있고, 지금까지 그 악보가 내려오고 있다. 그렇다면 우리에게도 로마 공화정의 정신이 살아 있다는 것인가? 그러나 정신만 있고 실체가 없다면 유령에 불과하다. 여민동락의 최고의 형태는 국민이 국가와 함께 정치에 참가하는 것이 아닐까.

맹자는 재물과 여색을 좋아하는 제선왕에게 옛날의 사례를 들어 재물과 여색을 백성도 같이 즐기게 하면 왕정을 이루는 데 문제가 없을 것이라고 말했다. 이것으로 보아 맹자의 말은 백성에게도 최소한 예를 들면 환과고독(鰥寡孤獨)의 사회적 약자들에게 최소한 굶고 외롭게 사는 일이 없게 하라는 것이지 공화정을 하라는 말이 아님을 알 것이다. 맹자보다 2,000년 후에 나온 황종희는 중국의 성경 중 하나인 『주례』(周禮)에도 규정되어 있는 왕의 121명의 처첩제를 음란하다고 비판할 정도였지만, 맹자는 아마 그런 것을 묵인했을 것이다. 그러나 맹자보다 더 과격할 것 같은 황종희도 공화정을 주장한 것 같지는 않다. 최고의 여민동락은 민주공화정의 실현이라고 할 수 있다. 정치가 행복의 최대치를 가져다주기 때문이다. 역사적으로는 로마 공화정의 실례가 있고, 212년의 로마 시민법의 선포라는 웅장한 사건이 있었다. 그러면 그 정치를 실현하기 위해서는 모두

가 지혜로운 시민이 되어야 하는 조건이 필요하다. 강유위의 대동세계도 계획은 좋다 해도 결국 누가 고양이목에 방울을 달 것인가라는 물음이 남는다. 결국 문제는 자기 자신에게로 돌아온다. 문제를 해결하기 위해 우리는 자기와 남을 위한 인류적인 해법을 고민해야 할 것이다.

로마 공화정에는 실체가 있었다. 즉 선거제도가 있어서 로마 시민들이 선거에 참여할 수가 있었다. 오늘날의 선거제도와 비슷하다. 후에 이것이 제대로 작동되지 않아서 로마 공화정은 소멸했다고 하지만, 그래도 로마는 1,000년 또는 1,500년 후에도 그 정체가 세계를 지배하고 있으니 로마 공화정은 지금도 살아 있다고 할 수 있을지도 모른다. 나는 몇 년 전 로마에 여행을 갔을 때 유심히 로마 시청을 살펴보았는데, 지금도 SPQR을 쓰고 있었다. 로마에서 10여 년 거주하고 있는 관광해설사에게 물으니 로마 시청의 명칭이라고 말한다. 그런데 SPQR은 로마 시청뿐만 아니라 시내 곳곳의 공공건물에 쓰이고 있다. 맨홀 뚜껑, 쓰레기통 뚜껑에도 SPQR이 붙어 있다. 이것을 보고 홀연히 공자가 집착한 仁—군자가 仁을 떠나면 어찌 군자라 하리오! 군자는 밥 먹을 때도 仁을 떠나지 않으며 급할 때도 仁을 떠나지 않으며 길을 가다 넘어지는 그 짧은 순간에도 仁을 떠나서는 안 된다—이 떠오른 것은 SPQR과 仁의 정신이 그 인류적 본원에서는 그렇게 낯선 사상이 아니기 때문일 것이다. 어쨌든 로마 공화정의 정신은 로마 제정기에도 면면히 이어졌는데, 212년 카라칼라 황제가 로마 제국의 자유민은 스코틀랜드부터 시리아까지 어디에 살든 모두 로마 시민이라고 선포해 3천만 명의 속주민들이 하룻밤 새 법적으로 로마인이 된 것에서 드러나는데, 이것은 로마 공화정 역사상 하나의 절정 사건이라고 평가된다.[181] 로마

181 메리 비어드, 『로마는 왜 위대해졌는가』, 641쪽. 비어드의 평가는 폭군으로 유명한 카라칼라 황제가 세수를 늘리려는 야비한 탐욕의 산물에 불과한 것이고, 시민권의 보편적 부여로 인해 오히려 로마의 국체(constitution)의 최후의 울타리가 짓밟히고 이로써 로마가 신분사회에서 재산사회로 이행한다는 기번의 의미심장한 서

사는 공화정에서 제정까지 주변 민족을 정복한 전쟁의 피의 역사이다. 피정복자의 관점에서 보면 "그들은 폐허를 만들고 그것을 평화라 부른다"고 한 타키투스의 유명한 말처럼 정복전쟁을 미화하는 어두운 면이 있는 것도 사실일 것이다. 그럼에도 불구하고 로마 제국이 1,000년 혹은 2,000년을 지속한 것은 자유의 토대 위에 건립된 로마 공화정의 정신에 있을 것이라고 생각된다. 그 공화정의 정신은 예를 들면 속주민의 언어와 풍습의 자유도 함께 인정하는 것이었다. 메리 비어드가 그 상징적인 사례로 드는 것이 시리아 출신의 바라테스의 이야기이다. 그는 2세기에 시리아에서 6,500킬로미터를 가로질러 하드리아누스 성벽 부근에서 일했는데, 브리튼 출신여성으로 해방노예인 레지나와 결혼해 살다가 그녀가 죽자 로마의 항구 부근에 비석을 세워 그녀를 추모했다. 내가 주목하고 싶은 점은 바라테스가 세운 비석이 상단에는 라틴어로, 하단에는 자신의 모국어인 아르메니아어로, 즉 다국적어로 새겨져 있다는 사실이다. 요컨대 이 비석은 로마 제국을 특징지은 민족들의 이동과 문화적 융합을 멋지게 요약한 기념물로 기억된다.[182]

우리가 이런 기념물에서 기억할 것은 비어드가 지적하듯이 로마 제국을 지탱한 것이 거대한 콜로세움과 신전을 세운 황제들의 업적이라기보다는 제국 곳곳에 묵묵히 이런 비석을 세우면서 제국의 속주 시민으로서 나름대로 행복하게 자신의 언어와 풍습을 유지하면서 살아가던 바라테스와 같은 보통 사람들의 삶이고, 또 어느 정도 그것을 가능하게 했던 로마 공화정의 정신과 제도라는 것이다.

국가권력을 인민과 함께 나눈다는 것이 공화정의 본래 의미라고 한다면

술(E. Gibbon, *The Decline and Fall of the Roman Empire*, pp. 123~30)과 함께 읽어야 할 필요가 있다. 기번의 주장은 민주주의와 능력주의 사회의 위험성 문제와도 관련해 선구적인 것으로 주목된다. 어쨌든 이러한 조치가 공화정의 전통이 있기에 가능하다는 사실은 부인할 수 없을 것이다.

182 메리 비어드, 『로마는 왜 위대해졌는가』, 621쪽.

국가의 본질을 공화국이라 선언하고 주권의 소재를 국민으로 명시하며 국민 개개인의 행복추구권을 헌법에 보장하는 민주공화국이야말로 지금까지 인류가 도달한 최선의 행복한 공동체라고 잠정적으로 결론지어도 무방할 것이다. 물론 국가가 행복추구권을 보장하는 것과 행복을 보장하는 것은 별개라고[183] 하더라도 말이다. 지금까지의 역사로 보건대 표의문자인 한자문화권보다 표음문자인 알파벳문화권에서 공화정의 개념이 우세하고 세계의 역사를 압도하게 된 것은 결국 관민의 소통을 포함한 실용성의 측면에서 알파벳이 훨씬 우월했기 때문이라고 생각된다. 세계와의 보조를 맞추기 위해 한자도 주술의 세계에서 깨어나야 할 때가 다가오는 것 같다. 아니 한자가 깨어나는 것이 아니라 요즈음의 워드프로세서와 인터넷 트윗의 세계에서는 한자 같은 표의문자는 알파벳의 속도를 당해내지 못해서 점점 잊혀가는 추세가 되는 것 같다. 나같이 한자를 수십 년간 익혀오던 사람도 워프로로 쓰다가 어느 날 판서를 하려다 보니 문득 손이 한자의 필체를 기억하지 못해서 당혹할 때가 종종 있다. 그러니 전공하지 않는 일반인들이야 말해 무엇하겠는가?

한자는 알파벳에 비해 무거운 글자이다. 그것도 그럴 것이 한자는 오래된 글자이고, 태고의 형(形)·음(音)·의(意) 모든 요소를 다 갖추고 있는 글자이기 때문이다. 그래서 알파벳에 비해 무거울 수밖에 없다. 이에 비해 알파벳은 경쾌하다. 그래서 자유라는 개념도 알파벳을 글자로 쓰는 문명권에서 태어날 수밖에 없는 것인지도 모른다. 인간이 추구해야 할 행복이라는 개념도 자유라는 개념과 분리해서 생각하기 어려운 점이 있다.

183 Darrin McMahon, *The Pursuit of Happiness*, p. 330.

결론

서두에서 언어에는 주술적 효과가 있다고 말했지만 중국의 경우에는 이 책에서 밝힌 바와 같이 언어를 표기한 한자의 주술적 기능이 갑골문이 상용되었던 동시대 은대에도 이미 세속적 경향이 나타나고 있었음을 묵과할 수는 없다. 그리하여 은주혁명을 계기로 천명(天命)과 수덕(修德)의 관념이 나타난 것은 주술적 관념에서 인문적 사고로의 선회가 시작되었음을 보여준다. 이러한 흐름은 공자에 와서 집대성되어 제자백가의 원류인 유가(儒家)를 개창하게 된다. 공자가 활약한 춘추 말 전국시대를 분기점으로 중국사에서 주술의 기능은 크게 쇠퇴하는 것으로 보인다. 전국시대의 영토국가는 이전의 경계관념과는 다른 세속적 경계관념을 제시하게 된다. 즉 주술이 아닌 법령으로 국가의 경계를 설정하기 시작한 것이다.[1] 주술에서 세속적인 법제로의 이행은 새로운 시대의 패러다임으로서 획기적인 것이다. 이와 함께 한자의 주술적인 원의도 서서히 망각되어 가기 시작한 것 같다.

1 송진, 『중국 고대 경계와 그 출입』 참조.

기원후 100년에 저술된 최초의 체계적인 한자사전인 허신의 『설문해자』는 한자의 자원을 규명한 사전이지만, 한자가 기원한 갑골문시대의 주술적 의미에 대해서는 거의 망각해 어원에 대해 잘못 해석한 경우가 많다. 그러나 『설문해자』는 경전적 권위를 갖는 서책으로서 그 권위는 지금까지 이어져 오고 있다. 『설문해자』는 단순한 사전이 아니라 당대의 세계를 옹호하는 하나의 이념서이기도 하다. 『설문해자』의 540개 부수의 배열은 치밀한 철학적 계산에서 나온 것이라 할 수 있다. 그러나 이것은 일반인의 편의를 위한 것은 결코 아니다. 현대의 많은 국가의 국어사전이 대개 발음순서로 알파벳에 따라 찾는 순서로 되어 있는 것과 달리 『설문해자』의 검색은 독특한 철학에 따른 부수 배열에 의한 것으로 전문가들도 찾기 힘든 오직 허신 개인만이 알 수 있는 검색 사전이라 해도 과언이 아닐 것이다. 이는 한자라는 문자가 얼마나 대중에게서 멀리 떨어져 있는지 그 관민격벽적 속성을 잘 보여주는 사실일 것이다. 진 제국의 설계자 이사(李斯)는 진의 문체인 소전체(小篆體)를 만든 것으로도 알려져 있지만, 그는 분서갱유와 함께 법률의 교육에 대해서는 민간의 교육을 금지하고 관리가 교육을 전담하도록(以吏爲師) 명령을 내린 것으로 유명하다. 허신이 『설문해자』를 만든 동기 중 하나는 법률문서를 집행하는 관리들이 문자를 잘못 이해함으로써 생기는 억울한 백성의 피해를 막기 위함이었다.[2] 이렇게 계몽적이고 현실적인 이유가 있었음에도 또 하나의 현실적인 이유로서 사전을 검색하는 실용성을 전혀 생각지 않았던 것도 이러한 이사의 법가주의적 법치주의의 폐쇄성 및 상형문자의 불편성과 상통하는 면이 있는 것 같다. 부수

2 『설문해자주』, 1319~20쪽. 예를 들면 "苛人受錢, 苛之字止句也"라고 가(苛)를 지(止)와 구(句)의 회의라고 해석하는 종류를 말한다. 이것은 단주(p. 1319)에 말하듯이 한영을(漢令乙)에 갈고랑이 구(鉤)와 같은 의미의 글자인 지(止)와 구(句)의 합성어를 만들어 사람을 구금해서 돈을 갈취하는 사람이란 뜻으로 만든 것이다. 후자가 되면 법을 집행하는 관리가 도적이 되어버리는 무법세상이 되어버릴 우려가 있다. 『九朝律考』「魏律序」에 나오는 한영을(漢令乙)에는 "呵人受錢"이라고 되어 있다. 임병덕 역주, 『九朝律考 3』, 세창출판사, 2015, 28쪽 참조.

에 의한 검색의 불편을 극복하기 위해 음성에 의한 검색이라는 방식도 불가능한 것은 아니고, 19세기에 나온 주준성(朱駿聲)의 『설문해자통훈정성』(說文解字通訓定聲, 도광道光 13)도 획기적이긴 하지만, 이 역시 중국어의 운부(韻部)에 따른 것으로서 검색을 위해서는 중국어의 음운(音韻)을 글자별로 미리 알지 않으면 안 된다는 것을 전제로 한다. 그래서 다시 그 글자를 찾기 위해서는 결국 『설문해자』로 돌아가야 하는 것이다. 이처럼 소학의 부흥에 허신의 공적은 주준성이 말하듯이 우임금의 업적 못지않게 크다고 함에도 불구하고, 한대 이후에는 『설문해자』학이 와전되거나 책 자체도 제대로 전해지지 않게 되었다. 그러다가 송대에 잠시 부흥하고 청대에 와서야 각광을 받게 된 것은 역시 한자가 대중에게 쉽게 전달되기 어려운 점이 있음을 뜻하며, 이것은 한자가 본질적으로 알파벳이 아니라 상형문자라는 점에 기인하는 바가 크다고 할 것이다. 한편 『설문해자통훈정성』이 운부 18부를 분류하면서 정성의 원칙을 논하면서 음의 아속(雅俗)을 가리는 문제를 제기한 것은 주목할 부분이다.

> 아음(雅音)으로 속음(俗音)을 바로잡을 경우는 허신의 『설문해자』를 기준으로 하고, 고음으로써 현재음을 바로잡을 경우는 경전의 음을 기준으로 한다. 방음은 본래 음이 다르고 고음은 먼 과거의 음이긴 하지만, 글자의 서체는 같은 것을 따르니 근원은 같다. 성현이 저술한 바는 합리적으로 교정해야 할 것이다.[3]

주준성이 정성하는 데 기준으로 한 바는 결국 아속의 음에서 아음이고, 아음은 곧 경전의 음을 의미한다.

---

3 朱駿聲, 『說文解字通訓定聲』, p. 11: "夫以雅正俗, 則正之以許書, 以古正今, 則正之以經韻, 方音自異, 古語雖遙, 字體從同, 原無二本, 聖言所著, 理可交推, 述定聲."

주준성의 정성원칙에서 방음(方音), 즉 방언의 음은 달라도 서체는 같다는 말에 주의하고 싶다. 즉 중국이 방대해 수많은 방언으로 의사소통이 불가하더라도 문자는 동일하니 문서로는 의사소통이 가능하다는 것을 의미한다. 거대한 중국문명이 지금껏 유지되어 오고 있는 중요한 원인이 문자의 지속성에 있음이 확인된다. 그러나 한편으로는 아속의 관계는 상호 보완적인 관계가 아니라 대립적인 관계로 나타나는 점이 문제이다. 중국과 같은 중앙집권적 체제는 지방의 다양성과 연합 위에 서 있는 합중국적인 체제가 아니라, 중앙을 위해 지방의 획일적 복종을 강요하는 경향이 강하다. 진시황의 법가적 법치주의가 피드백이 없는 일방주의적 법치주의였던 것은 앞서 살펴보았지만, 중앙집권적 국가에서는 중앙과 지방의 관계는 대개 지배와 종속의 관계에 놓이기 쉽고, 이것은 언어의 방면에서는 아(雅, 표준)와 속(俗, 방언)의 관계로 나타나게 마련이다.

수많은 방언의 존재는 지방의 문화적 다양성과 활기이다. 그러나 중앙의 침투로 말미암아 지방은 분열되고 중앙을 따라 표준화하려 한다. 그러면서 지방의 방언은 방언으로서의 활력을 잃어가게 된다. 가령 아(雅)와 대비해 속(俗)의 관념이 변화해가는 흥미로운 개념사의 현상을 보아도 짐작할 수 있을 것이다. 요시카와 고지로에 의하면[4] 세속(世俗), 속인(俗人), 속유(俗儒), 속본(俗本) 등의 용어를 이루는 속(俗)은 풍속습관을 뜻하는데, 그 용례는 『순자』(荀子)가 "俗人, 俗儒, 雅儒, 大儒"라고 구별하듯이 대개 경멸적인 의미로 쓰였으나, 춘추전국에서 육조수당에 이르는 시대까지는 반드시 경멸적으로 쓰였던 것은 아니고, 긍정적으로 쓰이는 용례도 있었다고 한다. 순자 자신이 속인을 경멸하면서도 불속(不俗)은 오히려 사회질서를 문란시키는 행위로 금기했던 것이다. 그런데 이러한 세속적 가치의 인정은 송대 이후에는 철저히 부정해야 할 가치로 전락했다고 한다. 이는 과거제

4 이하 속(俗)의 설명에 대해서는 吉川幸次郎, 「俗の歷史」, 『吉川幸次郎全集 1』, 東京: 筑摩書房, 1973, pp. 236~49 참조.

의 시행과 관계가 있다고 본 요시카와의 지적은 탁견으로 주목할 만하다. 잘 알다시피 과거제는 신언서판(身言書判)이 주요한 요건이다. 여기서 언(言)은 방언이 아닌 표준어를 말한다. 송대 이전에 양웅(揚雄)의 『방언』(方言)을 비롯해 속어를 해석한 서물들이 많이 나온 것도 이러한 시대적 풍조와 관련된 현상일 것이다. 과거제에 의한 인재의 중앙 선발로 지방풍속의 경멸적 현상이 벌어진 것은 속어의 발달에 불리한 결과를 초래하게 되었다.

그렇게 볼 때 지방의 관점에서 과거제는 양날의 칼이었다. 왜냐하면 지역의 인재를 중앙으로 흡수함으로써 지방의 활력을 빼앗아갔다고 말할 수도 있기 때문이다. 과거가 시행됨으로써 일찍이 근대적인 표준어 교육이 시행되었다고 할 수도 있겠지만, 국가공무원 공채를 위한 오늘날의 국가고시 합격을 위한 수험용 교육만이 성행한 결과 국민의 창의성은 증발되고, 민간의 자발적인 문학활동은 위축되는 부정적인 면도 있다고 생각된다. 과거제가 국민을 우민으로 만들었다는 말도 괜한 말이 아니다. 과거제의 시행 이래 사대부 사회가 성립되고, 송대 근세론이라든가 송대 르네상스 운운하지만, 실은 도시의 자유도 없고 지방의 평온도 없으며 전제군주의 독재만이 확고부동한 사회가 되어가는 경향이 있다. 과거제를 통해 선발되는 지식관료들은 고전 시문을 연마하며 아문(雅文)을 지향했고, 그 결과 중국문학사에서 주류는 시문이고 희곡이나 소설과 같은 서사작품은 중국문학의 정통이 아니게 된다.

무엇보다도 16세기 서구의 언어혁명을 토대로 생겨난 국민문학과 같은 것이 중국에는 보이지 않는다는 점이다. 그것은 당연한 일이지만 중국에는 서구와 같은 언어혁명이 없었기 때문이다. 즉 중세 이래 유럽에서는 국제공용어로서 라틴어를 대신해 각국의 국어가 14~17세기에 형성되고, 그 기반 위에서 단테, 초서, 세르반테스, 그리고 셰익스피어 등에 의한 국민적인 작품이 등장하지만,[5] 중국에서는 이러한 현상을 찾아보기 어렵다.

물론 비슷한 시기에 『삼국지』『수호지』『서유기』『금병매』 등 4대기서와 중국 최고의 소설이라 평가받는 『홍루몽』 등이 나타나지만, 이들이 언어혁명 위에 등장한 그런 작품이라고 하기는 어렵다. 라틴어는 알파벳으로서 구어와 문어의 역할을 동시에 한다. 그래서 서유럽에서는 서로마 제국의 몰락 뒤 라틴어가 각 지방어로 분화, 발달하면서 프랑스어·이탈리아어·스페인어 등이 되었지만, 동시에 학술 언어 및 교회 언어로 근세까지도 로마 제국 당시에 쓰인 형태로 보전되었고 중세 유럽의 국제어이자 필수 외국어로 가르치기도 했다.[6] 한국에서도 기독교 전파와 함께 라틴어가 1960년대까지 성당에서 미사를 집전할 때 공식언어로 사용되었다는 사실을 상기해 볼 필요가 있다. 그러나 라틴어와 비슷한 역할을 하는 것처럼 보인 한자는 사정이 다르다. 한자는 구어와 구별된 문어로서의 공용어였다. 중국에서는 구어와 문어가 별개였다. 라틴어와 달리 속어한문은 별로 눈에 띄지 않는다. 기본적으로 표음문자와 표의문자의 차이가 양자의 사이를 가로지르고 있는 것이다.

중국의 한자는 과학과 문화 분야에서 주목할 결과를 성취하긴 했지만, 알파벳이 아닌 표의문자여서 민주적인 문자문화(democratic literate culture)의 발달을 억제했다고 잭 구디와 같은 역사인류학자는 주장한다.[7] 중국문학사에서 정통의 지위를 차지하는 것은 소설과 희곡이 아니라 시문이라

5 16세기 언어혁명에 대해서는 야마모토 요시타카, 『16세기 문화혁명』 참조.

6 라틴어는 구어와 문어의 차이가 크지 않다는 속성을 갖고 있는데, 라틴어 사용자들은 9~10세기까지 라틴어가 라틴어 이외의 다른 언어, 즉 이탈리아어, 프랑스어, 스페인어 등으로 될 수 있으리라고는 상상도 하지 못했다고 한다. 라틴어 구어와 문어 사이에 메울 수 없는 큰 격차를 발견한 것은 카롤링 왕조(750~887) 이후의 일이라고 한다(James Clackson, *Language and Society in the Greek and Roman Worlds*, Cambridge University, 2015, p. 271). 로마 제국의 언어인 라틴어는 제국 멸망 후에도 주로 교회를 중심으로 사용되어 왔지만, 지방어가 발달한 이후 라틴어의 역사는 권력에 접근하기 위한 역사라고 하는 지적은(앞의 책, p. 302), 라틴어가 일상생활의 구어에서 멀어진 것을 의미하는데 이는 상대적으로 한자가 얼마나 오랫동안 권력의 언어로서 그 지위를 누려왔는지 잘 보여준다.

7 Jack Goody, *The Interface Between the Written and the Oral*, p. 64.

는 점이 이를 단적으로 입증하는 것 같다. 서양에서는 고대 그리스의 『일리아드』나 『오디세이』 등의 서사시와 함께 근대의 소설과 희곡이 정통문학으로 높은 평가를 받고 있다. 이런 배경에는 서양에서 그리스의 문자활동이 기원전 8세기로 소급되는 알파벳문자를 매개로 이루어지고 있는 점이 크게 작용하고 있을 것이다. 서두에서 말했듯이 한자가 본래 주술적인 기능을 위해 생겨난 성직자의 문자라고 한다면 알파벳은 고대 근동에서 수많은 민족과 문명 사이에 오랜 시간의 교류를 통해 민중적인 문자로서 태어났다는 점에서 대조적인 성격을 갖는다고 할 수 있다. 또한 유럽 언어는 구어와 문어가 동시에 변화한다는 특징을 보이는 데 비해,[8] 중국어는 표의문자의 특성상 구어의 변화에도 불구하고 문어의 변화는 불변인 차이를 보인다. 그래서 중국어 구어에서 북방어와 남방어의 차이는 유럽어의 게르만어와 로망스어 차이보다 큼에도 불구하고 문어는 불변으로 남을 수 있었고, 이것이 문화의 통일성에 기여한 바는 유럽어에 비해 훨씬 큰 것이다. 그러나 그것은 문자적인 측면의 통일이고 구어적인 측면에서는 어떠할까라는 문제를 지금의 대중적 세상에서는 물어보게 된다. 그래서 구어와 문어의 변화 속도가 유럽과 중국이 다른 차이를 보이는 것은 그 사회구조와 문화의 차이에서 오는 것은 아닐까라고 묻게 되고, 나는 이를 그리스 로마 이래의 유럽의 공화정적(SPQR) 체제와 중국의 전제정적 체제의 차이 및 기독교적 박애와 유교적 차별애(가족주의적 예교주의)의 차이에서 오는 결과라고 보고 싶다. 구어와 문어는 중앙과 지방 또는 상부구조와 하부구조의 관계와 비슷하다. 구어의 변화가 문어에 반영되지 않는 것인데, 이것은 말하자면 중앙과 지방 간에 소통이 원활하지 않는 것을 의미할 것이라고 생각한다.

나는 이를 관민격벽(官民隔壁)의 제도적 차이에서 오는 문화적 현상이라

8 조셉 니덤, 김영식·김제란 옮김, 『중국의 과학과 문명: 사상적 배경』, 까치, 1998, 29쪽.

고 부르고 싶은데, 중국사학자 황인우(黃仁宇)는 중국사의 구조를 농민과 문인관료라는 두 빵으로 만들어진 큰 샌드위치로 비교한 바 있다.[9] 다시 말해 정치사회체제가 민주적인가 전제적인가라는 성격의 차이와 관계가 있을 것이다. 티모시 브룩은 명 제국을 논하면서 명 제국의 실패를 규모에서 오는 문제로 보았다.[10] 그러나 규모 면에서 본다면 진시황제의 진 제국 역시 같은 문제의 범주로 귀속될 것이다. 눈을 동서로 돌려보면 근동의 메소포타미아문명이나 지중해 로마 제국도 커다란 규모를 갖는 제국들이었다. 그렇게 본다면 스케일이 문제를 남긴 것이 아니라 문제가 스케일을 남긴 것은 아닐까? 민간의 동의 없는 제국, 즉 민의 신뢰 없이 위로부터의 강제로 신속하고 거대하게 만들어진 율령 제국은 급속하게 붕괴하게 마련이다. 홍무제(洪武帝)의 「강독율령」(講讀律令)은 상앙과 같은 법령의 강제를 통해 백성의 신뢰를 강제로 만들어내려 하고 있는 것이다. 기존 제국의 법전 중에는 보이지 않던 「강독율령」의 법령은 송대 법률이 금서였던 상황에 비해서는 현저한 개선일지 모르지만, 「강독율령」의 취지는 1500년 전의 진시황제가 발포한 「어서」(語書)의 취지와 거의 달라진 것이 없다는 점에서 중국 율령제에 내포된 관민격벽의 두터운 존재를 일깨우게 된다.

한자는 오래전에 죽은 사어(死語)라고 할 문자인데, 갑골문시대의 한자와 청대의 한자가 큰 차이가 없는 것이 그 증거이다. 구어로서 공용어라 할 것은 관화(官話)가 있을 뿐인데, 이는 일반 서민의 구어와는 거리가 먼 관리들의 언어이다. 관화가 독립한 어느 한 국가의 언어인 것은 더욱 아니다. 관견에 의하면 명말에 중국에서 가장 부유한 강남 지역에서 유행했던 민간가요는 언어혁명이 일어났다면 그 지역을 대변할 만한 하나의 국민문

---

9 Ray Huang, "The History of the Ming Dynasty and Today's World".

10 Timothy Brook, *The Troubled Empire*, Cambridge, Mass.: Harvard University Press, 2010, p. 49.

학이 될 수 있었을지도 모른다. 그러나 이러한 속문학은 대개 잊힌 채로 20세기에 와서야 겨우 발굴되기 시작했다. 그것은 서구 근대문명의 영향을 받은 이후의 일이었다. 중국에서는 아(雅)와 속(俗)의 대립은 공자 이래로 차별이 정해진 것이어서 그런지 속문학이 가치 있는 문학으로 평가받는 일은 드물었던 것이다. 호적이 「문학개량추의」(文學改良芻議, 1917)를 발표하고 나서 노신은 『아큐정전』((阿Q正傳, 1921)을 발표했는데, 두 사람 각각 미국과 일본에 유학한 이력이 없었다면 이러한 글을 쓰기는 어려웠을 것이다. 그리고 미국과 일본이 중국과는 다른 알파벳과 음절문자를 쓰는 나라라는 것도 두 사람의 행동에 자극을 주었을 것이다. 호적은 그의 문학개혁론에서 고인을 모방해 어려운 문어체의 글을 쓰지 말고 구어체와 속어를 쓰기를 장려하고 있다. 공자가 아(雅)와 속(俗)을 구별한 이후 처음 있는 일로 문학혁명이라 할 만하다. (이것은 물론 공자는 보수적이고 후스는 진보적이라고 말하려는 것이 아니다. 공자는 당시의 주술적인 세계관에서 인문적인 세계관으로 패러다임을 새로 바꾼 의미에서 혁명적인 인물이라 할 수 있고, 말하자면 당시 후스와 같은 혁명아였다고 말할 수도 있다.) 구어체 문학혁명은 노신의 『아큐정전』으로 나타났다. 『아큐정전』의 주인공 아큐는 정신승리법으로 유명하지만, 당시 중국인들의 롤모델이었다고 한다.[11] 사실 정신승리법은 기도를 통한 자기도취라는 점에서 일종의 주술적인 효과를 갖고 있다고도 생각된다. 노신의 단편소설 「약」(藥)이 사실 사형수의 시체의 피가 만성질환에 효과가 좋다고 해서 그의 사형집행을 기다리는 사람들이 줄을 서서 금방 집행당한 사형수의 피를 사는 사람들의 이야기라는 것을 알면,[12] 과학과 민주를 표방한 문학혁명의 지식인들이 타도하려고 한 것은 사실 갑골문 이래 잠재되어 있는 한자의 표기 목적이었던 주술적인 신앙이었다고 해야 할

11 內田樹, 『街場中國論』, 東京: ミシマ社, 2011, p. 170.

12 이것은 단순한 이야기가 아니라 외국인의 목격담으로 전해지기도 한다. 티모시 브룩 외, 박소현 옮김, 『능지처참』, 너머북스, 2010, 49~50쪽.

지도 모른다. 루쉰은 이러한 몽매한 상황을 타파하기 위해 『아큐정전』을 쓴 것이겠지만, 중국의 20세기는 주술과 과학이 동시에 대면하는 거대한 현장이었다고 할 것이다. 춘추전국시대에 크게 쇠퇴를 보였던 주술의 관념은 20세기에 이르러서도 면면히 살아 있음을 오히려 문학혁명을 통해 볼 수 있는 것 같다.

『왜 서양이 지배하는가』라는 대저(大著)에서 이언 모리스는 에너지 획득, 사회조직화, 전쟁수행 능력, 정보기술 등 네 가지 지표를 동서양의 비교척도로 삼아 강력한 논지를 개진한 바 있는데 그중 정보기술은 문자해독 능력을 말하는 것으로 17세기를 경계로 서양이 동양을 앞지르고 있다는 것을 보여준다.[13] 그 속도는 이전 중국이 11세기 송대까지는 다소 앞선 것에 비해 17세기 이후 서양이 급격하게 앞서가는 비율을 보인다. 이것은 16세기 종교개혁과 문화혁명을 거쳐 형성된 국민국가에서의 문해력이 전제국가 중국에서의 문해력을 앞서가는 것을 보여주는 것으로서, 여기에는 문화혁명을 겪은 국민국가에서 교육의 보급 및 한자에 비해 배우기 쉬운 알파벳의 특성 등이 작용했을 것으로 생각된다. 근대화, 즉 농경사회에서 산업사회로의 이행은 지역별로 고유의 방언과 관습, 전통을 가지고 배타적 삶을 사는 농민들로 구획된 사회가 상호대체 가능한 시민들로 구성되고 내부 구분선이 사라진 구조로 변하는 과정인데,[14] 중국의 경우 옹정제(雍正帝)의 정음서원(正音書院)의 실패에서 보듯이 라틴어와 달리 강력한 문어인 한자 및 한자를 사용하는 관료사인의 방언속어(方言俗語)를 경멸하는

13 이언 모리스, 최파일 옮김, 『왜 서양이 지배하는가』, 글항아리, 2013, 871~75쪽.

14 이언 모리스, 『가치관의 탄생』, 109쪽, 163쪽; Ernest Gellner, *Nations and Nationalism*, Ithaca: Cornell University Press, 1983. *Nations and Nationalism*은 근대국가(Nation)의 형성에 문화적 요소를 주목하면서 종교개혁을 중시한다. 겔너는 베버 테제를 근대화 논의에서 강조하는데, 이런 점에서 중국에서 주술 및 종교개혁의 역사성이 새로 논의될 필요가 있을 것이다.

아정적(雅正的) 관념이 상대적으로 이런 구조적 변환을 이행하기 어렵게 했던 것으로 생각된다.

농경사회는 겔너가 말하듯이 "국가는 세금을 징수하고 평화를 유지하는 것 외에는 별로 관심이 없고, 피지배 공동체 간의 수평적 소통을 진작하는 데에는 결코 관심이 없는"[15] 사회이다. 옹정제 역시 농경사회의 군주답게 수직적 연락망을 짜는 데는 누구보다 심혈을 기울인 군주였지만 관화의 보편화를 추진하는 데 실패했던 것이다. 관화란 사실 전국의 백성 대중 위의 극소수 과거 엘리트들의 언어인바 그들 사이에도 북방과 남방의 차이가 있었다고 할 정도로 중국은 지역의 차이가 있었다. 하물며 진정한 지역방언, 예컨대 강소지방의 오어(吳語)로 쓰인 「산가」(山歌) 등은 강소지방의 풍부한 경제력과 문화력에도 불구하고 국민적인 문학으로 성장하는 일은 없었다.

20세기 초기 문자개혁을 위해 중국에서는 한자의 알파벳화라는 초극단적인 실험도 시행되었지만 동음이의어의 장벽을 극복하지 못하고 실패하고 말았다. 인터넷 기술의 발전으로 SNS(소셜 네트워크 서비스)가 발전한 탓에 중국인들도 매일 엄청난 트윗을 날리고 있지만, 젊은이들은 오히려 한자는 외면한 채 숫자로 대신한다고 한다. 나 같은 중국 전공자도 한자를 워프로로 칠 때마다 많은 불편함을 느낀다. 일본어로 한자를 갈아타야 할 때는 한층 불편함이 더하다. 나의 유학 시절 은사였던 고대 간독(簡牘)의 대가도 강의 도중 칠판에 쓸 글자가 떠오르지 않아 자기혐오가 심해졌다는 고백, 그리고 현재 진행 중인 종이에서 디스크로의 서사 재료의 변화는 한자의 서사 능력을 없애고 문화와 교양이 저락한 비문화 세상이 나타

15 Ernest Gellner, *Plough, Sword and Book: The Structure of Human History*, pp. 9~10.

날 것이라는 한탄에는[16] 동병상련적 공감을 느끼는 바이다. 세상에서 희귀하게 표의문자 한자와 음절문자 가나를 동시에 쓰는 국어를 가진 일본의 지식인은 한자를 쓸 때 주술적인 느낌을 받는다고 한다.[17] 알파벳으로 통하는 인터넷 세상에는 그런 불편함이 없이 경쾌함을 느낄 수 있다. 한자는 왜 표의문자에 머물렀는가에 대해 생각해보면 한자가 가진 오래된 문자로서의 무게, 말하자면 주술적인 중력의 무게 탓은 아닌가? 알파벳은 수많은 세계와 교류한 끝에 가볍고 가벼워져서 음절문자가 되고 음소문자가 되었다. 한자에는 의례가 숨어 있다. 주술적 의례들이다. 지금 그 의례들을 알아볼 사람들은 갑골학의 전문가들 중에서도 극소수의 사람들밖에 없겠지만 그 글자가 무거운 것은 의례의 흔적 때문일 것이다. 우리의 한글은 동아시아 문화권에서 가장 진보된 문자로 유명하다. 일본의 가나가 음절문자로 수백 년 동안 일본인의 의사소통에 주요한 기능을 해왔다면 한글은 음소문자로 상형문자인 한자나 음절문자인 가나보다 훨씬 의사소통에 빠른 성능을 발휘한다. 빌보드 차트 연속 정상에 오르는 BTS의 활약 등 최근의 세계적 한류 열풍에는 한글이라는 배우기 쉬운 첨단문자의 효력도 있지 않았을까? 입에서 나오는 대로 말이 형상화되고, 빛으로 전송되는 빠른 속도에 옛날 창힐이 문자를 창제했을 때 하늘은 곡식을 비처럼 뿌리고 귀신은 밤에 울었다는 신화를 떠올리면서, 지금이라면 한자도 재구성되어야 하는 것은 아닌지 생각하게 하는 시대이다.

16 도미야 이타루, 임병덕 옮김, 『목간과 죽간으로 본 중국 고대문화사』, 사계절, 2005, 268쪽.

17 內田樹, 『日本邊境論』, 東京: 新潮社, 2009, pp. 229~30.

참고문헌

I. 원전자료

『國語』
『管子』
『論語』
『論衡』
『唐律疏議』
『大戴禮記』
『道德經』
『文選』
『白虎通』
『史記』
『尙書』
『說文解字』
『鹽鐵論』
『六臣註文選』
『禮記』
『全唐詩』
『左傳』

『程氏易傳』
『朱文公文集』
『周易』
『朱子語類』
『淸世宗實錄』
『淮南子』
『錢大昕全集』
『韓非子』
『後漢書』
甘肅省文物考古硏究所·甘肅省博物館 編, 『居延新簡』, 北京: 文物出版社, 1990.
謝桂華·李均明·朱國炤, 『居延漢簡釋文合校』, 北京: 文物出版社, 1987.
段玉裁, 許惟賢 整理, 『說文解字注』, 南京: 鳳凰出版社, 2015.
戴震, 『孟子字義疏證』, 北京: 中華書局, 1982.
石磊 譯注, 『商君書』, 北京: 中華書局, 2011.
睡虎地秦墓竹簡整理小組, 『睡虎地秦墓竹簡』, 北京: 文物出版社, 1990.
孫詒讓, 『周禮正義』, 北京: 中華書局, 1987.
十三經注疏整理委員會 編, 『尙書正義』, 北京: 北京大學出版社, 2000.

『資政新篇』(民國37年 刊本) 葉恭綽 撰, 『太平天國官書十種』, 臺北: 華文書局.
張雙棣, 『淮南子校釋』, 北京大學出版社, 1997.
陳松長 主編, 『嶽麓書院藏秦簡』肆, 上海: 上海辭書出版社, 2015.
彭浩·陳偉·工藤元男 主編, 『二年律令與奏讞書: 張家山二四七號漢墓出土法律文獻釋讀』, 上海: 上海古籍出版社, 2007.
黃六鴻, 『福惠全書』(『官箴書集成』 三冊), 合肥: 黃山書社, 1997.
黃暉 撰, 『論衡校釋』, 北京: 中華書局, 1990.
戴震, 박영진 옮김, 『맹자자의소증』, 학고방, 2020.
미야자키 이치사다 해석, 박영철 옮김, 『논어』, 이산, 2001.
신동준 역주, 『서경』, 인간사랑, 2016.
신동준 옮김, 『좌전』, 한길사, 2017.
안동림 역주, 『莊子』, 현암사, 2010.
연민수 외, 『역주일본서기』, 동북아역사재단, 2013.
윤재석, 『睡虎地秦墓竹簡譯註』, 소명출판, 2010.
임병덕 역주, 『九朝律考』, 세창출판사, 2015.
黃宗羲, 강판권 옮김, 『명이대방록』, 계명대학교출판부, 2010.

II. 연구논저

1. 국내

가이즈카 시게끼·이토 미치하루, 배진영 옮김, 『중국의 역사: 선진시대』, 혜안, 2011.
강유위, 이성애 옮김, 『대동서』, 을유문화사, 2006.
김경호, 「漢代 서북변경 吏卒의 일상」, 『중국사연구』 74, 2011.
김덕영, 『프로테스탄티즘의 윤리와 자본주의 정신』, 도서출판 길, 2010.
김영문 외, 『문선역주』, 소명출판, 2010.
김용찬, 「秦·漢 帝國의 國家祭祀 硏究」, 서울대학교 박사학위논문, 2018.
다케다 마사야, 서은숙 옮김, 『창힐의 향연』, 이산, 2004.
다카하시 마사아키, 박영철 옮김, 『사무라이의 역사』, 한울, 2020.
데이비드 E. 먼젤로, 이향만 옮김, 『진기한 나라, 중국: 예수회 적응주의와 중국학의 기원』, 나남출판, 2009.
데이비드 크리스털, 서승순 옮김, 『언어의 역사』, 소소의책, 2020.
도미야 이타루, 임병덕 옮김, 『목간과 죽간으로 본 중국 고대문화사』, 사계절, 2005.
로버트 단턴, 조한욱 옮김, 『고양이 대학살』, 문학과지성사, 1996.
레이 황, 이영옥 옮김, 『중국의 출로』, 책과함께, 2005.
뤼시앵 페브르·앙리 장 마르탱, 강주헌·배영란 옮김, 『책의 탄생』, 돌베개, 2014.
리링, 차영익 옮김, 『주역강의』, 글항아리, 2016.
마틴 가드너, 과학세대 옮김, 『마틴 가드너의 양손잡이 자연세계』, 까치, 1993.
메리 비어드, 강혜정 옮김, 『폼페이, 사라진 로마 도시의 화려한 일상』, 글항아리, 2016.
메리 비어드, 김지혜 옮김, 『로마는 왜 위대해졌는가』, 다른, 2020.
박영철, 「獬豸考: 中國에 있어서 神判의 向方」, 『東洋史學硏究』 61, 1998.
박영철, 「나라카(Naraka)에서 地獄으로: 불교의 번역과 중국문명」, 『歷史敎育』 63, 1997.
박영철, 「嚴復의 몽테스키외 번역과 중국의 근대화」, 『歷史敎育』 92, 2004.
박영철, 「송대의 법과 송사의 향방」, 『동양사학연구』 107, 2009.
박영철, 「중국 고등학교 역사교과서의 중세사 서술 분석」, 동북아역사재단 기획연구 44, 『중국고등학교 역사교과서의 현황과 특징』, 동북아역사재단, 2010.
박영철, 「宋代 法書의 禁書와 粉壁의 條法: 宋代 王法主義의 一考察」, 『中國史硏究』 68, 2010.
박영철, 「동아시아관료제의 근대성 논의에 대해: 알렉산더 우드사이드, 『잃어버린 근대성들: 중국, 베트남, 한국 그리고 세계사의 위험성』을 읽고」,

『東洋史學研究』 125, 2013.
박영철, 『군산과 동아시아』, 민속원, 2017.
베네딕트 앤더슨, 서지원 옮김, 『상상된 공동체』, 도서출판 길, 2018.
브라이언 페이건, 김수민 옮김, 『크로마뇽』, 더숲, 2012.
새뮤얼 노아 크레이머, 박성식 옮김, 『역사는 수메르에서 시작되었다』, 가람기획, 2018.
송진, 『중국 고대 경계와 그 출입』, 서울대학교 출판문화원, 2020.
쑤수양, 심규호 옮김, 『중국책』, 민음사, 2015.
아쓰지 데쓰지, 심경호 옮김, 『한자학: 설문해자의 세계』, 보고사, 2008.
알렉산더 우드사이드, 민병희 옮김, 『잃어버린 근대성들: 중국, 베트남, 한국 그리고 세계사의 위험성』, 너머북스, 2012.
야마모토 요시타카, 남윤호 옮김, 『16세기 문화혁명』, 동아시아, 2010.
염정삼, 『설문해자주 부수자역해』, 서울대학교출판부, 2007.
오오키 야스시, 노경희 옮김, 『명말 강남의 출판문화』, 소명출판, 2007.
왕궈웨이, 하영삼 옮김, 「殷周制度論」, 『觀堂集林』, 지식을만드는지식, 2012.
요시카와 고지로, 조영렬 옮김, 『독서의 학』, 글항아리, 2014.
윌리엄 번스타인, 김현구 옮김, 『부의 탄생』, 시아출판사, 2005.
이보가, 백승도 옮김, 『문명소사』, 을유문화사, 2014.
이성구, 『中國古代의 呪術的 思惟와 帝王統治』, 일조각, 1997.
이성규, 「兩漢交替期 河西생활의 일단: 신발견 粟君訴訟文書의 해석을 중심으로」, 韓沽劤박사정년기념사학논총간행준비위원회, 『韓沽劤박사정년기념사학논총』, 지식산업사, 1981.
이성규, 「秦國의 政治와 墨家」, 『東方學志』 41, 1984.
이성규 편역, 『사기』, 서울대학교출판부, 1987.
이성규, 「전국시대 국가와 소농민 생활」, 서울대학교 동양사연구실 편, 『고대 중국의 이해』, 지식산업사, 1994.
이성규, 「역사서술의 권력·권력의 서술」, 제57회전국역사학대회, 『국가권력과 역사서술』, 역사학회, 2014.
이성규, 『數의 제국 秦漢: 計數와 計量의 支配』, 대한민국학술원, 2019.
李守德, 「漢代의 酒律文과 정책을 중심으로」, 『중국사연구』 26, 2003.
李守德, 「漢代 酒의 實像: 술의 이용과 양조」, 『중국사연구』 34, 2005.
이언 모리스, 최파일 옮김, 『왜 서양이 지배하는가』, 글항아리, 2013,.
이언 모리스, 김필규 옮김, 『전쟁의 역설』, 지식의날개, 2015.
이언 모리스, 이재경 옮김, 『가치관의 탄생』, 반니, 2016.
이은봉 편저, 『신판 神明裁判』, 신서원, 2000.

李周炫, 「中國 古代 帝國의 人力 資源편제와 운용」, 서울대학교 박사학위논문, 2020.
임형석, 『주역읽기』, 세창출판사, 2017.
윌리엄 번스타인, 박홍경 옮김, 『무역의 세계사』, 라이팅하우스, 2019.
임형석, 『주역읽기』, 세창출판사, 2017.
전목, 유병례·윤현숙 옮김, 『중국문학사』, 뿌리와이파리, 2018.
제리 브로턴, 윤은주 옮김, 『르네상스』, 교유서가, 2018.
제임스 스콧, 전경훈 옮김, 『농경의 배신』, 책과함께, 2019.
제임스 스콧, 전상인 옮김, 『국가처럼 보기』, 에코리브르, 2010.
제임스 프레이저, 이용대 옮김, 『황금가지』, 한겨레신문사, 2001.
조셉 니덤, 김영식·김제란 옮김, 『중국의 과학과 문명: 사상적 배경』, 까치, 1998.
지그문트 프로이트, 이윤기 옮김, 「토템과 터부」, 『종교의 기원』, 열린책들, 2016.
陳正炎·林其錟, 이성규 옮김, 『中國大同思想研究』, 지식산업사, 1990.
취퉁쭈, 김여진·윤지원·황종원 옮김, 『법으로 읽는 중국 고대사회』, 글항아리, 2020.
퀸투스 툴리우스 키케로, 이혜경 옮김, 『선거에서 이기는 법』, 매일경제신문사, 2020.
투퀴디데스, 천병희 옮김, 『펠로폰네소스 전쟁사』, 숲, 2011.
티모시 브룩 외, 박소현 옮김, 『능지처참』, 너머북스, 2010.
팻 시프먼, 조은영 옮김, 『침입종 인간: 인류의 번성과 미래에 대한 근원적 탐구』, 푸른숲, 2017.
플라톤, 박종현 역주, 『국가』, 서광사, 2016.
필립 마티작, 이정민 옮김, 『로마에서 24시간 살아보기』, 매일경제신문사, 2017.
필립 쿤, 윤성주 옮김, 『중국현대국가의 기원』, 동북아역사재단, 2009.
한상수, 『함무라비 법전: 인류 법문화의 원형』, 인제대학교출판부, 2008.
헤로도토스, 천병희 옮김, 『역사』, 숲, 2009.
헤로도토스, 김봉철 옮김, 『역사』, 도서출판 길, 2016.
히라카와 스케히로, 노영희 옮김, 『마테오 리치』, 동아시아, 2002.

2. 해외

1) 중문

金銀珍, 「淸初福建正音書院品論」, 『新鄉學院學報(社會科學版)』, 2011年 2月.
勞榦, 『居延漢簡考釋·釋文之部』, 北京圖書館出版社, 2007(1944).
鄧洪波, 「正音書院與淸代的官話運動」, 『華東師範大學學報』, 1994年 3期.
孟志成, 「漢簡所見候長和燧長的待遇」, 『西北成人教育學報』, 2002-1, 2002.
毛澤東, 「湖南農民運動視察報告」, 『毛澤東選集 1』, 北京: 人民出版社, 1991.

施偉青, 「漢代居延戍邊官吏的俸錢及相關的一些問題」, 『中國社會經濟史研究』, 1996-2, 1996.
施鴻保, 『閩小記·閩雜記』, 福州: 福建人民出版社, 1985.
梁啓超, 「十種德性相反相成義」, 『梁啓超選集』, 上海: 上海人民出版社, 1984(1901).
梁啓超, 『飮冰室合集 6』, 北京: 中華書局, 1989.
王子今, 「長羅侯費用簿應爲過長羅侯費用簿」, 『文物』, 2001-6, 2001.
袁延勝, 「也談過長羅侯費用簿的史實」, 『敦煌研究』, 2003-1, 2003.
于豪亮, 『馬王堆帛書周易釋文校注』, 上海: 古籍出版社, 2013.
劉俊文, 『唐律疏議箋解』, 北京: 中華書局, 1996.
兪偉超, 「略釋漢代獄辭文例」, 『文物』, 1978-1, 1978.
李伯欽 注釋, 『說文解字』, 北京: 九州出版社, 2012.
李振宏, 『居延漢簡與漢代社會』, 北京: 中華書局, 2003.
李學勤 主編, 『字源』, 天津: 古籍出版社, 2014.
林甘泉, 「漢簡所見西北邊塞的商品交換和買賣契約」, 『文物』, 1989-9, 1989.
張建國, 「粟君債寇恩簡册新探」, 『考古與文物』, 2000-1, 2000.
張德芳, 「長羅侯費用簿及長羅侯與烏孫關係考略」, 『文物』, 2000-9, 2000.
張昻霄, 「雍乾時期閩粵地區的正音運動與大一統」, 『東北師大學報(哲學社會科學版)』, 2016年 1期.
馮夢龍 編, 『挂枝儿·山歌·夾竹桃』, 北京聯合出版公司, 2018.
胡平生·張德芳 編, 『敦煌懸泉漢簡釋粹』, 上海古籍出版社, 2001.
胡厚宣, 『五十年甲骨學發現的總結』, 上海: 商務印書館, 1951.

2) 일문
溝口雄三, 『中國の公と私』, 東京: 研文出版, 1995.
溝口雄三, 「公私」, 『歷史學事典 6』, 東京: 弘文堂, 1998.
宮崎市定, 「中國上代は封建制か都市國家か」, 『宮崎市定全集 3』, 東京: 岩波書店, 1991[1950].
宮崎市定, 「太行山」, 『宮崎市定全集 23』, 東京: 岩波書店, 1993.
宮崎市定, 「中國における奢侈の變遷: 羨不足論」, 『宮崎市定全集 17』, 東京: 岩波書店, 1993.
宮崎市定, 『史記を語る』, 東京: 岩波書店, 1996.
吉川幸次郎, 「俗の歷史」, 『吉川幸次郎全集 1』, 東京: 筑摩書房, 1973.
吉川幸次郎, 『漢文の話』, 東京: 筑摩書房, 2006.
內田樹, 『日本邊境論』, 東京: 新潮社, 2009.
內田樹, 『街場中國論』, 東京: ミシマ社, 2011.

大槻文彦,『新編大言海』, 東京: 富山房, 1982.
大木康,『馮夢龍と明末俗文學』, 東京: 汲古書院, 2018.
大庭脩,『秦漢法制史の研究』, 東京: 創文社, 1982.
島邦男,『殷墟卜辭綜類』, 東京: 汲古書院, 1971.
藤枝晃,「長城のまもり」,『ユーラシア学会研究報告』, 2, 1955.
白川靜,『漢字』, 東京: 岩波書店, 1970.
白川靜,『金文の世界』, 東京: 平凡社, 1971.
白川靜,『孔子傳』, 東京: 中央公論社, 1972.
白川靜,『甲骨文の世界』, 東京: 平凡社, 1972.
白川靜,「漢字の思考」,『文字游心』, 東京: 平凡社, 1990.
白川靜,「神話と經典」,『白川靜著作集 6』, 東京: 平凡社, 1999.
白川靜,「中國古代の民俗」,『白川靜著作集 7』, 東京: 平凡社, 2000.
白川靜,「卜辭の本質」,『白川靜著作集 4』, 東京: 平凡社, 2000.
白川靜,「尙書札記」,『白川靜著作集 5』, 東京: 平凡社, 2000.
白川靜,『金文通釋 1下』, 東京: 平凡社, 2004.
白川靜,『白川靜著作集別卷 金文通釋 6』, 東京: 平凡社, 2005.
白川靜,『新訂 字統』, 東京: 平凡社, 2007.
白川靜,「釋史」,『白川靜著作集別卷 甲骨金文學論叢上』, 東京: 平凡社, 2008.
白川靜,『常用字解』, 東京: 平凡社, 2012.
白川靜,『字通』, 東京: 平凡社, 2014.
白川靜,『漢字の體系』, 東京: 平凡社, 2020.
三浦徹明,「中国史上における左右尊卑觀の変遷」,『拓殖大學論集』145, 1983.
西嶋定生,『中國古代帝國の形成と構造』, 東京: 東京大學出版會, 1961.
小川環樹 外編,『新字源』, 東京: 角川書店, 1991.
伊藤道治,『古代殷王朝の謎』, 東京: 講談社, 2002.
林巳奈夫,『漢代の神神』, 京都: 臨川書店, 1989.
貝塚茂樹,「中國古代都市における民會の制度」,『貝塚茂樹著作集 2』, 東京: 中央公論社, 1977.

3) 구문

A. D. Lee, "The army", in Averil Cameron · Peter Garnsey eds., *Cambridge Ancient History*, vol. XIII, 1998.
Anthony, Birley, *Garrison Life at Vindolanda: A Band of Brothers*, Gloucestershire: The History Press, 2011.
Bagley, Robert W., "Anyang Writing and the Origin of Chinese Writing",

in *The First Writing*, edited by Stephen D. Houston, Cambridge: Cambridge University Press, 2004.

Barbieri-Low, Anthony J.·Robin D. S. Yates, *Law, State, and Society in Early Imperial China, A Study with Critical Edition and Translation of the Legal Texts from Zhangjiashan Tomb no. 247*, Leiden: Brill, 2015.

Bauer, Wolfgang, *China and the Search for Happiness-Recurring Themes in Four Thousand Years of Chinese Cultural History*, New York: The Seabury Press. 1976.

Bloch, Marc, *Historian's Craft*, Manchester: Manchester University Press, 1992.

Boltz, William G., "Early Chinese Writing", *World Archaeology* 17(3), 1986.

Boltz, William G., *The Origin and Early Development of the Chinese Writing System*, American Oriental Series, vol. 78. New Haven, Conn.: American Oriental Society, 1994.

Bowman, Alan K., "Roman Military Records from Vindolanda", *Britannia*, vol. 5, 1974.

Bowman, Alan K., *Life and Letters on the Roman Frontier: Vindolanda and its People*, New York: Routledge, 1998.

Bowman A. K.·Thomas J. D., "The Vindolanda Writing Tablets and Their Significance: An Interim Report", *Historia*, 24-3, 1975.

Brazier, Chris, *The No-nonsense Guide to World History*, New Internationalist, 2006.

Brook, Timothy, *The Troubled Empire*, Cambridge, Mass.: Harvard University Press, 2010.

Chang, Kwang-chih, *Shang Civilization*, New Haven / London: Yale University Press, 1980.

Clackson, James, *Language and Society in the Greek and Roman Worlds*, Cambridge University, 2015.

Davies, R. W., "Joining the Roman Army", *Bonner Jahrbücher*, 169, 1969.

Davies, R. W., "The Roman Military Diet", *Britannia*, vol. 2, 1971.

Davies, R. W., "In the service of Rome", *History Today*, 22-8, 1972.

Day, John, *From Creation to Babel: Studies in Genesis 1-11*, Bloomsbury Publishing, 2014.

Diringer, David, *The Alphabet A Key to the History of Mankind*, New Delhi: Munshiran Manoharlal Publishers Pvt. Ltd., 2005.

Duyvendak, J. J. L., *The Book of Lord Shang A Classic of the Chinese School of*

Law, The Lawbook Exchange, Ltd., 2011.
Eco, Umberto, *The Search for the Perfect Language*, Oxford: Blackwell, 1995.
Erasmus, Desiderius, *The Education of a Christian Prince*, Cambridge: Cambridge University Press, 1997.
Frazer, J. G., *The Golden Bough*, 3rd ed., Cambridge: Cambridge University Press, 2012.
Gellner, Ernest, *Plough Sword and Book*, Chicago: University of Chicago Press, 1988.
Gibbon, Edward, ed. by J. B. Bury, *The Decline and Fall of the Roman Empire*, New York: The Heritage Press, 1946.
Goldstone, Jack, *Revolution and Rebellion in the Early Modern World : Population Change and State Breakdown in England, France, Turkey, and China,1600-1850*, University of California Press, 1991.
Goldsworth, Adrian, *The Complete Roman Army*, London: Thames & Hudson, 2007.
Goody, Jack, *The Interface Between the Written and the Oral*, Cambridge: Cambridge University Press, 1987.
Goody, Jack, *The Eurasian Miracle*, Cambridge: Polity Press, 2010.
Goody, Jack, *Renaissances*, Cambridge: Cambridge University Press, 2010.
Haicheng, Wang, *Writing and the Ancient State*, Cambridge: Cambridge University Press, 2014.
Herz, Peter, "Finance and Costs of the Roman Army", in Paul Erdkamp ed., *A Companion the Roman Army*, Oxford: Blackwell, 2007.
Hornblower, Simon·Antony Spawforth eds., *The Oxford Classical Dictionary* 3rd ed., London: Oxford University Press, 1996.
Huang, Ray, "The History of the Ming Dynasty and Today's World", *Chinese Studies in History* 19(4), 1986, pp. 3~36.
Hulsewé, A. F. P., *Remnants of Ch'in Law*, Leiden: E. J. Brill, 1985.
Jenner, W. J. F., "China and the Irrelevance of Freedom", (a lecture), Revised 19 September 1996. https://openresearch-repository.anu.edu.au/bitstream/1885/42046/2/irelfred.html.
Jhering, Rudolf von, *Geist des römischen Rechts auf den verschiedenen Stufen seiner Entwicklung*, Erster Theil, Leipzig: Druck und Verlag von Breitkopf und Härtel, 1866.
Keightley, David N., *Sources of Shang History*, Berkeley/Los Angeles:

University of California Press, 1978.
Keightley, David, "Late Shang Divination: The Magico-religious Legacy", in *Explorations in Early Chinese Cosmology*, edited by Henry Rosemont, Jr., *Journal of the American Academy of Religion Studies* 50(2), Chico, California: Scholars Press, 1984.
Kuhn, Philip A., *Origins of the Modern Chinese State*, Stanford, Calif.: Stanford University Press, 2002.
Lewis, Mark, *Writing and Authority in Early China*, Albany: State University of New York Press, 1999.
Lewis, Mark, "The City-State in Spring-and-Autumn China", in *A Comparative Study of the Thirty City-State Cultures: An Investigation*, ed. Mogens Herman Hansen, Copenhagen: Royal Danish Academy of Sciences and Letters, 2000.
Loewe, Michael, *Records of Han Administration*, Cambridge University Press, 1967.
Loewe, Michael, *Bing: From farmer's son to Magistrate in Han China*, Indianapolis: Hackett, 2011.
McMahon, Darrin, *The Pursuit of Happiness*. London: Penguin Books, 2006.
Miller, Roy A., "The Far East", in *Current Trends in Linguistics*, vol. 13, pt. 2, "Historiography of Linguistics", edited by Thomas Sebeok, The Hague: Mouton, 1975.
Nicholas, Barry, *An Introduction to Roman Law*, London: Oxford University Press, 1962.
Nissen, Hans J.·Peter Heine, *From Mesopotamia to Iraq A Concise History*, Chicago: University of Chicago Press, 2009.
Rawski, Evelyn S., *Education and Popular Literacy in Ch'ing China*, Ann Arbor: University of Michigan Press, 1979.
Robin, Birley, *Vindolanda A Roman Frontier Fort in Hadrian's Wall*, Gloucestershire: Amberely, 2009.
Scheidel, Walter, *Escape from Rome*, Princeton: Princeton University Press, 2019.
Stasavage, David, *The Decline and Rise of Democracy: A Global History from Antiquity to Today*, Princeton University Press, 2020.
Trigger, Bruce G., "Writing Systems: A Case Study in Cultural Evolution", in *The First Writing*, edited by Stephen Houston, Cambridge: Cambridge

University Press, 2004.

Waley, Arthur, *The Analects of Confucius*, New York: Everyman's Library, 2000.

Watson, Alan, trans., *The Digest of Justinian*, Philadelphia: University of Pennsylvania Press, 1985.

Weber, Max, *Gesammelte Aufsätze zur Religionssoziologie*, I. Tübingen: Verlag von J. C. B. Mohr, 1920.

Weber, Max, *The Religion of India*, New York: The Free Press, 1958.

Weber, Max, *The Religion of China*, New York: Free Press, 1964.

Weber, Max, *The Agrarian Sociology of Ancient Civilizations*, London: Verso, 1998.

Weber, Max, *The Protestant Ethic and the Spirit of Capitalism*, translated by Talcott Parsons, New York: Dover, 2003.

Weingarten, Oliver, "The Unorthodox Master: The Serious and the Playful in Depictions of Confucius", in Paul R. Goldin ed., *A Concise Companion to Confucius*, Oxford: Blackwell, 2017.

Wittfogel, K. A.. *Wirtschaft und Gesellschaft Chinas*, vol. 1. Leipzig, 1931.

Yoffee, Norman, "The Evolution of Simplicity", *Current Anthropology* 42, no. 5, 2001.

Yoffee, Norman, *Myths of the Archaic State*, Cambridge: Cambridge University Press, 2005.

찾아보기

강조체로 표시한 글자는 본문에서
어원(語源)을 설명한 것들이다.

| ㄴ |

| ㄷ |

| ㄹ |

| ㅁ |

| ㅂ |

| ㅅ |

| ㅇ |

| ㅈ |

| ㅊ |

| ㅋ |